Excel 2019
在统计分析工作中的典型应用
（视频教学版）

赛贝尔资讯 ◎编著

清华大学出版社
北京

内 容 简 介

本书针对初、中级读者的学习特点，透彻讲解 Excel 在统计分析领域的各项典型应用。通过剖析大量行业案例，让读者在"学"与"用"的两个层面上融会贯通，真正掌握 Excel 精髓。系统学习本书可以帮助各行业的数据分析和统计管理人员快速、高效地完成日常工作，提升个人及企业的竞争力。

全书共 15 章，内容包括数据的输入及格式限定，数据的规范整理，Excel 中必备的数据查看、计算、统计工具，解不确定值，数据分组与频数统计，描述性统计分析，方差分析，相关分析，回归分析，时间序列预测分析，指数统计，抽样确定样本大小，几种重要的分布，参数估计，以及假设检验。本书以 Excel 2019 为基础进行讲解，适用于 Excel 2019/2016/2013/2010/2007/2003 等各个版本。

本书面向需要使用 Excel 进行统计分析和数据分析的各层次读者，可作为高效能统计分析人员的案头必备工具书，也可作为高等院校相关专业的教学参考用书。

本书封面贴有清华大学出版社防伪标签，无标签者不得销售。
版权所有，侵权必究。举报：010-62782989，beiqinquan@tup.tsinghua.edu.cn。

图书在版编目（CIP）数据

Excel 2019 在统计分析工作中的典型应用：视频教学版 / 赛贝尔资讯编著 . —北京：清华大学出版社，2022.1（2024.3重印）
（清华社"视频大讲堂"大系高效办公视频大讲堂）
ISBN 978-7-302-58383-7

Ⅰ．①E… Ⅱ．①赛… Ⅲ．①表处理软件－应用－统计分析 Ⅳ．① C819

中国版本图书馆 CIP 数据核字（2021）第 117386 号

责任编辑：贾小红
封面设计：姜　龙
版式设计：文森时代
责任校对：马军令
责任印制：曹婉颖

出版发行：清华大学出版社
  网　　址：https://www.tup.com.cn，https://www.wqxuetang.com
  地　　址：北京清华大学学研大厦 A 座　　邮　编：100084
  社 总 机：010-83470000　　邮　购：010-62786544
  投稿与读者服务：010-62776969，c-service@tup.tsinghua.edu.cn
  质量反馈：010-62772015，zhiliang@tup.tsinghua.edu.cn
印 装 者：大厂回族自治县彩虹印刷有限公司
经　　销：全国新华书店
开　　本：170mm×230mm　　印　张：16　　字　数：516 千字
版　　次：2022 年 3 月第 1 版　　印　次：2024 年 3 月第 2 次印刷
定　　价：69.80 元

产品编号：090121-01

前言

时至今日,如果你还认为 Excel 仅仅是一个录入数据和制作表格的工具,那你就大错特错了。

无论哪个行业,业务流程中都会产生大量的数据,这些数据中隐含着许多有价值的结论和信息,但一般人很难清晰地看明白。Excel 就是这样一个工具,借助它,你可以快速地对海量数据进行多维度筛选、处理、计算和分析,得出一些可视化的结论,进而找出其中隐藏的现象、规律、矛盾等,为进一步的业务决策提供依据。因此,它是数据分析人员和统计分析人员的好帮手。

即便是普通的企业人员,我们在日常办公中也都在或多或少地使用着统计学知识,如对当月销售业绩的统计分析、对客户的分层管理、对员工收入的薪资分析、对市场数据的分类统计等。无论是在经济活动中还是在日常生活中,统计都在发挥着重要作用,懂得一些统计分析方法,将会使我们的工作更轻松便捷、游刃有余。

本书旨在帮助读者快速掌握 Excel 在统计分析工作中的应用,顺利完成实际工作中的任务。在操作环境上,本书以 Excel 2019 为基础进行讲解,但内容和案例本身同样适用于 Excel 2016/2013/2010/2007/2003 等各个版本。

本书特点

本书针对初、中级读者的学习特点,透彻讲解 Excel 在统计分析领域的各项典型应用,让读者在"学"与"用"两个层面上实现融会贯通,真正掌握 Excel 的精髓。

➢ **系统、全面的知识体系**。本书从数据格式及规范整理入手,先帮助读者建立正确的数据创建及管理规范,再进行专业统计知识的学习,循序渐进,逐步深入。同时,本书对统计分析工作中的常用表格和各种数据分析技巧进行归纳整理,每一章都含有多个完整、系统的数据分析案例,帮助读者理出一条清晰的学习思路,更有针对性。

➢ **高清教学视频,易学、易用、易理解**。本书采用全程图解的方式讲解操作步骤,清晰直观;同时,本书提供了 174 节同步教学视频,手机扫码,可随时随地观看,帮助读者充分利用碎块化时间,快速、有效地提升职场 Excel 技能。

➢ **一线行业案例,数据真实**。本书所有案例均来自于一线企业,数据更真实、实用,读者可即学即用,随查随用,拿来就用。同时,围绕统计分析工作中的一些常见问题,给出了理论依据、解决思路和实用方法,真正使读者"知其然"和"知其所以然"。

➢ **经验、技巧荟萃，速查、速练、速用**。为避免读者实际工作中走弯路，本书对一些易错、易被误用的知识点进行了归纳总结，以经验、技巧、提醒的形式出现，读者可举一反三，灵活运用，避免"踩坑"。同时，本书提供了 Excel 技术点便捷查阅索引，并额外提供了数千个 Word、Excel、PPT 高效办公常用技巧和素材、案例，读者工作中无论遇到什么问题，都可以随时查阅，快速解决问题，是一本真正的案头必备工具书。

➢ **QQ 群在线答疑，高效学习**。

配套学习资源

纸质书内容有限，为方便读者掌握更多的职场办公技能，除本书中提供的案例素材和对应的教学视频外，还免费赠送了一个"职场高效办公技能资源包"，其内容如下。

➢ **1086 节 Office 办公技巧应用视频**：包含 Word 职场技巧应用视频 179 节，Excel 职场技巧应用视频 674 节，PPT 职场技巧应用视频 233 节。

➢ **115 节 Office 实操案例视频**：包含 Word 工作案例视频 40 节，Excel 工作案例视频 58 节，PPT 工作案例视频 17 节。

➢ **1326 个高效办公模板**：包含 Word 常用模板 242 个，Excel 常用模板 936 个，PPT 常用模板 148 个。

➢ **564 个 Excel 函数应用实例**：包含 Excel 行政管理应用实例 88 个，人力资源应用实例 159 个，市场营销应用实例 84 个，财务管理应用实例 233 个。

➢ **680 多页速查、实用电子书**：包含 Word/Excel/PPT 实用技巧速查，PPT 美化 100 招。

➢ **937 个设计素材**：包含各类办公常用图标、图表、特效数字等。

读者扫描本书封底的"文泉云盘"二维码，或微信搜索"清大文森学堂"，可获得加入本书 QQ 交流群的方法。加群时请注明"读者"或书名以验证身份，验证通过后可获取"职场高效办公技能资源包"。

读者对象

本书面向需要提升 Excel 数据分析技能，进而提升工作效率的各层次读者，可作为高效能统计分析人员的案头必备工具书。本书适合以下人群阅读：

➢ 从事财会工作的专职或兼职人员
➢ 以 Excel 为主要工作环境进行数据计算和分析的办公人员
➢ 经常使用 Excel 制作各类报表和图表的用户
➢ 希望掌握 Excel 公式、函数、图表、数据透视表的用户
➢ 在校学生和社会求职者

本书由赛贝尔资讯策划和组织编写。尽管在写作过程中，我们已力求仔细和精益求精，但不足和疏漏之处仍在所难免。读者朋友在学习过程中，遇到一些难题或是有一些好的建议，欢迎通过清大文森学堂和 QQ 交流群及时向我们反馈。

祝学习快乐！

编者
2022 年 1 月

目录

第1章 数据的输入及格式限定

1.1 了解几种数据类型 ……………… 2
- 1.1.1 文本型数据 …………………… 2
- 1.1.2 数值数据 ……………………… 3
- 1.1.3 日期数据 ……………………… 4
- 1.1.4 外部数据 ……………………… 6

1.2 数据的批量输入 ………………… 8
- 1.2.1 填充序号 ……………………… 8
- 1.2.2 填充相同数据 ………………… 9
- 1.2.3 工作组批量输入 …………… 10
- 1.2.4 不连续相同数据的批量输入 ……………………… 11

1.3 通过数据验证规范输入 ……… 11
- 1.3.1 限制输入数据范围 ………… 11
- 1.3.2 限制输入数据类型 ………… 12
- 1.3.3 制作输入下拉列表 ………… 13
- 1.3.4 创建输入提示 ……………… 14
- 1.3.5 限制输入空格 ……………… 15
- 1.3.6 限制重复数据 ……………… 15

第2章 数据的规范整理

2.1 智能定位 ………………………… 19
- 2.1.1 定位空值 …………………… 19
- 2.1.2 定位常量 …………………… 20
- 2.1.3 定位实现批量运算 ………… 21

2.2 处理残缺的数据 ………………… 23
- 2.2.1 处理空白单元格 …………… 23
- 2.2.2 处理空行空列 ……………… 25

2.3 处理重复数据 …………………… 26
- 2.3.1 标记重复值 ………………… 26
- 2.3.2 删除重复值 ………………… 27

2.4 处理不规范数值、文本、日期 ……………………… 27
- 2.4.1 批量处理文本型数字 ……… 27
- 2.4.2 处理数字中的强制换行符 … 28
- 2.4.3 批量转换不规范的日期 …… 29
- 2.4.4 处理文本中多余的空格 …… 31

2.5 数据分列处理 …………………… 32
- 2.5.1 应对一列多属性 …………… 32
- 2.5.2 数据与单位分离 …………… 33

第3章 Excel中必备的数据查看、计算、统计工具

3.1 数据的筛选查看 ………………… 36
- 3.1.1 从数据源中筛选查看满足的数据 …………… 36
- 3.1.2 数值筛选 …………………… 37
- 3.1.3 文本筛选 …………………… 38

3.1.4　结果独立放置的筛选 ………… 39
3.2　数据的分类汇总 ………………… 41
　　3.2.1　单关键字排序 ………………… 41
　　3.2.2　双关键字排序 ………………… 42
　　3.2.3　按单元格颜色排序 …………… 43
　　3.2.4　单层分类汇总 ………………… 44
　　3.2.5　多层分类汇总 ………………… 45
　　3.2.6　同一字段的多种
　　　　　 不同计算 …………………… 46
　　3.2.7　生成分类汇总报表 …………… 47
3.3　数据合并计算 …………………… 49
　　3.3.1　多表汇总求和运算 …………… 49
　　3.3.2　多表汇总求平均值计算 ……… 51
　　3.3.3　多表汇总计数运算 …………… 52
　　3.3.4　生成二维汇总表 ……………… 54
3.4　数据透视表 ……………………… 55
　　3.4.1　数据透视表的
　　　　　 多维统计方式 ……………… 55
　　3.4.2　字段添加决定分析结果 ……… 56
　　3.4.3　自定义汇总计算方式 ………… 61
　　3.4.4　自定义值的显示方式 ………… 62
　　3.4.5　分组统计数据 ………………… 63

第4章　解不确定值

4.1　单变量求解 ……………………… 68
　　4.1.1　预测销售量 …………………… 68
　　4.1.2　预测贷款利率 ………………… 68
　　4.1.3　预测盈亏平衡点 ……………… 69
4.2　模拟运算表 ……………………… 70
　　4.2.1　按不同提成比例
　　　　　 预测销售额 ………………… 70
　　4.2.2　双变量模拟运算表 …………… 71
4.3　方案管理器 ……………………… 72
　　4.3.1　定义方案 ……………………… 72
　　4.3.2　显示方案 ……………………… 74
　　4.3.3　重新编辑方案 ………………… 75

　　4.3.4　生成方案总结报告 …………… 75
4.4　规划求解 ………………………… 76
　　4.4.1　规划求解可解决的
　　　　　 问题范畴 …………………… 76
　　4.4.2　加载规划求解工具 …………… 78
　　4.4.3　规划求解鸡兔同笼
　　　　　 问题 ………………………… 78
　　4.4.4　规划求解多条件限制下的
　　　　　 排班方案 …………………… 81
　　4.4.5　规划求解最优运输方案 ……… 84

第5章　数据分组与频数统计

5.1　数据分组 ………………………… 87
　　5.1.1　离散型数据分组——
　　　　　 单项式分组 ………………… 87
　　5.1.2　离散型数据分组——
　　　　　 组距式分组 ………………… 89
　　5.1.3　连续型数据分组界限 ………… 90
5.2　频数统计 ………………………… 91
　　5.2.1　单项式分组的频数统计 ……… 92
　　5.2.2　组距式分组的频数统计 ……… 92
5.3　频数统计直方图 ………………… 94
　　5.3.1　加载直方图分析工具 ………… 94
　　5.3.2　应用直方图分析工具 ………… 95
　　5.3.3　应用直方图统计图表 ………… 97

第6章　描述性统计分析

6.1　描述集中趋势的统计量 ……… 100
　　6.1.1　算术平均数 …………………100
　　6.1.2　几何平均数 …………………100
　　6.1.3　调和平均数 …………………101
　　6.1.4　加权算术平均数 ……………101
　　6.1.5　众数 …………………………103
　　6.1.6　中位数 ………………………106

6.1.7 四分位数 ·········· 108
6.1.8 百分位数 ·········· 109
6.2 描述离散趋势的统计量 ······ 109
6.2.1 极差 ············ 109
6.2.2 四分位差 ·········· 110
6.2.3 方差 ············ 110
6.2.4 标准差 ··········· 111
6.2.5 异众比率 ·········· 112
6.3 描述总体分布形态的统计量 ········· 113
6.3.1 偏度系数 ·········· 113
6.3.2 峰度系数 ·········· 113
6.4 箱形图描述四分位数 ······ 114
6.4.1 呈现单组数据的分布状态 ·········· 114
6.4.2 比较多组数据的分布状态 ·········· 116
6.5 Excel 数据分析工具进行描述统计分析 ········ 117

第7章 方差分析

7.1 Excel 中的方差计算函数 ········ 119
7.1.1 VAR.S估算方差 ········ 119
7.1.2 VAR.P以样本值估算总体方差 ······ 120
7.1.3 STDEV.S估算标准偏差 ········· 120
7.1.4 STDEV.P以样本值估算总体标准偏差 ······ 121

7.2 方差高级分析工具 ········ 122
7.2.1 单因素方差分析范例 ···· 122
7.2.2 可重复双因素方差分析范例 ········· 124
7.2.3 无重复双因素方差分析范例 ········· 126

7.3 协方差计算 ·········· 127
7.3.1 COVARIANCE.S计算协方差分析相关性 ······ 128
7.3.2 COVARIANCE.P以样本值估算总体的协方差 ······ 128
7.3.3 运用协方差分析工具分析两个变量的相关性 ······ 128

第8章 相关分析

8.1 了解相关关系的种类 ······ 131
8.2 编制相关表与相关图 ······ 131
8.2.1 编制相关表 ·········· 131
8.2.2 典型的相关图——散点图 ·········· 131
8.2.3 复相关的表达——气泡图 ·········· 133

8.3 相关系数 ············ 134
8.3.1 使用函数计算相关系数 ·········· 134
8.3.2 使用相关系数分析工具分析 ·········· 136

8.4 相关系数的检验 ······ 137
8.4.1 小样本相关系数为0的检验 ········· 137
8.4.2 大样本相关系数为0的检验 ········· 138
8.4.3 相关系数为常数的检验 ·········· 139

第9章 回归分析

9.1 分析自变量对目标变量的影响程度 ········· 142
9.1.1 SLOPE计算一元线性回归的回归系数 ······ 142

v

9.1.2 CORREL计算一元线性回归的相关系数……142
9.1.3 RSQ计算一元线性回归的判定系数……143

9.2 趋势线法（散点图）线性回归分析……143
9.2.1 分析工作年限与销售业绩的相关性……143
9.2.2 分析月收入与月网络消费额的相关性……145

9.3 回归分析预测目标变量……146
9.3.1 LINEST根据生产数量预测产品的单个成本……146
9.3.2 LOGEST预测网站未来点击量……147

9.4 高级分析工具——回归工具……147
9.4.1 一元线性回归分析……147
9.4.2 多元线性回归分析……148

第10章 时间序列预测分析

10.1 一次移动平均法预测分析……151
10.1.1 计算移动平均数……151
10.1.2 编辑移动平均图表……152
10.1.3 一次移动平均预测后期销量……154

10.2 二次移动平均法预测分析……154
10.2.1 计算二次移动平均数……154
10.2.2 二次移动平均预测销售量……155

10.3 时间序列的指数平滑……155
10.3.1 一次指数平滑法……156
10.3.2 二次指数平滑法……157
10.3.3 确定最优平滑系数……157

第11章 指数统计

11.1 综合指数……161
11.1.1 同等加权指数……161
11.1.2 基期加权指数……162
11.1.3 报告期加权指数……163
11.1.4 埃奇沃斯指数……165
11.1.5 费雪指数……167

11.2 平均指数……168
11.2.1 算术平均指数……168
11.2.2 调和平均指数……170
11.2.3 几何平均指数……171

11.3 指数体系与因素分析……173
11.3.1 总量指标变动的因素分析……173
11.3.2 平均指标变动的因素分析……175

第12章 抽样确定样本大小

12.1 随机抽样……180
12.1.1 简单随机抽样……180
12.1.2 等距抽样……183
12.1.3 分层抽样……184

12.2 非随机抽样……185

12.3 确定抽样样本的数量……186
12.3.1 方差已知下的样本大小……186
12.3.2 方差未知下的样本大小……188
12.3.3 根据特定目的确定样本量……188

第13章 几种重要的分布

13.1 二项分布……192

13.1.1　计算二项分布的概率……192
　　13.1.2　使用二项分布函数………193
　　13.1.3　二项分布的概率
　　　　　　分布图………………193
13.2　泊松分布……………………196
　　13.2.1　计算泊松分布的概率……196
　　13.2.2　泊松分布的概率
　　　　　　分布图………………197
13.3　指数分布……………………200
　　13.3.1　计算指数分布的概率……200
　　13.3.2　指数分布的概率
　　　　　　分布图………………200
13.4　正态分布……………………202
　　13.4.1　正态分布的定义…………202
　　13.4.2　计算正态分布的概率……203
　　13.4.3　绘制正态分布图
　　　　　　和正态曲线……………205
　　13.4.4　正态分布比较图…………209
13.5　三大抽样分布………………212
　　13.5.1　t分布………………212
　　13.5.2　F分布………………214
　　13.5.3　χ^2分布………………214

第14章　参数估计

14.1　参数估计的概述……………217
　　14.1.1　了解估计量与
　　　　　　估计值…………………217
　　14.1.2　参数估计的分类…………217
　　14.1.3　评价参数估计的
　　　　　　标准……………………217
14.2　单个总体的均值
　　　区间估计……………………218
　　14.2.1　单个总体均值置信
　　　　　　区间的估计……………218
　　14.2.2　单个总体比率
　　　　　　区间的估计……………223
14.3　两个总体的均值区间
　　　估计……………………………225
　　14.3.1　两个总体均值之差
　　　　　　的区间估计……………225
　　14.3.2　两个总体比率之差
　　　　　　的区间估计……………227
14.4　总体方差估计…………………228
　　14.4.1　总体方差的
　　　　　　估计……………………228
　　14.4.2　总体方差比的
　　　　　　估计……………………229

第15章　假设检验

15.1　了解假设检验………………232
　　15.1.1　关于"小概率事
　　　　　　件"原理………………232
　　15.1.2　假设检验的基本步骤……232
　　15.1.3　确定假设检验的方法……232
　　15.1.4　双侧检验和单侧检验……233
15.2　均值的 Z 检验………………235
　　15.2.1　单侧Z检验………………235
　　15.2.2　双侧Z检验………………237
15.3　均值的 t 检验………………238
　　15.3.1　单侧t检验………………238
　　15.3.2　双侧t检验………………240
15.4　两个总体参数的
　　　假设检验……………………242
　　15.4.1　两个独立正态
　　　　　　总体均值的检验………242
　　15.4.2　t检验：成对双
　　　　　　样本均值检验…………244
　　15.4.3　F检验：两个正态
　　　　　　总体的方差检验………245

第1章 数据的输入及格式限定

　　数据类型包括文本型、数值型、日期型等。了解不同的数据类型,并准确输入数据到工作表中,是创建表格及后期数据分析的首要工作。输入数据时,为了提升工作效率,可以学习一些批量输入的方法,同时通过对数据验证条件的设置,使输入的数据更加符合规范,而格式规范的数据是后期进行数据统计与分析工作的基础。

- ☑ 了解不同数据类型的特点
- ☑ 提升效率的批量输入方法
- ☑ 数据验证规范与限制输入
- ☑ 设置不同的验证条件规范数据

1.1 了解几种数据类型

在使用Excel前，我们首先需要了解Excel中的常见数据类型。数据的类型不能混乱，该是什么类型就是什么类型，因为规范的数据是将来进行数据核算、统计及分析的基础。

1.1.1 文本型数据

一般来说，输入到单元格中的中文汉字、字母即为文本型数据。因此这类数据只要直接输入即可，不需要特意去设置它们的格式。如图1-1所示，已有的数据都是文本数据。

	A	B	C	D	E
1	序号	姓名	专业	年龄	
2		邹勋	网络工程		
3		华涵涵	网络工程		
4		聂新余	网络工程		
5		张智志	网络工程		
6		李欣	网络工程		
7		杨清	计算机学与技术		
8		华新伟	计算机学与技术		
9		吴伟云	计算机学与技术		
10		姜灵	计算机学与技术		
11		张玮	计算机学与技术		
12		朱正于	计算机学与技术		
13		周钦伟	环境科学		
14		金鑫	环境科学		

图1-1

在输入文本数据时，如果连续单元格是相同数据，则不需要逐一输入或是一个个去粘贴，而是采用填充的方式快速获取。比如本例表格的"专业"列中就存在一些重复数据，可以先输入首个文本，然后填充得到其他相同文本。

❶ 在C2单元格中输入"网络工程"，将鼠标指针指向C2单元格右下角，直到出现黑色十字型填充柄（如图1-2所示），按住鼠标左键向下拖动（如图1-3所示）。

C2 | fx | 网络工程

	A	B	C	D
1	序号	姓名	专业	年龄
2		邹勋	网络工程	
3		华涵涵		
4		聂新余		
5		张智志		
6		李欣		
7		杨清	计算机学与技术	
8		华新伟		
9		吴伟云		
10		姜灵		
11		张玮		

图1-2

	A	B	C	D
1	序号	姓名	专业	年龄
2		邹勋	网络工程	
3		华涵涵		
4		聂新余		
5		张智志		
6		李欣		
7		杨清	计算机学与技术	网络工程
8		华新伟		
9		吴伟云		
10		姜灵		

图1-3

❷ 拖至C6单元格，释放鼠标可以看到拖动过的单元格中都出现了相同的数据，如图1-4所示。

	A	B	C	D
1	序号	姓名	专业	年龄
2		邹勋	网络工程	
3		华涵涵	网络工程	
4		聂新余	网络工程	
5		张智志	网络工程	
6		李欣	网络工程	
7		杨清	计算机学与技术	
8		华新伟		
9		吴伟云		
10		姜灵		

图1-4

除此之外，在一些特殊情况下需要特意设置单元格的格式为文本格式，即让默认是数值的数据显示为文本格式。例如，当输入像身份证号码、产品编号、银行卡账号这样一长串数字时（数字超过12位），在输入完毕后系统会自动显示成科学计数方式，不便于查看，如图1-5所示；当输入以"0"开头的编号时，在输入完后0会自动被全部省略。这两种情况下就需要将单元格设置为文本格式。

	A	B	C	D
1	姓名	性别	专业	身份证号码
2	邹勋	男	网络工程	3.40025E+17
3	华涵涵	女	网络工程	3.42001E+17
4	聂新余	男	网络工程	3.42701E+17
5	张智志	男	网络工程	
6	李欣	女	网络工程	
7	杨清	男	计算机学与技术	

图1-5

❶ 选中目标单元格区域，在"开始"选项卡"数字"组中单击"数字格式"下拉按钮，在弹出的下拉菜单中选择"文本"命令，如图1-6所示。

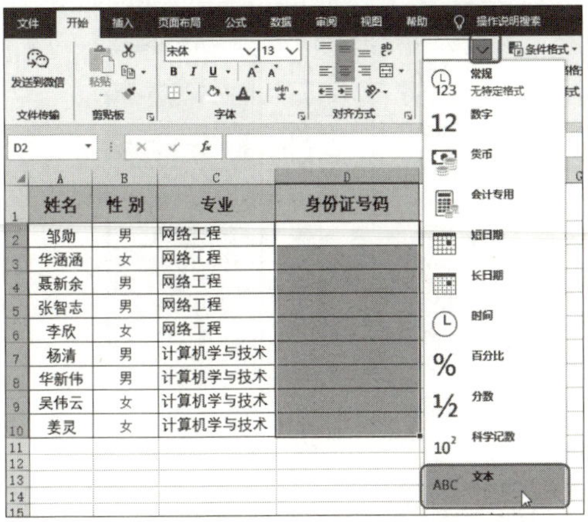

图1-6

❷ 设置单元格的格式后，再在单元格内输入长数字，按 Enter 键，即可显示正确的身份证号码，全部输入后效果如图1-7所示。

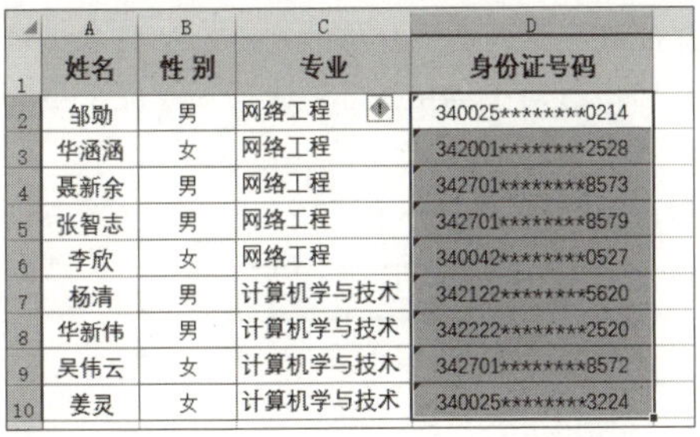

图1-7

专家提醒

设置单元格格式为"文本"格式时，注意一定要先设置格式后再输入数据，而不能先输入数据再去修改单元格格式，这样数据是无法达到显示要求的。

在文本单元格中，显示的内容与输入的内容完全一致，数字不再是数值，而是文本，所以无法再参与计算。正常情况下，一般保持默认设置即可，不必特意去更改单元格的格式为文本格式。

1.1.2 数值数据

数值是表格编辑中最常使用的数据格式，整数、小数、百分比、会计格式都属于数值数据的范畴。

数值在输入时也是输入什么就显示什么（默认都叫"常规"格式），除了默认的显示样式外，日常工作中可能还会见到其他样式的一些数据，如所有数据统一包含指定位数的小数、所有数据都显示货币样式等。这些样式的数据都可以通过单元格的格式设置来达到显示目的。

在"开始"选项卡"数字"组中有一个"数字格式"设置项，单击右侧的下拉按钮展开列表（如图1-8所示），可以看到其中包含"常规"、"数字"、"百分比"、"货币"、"会计专用"、"短日期"及"长日期"等格式。这些格式是数值数据最常用的格式，所以会集成到这里以方便快速设置。

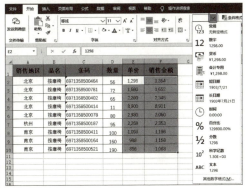

图1-8

1. 货币值

图1-8所示采购表中，关于价格的数据想显示为货币格式，需执行下面的操作。

❶ 选中要更改格式的单元格区域，在"开始"选项卡的"数字"组中单击"数字格式"下拉按钮，在弹出的下拉列表中选择"货币"选项，即可更改数字格式，如图1-9所示。

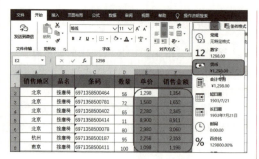

图 1-9

❷ 这时可以看到原来的数据被重新更改为货币格式，并自动保留两位小数位数，效果如图 1-10 所示。

	A	B	C	D	E	F
1	销售地区	品名	条码	数量	单价	销售金额
2	北京	按摩椅	6971358500464	56	¥1,298.00	¥1,354.00
3	北京	按摩椅	6971358500781	72	¥1,580.00	¥1,652.00
4	北京	按摩椅	6971358500402	65	¥2,280.00	¥2,345.00
5	北京	按摩椅	6971358500414	11	¥8,900.00	¥8,911.00
6	北京	按摩椅	6971358500078	80	¥2,980.00	¥3,060.00
7	杭州	按摩椅	6971358500187	95	¥2,258.00	¥2,353.00
8	南京	按摩椅	6971358500411	100	¥1,098.00	¥1,198.00
9	南京	按摩椅	6971358500164	160	¥998.00	¥1,158.00
10	南京	按摩椅	6971358500521	190	¥898.00	¥1,088.00

图 1-10

2. 百分比值

有时需要输入大量的百分比值，如果每个数字都手动输入“%”，会降低输入效率。有时，要为一列数计算百分比值，可默认返回的都是小数值。在这种情况下就需要通过设置“百分比”单元格格式。

❶ 选中要更改数据格式的单元格区域，在“开始”选项卡的“数字”组中单击“数字格式”下拉按钮，在弹出的下拉列表中选择“百分比”选项，如图 1-11 所示，即可更改数字格式。

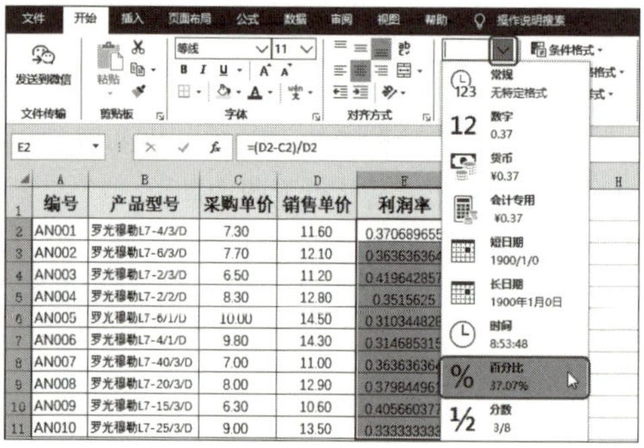

图 1-11

❷ 此时可以看到原来的数据重新显示为包含两位小数位数的百分比数据，效果如图 1-12 所示。

C	D	E
采购单价	销售单价	利润率
7.30	11.60	37.07%
7.70	12.10	36.36%
6.50	11.20	41.96%
8.30	12.80	35.16%
10.00	14.50	31.03%
9.80	14.30	31.47%
7.00	11.00	36.36%
8.00	12.90	37.98%
6.30	10.60	40.57%
9.00	13.50	33.33%

图 1-12

知识扩展

在“数字”组中还有 5 个功能按钮也非常实用，分别是“会计数字格式”“百分比样式”“千位分隔样式”“增加小数位数”和“减少小数位数”。单击这些按钮，可以快速更改数字格式。当数据涉及小数位数时，单击 ←.0 .00 →.0 这两个按钮，可随意增加或减少小数位数，如图 1-13 所示。

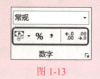

图 1-13

1.1.3 日期数据

日期型数据是表示日期的数据，日期的默认格式为“yyyy/mm/dd”，其中 yyyy 表示年份，mm 表示月份，dd 表示日期，固定长度为 8 位。在输入日期时注意要使用规范的格式，让程序能识别日期，否则在后期牵涉到日期的计算时则无法进行。

日期型数据最简易的输入办法是“yy/mm/dd”格式，例如，输入“20/4/3”（如图 1-14 所示），按下 Enter 键，自动显示为“2020/4/3”，如图 1-15 所示。

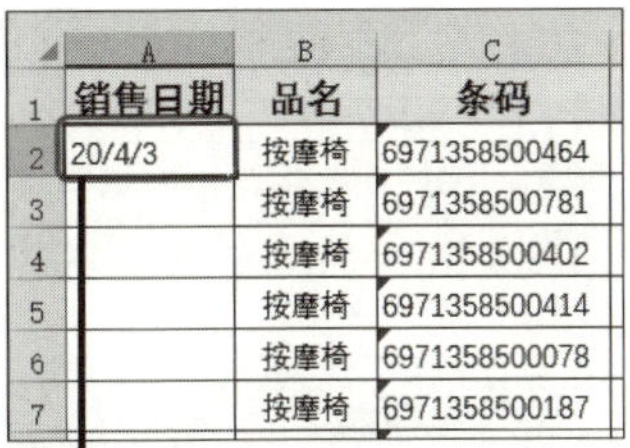

	A	B	C
1	销售日期	品名	条码
2	20/4/3	按摩椅	6971358500464
3		按摩椅	6971358500781
4		按摩椅	6971358500402
5		按摩椅	6971358500414
6		按摩椅	6971358500078
7		按摩椅	6971358500187

图 1-14

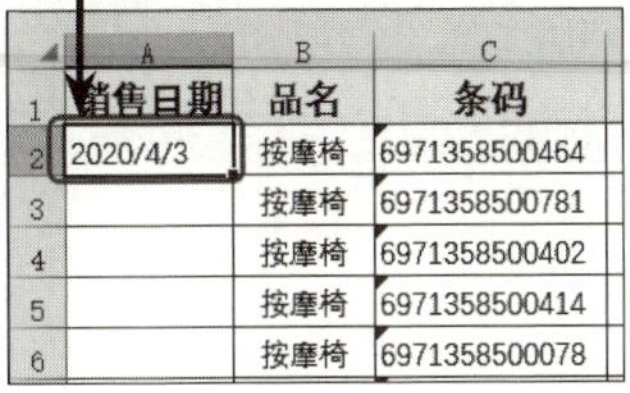

	A	B	C
1	销售日期	品名	条码
2	2020/4/3	按摩椅	6971358500464
3		按摩椅	6971358500781
4		按摩椅	6971358500402
5		按摩椅	6971358500414
6		按摩椅	6971358500078

图 1-15

输入日期数据也是有捷径可走的，下面介绍两个快速输入的小技巧。

1. 快速填充递增的日期

如果输入的日期是递增的日期序列，则可以用填充的方式快速输入，而不必逐个输入。

❶ 在 A2 单元格内输入日期，将鼠标指针放在 A2 单元格的右下角，向下拖动填充柄，如图 1-16 所示。

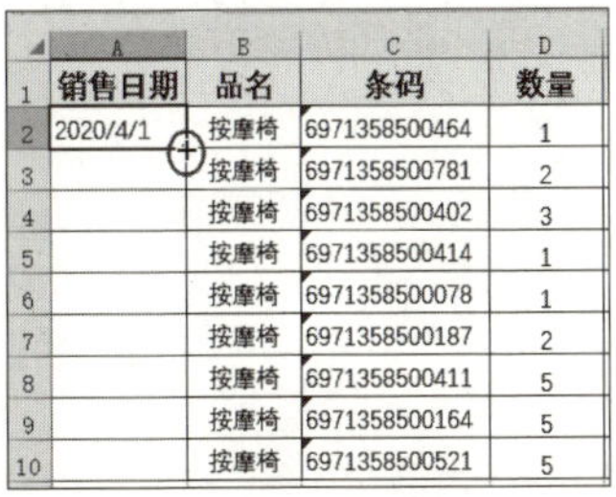

	A	B	C	D
1	销售日期	品名	条码	数量
2	2020/4/1	按摩椅	6971358500464	1
3		按摩椅	6971358500781	2
4		按摩椅	6971358500402	3
5		按摩椅	6971358500414	1
6		按摩椅	6971358500078	1
7		按摩椅	6971358500187	2
8		按摩椅	6971358500411	5
9		按摩椅	6971358500164	5
10		按摩椅	6971358500521	5

图 1-16

❷ 释放鼠标左键即可输入连续的日期数据，效果如图 1-17 所示。

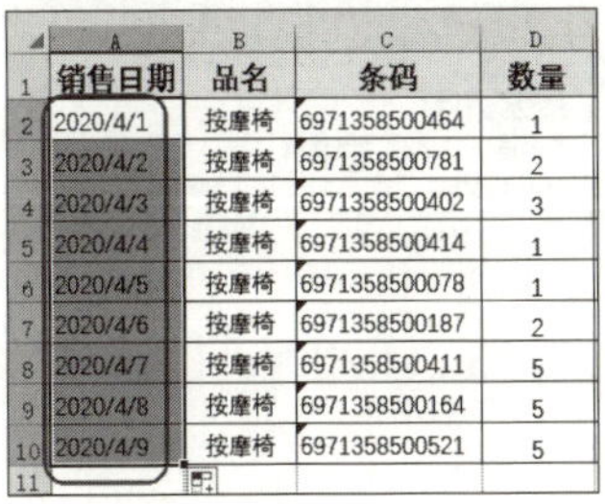

	A	B	C	D
1	销售日期	品名	条码	数量
2	2020/4/1	按摩椅	6971358500464	1
3	2020/4/2	按摩椅	6971358500781	2
4	2020/4/3	按摩椅	6971358500402	3
5	2020/4/4	按摩椅	6971358500414	1
6	2020/4/5	按摩椅	6971358500078	1
7	2020/4/6	按摩椅	6971358500187	2
8	2020/4/7	按摩椅	6971358500411	5
9	2020/4/8	按摩椅	6971358500164	5
10	2020/4/9	按摩椅	6971358500521	5
11				

图 1-17

2. 填充日期排除双休日

例如，在安排值班日期表时，想自动去除工作日，也可以使用快速填充，而不必先查阅日期再手动排除。

❶ 在 C2 单元格输入值班日期，然后将鼠标放置在 C2 单元格右下角，当鼠标变成黑色十字型填充柄时，按住鼠标向下拖动（如图 1-18 所示），到合适的位置释放鼠标即可看到递增的日期序列。

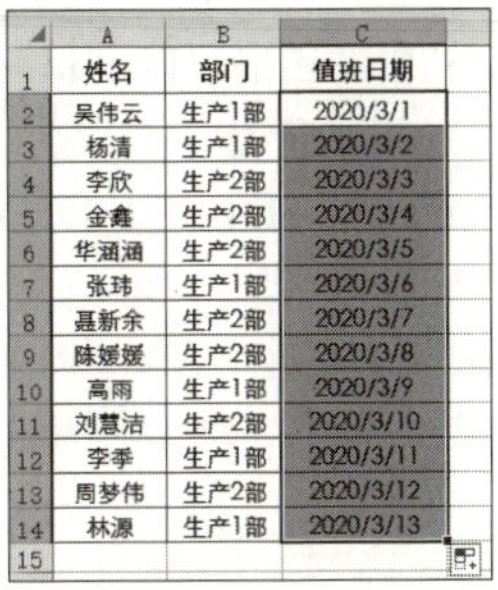

	A	B	C
1	姓名	部门	值班日期
2	吴伟云	生产1部	2020/3/1
3	杨清	生产1部	2020/3/2
4	李欣	生产2部	2020/3/3
5	金鑫	生产2部	2020/3/4
6	华涵涵	生产2部	2020/3/5
7	张玮	生产1部	2020/3/6
8	聂新余	生产2部	2020/3/7
9	陈媛媛	生产2部	2020/3/8
10	高雨	生产1部	2020/3/9
11	刘慧洁	生产2部	2020/3/10
12	李季	生产1部	2020/3/11
13	周梦伟	生产2部	2020/3/12
14	林源	生产1部	2020/3/13
15			

图 1-18

❷ 单击“自动填充选项”按钮，在下拉菜单中选中“填充工作日”单选按钮（如图 1-19 所示），即可按照工作日填充，如图 1-20 所示。

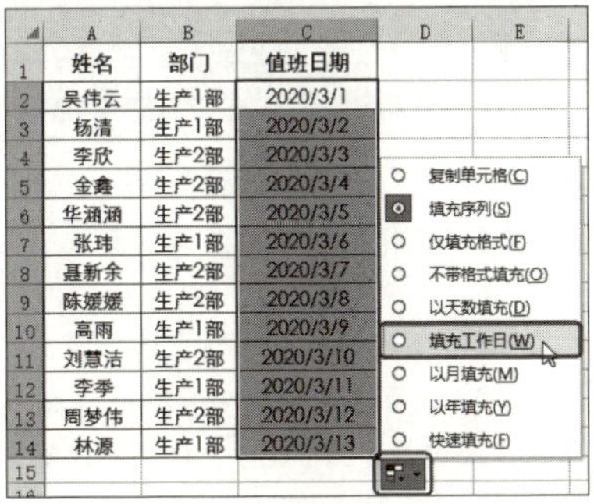

	A	B	C
1	姓名	部门	值班日期
2	吴伟云	生产1部	2020/3/1
3	杨清	生产1部	2020/3/2
4	李欣	生产2部	2020/3/3
5	金鑫	生产2部	2020/3/4
6	华涵涵	生产2部	2020/3/5
7	张玮	生产1部	2020/3/6
8	聂新余	生产2部	2020/3/7
9	陈媛媛	生产2部	2020/3/8
10	高雨	生产1部	2020/3/9
11	刘慧洁	生产2部	2020/3/10
12	李季	生产1部	2020/3/11
13	周梦伟	生产2部	2020/3/12
14	林源	生产1部	2020/3/13
15			

图 1-19

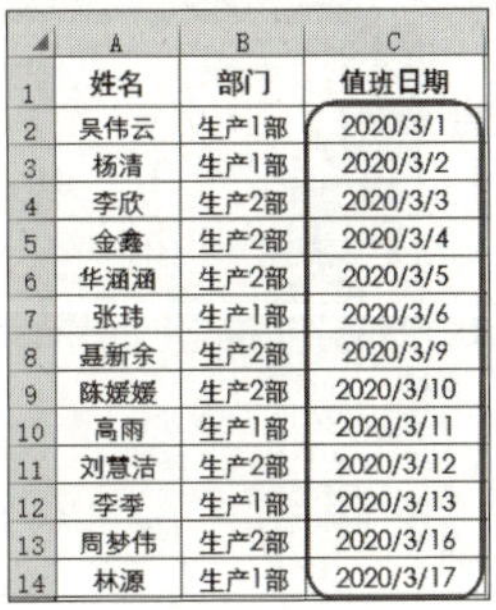

	A	B	C
1	姓名	部门	值班日期
2	吴伟云	生产1部	2020/3/1
3	杨清	生产1部	2020/3/2
4	李欣	生产2部	2020/3/3
5	金鑫	生产2部	2020/3/4
6	华涵涵	生产2部	2020/3/5
7	张玮	生产1部	2020/3/6
8	聂新余	生产2部	2020/3/9
9	陈媛媛	生产2部	2020/3/10
10	高雨	生产1部	2020/3/11
11	刘慧洁	生产2部	2020/3/12
12	李季	生产1部	2020/3/13
13	周梦伟	生产2部	2020/3/16
14	林源	生产1部	2020/3/17

图 1-20

1.1.4 外部数据

Excel 表格中的数据除了手工录入的之外，还有的需要从外部导入，如文本文件中的数据、Word 文档中的数据、网页中的数据等。这些数据导入到 Excel 中并形成标准的数据表后，才能进行相关的数据统计分析。

1. 从 Word 中导入

Word 文档中的表格可以复制到 Excel 中使用。Excel 的分析功能是十分强大的，可以将原始数据导入到 Excel 中，然后进行数据计算分析。

❶在 Word 文档中选中需要复制的表格，单击"开始"选项卡，在"剪贴板"选项组中单击"复制"按钮，如图 1-21 所示。

图 1-21

❷在 Excel 工作表中选中放置复制数据的起始单元格，单击"开始"选项卡，在"剪贴板"选项组中单击"粘贴"下拉按钮，在弹出的下拉菜单中单击"匹配目标格式"按钮（如图 1-22 所示），即可将 Word 文档中的数据导入 Excel 表格中（如图 1-23 所示），数据稍加整理即可使用。

图 1-22

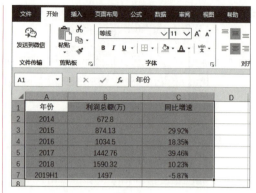

图 1-23

2. 从文本文件中导入

文本数据也是常见的数据来源。文本文件通常用来记录数据，并没有分析和计算数据的功能，因此若要进行数据分析，需要先将数据导入到 Excel 中。如图 1-24 所示为某日客服接线记录表的部分数据，这样的数据也可导入到 Excel 中进行数据分析。

图 1-24

❶新建一个空白工作簿，在"数据"选项卡的"获取和转换数据"组中单击"从文本/CSV"按钮，如图 1-25 所示。

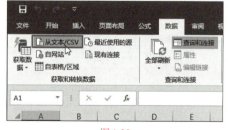

图 1-25

❷打开"导入数据"对话框，找到要使用其中

数据的文本文件（如图1-26所示），单击"导入"按钮，打开对话框，如图1-27所示。

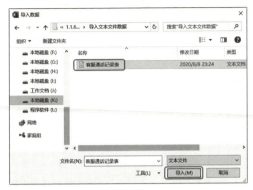

图1-26

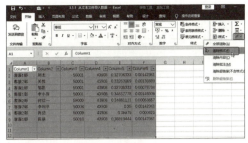

图1-29

专家提醒

导入的文本文件数据要具有一定的规则，如以统一的分隔符进行分隔或具有固定的宽度，这样导入的数据才会自动分列显示。如果文本数据过于杂乱，则程序难以找到相应的分列规则，数据导入到Excel表格中也会很杂乱。这种情况下如果一定要导入，可以先在文本文件中对数据进行整理。

另外，在本例中，时间数据被清除格式后会变成小数值，因此在后期整理数据时，可以选中这些数据，在对应列为其重新设置时间格式即可。

3. 从网页中导入

数据统计分析所要用到的数据，有些是日常工作中直接产生的，而另一部分涉及宏观、横向比较的数据，例如市场份额、产品渠道分布等，一般都是需要利用网络查看官方统计数据库或年鉴等，因此网页数据也是源表数据的来源之一。从网页中找到需要的数据后，可以利用如下方法将其导入到Excel工作表中。

❶打开Excel表格，在"数据"选项卡的"获取外部数据"组中单击"自网站"按钮，如图1-30所示。

图1-27

❸此时可以看到表格预览，接着单击"加载"按钮，即可将数据导入到表格中，如图1-28所示。

图1-30

❷打开"从Web"对话框，在"URL"框中输入网址（如图1-31所示），单击"确定"按钮，打开导航器。

❹选中导入的数据区域，在"开始"选项卡的"编辑"组中单击"清除"右侧的下拉按钮，在下拉列表中选择"清除格式"命令，将表格的格式清除（如图1-29所示），然后对表格进行补充列表等整理操作。

第1章 数据的输入及格式限定

7

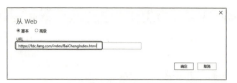

图 1-31

专家提醒

这里的网址一定是有需要导入数据的网页，如果网页中没有可以导入的表格，那么在下一步中程序将找不到表格。

❸ 在导航器中会将当前网页中所有能导入的表格都在左侧生成出来，单击选择后会在右侧预览，确定要导入的内容后（如图 1-32 所示），单击“加载”按钮，即可将数据导入到表格中，如图 1-33 所示。

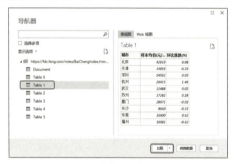

图 1-32

	A	B	C
1	城市	样本均价(元/m²)	环比涨跌(%)
2	北京	42619	0.08
3	天津	14859	-0.33
4	深圳	54562	0.03
5	杭州	26415	1.46
6	武汉	12488	0.02
7	苏州	17282	0.28
8	厦门	28971	-0.02
9	长沙	8660	-0.53
10	东莞	16900	0.62
11	福州	16981	-0.62

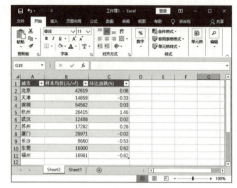

图 1-33

❹ 如果还有其他要导入的内容，可以按相同的方法导入，新导入的数据会自动存放于新工作表中，如图 1-34 所示。待所有数据导入完成后可以再做合并整理形成数据表格。

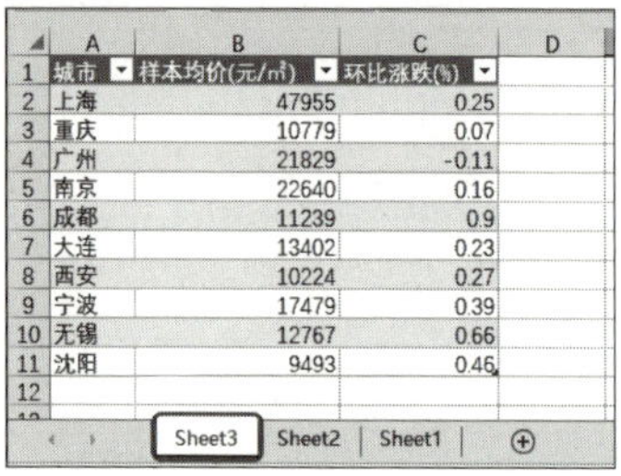

	A	B	C
1	城市	样本均价(元/m²)	环比涨跌(%)
2	上海	47955	0.25
3	重庆	10779	0.07
4	广州	21829	-0.11
5	南京	22640	0.16
6	成都	11239	0.9
7	大连	13402	0.23
8	西安	10224	0.27
9	宁波	17479	0.39
10	无锡	12767	0.66
11	沈阳	9493	0.46

图 1-34

1.2 数据的批量输入

在 Excel 表格中输入数据时，一些有规律的数据可以找寻一些批量输入的办法，以提升工作效率。例如序号、连续增长的年份（2015，2016，2017，…）、星期数等，这类数据可以直接使用 Excel 的填充功能来快速输入。另外通过建立工作组也可以实现向多表中批量输入数据。

1.2.1 填充序号

序号在表格中非常常见，如 1，2，3，…；AP1，AP2，AP3，…；SPT001，SPT002，SPT003，…输入序号都是使用填充的办法，而不必逐个去录入。

❶ 在 A2、A3 单元格中分别输入序号“1”和“2”，如图 1-35 所示。

	A	B	C	D
1	序号	姓名	专业	年龄
2	1	邹励	网络工程	21
3	2	华涵涵	网络工程	20
4		张新余	网络工程	22
5		张智志	网络工程	22
6		李欣	网络工程	21
7		杨清	计算机学与技术	22
8		华新伟	计算机学与技术	24
9		吴伟云	计算机学与技术	21
10		姜灵	计算机学与技术	22
11		张玮	计算机学与技术	23
12		朱正于	计算机学与技术	21
13		周钦伟	环境科学	20
14		金鑫	环境科学	22
15		高雨	环境科学	22
16		杨佳	光信息学与技术	22

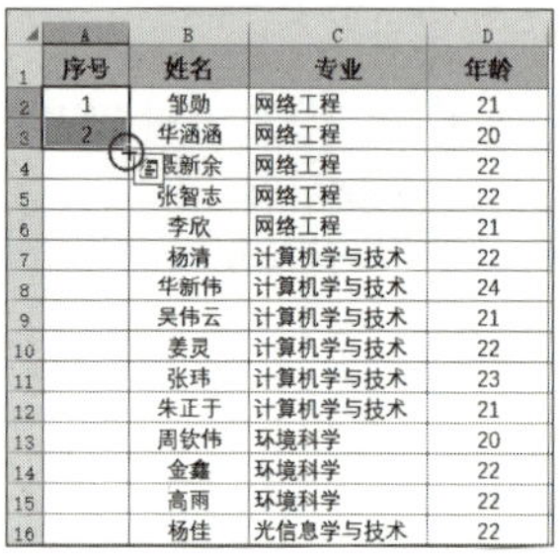

图 1-35

❷ 选中 A2:A3 单元格区域，将鼠标指针指向单元格右下角的填充柄，向下拖动填充柄，释放鼠标可以看到填充得到的序号，效果如图 1-36 所示。

序号	姓名	专业	年龄
1	邹勋	网络工程	21
2	华涵涵	网络工程	20
3	聂新余	网络工程	22
4	张智志	网络工程	22
5	李欣	网络工程	21
6	杨清	计算机学与技术	22
7	华新伟	计算机学与技术	24
8	吴伟云	计算机学与技术	21
9	姜灵	计算机学与技术	22
10	张玮	计算机学与技术	23
11	朱正于	计算机学与技术	21
12	周钦伟	环境科学	20
13	金鑫	环境科学	22
14	高雨	环境科学	22
15	杨佳	光信息学与技术	22
16	韩志	光信息学与技术	20

图 1-36

❸ 填充的序号也可以是其他的格式，例如在 A2 单元格中输入“AH20-001”序号（如图 1-37 所示），向下拖动填充柄，释放鼠标可以看到填充得到的序号，如图 1-38 所示。

序号	姓名	专业	年龄
AH20-001	邹勋	网络工程	21
	华涵涵	网络工程	20
	聂新余	网络工程	22
	张智志	网络工程	22
	李欣	网络工程	21
	杨清	计算机学与技术	22
	华新伟	计算机学与技术	24
	吴伟云	计算机学与技术	21
	姜灵	计算机学与技术	22
	张玮	计算机学与技术	23
	朱正于	计算机学与技术	21
	周钦伟	环境科学	20
	金鑫	环境科学	22
	高雨	环境科学	22

图 1-37

序号	姓名	专业
AH20-001	邹勋	网络工程
AH20-002	华涵涵	网络工程
AH20-003	聂新余	网络工程
AH20-004	张智志	网络工程
AH20-005	李欣	网络工程
AH20-006	杨清	计算机学与技术
AH20-007	华新伟	计算机学与技术
AH20-008	吴伟云	计算机学与技术
AH20-009	姜灵	计算机学与技术
AH20-010	张玮	计算机学与技术
AH20-011	朱正于	计算机学与技术
AH20-012	周钦伟	环境科学
AH20-013	金鑫	环境科学
AH20-014	高雨	环境科学
AH20-015	杨佳	光信息学与技术
AH20-016	韩志	光信息学与技术

图 1-38

知识扩展

如果要实现按等差序列进行数据填充，即编号不是连续的，则要输入前两个编号作为填充源（如图 1-39 所示），然后再执行填充，只有这样，程序才能按找到的规律进行填充，如图 1-40 所示。

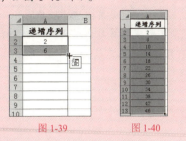

递增序列
2
6

图 1-39

递增序列
2
6
10
14
18
22
26
30
34
38
42
46

图 1-40

1.2.2 填充相同数据

在连续的区域中输入相同的数据也可以利用填充的方法实现，主要分为如下两种情况。

如果是纯文本数据，可以在输入首个数据后，利用填充的方法一次性输入，如图 1-41 所示。

姓名	部门	值班日期
吴伟云	生产部	2020/3/1
杨清	生产部	2020/3/2
李欣	生产部	2020/3/3
金鑫	生产部	2020/3/4
华涵涵	生产部	2020/3/5
张玮	生产部	2020/3/6
聂新余	生产部	2020/3/9
陈媛媛	生产部	2020/3/10
高雨	生产部	2020/3/11
刘慧洁	生产部	2020/3/12
李季	生产部	2020/3/13
周梦伟	生产部	2020/3/16
林源	生产部	2020/3/17

图 1-41

如果数据有增序性质，则在拖动填充后会默认自动递增（如图 1-42 所示），这时需要单击右下角出现的“自动填充选项”按钮，在下拉菜单中选中“复制单元格”单选按钮，将数据修正为相同的数据（如图 1-43 所示）。

姓名	部门	值班日期
吴伟云	生产1部	2020/3/1
杨清	生产2部	2020/3/2
李欣	生产3部	2020/3/3
金鑫	生产4部	2020/3/4
华涵涵	生产5部	2020/3/5
张玮	生产6部	2020/3/6
聂新余	生产7部	2020/3/9
陈媛媛	生产8部	
高雨	生产9部	
刘慧洁	生产10部	
李季	生产11部	
周梦伟	生产12部	
林源	生产13部	

- 复制单元格(C)
- 填充序列(S)
- 仅填充格式(F)
- 不带格式填充(O)
- 快速填充(F)

图 1-42

姓名	部门	值班日期
吴伟云	生产1部	2020/3/1
杨清	生产1部	2020/3/2
李欣	生产1部	2020/3/3
金鑫	生产1部	2020/3/4
华涵涵	生产1部	2020/3/5
张玮	生产1部	2020/3/6
聂新余	生产1部	2020/3/9
陈媛媛	生产1部	2020/3/10
高雨	生产1部	2020/3/11
刘慧洁	生产1部	2020/3/12
李季	生产1部	2020/3/13
周梦伟	生产1部	2020/3/16
林源	生产1部	2020/3/17

图 1-43

专家提醒

日期数据也是具有增序性质的,所以在填充时默认是按日期递增的。当需要输入相同的日期时,也需按如图1-42所示的方法去操作。

1.2.3 工作组批量输入

所谓工作组,是指被同时选中的多张工作表。建立工作组后,接下来进行的所有操作将会在这个工作组的任意一个工作表中呈现。因此,利用工作组的属性也可以实现数据的批量输入。

1. 多工作表一次性建立内容

如本例中要在"1月份""3月份""5月份"……各个表中建立相同的数据,即全年对10岁儿童身高数据的抽样检测。这些表格的部分数据是完全相同的,因此可以一次性建立。

❶ 按住 Ctrl 键不放,依次单击所有想建立为工作组的工作表的标签,将它们全部选中,如图1-44所示。

图 1-44

❷ 依次录入数据,包括对表格格式的设置,如图1-45所示。

图 1-45

❸ 输入结束后,切换到工作组中的任意一个工作表中,可以看到完全相同的数据,如图1-46和图1-47所示。

图 1-46 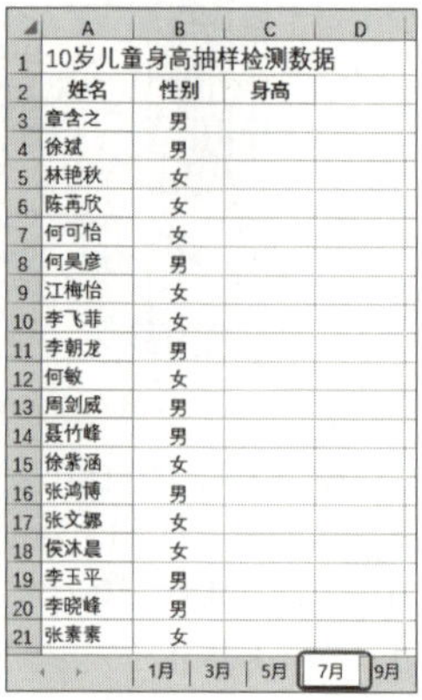   图 1-47

2. 将已有工作表内容填充到其他工作表

如果一张表格中的数据在其他工作表中也需要,则可以使用快速填充方法代替复制粘贴的办法。本例中,需要将"1月销售数据"工作表中的产品基本信息(A列至E列)数据快速填充到"2月销售数据"和"3月销售数据"表格中。

❶ 在"1月销售数据"表中选中要填充的目标数据,然后同时选中"1月销售数据"表、"2月销售数据"表和"3月销售数据"表,在"开始"选项卡的"编辑"组中单击"填充"下拉按钮,在弹出的下拉菜单中选择"至同组工作表"命令,如图1-48所示。打开"填充成组工作表"对话框,选中"全部"单选按钮,如图1-49所示。

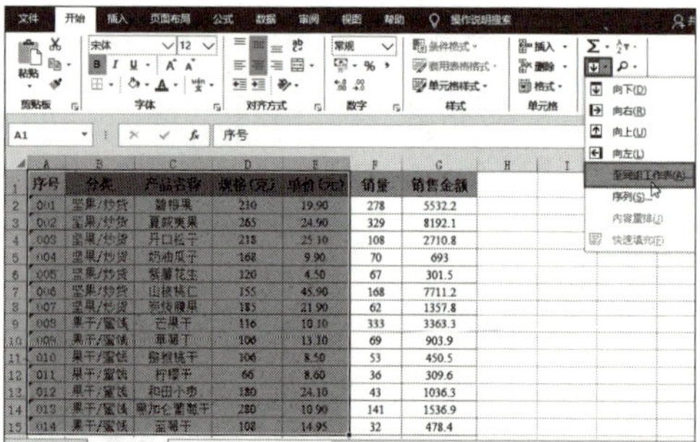

图 1-48

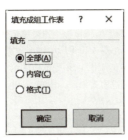

图 1-49

❷ 单击"确定"按钮，即可将选择的单元格区域内容复制到"2月销售数据"和"3月销售数据"表格中，效果如图 1-50 所示。

图 1-50

1.2.4 不连续相同数据的批量输入

不连续的单元格中也可以一次性输入相同的数据，操作方法如下。

❶ 首先按住 Ctrl 键不放，依次选中目标单元格

1.3 通过数据验证规范输入

数据有效性验证条件的设置，是为了让指定单元格中输入的数据满足一定的要求，如只能输入指定范围的整数、只能输入小数、只能从序列中选择输入等。合理地设置数据有效性验证规则，可以有效防止数据在输入时出错，在一定程度上也可以提升数据的规范程度。

1.3.1 限制输入数据范围

在表格中输入数据时，有些单元格只能输入特定的数据（如只能输入日期，只能输入

与单元格区域，在最后一个选中的单元格中输入数据，如此处输入"电子信息工程"（如图 1-51 所示）。

序号	姓名	专业	年龄
1	邹志志		24
2	邹勋		21
3	朱正于		21
4	周薇		20
5	周钦伟		20
6	钟薇		22
7	张智志		22
8	张玮		23
9	杨旭伟		22
10	杨清	电子信息工程	22
11	杨佳		22

图 1-51

❷ 然后按 Ctrl+Enter 组合键，可以看到所有选中的单元格中输入了相同的数据，如图 1-52 所示。

序号	姓名	专业
1	邹志志	电子信息工程
2	邹勋	电子信息工程
3	朱正于	
4	周薇	电子信息工程
5	周钦伟	
6	钟薇	
7	张智志	电子信息工程
8	张玮	
9	杨旭伟	电子信息工程
10	杨清	电子信息工程
11	杨佳	
12	吴伟云	

图 1-52

整数等），此时可以用数据有效性来设置。本例中要求输入本月的采购日期，实际有两个要求，一是要求只能输入正确格式的日期，二是要求日期要限定在本月内。

❶ 选中 A2:A10 单元格区域，在"数据"选项卡的"数据工具"组中单击"数据验证"按钮（如图 1-53 所示），打开"数据验证"对话框。

❷ 单击"允许"设置框右侧下拉按钮，在下拉菜单中选择"日期"（如图 1-54 所示），接着在"最小值"文本框与"最大值"文本框中设定最大日期与最小日期，如图 1-55 所示。

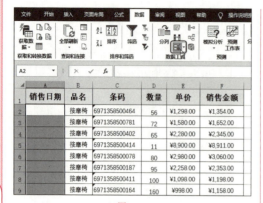

图 1-53

图 1-54

图 1-55

❸ 单击"确定"按钮，返回到工作表中，在 A2:A10 单元格区域中输入日期都能正确显示。输入的日期如果不是程序能识别的标准日期，按 Enter 键时系统都会弹出如图 1-56 所示的提示框；或者输入不在设定范围内的日期时，按 Enter 键时也会弹出错误提示，如图 1-57 所示。

图 1-56

图 1-57

1.3.2 限制输入数据类型

通过设置数据验证可以限制输入数据的类型。例如，在按摩椅销售记录表格中输入销售数量时，不允许输入小数，只允许输入整数，其设置方法如下。

❶ 选中"数量"列的单元格区域，在"数据"选项卡的"数据工具"组中单击"数据验证"按钮（如图 1-58 所示），打开"数据验证"对话框。

❷ 单击"允许"设置框右侧下拉按钮，在下拉菜单中选择"整数"（如图 1-59 所示），并设置后续条件为"不等于"和"0"，如图 1-60 所示。

❸ 单击"确定"按钮，返回到工作表中，"数据"列中输入的数据只要不是整数，都会返回错误提示。如图 1-61 因为输入小数而弹出错误提示，如图 1-62 因为输入的是文本而弹出错误提示。

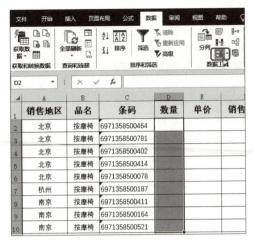

图 1-58

图 1-59

图 1-60

图 1-61

图 1-62

1.3.3 制作输入下拉列表

当某些单元格中可输入数据只有固定几项（如加班性质、所属部门、产品分类等）时，可以通过数据验证来进行设置，从而让用户通过下拉列表来选择输入。例如，本例的"品名"列中有固定的几种品种，则可以先建立选择序列。

❶ 选中"品名"列的单元格区域，在"数据"选项卡"数据工具"选项组中单击"数据验证"按钮，打开"数据验证"对话框。

❷ 单击"允许"下拉按钮，在展开的列表框中单击"序列"选项，然后在"来源"文本框中输

13

入"按摩椅,哑铃,健腹轮,健身盘,拉力器",如图1-63所示。

图1-63

❸ 单击"确定"按钮,返回到工作表中。单击"品名"列下的单元格,右侧会出现一个下拉按钮,在展开的菜单中可以选择不同的品名,如图1-64所示。

❶ 选中要设置数据验证的单元格区域,在"数据"选项卡的"数据工具"组中单击"数据验证"按钮,如图1-65所示。

图1-65

❷ 打开"数据验证"对话框,选择"输入信息"选项卡,在"输入信息"文本框中输入想显示的提示信息,如图1-66所示。

图1-64

1.3.4 创建输入提示

如果表格中对所输入的数据有一定的要求,除了直接设置数据验证条件外,还可以在"数据验证"对话框中设置"输入信息"。实现的效果是当选中单元格时会自动在下方显示提示文字。

本例中需要为"身高"列设置输入提示信息,提示录入者只能输入指定格式的身高数据。

图1-66

❸ 单击"确定"按钮,当鼠标指针指向单元格时会显示提示信息,效果如图1-67所示。

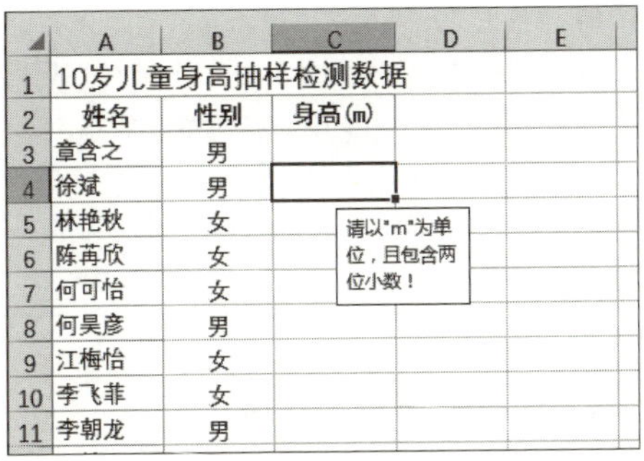

图 1-67

1.3.5 限制输入空格

手工输入数据时经常会无意中输入多余的空格，这些数据如果只是用于查看，有空格并无大碍；但如果要用于统计或查找等，这时的空格会为数据分析带来极大困扰。例如，"哑铃"和"哑 铃"在 Excel 中会作为两个完全不同的对象。

为了规范数据的录入，可以使用数据验证功能限制空格的录入，一旦有空格录入就会弹出提示框。要实现这种限制，需要使用公式来建立验证条件，即在"允许"下拉列表中选择"自定义"选项。

❶ 选中要设置数据验证的单元格区域，在"数据"选项卡的"数据工具"组中单击"数据验证"按钮，如图 1-68 所示。

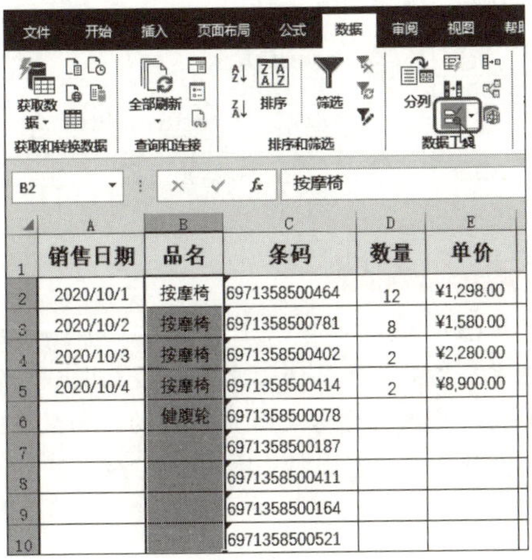

图 1-68

❷ 打开"数据验证"对话框，选择"设置"选项卡，在"允许"下拉列表中选择"自定义"选项，在"公式"文本框中输入公式"=ISERROR(FIND(" ",B2))"，如图 1-69 所示。

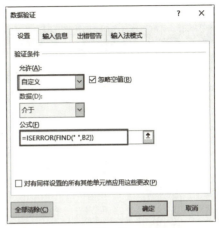

图 1-69

❸ 单击"确定"按钮，输入带空格的文本后会弹出错误提示框，如图 1-70 所示。

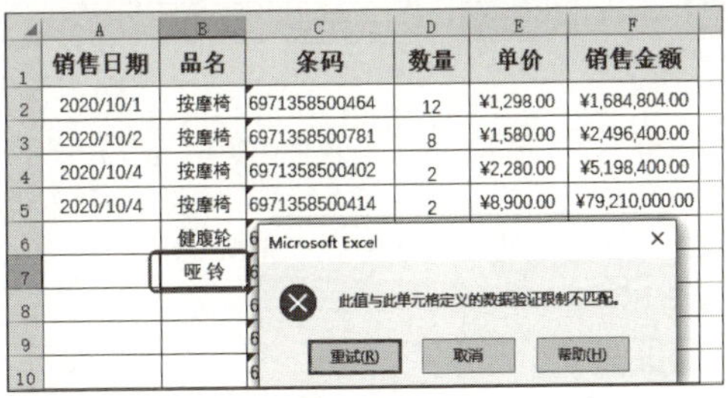

图 1-70

专家提醒

文中使用的公式解析为：先用 FIND 函数在 B2 单元格中查找空格的位置，如果找到，则返回位置值；如果未找到，则返回一个错误值。ISERROR 函数用于判断值是否为任意错误值，如果是，则返回 TRUE；如果不是，则返回 FALSE。本例中当结果为 TRUE 时，则允许输入，否则不允许输入。

1.3.6 限制重复数据

对于不允许输入重复值的数据区域，可以

通过设置数据验证来限制重复值的输入，从根源上避免错误产生。

❶ 选中要设置数据验证的单元格区域，在"数据"选项卡的"数据工具"组中单击"数据验证"按钮，如图1-71所示。

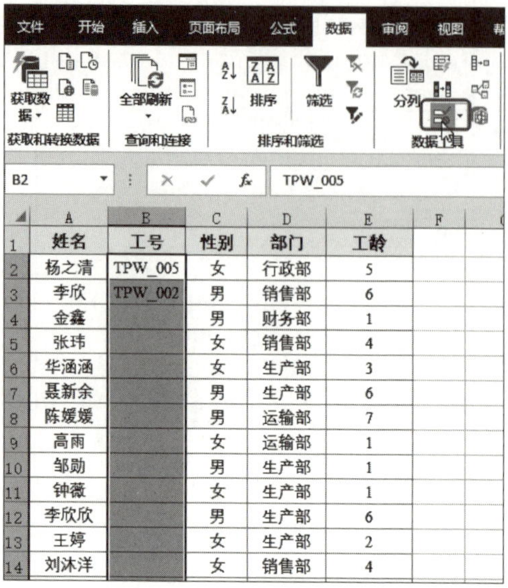

图1-71

❷ 打开"数据验证"对话框，选择"设置"选项卡，在"允许"下拉列表中选择"自定义"选项，在"公式"文本框中输入公式"=COUNTIF(B:B,B2)=1"，如图1-72所示。

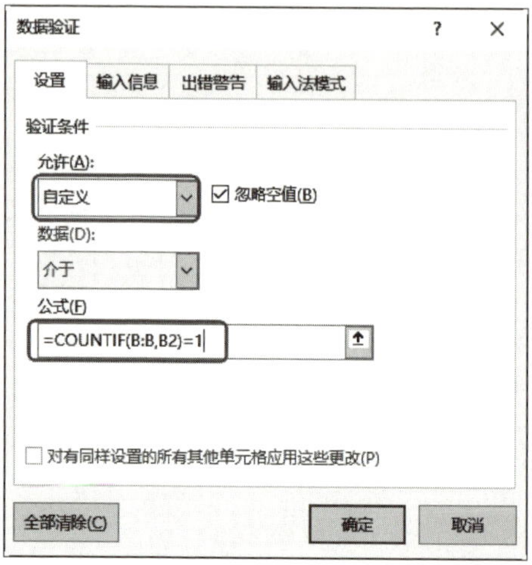

图1-72

❸ 切换至"出错警告"选项卡，在"样式"下拉列表中单击"停止"选项，在"错误信息"文本框中输入相应的内容，如图1-73所示。单击"确定"按钮，当输入重复的工号后，会弹出错误提示框（注意其中信息是我们自定义的，也具有提示的作用），如图1-74所示。

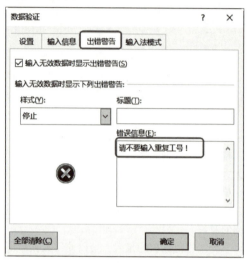

图1-73

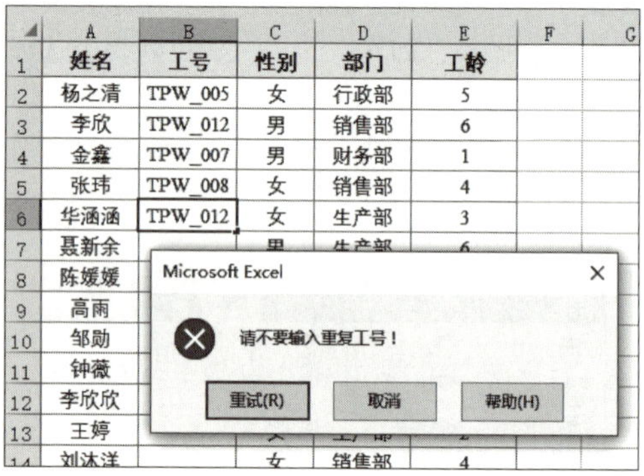

图1-74

专家提醒

COUNTIF函数用于对指定区域中符合指定条件的单元格进行计数。这里用来判断A列中输入的学号是否是唯一的，如果是，则允许输入，否则阻止输入。

知识扩展

如果已经设置好的数据验证条件适合另一个表格中的数据，则不需要重新进行数据验证设置，只需要打开之前的表格并复制验证条件即可。

选中已设置验证条件的单元格区域并按Ctrl+C组合键执行复制。切换到要粘贴验证条件格式的表格，选中目标单元格区域，在"开始"选项卡的"剪贴板"组中单击"粘贴"下拉按钮，在弹出的下拉菜单中选择"选择性粘贴"命令，打开"选择性粘贴"对话框，在"粘贴"栏中选中"验证"单选按钮，如图1-75所示。

图1-75

第 2 章 数据的规范整理

原始表格是数据计算分析的基础，而建立原始数据的最终目的也是为了通过计算分析得出相应的结论。不规范的数据会给数据统计分析带来一些阻碍，或导致分析结果出错，比如包含空格的数据、带文字单位的数据、文本格式的数字、非标准格式的日期等，因此保障基础数据的规范性至关重要。为此，首先要养成良好的建表习惯，同时对于一些其他途径获取的不完全规范的数据，应学会一些常用的整理办法。

- ☑ 使用智能定位辅助整理数据
- ☑ 处理空白的单元格、行、列
- ☑ 处理重复的数据
- ☑ 处理不规范的数值、日期

2.1 智能定位

无论要对数据进行哪些操作，选中目标单元格或单元格区域是首要工作。除了可以用鼠标单击、通过拖动定位目标单元格外，还可以使用“定位条件”功能快速定位一些特殊的单元格，如定位所有设置了数据有效性的单元格、定位包含公式的单元格、定位空值单元格等。

统计分析中，精准定位单元格并非只为了查看数据。实际上，定位特殊的单元格可有效辅助对数据的处理，如定位空单元格可以实现在一些不连续的单元格中一次性批量输入数据，定位常量可以一键更改单元格的格式等。

2.1.1 定位空值

定位空值可以快速查找空白单元格，同时也能实现数据的批量输入。在本例中，考试成绩数据区域中有一些空白单元格，这些单元格是小于 80 分的不合格的成绩，现在需要统一填入“不合格”文字。要想实现一次性快速输入，则需要先定位空值单元格，然后再执行文本输入。

❶ 选中要输入数据的所有单元格区域，如图 2-1 所示。按 F5 键，打开“定位”对话框，单击“定位条件”按钮（如图 2-2 所示），打开“定位条件”对话框。

❷ 选择定位条件为“空值”，如图 2-3 所示。单击“确定”按钮，即可一次性选中指定单元格区域中的所有空值单元格，如图 2-4 所示。

	A	B	C	D
1	某技能考试成绩数据分析			
2	1组	2组	3组	4组
3	95	92	92	98
4		100	96	
5	100	95		96
6	92		94	94
7		91	97	96
8	96	92	92	
9			95	94
10	94	96	94	96
11	98	100	94	98
12	96	92		96
13	97	96	95	
14	98	96	94	98
15			95	
16	100			94
17	99	98	96	92
18		91	97	
19	96	94		
20		95	96	96
21	91			100
22	96	97	96	94

图 2-1

图 2-2

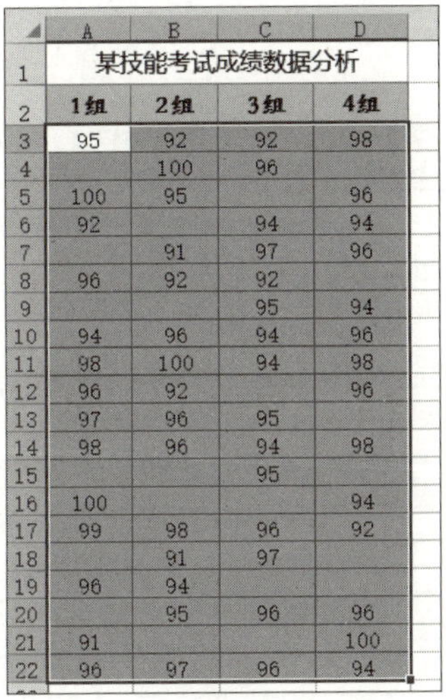

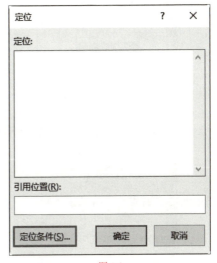

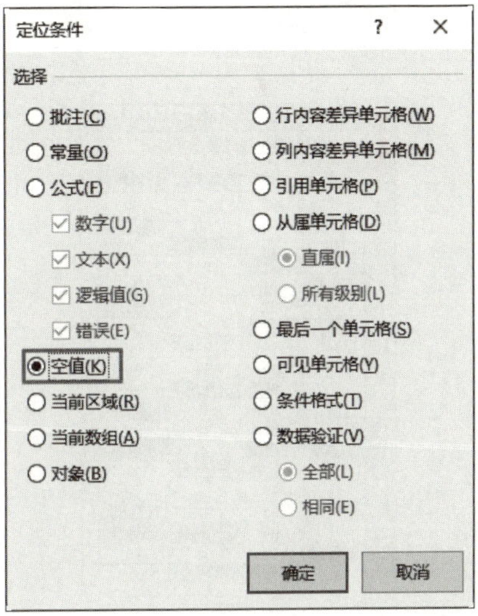

图 2-3

某技能考试成绩数据分析

1组	2组	3组	4组
95	92	92	98
	100	96	
100	95		96
92		94	94
	91	97	96
96	92	92	
		95	94
94	96	94	96
98	100	94	98
96	92		96
97	96	95	
98	96	94	98
		95	
100			94
99	98	96	92
	91	97	
96	94		
	95	96	96
91			100
96	97	96	94

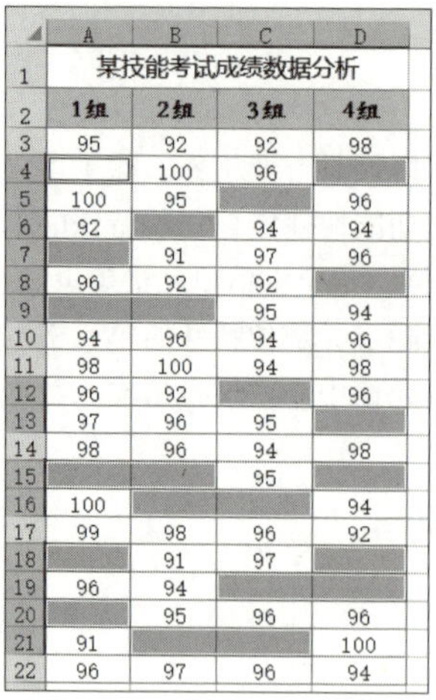

图 2-4

❸ 在编辑栏内输入“不合格”文字，如图 2-5 所示。按 Ctrl+Enter 组合键，即可完成对这些不连续的空单元格一次性输入相同的数据，效果如图 2-6 所示。

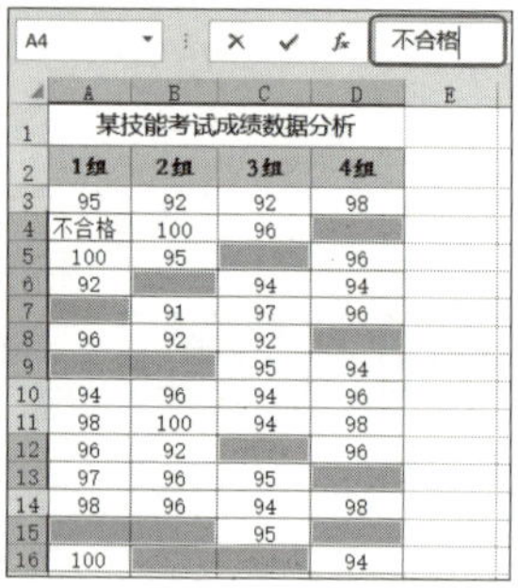

某技能考试成绩数据分析

1组	2组	3组	4组
95	92	92	98
不合格	100	96	
100	95		96
92		94	94
	91	97	96
96	92	92	
		95	94
94	96	94	96
98	100	94	98
96	92		96
97	96	95	
98	96	94	98
		95	
100			94

图 2-5

某技能考试成绩数据分析

1组	2组	3组	4组
95	92	92	98
不合格	100	96	不合格
100	95	不合格	96
92	不合格	94	94
不合格	91	97	96
96	92	92	不合格
不合格	不合格	95	94
94	96	94	96
98	100	94	98
96	92	不合格	96
97	96	95	不合格
98	96	94	98
不合格	不合格	95	不合格
100	不合格	不合格	94
99	98	96	92
不合格	91	97	不合格
96	94	不合格	不合格
不合格	95	96	96
91	不合格	不合格	100
96	97	96	94

图 2-6

2.1.2 定位常量

常量是除公式返回值和空白单元格之外的其他单元格，定位常量仍然是使用“定位条件”对话框。什么情况下需要进行这项操作呢？下面通过范例讲解。

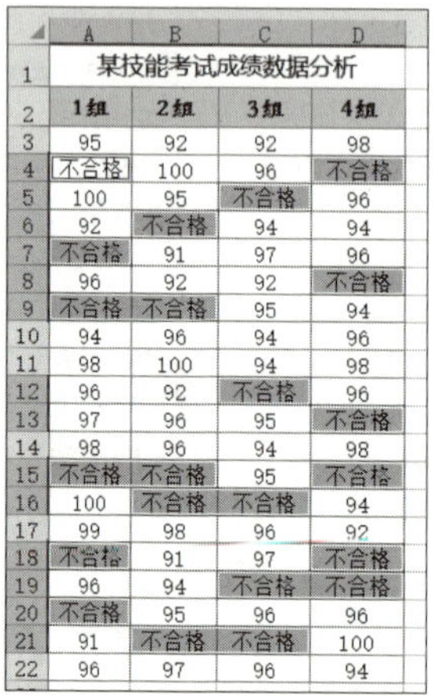

例如，在如图 2-7 所示的表格中存在多处“未统计”文字，现在需要将这些数据一次性删除。

❶ 选中 C~E 列的单元格区域，如图 2-7 所示。按 F5 键后打开“定位条件”对话框，选择定位条件为“常量”，并选中下面的“文本”复选框，如图 2-8 所示。

员工社保缴费表

姓名	部门	养老保险	医疗保险	失业保险
吴伟云	行政部	232	68	未统计
王伟	行政部	156	49	19.5
王婷	行政部	124	41	15.5
宋云飞	财务部	未统计	76	33
聂新余	财务部	156	未统计	19.5
刘勋	客户部	236	69	29.5
李欣	客户部	232	68	未统计
李欣杰	客户部	180	55	22.5
吕阳	客户部	未统计	未统计	12.5
陆丽媛	客户部	236	69	29.5
岳燕	客户部	224	68	未统计
李雪儿	客户部	156	49	19.5

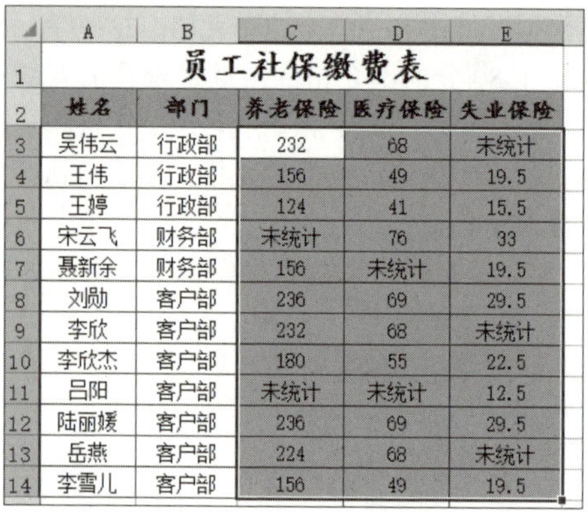

图 2-7

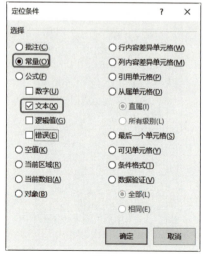

图 2-8

❷ 单击“确定”按钮，即可一次性选中所有文本单元格，如图 2-9 所示。

	A	B	C	D	E
1	员工社保缴费表				
2	姓名	部门	养老保险	医疗保险	失业保险
3	吴伟云	行政部	232	68	未统计
4	王伟	行政部	156	49	19.5
5	王婷	行政部	124	41	15.5
6	宋云飞	财务部	未统计	76	33
7	聂新余	财务部	156	未统计	19.5
8	刘勋	客户部	236	69	29.5
9	李欣	客户部	232	68	未统计
10	李欣杰	客户部	180	55	22.5
11	吕阳	客户部	未统计	未统计	12.5
12	陆丽媛	客户部	236	69	29.5
13	岳燕	客户部	224	68	未统计
14	李雪儿	客户部	156	49	19.5

图 2-9

❸ 按 Delete 键可以一次性删除这些文本，如图 2-10 所示；也可以在编辑栏内输入“0”，按 Ctrl+Enter 组合键，实现一次性填充 0，效果如图 2-11 所示。

	A	B	C	D	E
1	员工社保缴费表				
2	姓名	部门	养老保险	医疗保险	失业保险
3	吴伟云	行政部	232	68	
4	王伟	行政部	156	49	19.5
5	王婷	行政部	124	41	15.5
6	宋云飞	财务部		76	33
7	聂新余	财务部	156		19.5
8	刘勋	客户部	236	69	29.5
9	李欣	客户部	232	68	
10	李欣杰	客户部	180	55	22.5
11	吕阳	客户部			12.5
12	陆丽媛	客户部	236	69	29.5
13	岳燕	客户部	224	68	
14	李雪儿	客户部	156	49	19.5

图 2-10

	A	B	C	D	E
1	员工社保缴费表				
2	姓名	部门	养老保险	医疗保险	失业保险
3	吴伟云	行政部	232	68	0
4	王伟	行政部	156	49	19.5
5	王婷	行政部	124	41	15.5
6	宋云飞	财务部	0	76	33
7	聂新余	财务部	156	0	19.5
8	刘勋	客户部	236	69	29.5
9	李欣	客户部	232	68	0
10	李欣杰	客户部	180	55	22.5
11	吕阳	客户部	0	0	12.5
12	陆丽媛	客户部	236	69	29.5
13	岳燕	客户部	224	68	0
14	李雪儿	客户部	156	49	19.5

图 2-11

知识扩展

有时数据区域中存在文本型数据，这些数据会给数据计算带来麻烦，因此可以按相同的方法定位“文本”数据（如图 2-12 所示），按 Delete 键一键删除，然后保持单元格的选中状态并修改单元格的格式为“常规”格式，最后依次输入数据。

	A	B	C	D	E
1	员工社保缴费表				
2	姓名	部门	养老保险	医疗保险	失业保险
3	吴伟云	行政部	232	68	22
4	王伟	行政部	156	49	19.5
5	王婷	行政部	124	41	15.5
6	宋云飞	财务部	135	76	33
7	聂新余	财务部	156	88	19.5
8	刘勋	客户部	236	69	29.5
9	李欣	客户部	232	68	31
10	李欣杰	客户部	180	55	22.5
11	吕阳	客户部	178	65	12.5
12	陆丽媛	客户部	236	69	29.5
13	岳燕	客户部	224	68	30
14	李雪儿	客户部	156	49	19.5

图 2-12

2.1.3 定位实现批量运算

使用定位功能还可以实现一些批量运算，例如忽略空值单元格同增、同减数据，在部分单元格中建立公式等。

1. 忽略空值单元格同增、同减同一数据

如图 2-13 所示为商品库存表，现在商店要从仓库中拿货做促销活动，每个产品各取 100 件（有库存的前提下），在重新计算库存时，要求 C 列数据除空单元格外，同时减去 100 件，得到最新库存表。

❶ 在空白单元格中输入数字“100”，选中该单元格，按 Ctrl+C 组合键复制，然后选中库存单元格区域，如图 2-13 所示。

❷ 按 F5 键后打开“定位条件”对话框，选择定位条件为“常量”，如图 2-14 所示。

❸ 单击“确定”按钮即可选中所有常量（空值不被选中）。然后在“开始”选项卡的“剪贴板”组中单击“粘贴”下拉按钮，在弹出的下拉菜单中选择

"选择性粘贴"命令,如图2-15所示。

图2-13

图2-16

图2-14

图2-17

2. 跳过有数据的单元格,批量建立公式

当前表格中的"环比涨跌"列中存在一些"无"文字,如图2-18所示。现在要求跳过这些单元格,批量建立公式,一次性计算出各条记录的环比涨跌数据。

图2-15

❶打开"选择性粘贴"对话框,在"运算"栏中选中"减"单选按钮,如图2-16所示。单击"确定"按钮,可以看到所有被选中的单元格同时进行了减100的操作,得到新的库存表,如图2-17所示。

	A	B	C	D
1	城市	上期均价(元/㎡)	本期均价(元/㎡)	环比涨跌(%)
2	北京	42619	47955	
3	天津	14859	13402	
4	深圳	54562	无数据	无
5	杭州	26415	22640	
6	武汉	12488	11239	
7	苏州	17282	无数据	无
8	厦门	28971	26530	
9	长沙	9660	10600	
10	东莞	16900	15767	
11	福州	16981	无数据	无
12	重庆	10779	11630	
13	广州	21829	20980	
14	西安	11224	10800	

图2-18

❶ 选中 D 列，按 F5 键后打开"定位条件"对话框，选择定位条件为"空值"，如图 2-19 所示。

图 2-19

❷ 单击"确定"按钮，将 D 列中所有空值单元格都选中，如图 2-20 所示。

	A	B	C	D
1	城市	上期均价(元/㎡)	本期均价(元/㎡)	环比涨跌(%)
2	北京	42619	47955	
3	天津	14859	13402	
4	深圳	54562	无数据	无
5	杭州	26415	22640	
6	武汉	12488	11239	
7	苏州	17282	无数据	无
8	厦门	28971	26530	
9	长沙	9660	10600	
10	东莞	16900	15767	
11	福州	16981	无数据	无
12	重庆	10779	11630	
13	广州	21829	20980	
14	西安	11224	10800	

图 2-20

❸ 将光标定位到公式编辑栏中，输入正确的计算公式，如图 2-21 所示。

	A	B	C	D
1	城市	上期均价(元/㎡)	本期均价(元/㎡)	环比涨跌(%)
2	北京	42619	47955	=(C2-B2)/B2
3	天津	14859	13402	
4	深圳	54562	无数据	无
5	杭州	26415	22640	
6	武汉	12488	11239	
7	苏州	17282	无数据	无
8	厦门	28971	26530	
9	长沙	9660	10600	
10	东莞	16900	15767	
11	福州	16981	无数据	无
12	重庆	10779	11630	
13	广州	21829	20980	
14	西安	11224	10800	

图 2-21

❹ 按 Ctrl+Enter 组合键，即可跳过有数据的单元格（本例为跳过所有包含"无"文本的单元格），批量建立公式，如图 2-22 所示。

	A	B	C	D
1	城市	上期均价(元/㎡)	本期均价(元/㎡)	环比涨跌(%)
2	北京	42619	47955	0.125202375
3	天津	14859	13402	-0.098055051
4	深圳	54562	无数据	无
5	杭州	26415	22640	-0.142911225
6	武汉	12488	11239	-0.100016015
7	苏州	17282	无数据	无
8	厦门	28971	26530	-0.08425667
9	长沙	9660	10600	0.097308489
10	东莞	16900	15767	-0.06704142
11	福州	16981	无数据	无
12	重庆	10779	11630	0.07894981
13	广州	21829	20980	-0.038893215
14	西安	11224	10800	-0.037776194

图 2-22

2.2 处理残缺的数据

当从其他地方复制、下载表格或数据后，经常会发现有多余的空白单元格和空白行，这些空白行、空白单元格区域会破坏数据的连续性，影响公式、筛选、排序、数据透视表等功能的应用。这时可配合定位功能，对空白单元格、空白行进行处理。

2.2.1 处理空白单元格

对于空白单元格，经常会使用 0 值进行填充，关于这种操作，在 2.1.1 小节中已做过介绍。只要先一次性定位空值，然后一次性输入即可。另外，对于有空值的数据，有时也需要连同整行进行删除，其操作如下。

❶ 仍然使用 2.1.1 小节中介绍的方法先定位空白单元格，然后在单元格上单击鼠标右键，在弹出的菜单中选择"删除"命令（如图 2-23 所示），打开

"删除"对话框,选中"整行"单选按钮,如图 2-24 所示。

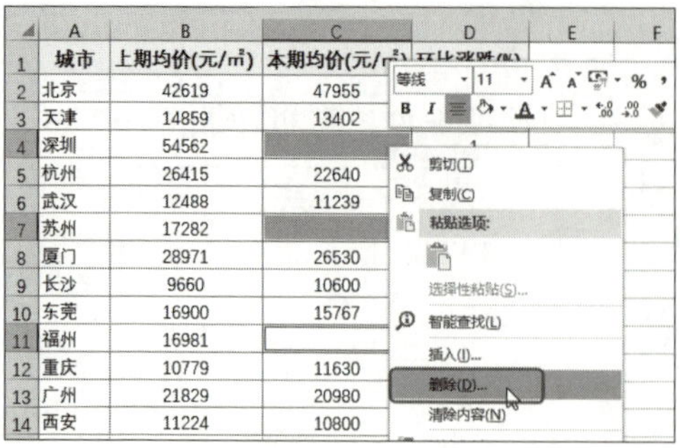

图 2-23

图 2-26

图 2-24

❷ 单击"确定"按钮,即可删除有空白单元格的整行数据,如图 2-25 所示。

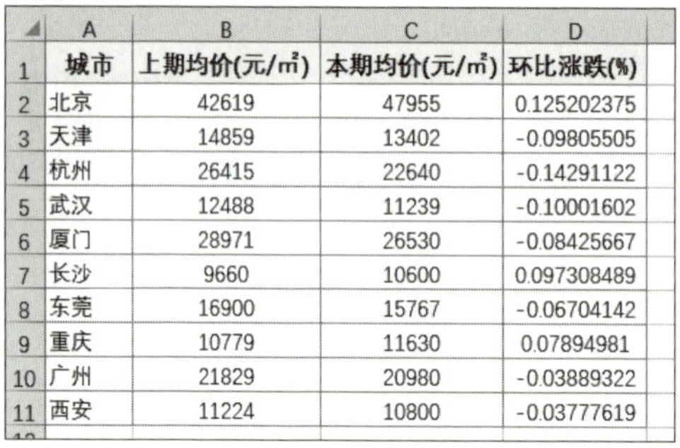

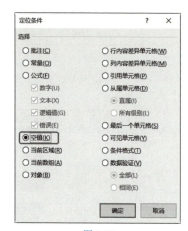

图 2-27

❷ 单击"确定"按钮,即可一次性选中指定单元格区域中的所有空值单元格,如图 2-28 所示。

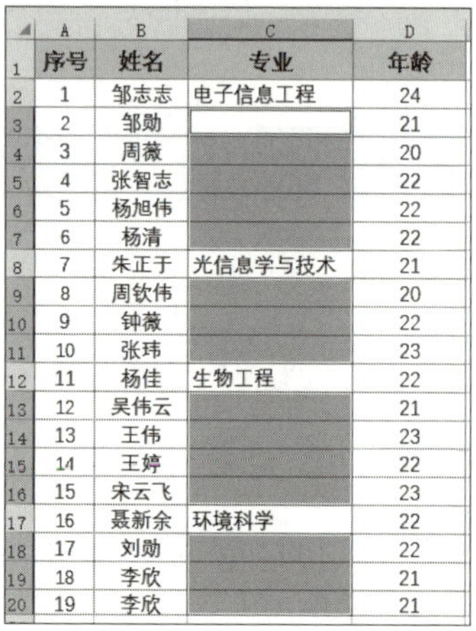

图 2-25

还有一种情况,要求空白单元格能自动批量填充上面一个单元格的数据,这时需要通过先定位再填充的方法实现。

❶ 选中目标单元格区域,按 F5 键,打开"定位"对话框,单击"定位条件"按钮(如图 2-26 所示),打开"定位条件"对话框,选择定位条件为"空值",如图 2-27 所示。

图 2-28

❸ 在编辑栏中输入"=C2"（如图2-29所示），按Ctrl+Enter组合键，可以看到所有空白单元格都自动填充了与自己相连接的那个非空单元格的数据，如图2-30所示。

图2-29

图2-30

2.2.2 处理空行空列

使用定位功能还可以定位到空单元格后，

删除整个空行或空列。例如，在如图2-31所示的数据中，需要删除整行为空的单元格，该如何操作呢？这时可以配合使用"高级筛选"功能来实现删除。

图2-31

❶ 选中整个数据区域，在"数据"选项卡的"排序和筛选"组中单击"高级"命令，打开"高级筛选"对话框，选中"选择不重复的记录"复选框，如图2-32所示。

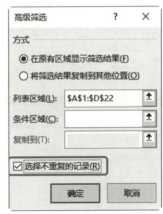

图2-32

❷ 单击"确定"按钮回到工作表中，可以看到选中的数据区域中只剩下唯一的一个空行，如图2-33所示。

	A	B	C	D
1	日期	凭证号	凭证摘要	借方
2			年初余额	
3	1月2日	记账凭证2	财务部报销费	5000.00
4	1月2日	记账凭证3	税费缴纳	340.00
5	1月2日		合计	12230.00
6				
7	1月4日	记账凭证4	工程部签字费	3110.00
8	1月4日	记账凭证3	税费缴纳	3120.00
9	1月4日		合计	408790.00
11	1月5日	记账凭证34	设计部报销费	2900.00
12	1月5日	记账凭证80	利息计算	3900.00
13	1月5日		合计	4000.00
15	1月8日	记账凭证4	工程部签字费	3880.00
16	1月8日	记账凭证78	土地征用税	5000.00
17	1月8日	记账凭证3	税费缴纳	4300.00
18	1月8日	记账凭证80	利息计算	5000.00
19	1月8日		合计	33900.00
21	1月11日	记账凭证34	设计部报销费	3210.00
22	1月11日	记账凭证3	税费缴纳	2290.00

图 2-33

❸ 将筛选得到的数据复制到新工作表中，然后在那个唯一的空行上单击鼠标右键，在打开的快捷菜单中选择"删除"命令即可，如图 2-34 所示。

图 2-34

2.3 处理重复数据

重复数据在数据库表格中也会经常出现。例如，表格中存在重复的编码、名称等。如果重复数据的数量少，则可以手动清除重复项；如果重复数据较多，那么就需要借助于一些操作技巧。对重复值的处理可以分为两种方式，一是标记出重复值，二是删除重复值。

2.3.1 标记重复值

下面在公司加班记录表中，将重复加班的人员以特殊格式标记出来。

❶ 选中要设置的单元格区域，在"开始"选项卡的"样式"组中单击"条件格式"下拉按钮，在弹出的下拉菜单中选择"突出显示单元格规则"→"重复值"命令，如图 2-35 所示。

图 2-35

❷ 打开"重复值"对话框，在"为包含以下类型值的单元格设置格式"下拉列表框中选择"重复"，

"设置为"后面是默认的格式，如图 2-36 所示。

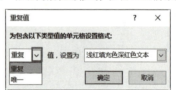

图 2-36

❸ 单击"确定"按钮，即可让重复的姓名以特殊格式显示，效果如图 2-37 所示。

	A	B	C	D
1	加班日期	加班时长	所属部门	加班人员
2	2020/5/8	4.5h	财务部	程小丽
3	2020/5/9	4.5h	销售部	张艳
4	2020/5/15	1h	财务部	卢红
5	2020/5/16	4.5h	设计部	刘丽
6	2020/5/17	3h	财务部	杜月
7	2020/5/18	1.5h	人力资源	张成
8	2020/5/28	4.5h	行政部	卢红燕
9	2020/5/29	3.5h	设计部	刘丽
10	2020/5/30	4.5h	行政部	杜月红
11	2020/5/31	5h	财务部	李成
12	2020/6/1	4.5h	设计部	张红军
13	2020/6/2	11h	人力资源	李诗诗
14	2020/6/3	4.5h	行政部	杜月红
15	2020/6/4	8h	设计部	刘大为
16	2020/6/5	6.5h	销售部	张艳

图 2-37

2.3.2 删除重复值

如图 2-38 所示的表格中"工号"列有重复值，现将工号重复的行删除，即只要"工号"列是重复值就删除，而不管后面 5 列中的数据是否重复。

	A	B	C	D	E
1	员工编号	姓名	课程名称	考核成绩	考核结果
2	NL029	王蒙蒙	产品测试	89	良好
3	NL044	王丹丹	产品测试	82	良好
4	NL049	吴丹晨	产品测试	79	合格
5	NL023	柯娜	合同管理	82	良好
6	NL024	张文婧	合同管理	90	良好
7	NL025	陶月胜	合同管理	86	良好
8	NL026	左亮亮	合同管理	78	合格
9	NL029	王蒙蒙	合同管理	69	不合格
10	NL031	刘晓苔	合同管理	71	合格
11	NL034	沈佳宜	合同管理	70	合格
12	NL036	胡桥	合同管理	82	良好
13	NL023	柯娜	合同管理	79	合格
14	NL039	殷杨	合同管理	78	合格
15	NL045	叶倩文	合同管理	72	合格
16	NL048	董意	合同管理	75	合格

图 2-38

图 2-39

❶ 选中表格中的数据区域，在"数据"选项卡的"数据工具"组中单击"删除重复值"按钮，如图 2-39 所示。打开"删除重复值"对话框，选中"员工编号"复选框（表示以"员工编号"列为判断标准，只要员工编号有重复就会删除整条记录），如图 2-40 所示。

❷ 单击"确定"按钮，即可删除重复值，如图 2-41 所示。

图 2-40

图 2-41

2.4 处理不规范数值、文本、日期

虽然我们一再强调数据规范的重要性，但实际统计分析中，由于数据来源不同，数据表中难免存在一些不规范的数据，比如不规范的文本、日期、数值等。因此掌握一些处理不规范数据的技巧是有必要的。

2.4.1 批量处理文本型数字

有时拿到的数据表会出现众多的文本型数字，从而导致无法进行正确的计算与分析。例如，在如图 2-42 所示的数据表中，由于各组成绩都是文本型数字，因此无法进行最大值、最小值、平均分及协方差的计算。下面来对文本数字进行批量转换。

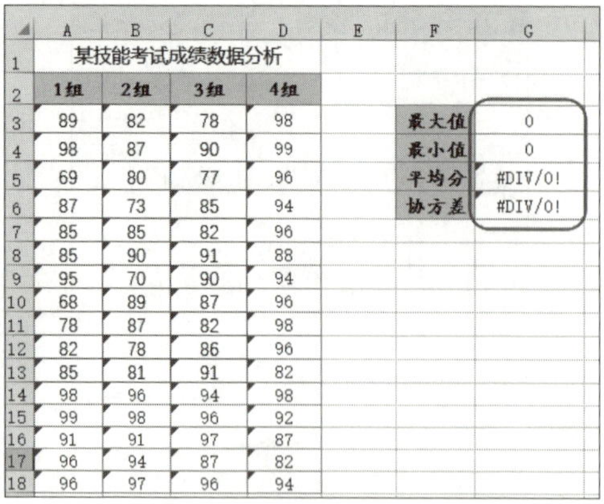

	A	B	C	D	E	F	G
1	某技能考试成绩数据分析						
2	1组	2组	3组	4组			
3	89	82	78	98		最大值	0
4	98	87	90	99		最小值	0
5	69	80	77	96		平均分	#DIV/0!
6	87	73	85	94		协方差	#DIV/0!
7	85	85	82	96			
8	85	90	91	88			
9	95	70	90	94			
10	68	89	87	96			
11	78	87	82	98			
12	82	78	86	96			
13	85	81	91	82			
14	98	96	94	98			
15	99	98	96	92			
16	91	91	97	87			
17	96	94	87	82			
18	96	97	96	94			

图 2-42

❶ 选中 A3:D18 单元格区域，然后单击右上角的 [!] 按钮，在弹出的菜单中选择“转换为数字”命令，如图 2-43 所示。

❷ 完成上面操作后，即可将文本型数据转换为数字，并且公式自动返回正确的运算结果，如图 2-44 所示。

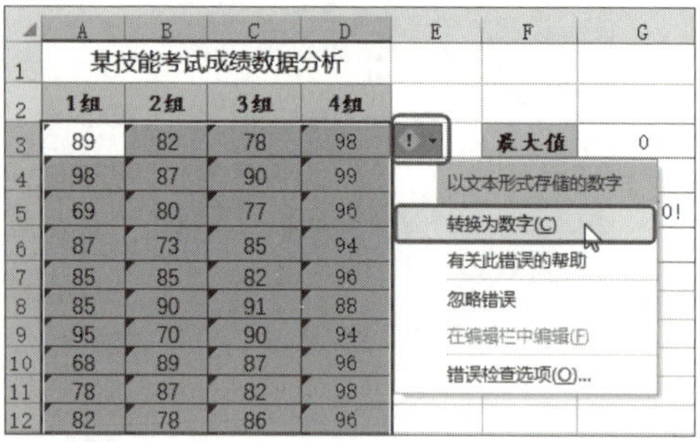

	A	B	C	D
3	89	82	78	98
4	98	87	90	99
5	69	80	77	96
6	87	73	85	94
7	85	85	82	96
8	85	90	91	88
9	95	70	90	94
10	68	89	87	96
11	78	87	82	98
12	82	78	86	96

图 2-43

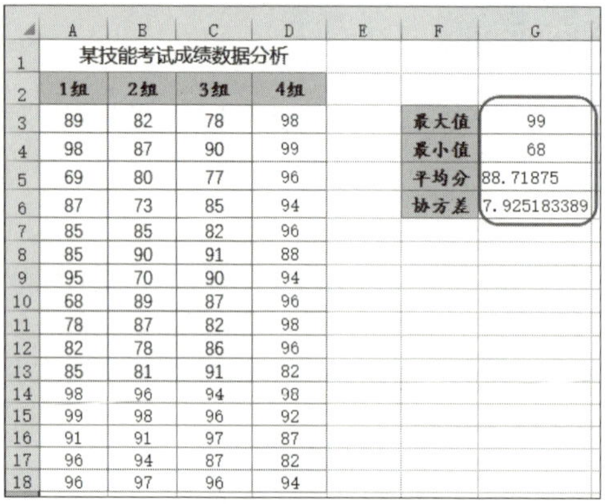

	A	B	C	D	E	F	G
1	某技能考试成绩数据分析						
2	1组	2组	3组	4组			
3	89	82	78	98		最大值	99
4	98	87	90	99		最小值	68
5	69	80	77	96		平均分	88.71875
6	87	73	85	94		协方差	7.925183389
7	85	85	82	96			
8	85	90	91	88			
9	95	70	90	94			
10	68	89	87	96			
11	78	87	82	98			
12	82	78	86	96			
13	85	81	91	82			
14	98	96	94	98			
15	99	98	96	92			
16	91	91	97	87			
17	96	94	87	82			
18	96	97	96	94			

图 2-44

2.4.2 处理数字中的强制换行符

强制换行与自动换行不一样，它是用户按 Alt+Enter 组合键产生的换行。在如图 2-45 所示的表格中，在 B9 单元格输入公式计算总销量时，得到的结果是不正确的，这是因为 B4 和 B5 单元格中含有强制换行符，无法被 Excel 识别为数据，无法进行求和运算。

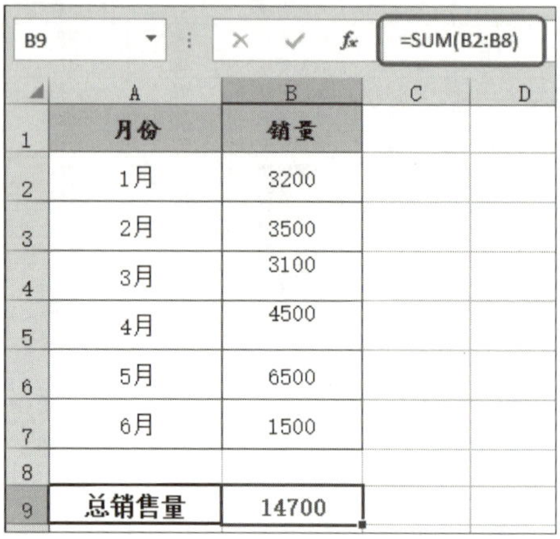

	A	B	C	D
1	月份	销量		
2	1月	3200		
3	2月	3500		
4	3月	3100		
5	4月	4500		
6	5月	6500		
7	6月	1500		
8				
9	总销售量	14700		

图 2-45

在数据处理中，为了能够一次性处理所有数据并且没有遗漏，可以通过查找替换功能，一次性删除表格中的所有换行符。

❶ 按 Ctrl+H 组合键打开“查找和替换”对话框，在“查找内容”文本框中按 Ctrl+J 组合键，如图 2-46 所示。

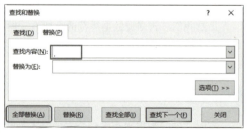

图 2-46

❷ 单击“全部替换”按钮，弹出提示框，提示有多少处换行符已被替换，如图 2-47 所示。

图 2-47

❸ 单击"确定"按钮,即可删除全部的换行符。本例中删除换行符后,数据即可正常计算,如图 2-48 所示。

	A	E
1	月份	销量
2	1月	3200
3	2月	3500
4	3月	3100
5	4月	4500
6	5月	6500
7	6月	1500
9	总销售量	22300

图 2-48

2.4.3 批量转换不规范的日期

输入日期数据或通过其他途径导入数据时,经常会产生文本型日期。不规范的日期会导致数据无法计算和无法汇总统计。

输入日期型数据时,不能输入"20170325""2017.3.25""17.3.25"等不规范的格式,否则在后期数据处理时会出现无法运算、运算错误的现象。如图 2-49 所示,要根据员工的入职时间来计算工龄,同时还要计算工龄工资,由于当前的入职日期不是程序能识别的日期格式,导致了后面的公式计算错误。此表在进行筛选时,也不能按日期筛选,如图 2-50 所示。

	A	B	C	D	E	F	G
1	编号	姓名	所在部门	所属职位	入职时间	工龄	工龄工资
2	001	李成雪	销售部	业务员	2013.3.1	#VALUE!	#VALUE!
3	002	陈江远	财务部	经理	2014.7.1	#VALUE!	#VALUE!
4	003	刘莹	售后服务部	经理	2015.12.1	#VALUE!	#VALUE!
5	004	苏瑞瑞	售后服务部	员工	2017.2.1	#VALUE!	#VALUE!
6	005	苏运成		员工	2017.4.5	#VALUE!	#VALUE!
7	006	周洋	销售部	业务员	2015.4.14	#VALUE!	#VALUE!
8	007	林成瑞	工程部	部门经理	2014.6.16	#VALUE!	#VALUE!
9	008	邹阳阳	行政部	员工	2016.1.28	#VALUE!	#VALUE!
10	009	张景源	销售部	部门经理	2014.2.2	#VALUE!	#VALUE!
11	010	苏敏	财务部	员工	2016.2.19	#VALUE!	#VALUE!
12	011	何平	销售部	业务员	2015.4.7	#VALUE!	#VALUE!
13	012	李梅	售后服务部	员工	2017.2.25	#VALUE!	#VALUE!
14	013	何艳红	销售部	员工	2016.2.25	#VALUE!	#VALUE!

图 2-49

图 2-50

专家提醒

在 Excel 中,必须按指定的格式输入日期,才会被当作日期型数值,否则会视为不可计算的文本。输入以下 4 种日期格式的日期,Excel 均可识别。

● 短横线"-"分隔的日期,如"2020-4-1""2020-5"。

● 用斜杠"/"分隔的日期,如"2020/4/1""2020/5"。

● 使用中文年月日输入的日期,如"2020 年 4 月 1 日""2020 年 5 月"。

● 使用包含英文月份或英文月份缩写输入的日期,如"April-1""May-17"。

用其他符号间隔的日期或数字形式输入的日期,如"2020.4.1""20200401"等,Execl 都将其视为文本数据。对于这种不规则的文本日期,可以利用分列功能将其转换为标准日期。

当遇到不规范的日期时,我们可以使用 Excel 中的"分列"功能,将非标准日期格式转换为标准日期格式。

❶ 选中目标单元格区域,在"数据"选项卡的"数据工具"组中单击"分列"按钮,如图 2-51 所

示，打开"文本分列向导-第1步，共3步"对话框，如图2-52所示。

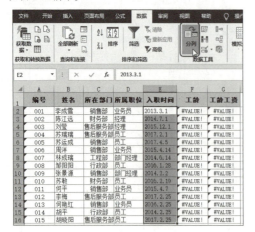

图2-51

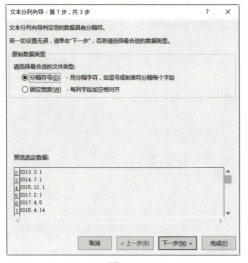

图2-52

❷ 保持默认选项，依次单击"下一步"按钮，进入"文本分列向导-第3步，共3步"对话框，在"列数据格式"栏中选中"日期"，如图2-53所示。

❸ 单击"完成"按钮，即可把所有文本日期转换为规范的标准日期。转换后在如图2-54所示中可以看到之前无法计算的"工龄"与"工龄工资"都正确计算出来了。再单击"入职日期"列标识右侧下拉按钮，则能出现对日期数据分组统计的筛选选项（标准的日期会自动进行日期分组，牵涉多月的按月分组，牵涉多年的按年分组），如图2-55所示。

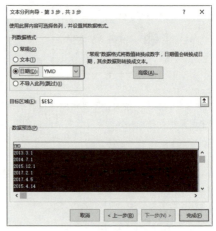

图2-53

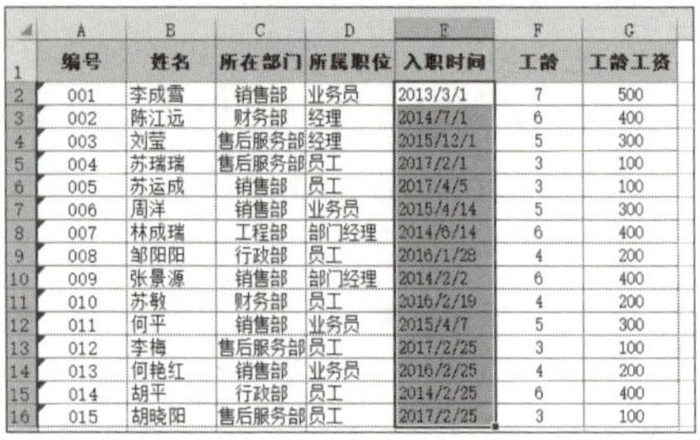

图2-54

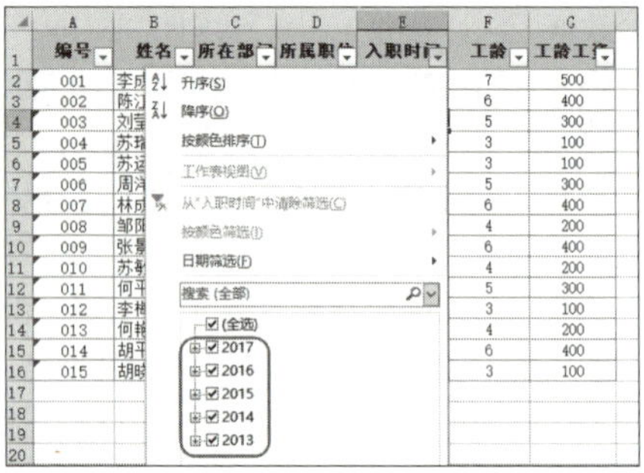

图2-55

专家提醒

像20200812这种格式的日期，也可以按相同的方法，运用分列功能一次性转换为日期。

不标准的日期格式多种多样，针对不同情况，需要进行不同处理。例如，针对如图2-56所示的不规则日期，也可以利用"分列"功能转换为标准日期，其操作如下。

	A	B	C	D	E	F	G
1	编号	姓名	所在部门	所属职位	入职时间	工龄	工龄工资
2	001	李成雪	销售部	业务员	(2013/3/1)	#VALUE!	#VALUE!
3	002	陈江远	财务部	经理	(2014/7/1)	#VALUE!	#VALUE!
4	003	刘莹	售后服务部	经理	(2015/12/1)	#VALUE!	#VALUE!
5	004	苏瑞瑞	售后服务部	员工	(2017/2/1)	#VALUE!	#VALUE!
6	005	苏运成	销售部	员工	(2017/4/5)	#VALUE!	#VALUE!
7	006	周洋	销售部	业务员	(2015/4/14)	#VALUE!	#VALUE!

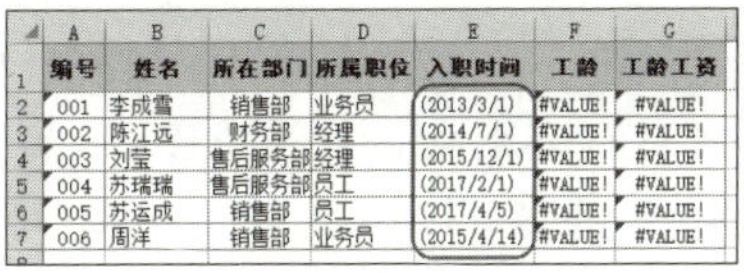

图 2-56

❶ 选中目标区域，依次进入到“文本分列向导-第2步，共3步”对话框中，在“分隔符号”栏中选中“其他”，并设置符号为“(”(如图2-57所示)，单击“完成”按钮；接着再次选中目标区域，进入到“文本分列向导-第2步，共3步”对话框中，在“分隔符号”栏中选中“其他”，并设置符号为“)”(如图2-58所示)，单击“完成”按钮。

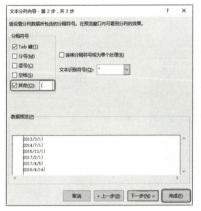

图 2-57

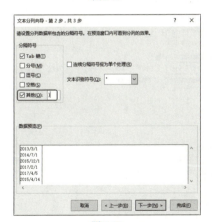

图 2-58

❷ 完成设置后即可实现变向删除左括号与右括号，修正了不规则的日期。

2.4.4 处理文本中多余的空格

有些文本中会存在一些不显眼的空格，这些数据如果只是用来显示查看，并不会造成什么影响，但如果用于数据统计分析，往往会导致结果出错。如图2-59所示的表格中，在使用数据透视表统计数据时，出现了“哑铃”和“哑 铃”两个统计项，原因就是空格导致程序默认这是两个数据项。

	A	B	C	D	E
1	品名	条码	数量	单价	销售金额
2	按摩椅	6971358500464	12	¥1,298.00	¥15,576.00
3	按摩椅	6971358500781	8	¥1,580.00	¥12,640.00
4	哑铃	6971358500402	8	¥139.00	¥1,112.00
5	按摩椅	6971358500414	2	¥8,900.00	¥17,800.00
6	健腹轮	6971358500078	8	¥239.00	¥1,912.00
7	哑铃	6971358500187	9	¥98.00	¥882.00
8	健腹轮	6971358500411	12	¥289.00	¥3,468.00
9	哑 铃	6971358500164	15	¥96.00	¥1,440.00
10	健腹轮	6971358500521	11	¥128.00	¥1,408.00

行标签	求和项:销售金额
按摩椅	46016
健腹轮	6788
哑 铃	1440
哑铃	1994
总计	56238

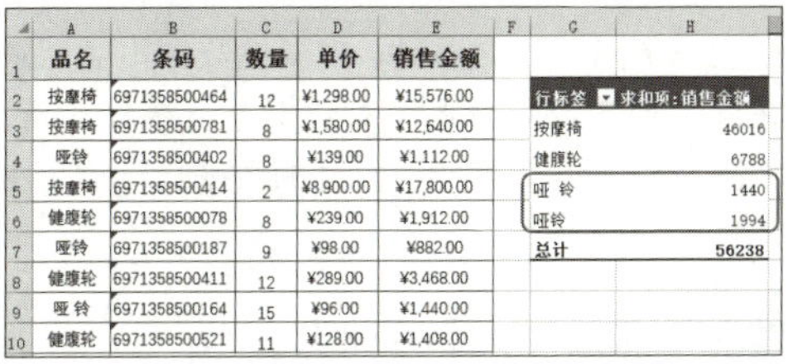

图 2-59

文本中存在的多余空格，有时肉眼很难发现，可以使用查找替换的方法一次性进行处理。

❶ 按Ctrl+H组合键，打开“查找和替换”对话框，光标定位到“查找内容”文本框中，按一次空格键，“替换为”内容栏中保持空白，如图2-60所示。

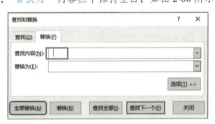

图 2-60

❷ 单击“全部替换”按钮，即可实现批量且毫无遗漏地删除多余空格，恢复正确的统计结果，效果如图2-61所示。

	A	B	C	D	E
1	品名	条码	数量	单价	销售金额
2	按摩椅	6971358500464	12	¥1,298.00	15576.00
3	按摩椅	6971358500781	8	¥1,580.00	12640.00
4	哑铃	6971358500402	8	¥139.00	1112.00
5	按摩椅	6971358500414	2	¥8,900.00	17800.00
6	健腹轮	6971358500078	8	¥239.00	1912.00
7	哑铃	6971358500187	9	¥98.00	882.00
8	健腹轮	6971358500411	12	¥289.00	3468.00
9	哑铃	6971358500164	15	¥96.00	1440.00
10	健腹轮	6971358500521	11	¥128.00	1408.00

行标签	求和项:销售金额
按摩椅	46016
健腹轮	6788
哑铃	3434
总计	56238

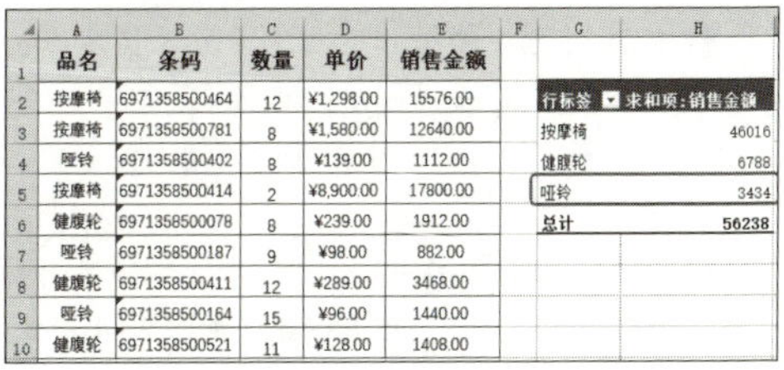

图 2-61

> **专家提醒**
>
> 除了上述方法外，还可以借助 Word 软件删除不可见字符。将 Excel 表格中的目标数据复制下来，然后粘贴到 Word 文档中（可以建立一个空白文档），再在 Word 文档中选中数据并复制、粘贴回 Excel 表格中，即可整理成标准的数字格式。

2.5 数据分列处理

数据分列经常用来处理将包含多属性的数据记录到同一列的情况。多属性数据不应记录在同一列，否则会无法对数据进行统计分析。如图 2-62 所示表格中，A 列的数据会导致无法运算。

2.5.1 应对一列多属性

当遇到一列多属性的情况时，最常用的解决方式就是利用分列功能让不同属性分列显示。如图 2-62 所示的数据表，就可以利用分列功能将城市名称与上期均价数据分列显示，从而形成正确的表格。

	A	B	C
1	上期均价(元/㎡)	本期均价(元/㎡)	环比涨跌(%)
2	北京, 42619	47955	
3	天津, 14859	13402	
4	深圳, 54562	55670	
5	杭州, 26415	22640	
6	武汉, 12488	11239	
7	苏州, 17282	16500	
8	秦皇岛, 28971	26530	
9	长沙, 9660	10600	
10	东莞, 16900	15767	
11	福州, 16981	18960	
12	重庆, 10779	11630	
13	哈尔滨, 21829	20980	
14	西安, 11224	10800	

图 2-62

❶ 在 A 列的右侧插入空白列（用于显示分列后的数据），选中要分列的单元格区域，在"数据"选项卡的"数据工具"组中单击"分列"按钮，如图 2-63 所示。

❷ 打开"文本分列向导-第 1 步，共 3 步"对话框，选中"分隔符号"单选按钮，如图 2-64 所示。单击"下一步"按钮，在"分隔符号"栏中选中"逗号"复选框（因为数据是用逗号间隔的），如图 2-65 所示。

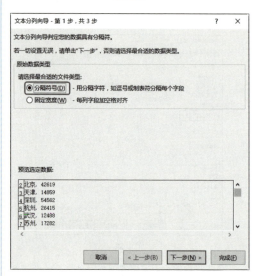

图 2-63

图 2-64

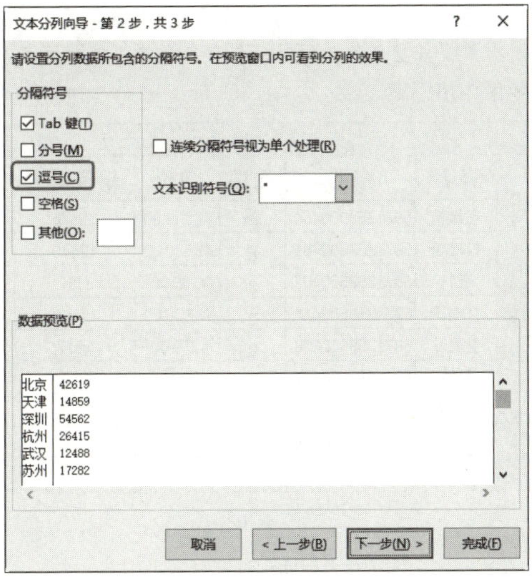

图 2-65

❸ 单击"完成"按钮，即可将单列数据分组为两列，如图 2-66 所示。对表格的列标识重新整理，然后即可引用 B 列与 C 列的数据进行数据运算了，如图 2-67 所示。

图 2-66

图 2-67

专家提醒

值得注意的是，分列数据需要数据具有一定的规律，如宽度相等或使用同一种间隔符号（空格、逗号、分号均可）等。默认可以使用"Tab 键""分号""逗号""空格"几种间隔符号，还可以使用"其他"复选框来自定义分隔符号。另外，如果要分列的单元格区域不是最后一列，则在执行分列操作前，一定要在待拆分的那一列的右侧先插入一个空白列，否则在拆分后，右侧一列的数据会被分列后的数据覆盖。

2.5.2 数据与单位分离

如果数值数据后带上了文本单位，再参与计算，则会出现计算错误。如图 2-68 所示的数据，由于"数量"列中带上了"台"这个单位，这样它们就是文本数据了，会导致 E 列的销售金额无法计算。

图 2-68

通常，可以在列标识中标识单位，而不必将单位带在数据的后面。若遇到这样的数据，则可以使用分列功能一次性删除数据单位。

❶ 在 C 列的右侧插入空白列，再选中要分列的单元格区域，然后在"数据"选项卡的"数据工具"组中单击"分列"按钮，打开"文本分列向导 - 第 1 步，共 3 步"对话框。选中"分隔符号"单选按钮，单击"下一步"按钮，在"分隔符号"栏中选中"其他"复选框，并输入"台"，如图 2-69 所示。

第 2 章　数据的规范整理

33

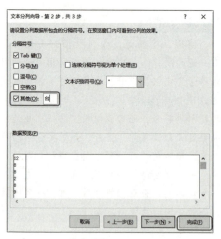

图 2-69

❷ 单击"完成"按钮，即可将"数量"列中的所有单位批量删除，同时销售金额也能正确计算了，如图 2-70 所示。

	A	B	C	D	E
1	品名	条码	数量	单价	销售金额
2	按摩椅	6971358500464	12	¥1,298.00	15576
3	按摩椅	6971358500781	8	¥1,580.00	12640
4	哑铃	6971358500402	8	¥139.00	1112
5	按摩椅	6971358500414	2	¥8,900.00	17800
6	健腹轮	6971358500078	8	¥239.00	1912
7	哑铃	6971358500187	9	¥98.00	882
8	健腹轮	6971358500411	12	¥289.00	3468
9	哑铃	6971358500164	15	¥96.00	1440
10	健腹轮	6971358500521	11	¥128.00	1408

图 2-70

第3章

Excel 中必备的数据查看、计算、统计工具

数据的查看、计算、统计是数据分析的不同手段，通过筛选和计算结果可得出相关的分析结论。Excel程序中提供的一些工具为数据的分析工作带来便利，例如数据的筛选查看功能、分类汇总功能、合并计算功能、数据透视表功能等。熟练使用这些工具可轻松解决日常工作数据的核算问题，进而掌握统计分析工作的必需技能。

- ☑ 按分析目的筛选、查看数据
- ☑ 按类别汇总计算数据
- ☑ 多表数据的合并计算
- ☑ 数据透视表的动态统计

3.1 数据的筛选查看

根据需要在数据表格中筛选、查看数据，是进行数据分析的基础，在查看数据的过程中也会得到相应的分析结论。根据字段性质的不同（如数值字段、文本字段、日期字段），其筛选的条件设置也会不同。

3.1.1 从数据源中筛选查看满足的数据

当为表格执行"筛选"操作时实际是为每个字段添加了一个自动筛选的按钮，通过这个筛选按钮可以查看满足条件的记录。

例如，选中数据区域中的任意一个单元格，在"数据"选项卡的"排序和筛选"组中单击"筛选"按钮（如图3-1所示），则每个字段旁都添加了筛选按钮，如图3-2所示。

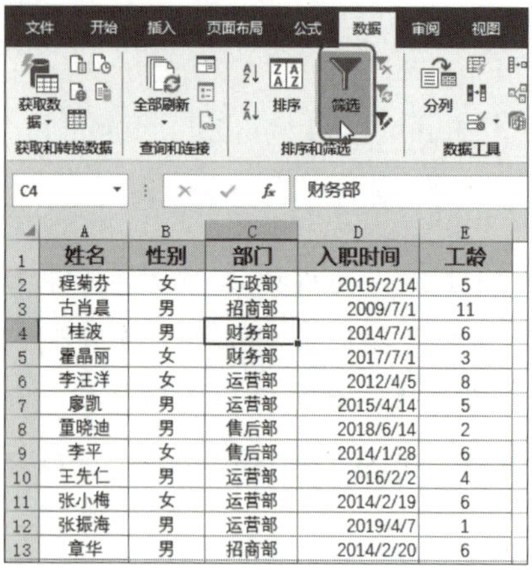

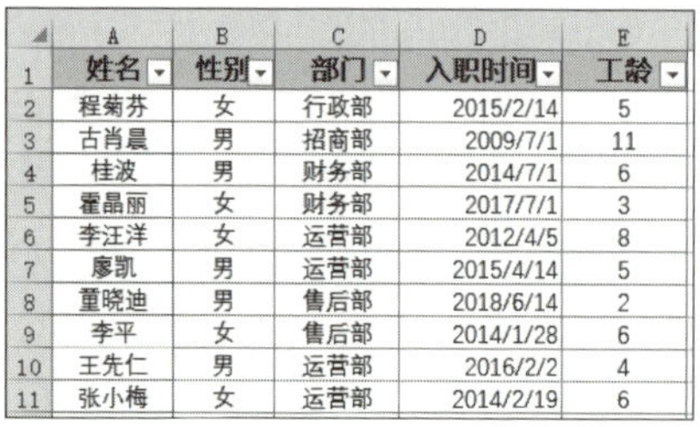

图 3-1

图 3-2

针对这个数据源我们可以筛选查看指定部门的记录。单击"部门"右侧的下拉按钮，在展开的菜单中取消选中所有复选框，选择想查看

的那个部门，例如选中"运营部"复选框（如图3-3所示），单击"确定"按钮即可得到"部门"为"运营部"的所有记录，如图3-4所示。

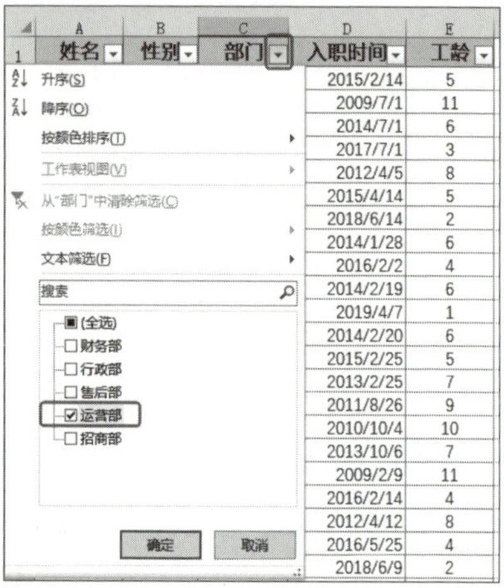

图 3-3

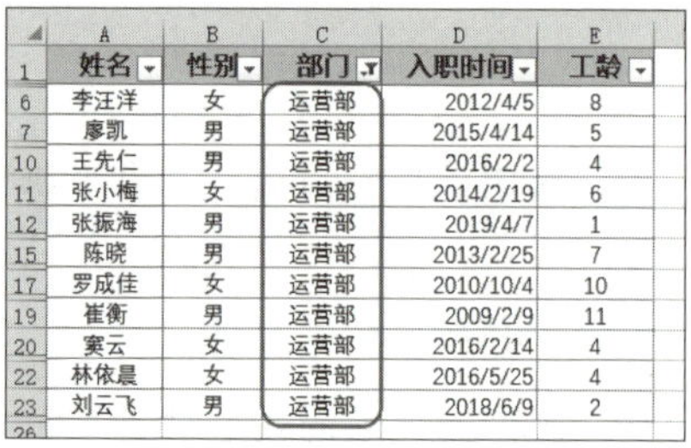

图 3-4

针对这个数据源我们还可以筛选查看指定性别的数据。单击"性别"右侧的下拉按钮，在展开的菜单中取消选中所有复选框，选择想查看的那个性别，例如选中"男"复选框（如图3-5所示），单击"确定"按钮即可得到"性别"为"男"的所有记录，如图3-6所示。

图 3-5

图 3-7

❸ 在"大于"后面文本框中输入"5",如图 3-8 所示。

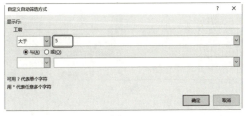

图 3-8

❹ 单击"确定"按钮,返回工作表中,即可筛选出工龄大于 5 的记录,如图 3-9 所示。

	A	B	C	D	E
1	姓名	性别	部门	入职时间	工龄
3	古肖晨	男	招商部	2009/7/1	11
4	桂波	男	财务部	2014/7/1	6
7	李汪洋	女	运营部	2012/4/5	6
9	李平	女	售后部	2014/1/28	6
11	张小梅	女	运营部	2014/2/19	6
13	章华	男	招商部	2014/2/20	6
15	陈晓	男	运营部	2013/2/25	7
16	陈曦	女	售后部	2011/8/26	9
17	罗成佳	女	运营部	2010/10/4	10
18	姜旭旭	男	招商部	2013/10/6	7
19	崔衡	男	运营部	2009/2/9	11
21	蔡晶	女	行政部	2012/4/12	8

图 3-9

	A	B	C	D	E
1	姓名	性别	部门	入职时间	工龄
3	古肖晨	男	招商部	2009/7/1	11
4	桂波	男	财务部	2014/7/1	6
7	廖凯	男	运营部	2015/4/14	5
8	童晓迪	男	售后部	2018/6/14	2
10	王先仁	男	运营部	2016/2/2	4
12	张振海	男	运营部	2019/4/7	1
13	章华	男	招商部	2014/2/20	6
15	陈晓	男	运营部	2013/2/25	7
18	姜旭旭	男	招商部	2013/10/6	7
19	崔衡	男	运营部	2009/2/9	11
23	刘云飞	男	运营部	2018/6/9	2

图 3-6

除此之外,我们还可以对具体数值进行判断并筛选,这将在下面的小节中进行讲解。

3.1.2 数值筛选

数字筛选是数据分析时最常用的筛选方式,如以支出费用、成绩、销售额等作为字段进行筛选。数字筛选的类型有"等于""不等于""大于""大于或等于""小于""小于或等于""介于"等,不同的筛选类型可以得到不同的筛选结果。

例如,要筛选出工龄大于 5 年的所有记录,步骤如下。

❶ 选中数据区域任意单元格,在"数据"选项卡的"排序和筛选"组中单击"筛选"按钮添加自动筛选。

❷ 单击"工龄"右侧筛选按钮,在筛选菜单中单击"数字筛选"命令,在弹出的子菜单中单击"大于"命令(如图 3-7 所示),打开"自定义自动筛选

方式"对话框。

例如,在下面的表格中筛选出年龄为 30~35 的应聘者记录,可以按下面的方法进行筛选。

❶ 选中数据区域任意单元格,在"数据"选项卡的"排序和筛选"组中单击"筛选"按钮添加自动筛选。

❷ 单击"年龄"右侧筛选按钮，在筛选菜单中单击"数字筛选"命令，在弹出的子菜单中单击"介于"命令（如图3-10所示），打开"自定义自动筛选方式"对话框。

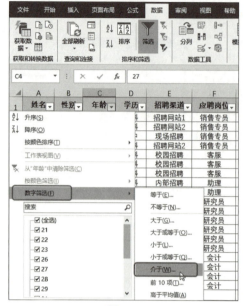

图 3-10

❸ 在"大于或等于"后面的文本框中输入"30"，在"小于或等于"后面的文本框中输入"35"，如图3-11所示。

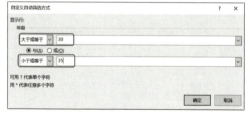

图 3-11

❹ 单击"确定"按钮，返回工作表中，即可筛选出年龄在 30 ~ 35 的记录，如图3-12所示。

图 3-12

知识扩展

当不需要筛选查看，而要显示出全部数据时，可以取消筛选。例如，上面对"工龄"字段进行了筛选，单击"工龄"右侧下拉按钮，在筛选菜单中选中"从'工龄'中清除筛选"命令即可，如图3-13所示。

图 3-13

如果工作表中对多个字段进行了筛选，想要一次性取消多个字段的筛选，则可以单击"数据"选项卡，在"排序和筛选"选项组单击"清除"按钮，即可一次性取消本工作表的所有筛选。

3.1.3 文本筛选

文本筛选，顾名思义，就是针对文本字段进行的筛选。因此可以筛选出包含某文本、开头是某文本或者结尾是某文本的记录。严格来说，"开头是"和"结尾是"也属于包含的范畴。除此之外，本节中还将介绍"不包含"的筛选操作。

1. 包含指定文本的筛选

例如，在下面的大学生入学档案表中，需要从身份证号码中筛选包含"1996"的记录（表示是 1996 年出生的），从而实现对某个年龄学生的查看。

❶ 选中数据区域任意单元格，在"数据"选项卡的"排序和筛选"组中单击"筛选"按钮添加自动筛选。

❷ 单击"身份证号码"列标识右侧下拉按钮，在筛选菜单中单击"文本筛选"命令，在弹出的子菜单中单击"包含"命令（如图3-14所示），打开"自

定义自动筛选方式”对话框。

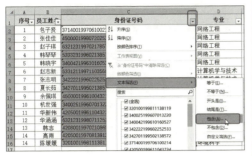

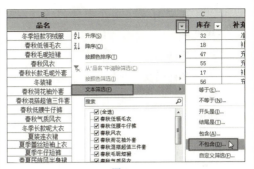

图 3-14

❸ 在“包含”后面的文本框中输入“1996”，如图 3-15 所示。

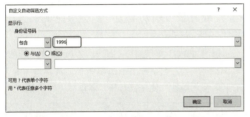

图 3-15

❹ 单击“确定”按钮，可以看到得出的筛选记录，如图 3-16 所示。

	序号	员工姓名	身份证号码	专业
5	4	韩琴琴	533323199602138579	网络工程
6	5	韩晓宇	340042199610160527	网络工程
8	7	张志明	342222199602252533	计算机学与技术
10	9	余佩琪	450000199610043214	计算机学与技术
11	10	杭世强	340025199607013220	环境科学
12	11	华新伟	420500199611043224	环境科学

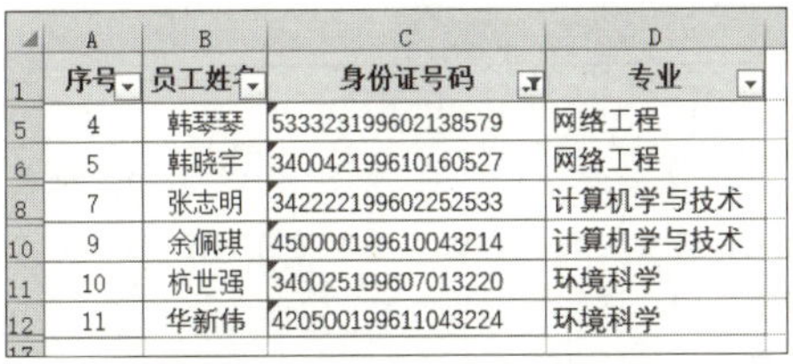

图 3-16

2. 不包含指定文本的筛选

在进行文本筛选时也可以指定不包含某文本。例如，在下面的表格中要筛选出除了冬季服装之外的所有商品记录，可以使用“不包含”功能自动剔除包含指定文本的记录。

❶ 选中数据区域任意单元格，在“数据”选项卡的“排序和筛选”组中单击“筛选”按钮添加自动筛选。

❷ 单击“品名”列标识右侧下拉按钮，在“文本筛选”子菜单中选择“不包含”命令，如图 3-17 所示。

图 3-17

❸ 打开“自定义自动筛选方式”对话框，设置不包含文本为“冬季”，如图 3-18 所示。

❹ 单击“确定”按钮后，即可筛选出品名中排除“冬季”文字的商品记录，效果如图 3-19 所示。

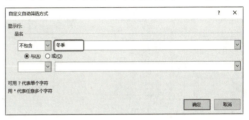

图 3-18

	编号	品名	库存	补充提示
3	ML_002	春秋低领毛衣	18	补货
4	ML_003	春秋毛呢短裙	47	充足
5	ML_004	春秋风衣	55	充足
6	ML_005	春秋长款毛呢外套	17	补货
8	ML_007	春秋荷花袖外套	14	补货
9	ML_008	春秋混搭超值三件套	38	准备
10	ML_009	春秋低腰牛仔裤	32	准备
11	ML_010	春秋气质风衣	55	充足
13	ML_012	夏装连衣裙	18	补货
14	ML_013	夏季蕾丝短袖上衣	47	充足
15	ML_014	夏季牛仔短裤	55	充足
16	ML_015	春夏民族风半身裙	17	补货
19	ML_018	夏季吊带衫	38	准备

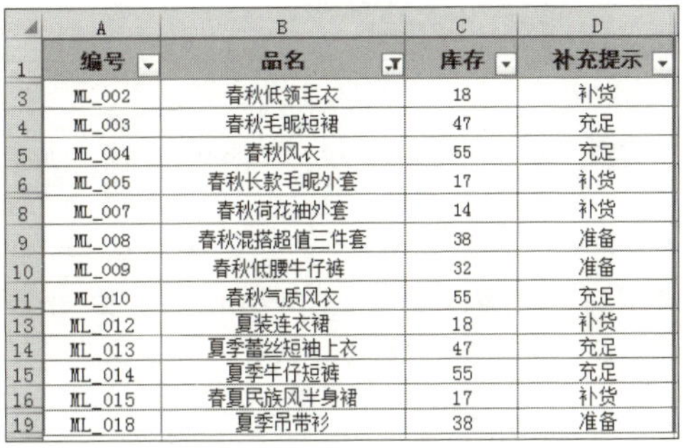

图 3-19

3.1.4 结果独立放置的筛选

上面我们进行的筛选都是在原数据表的基础上进行的，即将不满足条件的记录暂时隐藏起来。如果需要将筛选结果独立放置，则需要进行高级筛选。

在高级筛选方式下可以实现满足多条件中任意一个条件的筛选（即“或”条件筛选），

也可以实现同时满足多个条件的筛选（即“与”条件筛选）。

1. “与”条件筛选

“与”条件筛选是指同时满足两个条件或多个条件的筛选。例如在下面的数据表中，需要筛选出年龄“<60”且最吸引功能为“射频感应或遥感功能”的所有记录。

❶ 在F2:G2单元格区域设定筛选条件（如图3-20所示），在“数据”选项卡的“排序和筛选”组中单击“高级”按钮，打开“高级筛选”对话框。

	A	B	C	D	E	F	G
1	编码	性别	年龄	最吸引功能		年龄	最吸引功能
2	001	女	61	GPS定位功能		<60	射频感应或遥感功能
3	002	男	30	GPS定位功能			
4	003	女	45	射频感应或遥感功能			
5	004	女	22	GPS定位功能			
6	005	女	55	双向通话功能			
7	006	女	22	GPS定位功能			
8	007	男	20	射频感应或遥感功能			
9	008	男	29	GPS定位功能			
10	009	男	32	双向通话功能			
11	010	女	52	射频感应或遥感功能			
12	011	男	65	射频感应或遥感功能			
13	012	男	26	GPS定位功能			
14	013	女	35	GPS定位功能			
15	014	女	22	GPS定位功能			
16	015	女	30	射频感应或遥感功能			
17	016	男	19	射频感应或遥感功能			
18	017	男	60	双向通话功能			
19	018	男	71	射频感应或遥感功能			
20	019	女	42	GPS定位功能			
21	020	男	42	GPS定位功能			

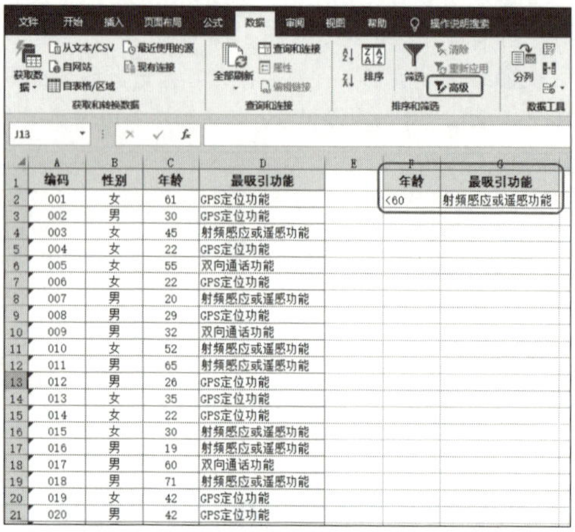

图 3-20

❷ 设置“列表区域”为“$A$1:$D$27”单元格区域，设置“条件区域”为“$F$1:$G$2”单元格区域，选中“将筛选结果复制到其他位置”单选按钮，将光标放置到激活的“复制到”文本框中，在工作表中单击F4单元格，如图3-21所示。

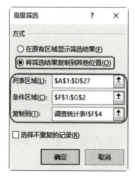

图 3-21

❸ 单击“确定”按钮，返回到工作表中，即可得到同时满足双条件的筛选结果，如图3-22所示。

F	G	H	I
年龄	最吸引功能		
<60	射频感应或遥感功能		
编码	性别	年龄	最吸引功能
003	女	45	射频感应或遥感功能
007	男	20	射频感应或遥感功能
010	女	52	射频感应或遥感功能
015	女	30	射频感应或遥感功能
016	男	19	射频感应或遥感功能

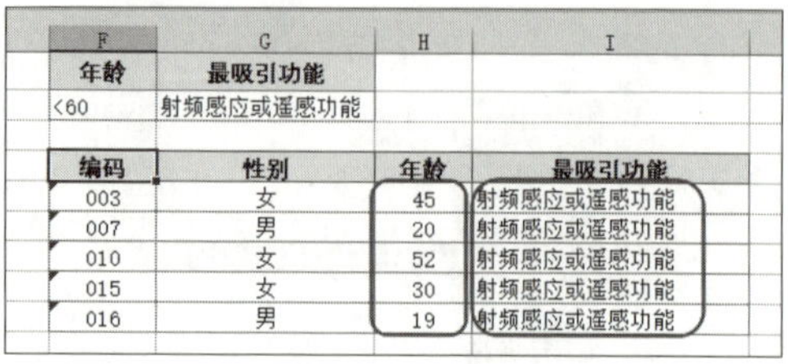

图 3-22

2. “或”条件筛选

“或”条件筛选是指筛选的数据只要满足两个或多个条件中的一个即被视为满足的记录。沿用上面的例子，需要筛选出性别为“女”或者最吸引功能为“射频感应或遥感功能”的所有记录。

❶ 在F2:G3单元格区域设定筛选条件（如图3-23所示），在“数据”选项卡的“排序和筛选”组中单击“高级”按钮，打开“高级筛选”对话框。

	A	B	C	D	E	F	G
1	编码	性别	年龄	最吸引功能		性别	最吸引功能
2	001	女	61	GPS定位功能		女	
3	002	男	30	GPS定位功能			射频感应或遥感功能
4	003	女	45	射频感应或遥感功能			
5	004	女	22	GPS定位功能			
6	005	女	55	双向通话功能			
7	006	女	22	GPS定位功能			
8	007	男	20	射频感应或遥感功能			
9	008	男	29	GPS定位功能			
10	009	男	32	双向通话功能			
11	010	女	52	射频感应或遥感功能			

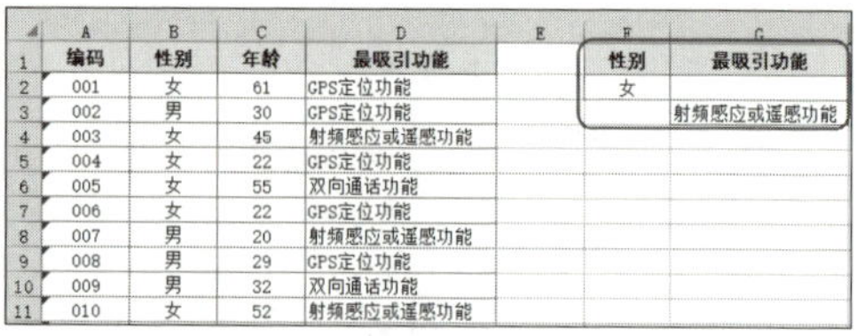

图 3-23

❷ 设置“列表区域”为“$A$1:$D$27”单元格区域，设置“条件区域”为“$F$1:$G$3”单元格区域，选中“将筛选结果复制到其他位置”单选按钮，将光标放置到激活的“复制到”文本框中，在工作表中单击F5单元格，如图3-24所示。

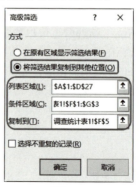

图 3-24

❸ 单击“确定”按钮，返回到工作表中，可以查看G列与I列的数据，发现这些记录至少会满足两个条件中的任意一个，如图3-25所示。

性别	最吸引功能		
女			
	射频感应或遥感功能		
编码	性别	年龄	最吸引功能
001	女	61	GPS定位功能
003	女	45	射频感应或遥感功能
004	女	22	GPS定位功能
005	女	55	双向通话功能
006	女	22	GPS定位功能
007	男	20	射频感应或遥感功能
010	女	52	射频感应或遥感功能
011	男	65	射频感应或遥感功能
013	女	35	GPS定位功能
014	女	22	GPS定位功能
015	女	30	射频感应或遥感功能
016	男	19	射频感应或遥感功能
018	男	71	射频感应或遥感功能
019	女	42	GPS定位功能
023	女	62	射频感应或遥感功能

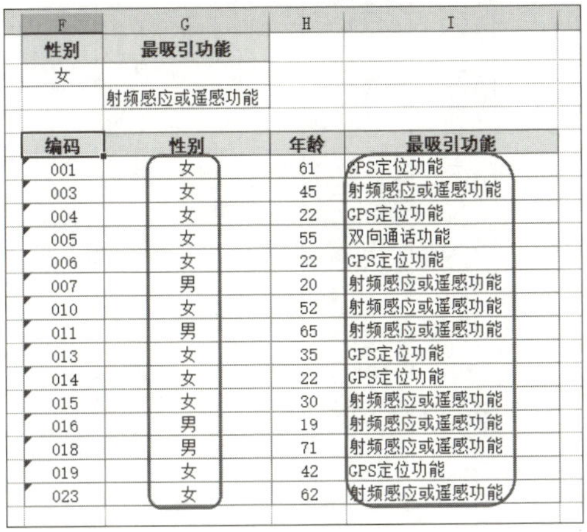

图3-25

专家提醒

通过对比“与”条件的设置，可以看到“与”条件中各条件显示在同一行，而“或”条件设置要保证各条件位于不同行中。按相同的规则还可以增加至三个条件。

知识扩展

在设置筛选条件时也可以使用通配符，例如可以把筛选条件写成如图3-26所示的格式。

	A	B	C	D	E	F
1	商品名称	销售数量	销售金额		商品名称	销售数量
2	醇香薄烧（杏仁薄烧）	20	512		伏苓糕*	>=20
3	手工曲奇（红枣）	68	918			
4	伏苓糕（绿豆沙）	22	99			
5	伏苓糕（桂花）	20	180			
6	醇香薄烧（榛果薄饼）	49	490			
7	手工曲奇（草莓）	146	1971			
8	伏苓糕（铁盒）	15	537			
9	伏苓糕（礼盒海苔）	29	521.5			
10	伏苓糕（海苔）	5	49			
11	伏苓糕（香芋）	10	90			

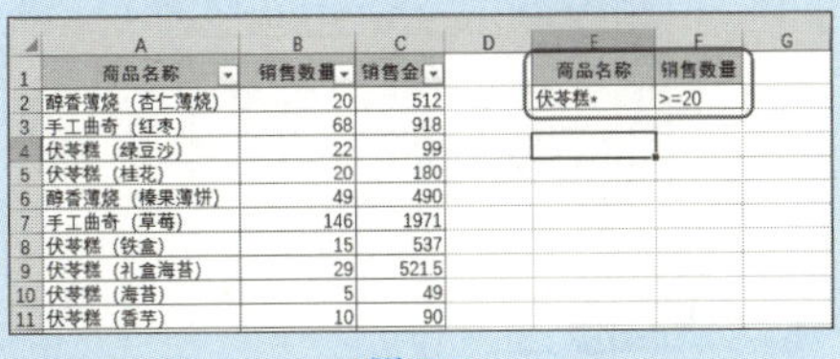

图3-26

3.2 数据的分类汇总

分类汇总，顾名思义，就是将同一类别的记录进行合并统计，用于合并统计的字段可以自定义设置，而合并统计的计算方式可以是求和、求平均值、求最大与最小值等。这项功能是数据分析乃至大数据统计分析中的常用功能之一。

3.2.1 单关键字排序

排序功能有助于对极值的查看，也便于将同一分类的数据瞬间排列到一起。单关键字的排序是非常简易的操作，只要数据表是规范的，在功能区中一键操作即可。

❶ 选中“考核成绩”列中的任意单元格（即要求对考核成绩进行排序），在“数据”选项卡的“排序和筛选”组中单击“降序”按钮，如图3-27所示。

❷ 单击“降序”按钮后即可看到“考核成绩”列的数据从高到低进行排序，如图3-28所示。

	A	B	C
1	部门	姓名	考核成绩
2	市场部	程菊	167
3	营销部	古晨	173
4	营销部	桂萍	167
5	市场部	霍晶	176
6	研发部	李汪洋	152
7	人事部	廖凯	156
8	营销部	潘美玲	190
9	研发部	董晓迪	191
10	研发部	王先仁	179
11	人事部	张俊	179
12	营销部	张振梅	172
13	市场部	章华	189
14	营销部	陈小芳	178
15	人事部	陈晓	158
16	市场部	陈曦	180
17	人事部	罗成佳	148

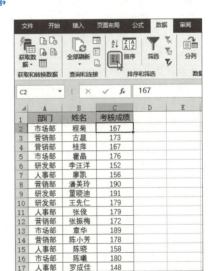

图3-27

❸ 如果要让数据从小到大排列，方法很简单，只要在“数据”选项卡的“排序和筛选”组中单击

“升序”按钮即可。

	A	B	C
1	部门	姓名	考核成绩
2	研发部	董晓迪	191
3	营销部	潘美玲	190
4	市场部	章华	189
5	市场部	窦云	181
6	市场部	陈曦	180
7	研发部	王先仁	179
8	人事部	张俊	179
9	市场部	姜旭旭	179
10	营销部	陈小芳	178
11	市场部	霍晶	176
12	营销部	古晨	173
13	营销部	张振梅	172
14	人事部	蔡晶	170
15	市场部	程菊	167
16	营销部	桂萍	167
17	营销部	崔衡	164
18	人事部	陈晓	158
19	研发部	霍晶	158
20	人事部	廖凯	156

图 3-28

知识扩展

排序也可以对文本数据进行，从而让相同的数据排列到一起，利用此方法可以将零乱的数据整理得更有规则。例如，在如图3-29所示的表格中，我们看到“产品大类”的数据是非常零乱的，只要选中“产品大类”列中的任意单元格，在“数据”选项卡的“排序和筛选”组中单击“降序”或“升序”按钮，即可将相同大类的记录整理到一起，表格瞬间变得有规则了，如图3-30所示。

	A	B	C	D
1	4月份销售统计表			
2	代码	产品大类	数量(吨)	金额(万元)
3	0126	生物活性类	7.38	12.76
4	0238	生物活性类	7.60	7.5
5	0327	高分子类产品	7.83	7.66
6	0327	高分子类产品	7.57	12.56
7	0327	化工类产品	7.61	7.55
8	0533	高分子类产品	8.91	11.85
9	0610	生物活性类	5.96	9.88
10	0631	化工类产品	8.16	10.58
11	0632	高分子类产品	5.00	8
12	0632	高分子类产品	7.06	12.08
13	0654	化工类产品	7.86	7.75
14	0662	生物活性类	3.87	5.76
15	0701	化工类产品	7.68	8.96
16	0706	化工类产品	7.76	7.68
17	0777	生物活性类	8.95	11.9
18	0777	生物活性类	2.96	3.88
19	1160	化工类产品	5.01	8.05
20	1160	化工类产品	3.85	5.66
21	1160	生物活性类	7.36	8.68
22	1254	高分子类产品	7.55	7.1
23	1254	化工类产品	5.97	9.96
24	1254	化工类产品	7.57	8.56
25	1254	化工类产品	7.63	7.56
26	1631	化工类产品	8.97	11.96

图 3-29

	A	B	C	D
1	4月份销售统计表			
2	代码	产品大类	数量(吨)	金额(万元)
3	0327	高分子类产品	7.83	7.66
4	0327	高分子类产品	7.57	12.56
5	0533	高分子类产品	8.91	11.85
6	0632	高分子类产品	5.00	8
7	0632	高分子类产品	7.06	12.08
8	1254	高分子类产品	7.55	7.1
9	2128	高分子类产品	5.05	8.06
10	2128	高分子类产品	3.69	7.98
11	2199	高分子类产品	7.01	8.05
12	2294	高分子类产品	5.51	9.05
13	2597	高分子类产品	7.65	7.56
14	2821	高分子类产品	5.79	9.58
15	2828	高分子类产品	8.15	10.3
16	0327	化工类产品	7.61	7.55
17	0631	化工类产品	8.16	10.58
18	0654	化工类产品	7.86	7.75
19	0701	化工类产品	7.68	8.96
20	0706	化工类产品	7.76	7.68
21	1160	化工类产品	5.01	8.05
22	1160	化工类产品	3.85	5.66
23	1254	化工类产品	5.97	9.96
24	1254	化工类产品	7.57	8.56
25	1254	化工类产品	7.63	7.56
26	1631	化工类产品	8.97	11.96
27	1690	化工类产品	7.75	7.66

图 3-30

3.2.2 双关键字排序

按双关键字排序是指当按某一个字段排序出现相同值时再按第二个条件进行排序。例如，在4月份销售统计表中，可以先将同一产品大类的数据排列到一起，然后再对相同大类中的金额按从高到低排序。要实现双关键字的排序，必须要打开“排序”对话框进行操作。

❶ 选中表格中任意单元格，在“数据”选项卡的“排序和筛选”组中单击“排序”按钮（如图3-31所示），打开“排序”对话框。

	A	B	C	D
1	4月份销售统计表			
2	代码	产品大类	数量(吨)	金额(万元)
3	0126	生物活性类	7.38	12.76
4	0126	生物活性类	7.60	7.5
5	0327	高分子类产品	7.83	7.66
6	0327	高分子类产品	7.57	12.56
7	0327	化工类产品	7.61	7.55
8	0533	高分子类产品	8.91	11.85
9	0632	高分子类产品	5.00	8
10	0632	高分子类产品	7.06	12.08
11	0777	化工类产品	7.68	8.96
12	0777	化工类产品	7.76	7.68
13	0777	化工类产品	8.16	10.58
14	0777	化工类产品	7.86	7.75
15	0777	生物活性类	3.87	5.76
16	0777	生物活性类	5.96	9.88
17	0777	生物活性类	8.95	11.9
18	0777	生物活性类	2.96	3.88
19	1160	化工类产品	5.01	8.05
20	1160	化工类产品	3.85	5.66

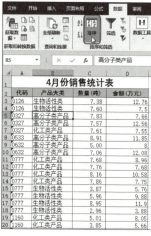

图 3-31

② 单击“主要关键字”设置框右侧的下拉按钮，在下拉列表中单击“产品大类”，排序次序采用默认的“升序”，如图 3-32 所示。

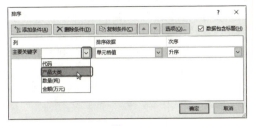

图 3-32

③ 单击“添加条件”按钮，在“次要关键字”设置中选择“金额(万元)”关键字，在“次序”下拉列表中单击“降序”选项，如图 3-33 示。

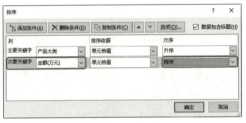

图 3-33

④ 单击“确定”按钮，返回工作表中，即可看到首先按“产品大类”进行排序，再对相同产品大类中的记录按“金额(万元)”这一列的值从高到低排序，如图 3-34 所示。

	A	B	C	D
1	4月份销售统计表			
2	代码	产品大类	数量(吨)	金额(万元)
3	0327	高分子类产品	7.57	12.56
4	0632	高分子类产品	7.06	12.08
5	0533	高分子类产品	8.91	11.85
6	2828	高分子类产品	8.15	10.3
7	2828	高分子类产品	5.79	9.58
8	2294	高分子类产品	5.51	9.05
9	2128	高分子类产品	5.05	8.06
10	2199	高分子类产品	7.01	8.05
11	0632	高分子类产品	5.00	8
12	2128	高分子类产品	3.69	7.98
13	0327	高分子类产品	7.83	7.66
14	2597	高分子类产品	7.65	7.56
15	1254	高分子类产品	7.55	7.1
16	1631	化工类产品	8.97	11.96
17	0777	化工类产品	8.16	10.58
18	1254	化工类产品	5.97	9.96
19	0777	化工类产品	7.68	8.96
20	2380	化工类产品	7.66	8.88
21	1254	化工类产品	7.57	8.56
22	2380	化工类产品	7.16	8.35
23	1160	化工类产品	5.01	8.05
24	0777	化工类产品	7.86	7.75
25	0777	化工类产品	7.76	7.68
26	1690	化工类产品	7.75	7.66
27	1254	化工类产品	7.63	7.56
28	0327	化工类产品	7.61	7.55

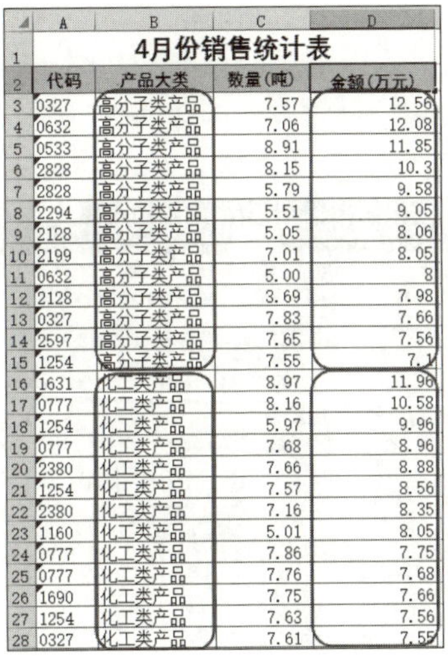

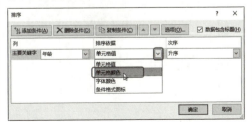

图 3-34

3.2.3 按单元格颜色排序

数据在排序时默认以数值大小为排序依据，除此之外还可以设置以单元格颜色、字体颜色、条件格式图标为排序依据。下面介绍按单元格颜色排序的操作过程。

本例中，将年龄在 60 及以上的单元格设置为特殊颜色（可以使用条件格式功能特殊标记单元格），现在希望将这些记录快速排序到最前面，并删除这些数据。

① 选中表格区域任意单元格，在“数据”选项卡的“排序和筛选”组中单击“排序”按钮，如图 3-35 所示。

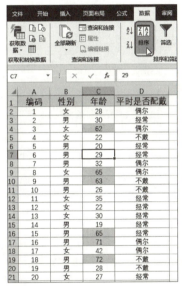

	A	B	C	D
1	编码	性别	年龄	平时是否配戴
2	1	女	28	偶尔
3	2	男	30	经常
4	3	女	62	偶尔
5	4	女	22	不戴
6	5	男	20	经常
7	6	男	29	经常
8	7	男	32	偶尔
9	8	女	65	偶尔
10	9	男	63	不戴
11	10	男	26	不戴
12	11	女	35	经常
13	12	女	22	经常
14	13	女	30	经常
15	14	男	19	经常
16	15	男	65	经常
17	16	男	71	偶尔
18	17	女	42	偶尔
19	18	男	72	不戴
20	19	男	28	不戴
21	20	女	27	经常

图 3-35

② 打开“排序”对话框，分别设置主要关键字为“年龄”，排序依据为“单元格颜色”，如图 3-36 所示，接着设置次序，如图 3-37 所示。

图 3-36

图 3-37

3.2.4 单层分类汇总

在进行分类汇总之前，需要按目标字段进行排序，将同一类数据放在一起，形成多个分类，然后才能对各个类别进行合并统计。例如，在 4 月份销售统计表中汇总得到各个品类的总销售金额。

❶ 单击"确定"按钮，则可以得到如图 3-38 所示的排序效果。

	A	B	C	D
1	编码	性别	年龄	平时是否配戴
2	3	女	62	偶尔
3	8	女	65	偶尔
4	9	男	63	不戴
5	15	男	65	经常
6	16	男	71	偶尔
7	18	男	72	不戴
8	23	男	60	偶尔
9	28	女	60	偶尔
10	1	女	28	偶尔
11	2	男	30	经常
12	4	女	22	不戴
13	5	男	20	经常
14	6	女	29	经常
15	7	男	32	偶尔
16	10	男	26	不戴
17	11	女	35	经常
18	12	女	22	经常
19	13	女	30	经常
20	14	男	19	经常
21	17	女	42	偶尔
22	19	男	28	不戴

图 3-38

❶ 选中"产品大类"列下任意单元格，在"数据"选项卡的"排序和筛选"组中单击"升序"按钮，即可将相同品类的记录排序到一起，如图 3-40 所示。

图 3-40

❷ 在"数据"选项卡的"分级显示"组中单击"分类汇总"按钮（如图 3-41 所示），打开"分类汇总"对话框。

❹ 本例希望删除 60 岁以上的老年用户数据，现已把这些数据排序到了一起，可以一次性选中这些数据，并执行"删除"操作，如图 3-39 所示。

图 3-39

图 3-41

❸ 单击“分类字段”文本框下拉按钮，在下拉菜单中单击“产品大类”（注意分类字段一定是经过排序的那个字段），“汇总方式”采用默认的“求和”，在“选项汇总项”中选中“数量”“金额”复选框，如图 3-42 所示。

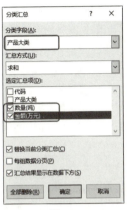

图 3-42

❹ 单击“确定”按钮，返回工作表中，即可看到表格中的数据以“产品大类”为字段进行了汇总统计，即每一个相同的大类下出现了一个汇总项，如图 3-43 所示。

	A	B	C	D
10	2199	高分子类产品	7.01	8.05
11	0632	高分子类产品	5.00	8
12	2128	高分子类产品	3.69	7.98
13	0327	高分子类产品	7.83	7.66
14	2597	高分子类产品	7.65	7.56
15	1254	高分子类产品	7.55	7.1
16		高分子类产品 汇总	86.77	119.83
17	1631	化工类产品	8.97	11.96
18	0777	化工类产品	8.16	10.58
19	1254	化工类产品	5.97	9.96
20	0777	化工类产品	7.68	8.96
21	2380	化工类产品	7.66	8.88
22	1254	化工类产品	7.57	8.56
23	2380	化工类产品	7.16	8.35
24	1160	化工类产品	5.01	8.05
25	0777	化工类产品	7.86	7.75
26	0777	化工类产品	7.76	7.68
27	1690	化工类产品	7.75	7.66
28	1254	化工类产品	7.63	7.56
29	0327	化工类产品	7.61	7.55
30	2128	化工类产品	3.98	5.96
31	1160	化工类产品	3.85	5.66
32	2128	化工类产品	3.65	5.3
33	2128	化工类产品	3.55	5.1
34		化工类产品 汇总	111.82	135.52
35	1690	生物活性类	7.69	12.98
36	0126	生物活性类	7.38	12.76
37	0777	生物活性类	8.95	11.9

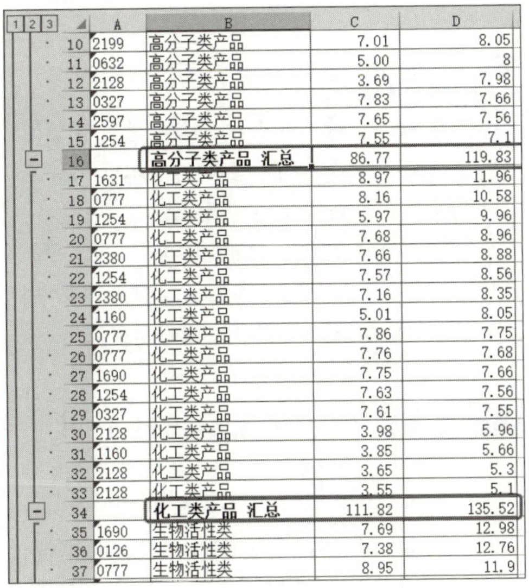

图 3-43

❺ 如果数据较多，为了能更清晰地查看到分类统计结果，则可以单击左上角的“2”，只显示出统计结果，如图 3-44 所示。

	A	B	C	D
1	4月份销售统计表			
2	代码	产品大类	数量(吨)	金额(万元)
16		高分子类产品 汇总	86.77	119.83
34		化工类产品 汇总	111.82	135.52
50		生物活性类 汇总	89.94	129.53
51		总计	288.53	384.88

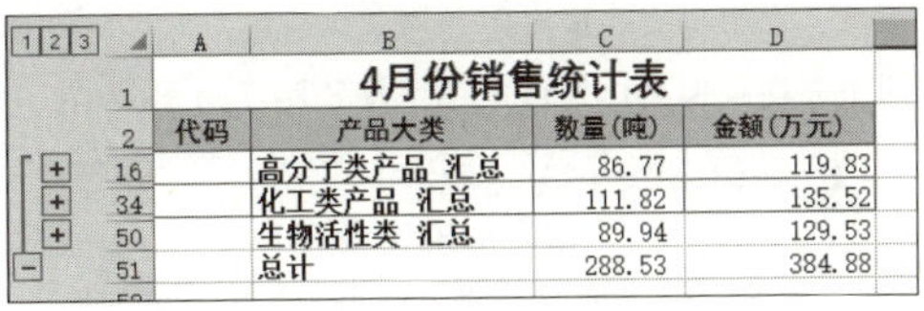

图 3-44

3.2.5 多层分类汇总

多层分类汇总是指一级分类下还有下一级细分的情况，这时就可以同时显示出多层的分类汇总结果。例如在车间加班记录表中首先对“部门”进行分类汇总，然后再对同一部门下的各个技工类别进行二次分类汇总。

❶ 打开工作表，切换到“数据”选项卡，在“排序和筛选”组中单击“排序”按钮（如图 3-45 所示），打开“排序”对话框。

	A	B	C	D	E
1	车间加班记录表				
2	加班日期	加班人	部门	技工类别	加班时长
3	2020/7/3	王铁军	1车间	电工	4
4	2020/7/3	陈涛	1车间	焊工	4
5	2020/7/3	邹志明	1车间	剪脚工	4.75
6	2020/7/7	罗平	3车间	焊工	3
7	2020/7/7	吕梁	3车间	焊工	4.5
8	2020/7/8	陈涛	1车间	焊工	3.5
9	2020/7/8	吕梁	3车间	焊工	4.5
10	2020/7/14	刘余强	1车间	焊工	2.75

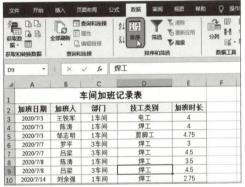

图 3-45

❷ 分别设置“主要关键字”为“部门”，“次要关键字”为“技工类别”，排序的次序可以采用默认的设置，如图 3-46 所示。

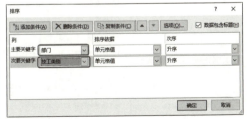

图 3-46

❸ 单击"确定"按钮可见表格双关键字排序的结果，即先将同一车间的数据排到一起，再将同一车间下相同技工类别排到一起，如图 3-47 所示。

	A	B	C	D	E
1	车间加班记录表				
2	加班日期	加班人	部门	技工类别	加班时长
3	2020/7/3	王铁军	1车间	电工	4
4	2020/7/27	王铁军	1车间	电工	4.5
5	2020/7/27	王铁军	1车间	电工	4.5
6	2020/7/3	陈涛	1车间	焊工	4
7	2020/7/8	陈涛	1车间	焊工	3.5
8	2020/7/14	刘余强	1车间	焊工	2.75
9	2020/7/16	陈涛	1车间	焊工	2.25
10	2020/7/3	邹志明	1车间	剪脚工	4.75
11	2020/7/24	刘琦	2车间	剪脚工	2.75
12	2020/7/14	金璐忠	2车间	钳工	3.75
13	2020/7/24	谭军	2车间	钳工	3.5
14	2020/7/27	刘飞	2车间	焊工	4
15	2020/7/27	金璐忠	2车间	焊工	4
16	2020/7/7	罗平	3车间	焊工	3
17	2020/7/7	吕梁	3车间	焊工	4.5
18	2020/7/8	吕梁	3车间	焊工	4.5
19	2020/7/16	吕梁	3车间	焊工	2.75
20	2020/7/17	吕梁	3车间	焊工	4
21	2020/7/29	李佳志	3车间	焊工	4.5

图 3-47

❹ 在"数据"选项卡的"分级显示"组中单击"分类汇总"按钮，打开"分类汇总"对话框。单击"分类字段"文本框下拉按钮，在下拉菜单中选择"部门"命令，汇总方式采用默认的"求和"，在"选定汇总项"中选中"加班时长"复选框，如图 3-48 所示。

❺ 单击"确定"按钮可以看到一次分类汇总的结果，即统计出了各个部门的总加班时长。再次打开"分类汇总"对话框，将"分类字段"更改为"技工类别"，其他选项保持不变，取消选中"替换当前分类汇总"复选框，如图 3-49 所示。

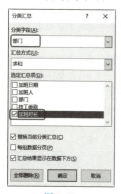

图 3-48

图 3-49

> **专家提醒**
>
> 在工作表中创建下一个分类汇总时，系统默认自动替换当前的分类汇总。如果需要在工作表中创建多级或者多种统计的分类汇总，则在创建一次分类汇总方式后，在"分类汇总"对话框中必须取消选中"替换当前分类汇总"复选框。

❻ 单击"确定"按钮可以看到二次分类汇总的结果，因为当前数据量稍大，屏幕显示受到限制，我们单击左上角的显示级别 3 来查看统计结果。从当前的统计结果看到是分两个级别来统计的，如图 3-50 所示。

	A	B	C	D	E
1	车间加班记录表				
2	加班日期	加班人	部门	技工类别	加班时长
6				电工 汇总	13
10				焊工 汇总	12.5
12				剪脚工 汇总	4.75
13			1车间 汇总		30.25
16				剪脚工 汇总	2.75
21				钳工 汇总	15.25
22			2车间 汇总		18
29				焊工 汇总	23.25
32				剪脚工 汇总	6
35				钳工 汇总	8
36			3车间 汇总		37.25
37			总计		85.5

图 3-50

> **专家提醒**
>
> 当不需要对工作表中的数据进行分类汇总分析时，可以取消分类汇总。不管工作表中设置了一种还是多种分类汇总，都可以一次性取消分类汇总。打开"分类汇总"对话框，单击"全部删除"按钮，返回工作表中，即可看到已取消工作表中的所有分类汇总。

3.2.6 同一字段的多种不同计算

多种统计结果的分类汇总指的是并不仅仅使用一种分类汇总结果，而是同时显示多种统计结果，如同时显示求和值、最大值、平均值等。如本例中要想同时显示出各个班级的最大值与平均值两项分类汇总的结果。

❶ 针对本例数据源，首先对"班级"字段进行排序，将相同班级的数据排在一起。在"数据"选项卡的"分级显示"组中单击"分类汇总"按钮，如图 3-51 所示。

图 3-51

❷ 打开"分类汇总"对话框，设置"分类字段"为"班级"，设置"汇总方式"为"平均值"，汇总项为"总分"，如图 3-52 所示。

图 3-52

❸ 单击"确定"按钮得到第一次分类汇总的结果，如图 3-53 所示。

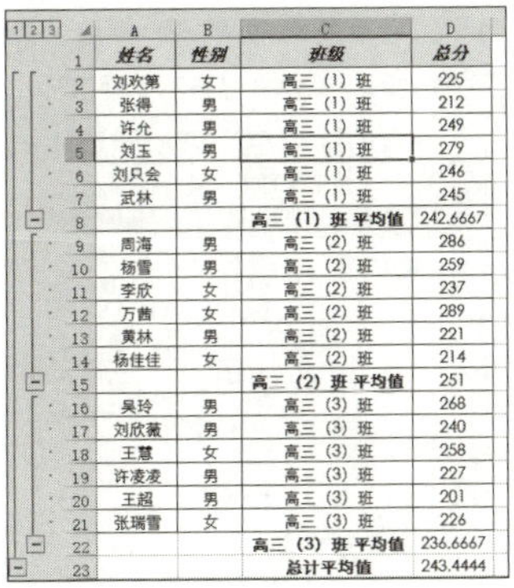

图 3-53

❹ 按相同的方法再次打开"分类汇总"对话框。重新设置"汇总方式"为"最大值"，取消选中下方的"替换当前分类汇总"复选框，如图 3-54 所示。

图 3-54

❺ 单击"确定"按钮完成设置，此时可以看到表格中分类汇总的结果是两种统计结果，如图 3-55 所示。

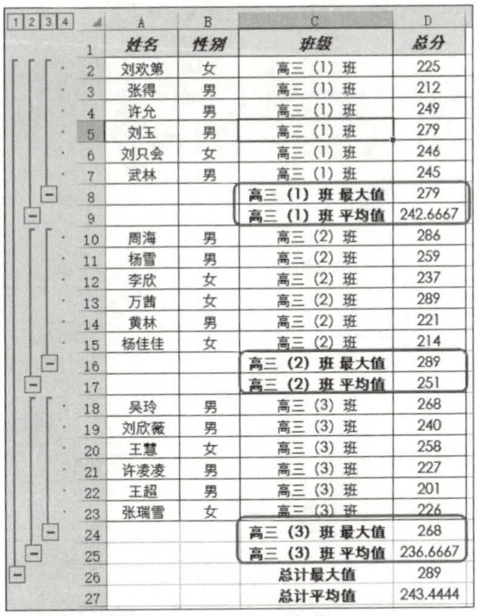

图 3-55

3.2.7 生成分类汇总报表

在利用分类汇总功能获取统计结果后，可以通过复制使用汇总结果，并进行格式整理，形成用于汇报的汇总报表。但是在复制分类汇总结果时，会自动将明细数据全部粘贴过来，如果只想把汇总结果复制下来，则需要按如下方法操作。

❶ 打开创建了分类汇总的表格，先选中有统计数据的单元格区域，如图 3-56 所示。

	A	B	C	D	E
1	车间加班记录表				
2	加班日期	加班人	部门	技工类别	加班时长
6				电工 汇总	13
11				焊工 汇总	12.5
13				剪脚工 汇总	4.75
14			1车间 汇总		30.25
16				剪脚工 汇总	2.75
21				钳工 汇总	15.25
22			2车间 汇总		18
29				焊工 汇总	23.25
32				剪脚工 汇总	6
35				钳工 汇总	8
36			3车间 汇总		37.25
37			总计		85.5

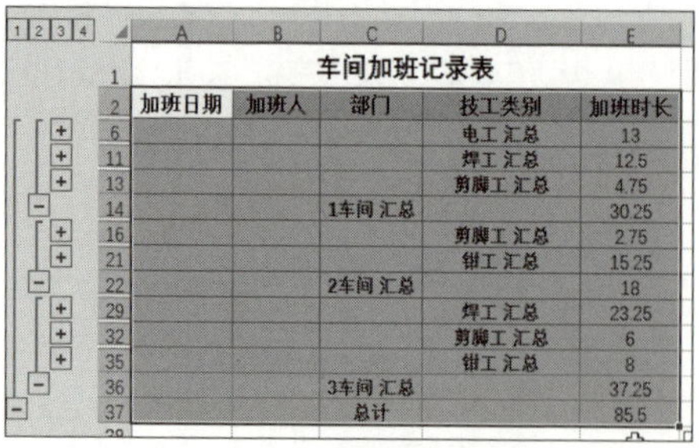

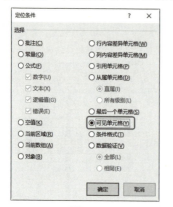

图 3-56

❷ 按下“F5”键即可打开“定位条件”对话框，选中“可见单元格”单选按钮，如图 3-57 所示。

图 3-57

❸ 单击“确定”按钮即可将选中单元格区域中的所有可见单元格区域选中，再按 Ctrl+C 组合键执行复制命令，如图 3-58 所示。

	A	B	C	D	E
1	车间加班记录表				
2	加班日期	加班人	部门	技工类别	加班时长
6				电工 汇总	13
11				焊工 汇总	12.5
13				剪脚工 汇总	4.75
14			1车间 汇总		30.25
16				剪脚工 汇总	2.75
21				钳工 汇总	15.25
22			2车间 汇总		18
29				焊工 汇总	23.25
32				剪脚工 汇总	6
35				钳工 汇总	8
36			3车间 汇总		37.25
37			总计		85.5

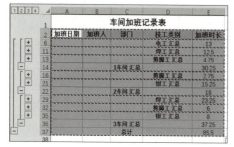

图 3-58

❹ 打开新工作表后，按 Ctrl+V 组合键执行粘贴命令，即可实现只将分类汇总结果粘贴到新表格中，如图 3-59 所示。

	A	B	C	D	E
1	加班日期	加班人	部门	技工类别	加班时长
2				电工 汇总	13
3				焊工 汇总	12.5
4				剪脚工 汇总	4.75
5			1车间 汇总		30.25
6				剪脚工 汇总	2.75
7				钳工 汇总	15.25
8			2车间 汇总		18
9				焊工 汇总	23.25
10				剪脚工 汇总	6
11				钳工 汇总	8
12			3车间 汇总		37.25
13			总计		85.5

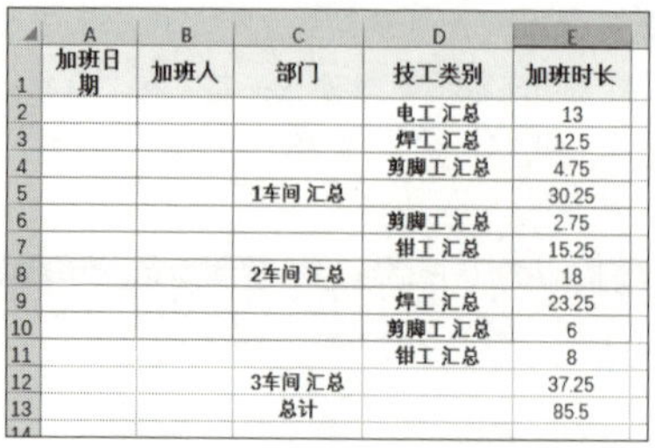

图 3-59

❺ 将一些没有统计项的列删除，对表格稍做整理，报表如图 3-60 所示。

	A	B	C
1	部门	技工类别	加班时长
2		电工 汇总	13
3		焊工 汇总	12.5
4		剪脚工 汇总	4.75
5	1车间 汇总		30.25
6		剪脚工 汇总	2.75
7		钳工 汇总	15.25
8	2车间 汇总		18
9		焊工 汇总	23.25
10		剪脚工 汇总	6
11		钳工 汇总	8
12	3车间 汇总		37.25

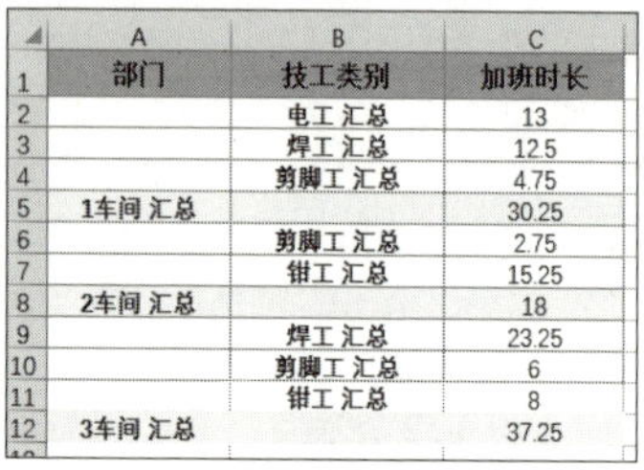

图 3-60

❻ 按 Ctrl+H 组合键打开“查找和替换”对话框，在“查找内容”框中输入“汇总”，“替换为”框中保持空白，报表如图 3-61 所示。

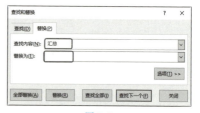

图 3-61

❼ 单击“全部替换”按钮即可将报表中的“汇总”文字删除，然后再为报表添加标题，最终形成可用于工作汇报的报表，如图 3-62 所示。

	A	B	C
1	技工类别需求量分析		
2	部门	技工类别	加班时长
3		电工	13
4		焊工	12.5
5		剪脚工	4.75
6	1车间		30.25
7		剪脚工	2.75
8		钳工	15.25
9	2车间		18
10		焊工	23.25
11		剪脚工	6
12		钳工	8
13	3车间		37.25

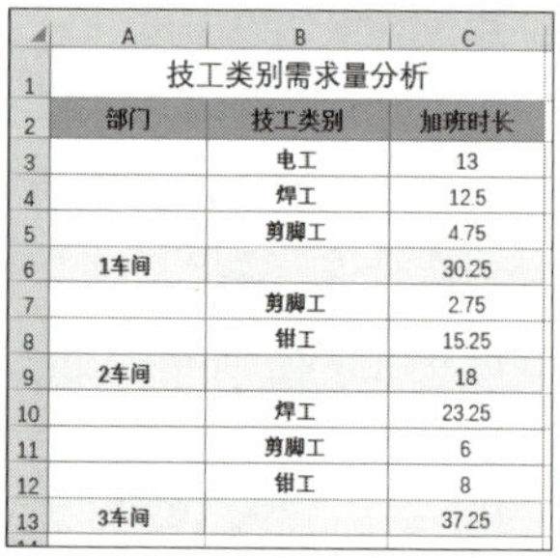

图 3-62

3.3 数据合并计算

在日常工作中，我们经常会将数据分门别类地存放在不同的表格中，如按月存放、按部门存放、按销售区域存放等。在季末或是月末一般都需要进行合并汇总统计，这时就需要使用到Excel中的合并计算功能快速地一次性完成了。利用此功能可以把多个格式相同的表格数据进行求和、求平均值、计数等运算，并将最终的结果显示在一张单独的表格中。

3.3.1 多表汇总求和运算

多表汇总求和运算指的是将多个表格的数据进行汇总，其计算的方式是求和运算。

例如，图3-63～图3-65所示分别为在某市场调查中3次调查的结果，现在需要根据现有数据进行计算，建立一张汇总表格，将三张表格中的统计数据进行汇总，从而准确查看此新产品哪些功能是最吸引消费者的。观察一下这三张表格，可以看到需要合并计算的数据存放的位置相同（顺序和位置均相同），因此可以按位置进行合并计算。

最吸引功能	选择人数
GPS定位功能	8
运动记录功能	2
射频感应或遥感功能	8
音乐存储与播放功能	3
拍照功能	3
WIF功能	3
双向通话功能	2
蓝牙功能	4
邮件电话短信	4
语音控制功能	2

一次调查　二次调查　三次调查

图3-63

最吸引功能	选择人数
GPS定位功能	5
运动记录功能	4
射频感应或遥感功能	5
音乐存储与播放功能	2
拍照功能	2
WIF功能	5
双向通话功能	5
蓝牙功能	2
邮件电话短信	3
语音控制功能	2

一次调查　二次调查　三次调查

图3-64

最吸引功能	选择人数
GPS定位功能	6
运动记录功能	2
射频感应或遥感功能	8
音乐存储与播放功能	2
拍照功能	1
WIF功能	2
双向通话功能	7
蓝牙功能	1
邮件电话短信	2
语音控制功能	4

一次调查　二次调查　三次调查

图3-65

❶ 新建一张工作表，重命名为"统计"，建立基本数据。选中B2单元格，在"数据"选项卡的"数据工具"组中单击"合并计算"按钮，如图3-66所示。打开"合并计算"对话框，使用默认的求和函数，单击"引用位置"右侧的拾取器按钮，如图3-67所示。

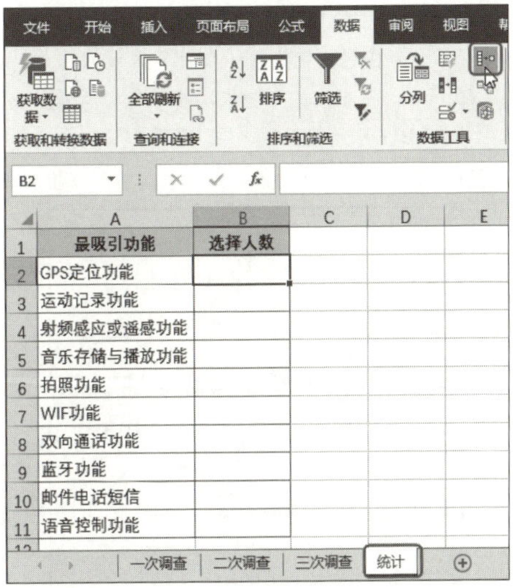

图3-66

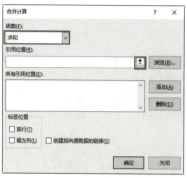

图 3-67

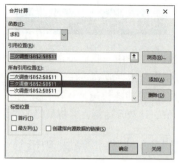

❷ 切换到“一次调查”工作表选择待计算的区域 B2:B11 单元格区域（注意不要选中列标识），如图 3-68 所示。

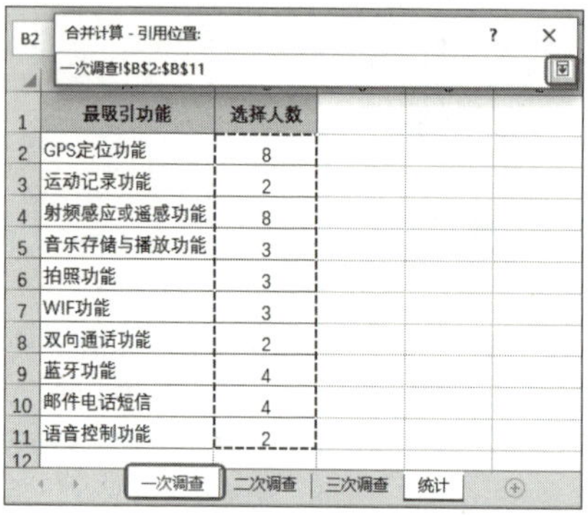

	最吸引功能	选择人数
2	GPS定位功能	8
3	运动记录功能	2
4	射频感应或遥感功能	8
5	音乐存储与播放功能	3
6	拍照功能	3
7	WIF功能	3
8	双向通话功能	2
9	蓝牙功能	4
10	邮件电话短信	4
11	语音控制功能	2

图 3-68

❸ 再次单击拾取器按钮，返回“统计”对话框。单击“添加”按钮，完成第一个计算区域的添加，如图 3-69 所示。按相同的方法依次将“二次调查”工作表中的 B2:B11 单元格区域、“三次调查”工作表中的 B2:B11 单元格区域都添加为计算区域，如图 3-70 所示。

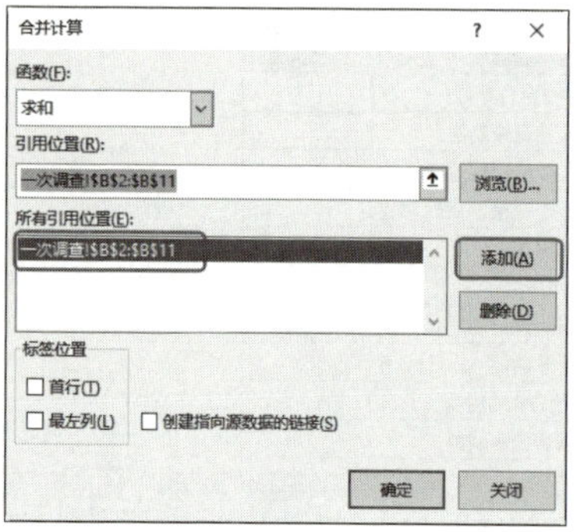

图 3-69

图 3-70

❹ 单击“确定”按钮，即可看到“统计”工作表中合并计算后的结果，如图 3-71 所示。

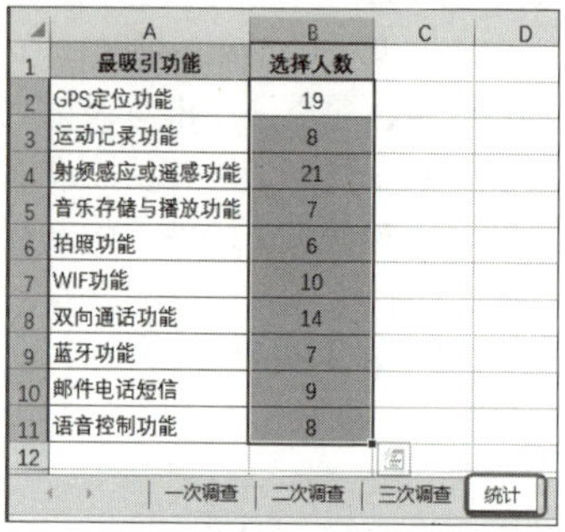

	最吸引功能	选择人数
2	GPS定位功能	19
3	运动记录功能	8
4	射频感应或遥感功能	21
5	音乐存储与播放功能	7
6	拍照功能	6
7	WIF功能	10
8	双向通话功能	14
9	蓝牙功能	7
10	邮件电话短信	9
11	语音控制功能	8

图 3-71

知识扩展

注意观察可以看到，上面的例子中源数据的顺序是完全一致的，因此在进行合并计算时，只要将不同表格相同位置上的数据相加，就表示进行了合并计算。如果数据的顺序并不一致，如图 3-72、图 3-73 所示的两张表格（注意对比 B 列的数据），该怎么办呢？

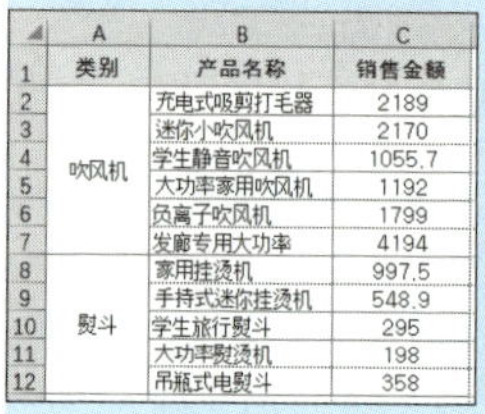

	类别	产品名称	销售金额
2	吹风机	充电式吸剪打毛器	2189
3		迷你小吹风机	2170
4		学生静音吹风机	1055.7
5		大功率家用吹风机	1192
6		负离子吹风机	1799
7		发廊专用大功率	4194
8	熨斗	家用挂烫机	997.5
9		手持式迷你挂烫机	548.9
10		学生旅行熨斗	295
11		大功率熨烫机	198
12		吊瓶式电熨斗	358

图 3-72

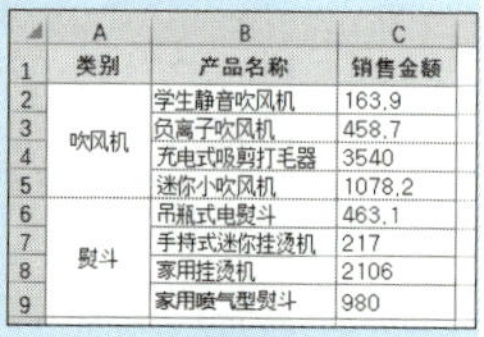

	类别	产品名称	销售金额
2	吹风机	学生静音吹风机	163.9
3		负离子吹风机	458.7
4		充电式吸剪打毛器	3540
5		迷你小吹风机	1078.2
6	熨斗	吊瓶式电熨斗	463.1
7		手持式迷你挂烫机	217
8		家用挂烫机	2106
9		家用喷气型熨斗	980

图 3-73

此时在进行合并计算时有两个注意点：一是在建立合并计算表格时先不要建立标

识，如本例中"产品名称"并不一致，也不确定有哪些项目，所以不要输入，合并计算时会自动生成；二是在"合并计算"对话框中一定要选中"最左列"复选框，如图3-74所示，合并计算后的结果如图3-75所示。

图3-74　　　　　图3-75

3.3.2 多表汇总求平均值计算

在进行合并计算时不是只能进行求和运算，也可以进行求平均值运算。本例中，按月记录了销售部员工的工资（如图3-76和图3-77所示，当前显示3个月），并且每张表格的结构完全相同，现在需要计算一季度各位销售员的月平均工资。

图3-76

图3-77

❶ 新建一张工作表，重命名为"月平均工资计算"，建立基本数据。选中B2单元格，在"数据"选项卡的"数据工具"组中单击"合并计算"按钮，如图3-78所示。

图3-78

❷ 打开"合并计算"对话框，单击"函数"右侧下拉按钮，在弹出的下拉列表中选择"平均值"选项，然后单击"引用位置"右侧的拾取器按钮，如图3-79所示。

图3-79

❸ 切换到"一月"工作表，选择待计算的区域D2:D14单元格区域（注意不要选中列标识），如图3-80所示。

❹ 再次单击拾取器按钮，返回"合并计算"对话框。单击"添加"按钮，完成第一个计算区域的添加，如图3-81所示。按相同的方法依次将"二月"工作表中的D2:D14单元格区域、"三月"工作表中的D2:D14单元格区域都添加为计算区域，如图3-82所示。

	编号	姓名	所属部门	应发合计
2	001	陈春洋	销售部	2989
3	002	侯淑媛	销售部	4710
4	003	孙丽萍	销售部	3450
5	004	李平	销售部	5000
6	005	王保国	销售部	12132
7	006	杨和平	销售部	3303.57
8	007	张文轩	销售部	8029.2
9	008	彭丽丽	销售部	19640
10	009	韦余强	销售部	3507
11	010	闫绍红	销售部	2650
12	011	罗婷	销售部	6258.33
13	012	杨增	销售部	17964.8
14	014	姚磊	销售部	3469

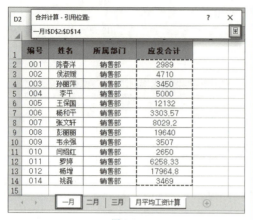

图 3-80

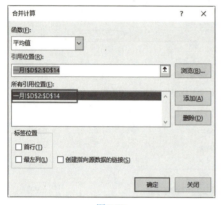

图 3-81

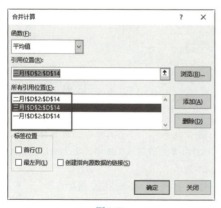

图 3-82

❺ 单击“确定”按钮，即可看到“月平均工资计算”工作表中工资平均计算后的结果，如图 3-83 所示。

	姓名	平均工资
2	陈春洋	4229.666667
3	侯淑媛	4535
4	孙丽萍	5008.333333
5	李平	4733.333333
6	王保国	10290.33333
7	杨和平	3461.903333
8	张文轩	7187.533333
9	彭丽丽	20131.66667
10	韦余强	4863
11	闫绍红	3075
12	罗婷	6749.996667
13	杨增	11789.8
14	姚磊	5740.86

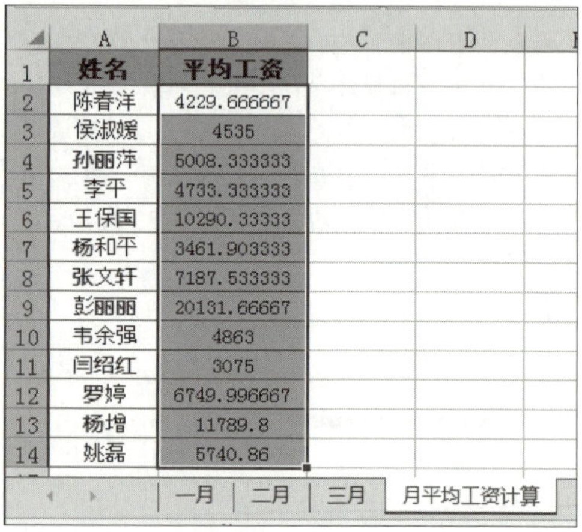

图 3-83

3.3.3 多表汇总计数运算

合并计算时还可以根据分析目标进行计数统计。如图 3-84 和图 3-85 所示的两张工作表分别记录了两位调查员的 20 条调查记录，现在要统计各项功能被选择的总人数。完成这项统计需要使用计数函数来进行合并计算。

❶ 建立一张统计表，选中 A2 单元格，在“数据”选项卡的“数据工具”组中单击“合并计算”按钮，如图 3-86 所示。

	最吸引功能	编码	性别	年龄
2	运动记录功能	001	女	28
3	GPS定位功能	002	男	30
4	GPS定位功能	003	女	45
5	GPS定位功能	004	女	22
6	双向通话功能	005	女	55
7	运动记录功能	006	女	22
8	射频感应或遥感功能	007	男	20
9	GPS定位功能	008	男	29
10	双向通话功能	009	男	32
11	WIF功能	010	女	52
12	双向通话功能	011	男	45
13	GPS定位功能	012	男	26
14	GPS定位功能	013	女	35
15	GPS定位功能	014	女	22
16	运动记录功能	015	女	30
17	射频感应或遥感功能	016	男	19
18	双向通话功能	017	男	60
19	射频感应或遥感功能	018	男	71
20	GPS定位功能	019	女	42
21	GPS定位功能	020	男	42

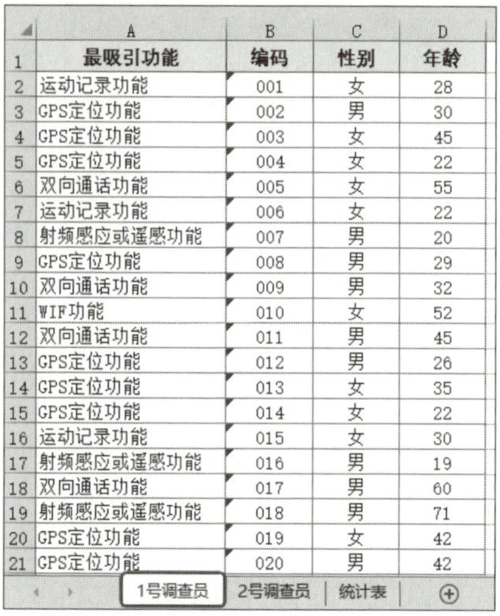

图 3-84

图 3-85

图 3-86

❷ 打开"合并计算"对话框,单击"函数"右侧的下拉按钮,在打开的下拉列表中选择"计数"选项,如图 3-87 所示。

图 3-87

❸ 单击"引用位置"中的拾取器按钮回到工作表中设置第一个引用位置为"1号调查员"工作表中 A2:B21 单元格区域,如图 3-88 所示。

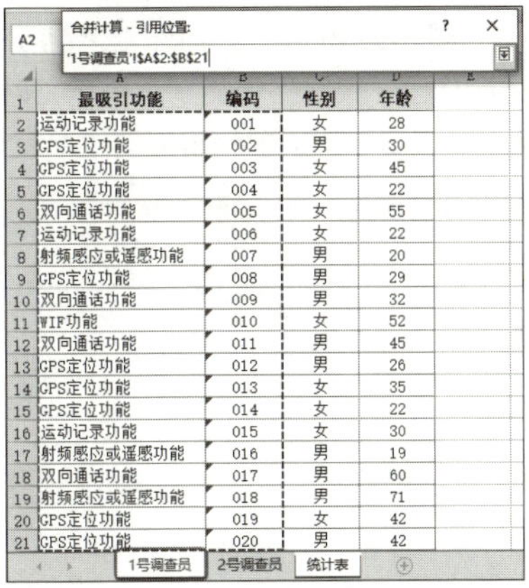

图 3-88

❹ 继续设置第二个引用位置为"2号调查员"工作表的 A2:B21 单元格区域。返回到"合并计算"对话框中,选中"最左列"复选框,如图 3-89 所示。

图 3-89

❺ 单击"确定"按钮,即可以计数的方式合并计算两张表格的数据,计算出各个不同功能被选择的次数,如图 3-90 所示。

图 3-90

3.3.4 生成二维汇总表

本例统计了各分店不同产品的销售额，如图 3-91～图 3-93 所示，下面需要将各分店的销售额汇总在一张表格中显示（也就是既显示各店面名称又显示对应的销售额的二维表格）。

图 3-91　　　　图 3-92

图 3-93

由于表格具有相同的列标识，如果直接合并，那么就会将两个表格的数据按最左侧数据直接合并出金额，因此要想通过合并计算的方式获取既显示各店面名称又显示对应的销售额的二维表格，需要先对原表数据的列标识进行处理。

可依次将各个表中 B1 单元格的列标识更改为"百大 - 销售额"（如图 3-94 所示）、"鼓楼 - 销售额"（如图 3-95 所示）、"红星 - 销售额"，再进行合并计算时就可以得到预期的二维汇总表了。

图 3-94　　　　图 3-95

❶ 新建一张工作表作为统计表（什么内容也不要输入），选中 A1 单元格，在"数据"选项卡"数据工具"组中，单击"合并计算"按钮，打开"合并计算"对话框。单击"引用位置"文本框右侧的拾取器按钮，设置第一个引用位置为"百大店"工作表的 A1:B8 单元格区域，如图 3-96 所示。

图 3-96

❷ 单击拾取器按钮回到"合并计算"对话框中，单击"添加"按钮，如图 3-97 所示。按相同的方法依次添加"鼓楼店"和"红星店"的单元格区域，返回"合并计算"对话框后，选中"首行"和"最左列"复选框，如图 3-98 所示。

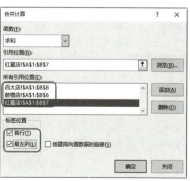

图 3-97

图 3-98

❸ 单击“确定”按钮完成合并计算，在“统计表”中可以看到各产品在各店铺的销售额，即在合并计算的同时还快速生成了一张二维统计报表，如图 3-99 所示。

	百大-销售额（万元）	鼓楼-销售额（万元）	红星-销售额（万元）
A商品	38	78	
B商品	40	11	27
C商品	12.6		50
D商品	23	12.8	40.5
E商品	35	51.3	12.8
F商品	36	19.4	35.9
G商品	28.9		35

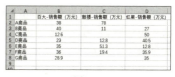

图 3-99

3.4 数据透视表

数据透视表具有强大的数据分析能力，它集合了数据排序、筛选、分类汇总等数据分析的优点，建立数据表之后，通过字段的设置可以瞬间得出各种不同的分析结果，以实现快速创建多维度的统计分析报表。另外，通过不同的值显示方式又可以达到多种不同的分析目的。

3.4.1 数据透视表的多维统计方式

数据透视表所具有的统计能力靠语言的描述永远无法体现。这一节中我们给出几个实例，通过对源数据与统计结果的查看，可以了解数据透视表能达到哪些统计目的。

1. 统计不同工种的加班时长

如图 3-100 所示，表格按日期显示了各车间的加班时长记录，建立数据透视表可以对不同技工类别的总加班时长进行统计，从而分析哪种技工类别是车间比较紧缺的，如图 3-101 所示。

车间加班记录表

加班日期	加班人	部门	技工类别	加班时长
2020/7/3	王铁军	1车间	电工	4
2020/7/3	陈涛	1车间	焊工	4
2020/7/3	邹志明	1车间	剪脚工	4.75
2020/7/7	吕梁	3车间	焊工	4.5
2020/7/7	罗平	3车间	电工	3
2020/7/8	陈涛	1车间	焊工	3.5
2020/7/8	吕梁	3车间	焊工	4.5
2020/7/14	金璐忠	2车间	钳工	3.75
2020/7/14	刘余强	1车间	焊工	2.75
2020/7/14	华玉凤	3车间	剪脚工	3.5
2020/7/16	吕梁	3车间	焊工	2.75
2020/7/16	陈涛	1车间	焊工	2.25
2020/7/17	吕梁	3车间	焊工	4
2020/7/17	张军	3车间	焊工	4
2020/7/23	廖凯	3车间	钳工	4
2020/7/24	刘琦	2车间	剪脚工	2.75
2020/7/24	谭军	2车间	钳工	3.5
2020/7/27	王铁军	1车间	电工	4.5
2020/7/27	刘飞	2车间	钳工	4
2020/7/27	金璐忠	2车间	钳工	4
2020/7/27	王铁军	1车间	电工	4.5
2020/7/28	吕梁	3车间	焊工	2.5
2020/7/29	李佳志	3车间	焊工	4.5

图 3-100

技工类别	加班时长统计
电工	19
焊工	50.75
剪脚工	11
钳工	36.75
总计	117.5

图 3-101

2. 统计培训成绩的最高分、最低分、平均分

图 3-102 所示表格为企业某次培训后的员工测试成绩表，表格数据涉及 4 个部门，现在想对各个部门的最高分、最低分、平均分进行统计。通过建立如图 3-103 所示的数据透视表即可快速达到统计目的。

部门	姓名	选择题	解答题	总成绩
市场部	程菊	80	87	167
营销部	古晨	85	88	173
营销部	桂萍	78	89	167
市场部	霍晶	86	90	176
研发部	李汪洋	74	78	152
人事部	廖凯	76	80	156
营销部	潘美玲	96	94	190
研发部	董晓迪	95	96	191
研发部	王先仁	89	90	179
人事部	张俊	89	90	179
营销部	张振梅	85	87	172
市场部	章华	98	91	189
营销部	陈小芳	90	88	178
人事部	陈晓	68	90	158
市场部	陈曦	88	92	180
人事部	罗成佳	71	77	148
市场部	姜旭旭	91	88	179
营销部	崔衡	78	86	164
市场部	窦云	90	91	181
人事部	蔡晶	82	88	170
人事部	廖凯	69	80	149
研发部	霍晶	70	88	158

图 3-102

部门	平均分	最高分	最低分
人事部	160	179	148
市场部	178.6666667	189	167
研发部	170	191	152
营销部	174	190	164
总计	170.7272727	191	148

图 3-103

3. 统计考核表中各学历层次的人数

如图 3-104 所示的表格中统计了公司某次考核中员工的相关数据。通过建立数据透视表

可以快速统计出此次考核中各个学历层次的人数，如图 3-105 所示。另外，通过更改"学历"字段值的显示方式，还可以直观地看到各个学历层次的人数占总人数的比例情况，如图 3-106 所示。

员工	学历	专业考核	业绩考核	平均分
程菊	高中	88	69	78.5
古晨	研究生	92	72	82
桂萍	本科	88	70	79
霍晶	本科	90	79	84.5
李汪洋	本科	86	70	78
廖凯	本科	76	65	70.5
潘美玲	高中	91	88	89.5
董晓迪	专科	88	91	89.5
王先仁	专科	88	84	86
张俊	本科	90	87	88.5
张振梅	专科	82	77	79.5
章华	本科	80	56	68
陈小芳	研究生	76	90	83
陈晓	专科	91	91	91
陈曦	专科	67	62	64.5
罗成佳	专科	82	77	79.5
姜旭旭	专科	77	88	82.5
崔衡	高中	77	79	78
窦云	专科	80	70	75
蔡晶	本科	79	93	86
廖凯	本科	77	79	78
张泽宇	本科	68	86	77

图 3-104

学历	员工人数
本科	9
高中	3
研究生	2
专科	8
总计	22

图 3-105

学历	员工人数
本科	40.91%
高中	13.64%
研究生	9.09%
专科	36.36%
总计	100.00%

图 3-106

4. 统计员工的薪酬分布

如图 3-107 所示表格为某月的工资统计表，下面需要按部门统计人数，并统计出各个部门的平均工资。通过建立数据透视表可得到想要的统计结果，如图 3-108 所示。

本月工资统计表

编号	姓名	所属部门	基本工资	工龄工资	福利补贴	提成或奖金	加班工资	满勤奖金	应发合计
001	郑立媛	销售部	2000	600	600	4603.2	380.95	0	8184.15
002	艾羽	财务部	3700	800	300		740.48	300	5840.48
003	章晔	企划部	3000	800	350		495.24	0	4645.24
004	钟文	企划部	3700	400	350	500	748.81	0	5698.81
005	朱安婷	网络安全部	3200	300	450		316.67	0	4266.67
006	钟武	销售部	2000	0	500	4480	0	300	7280
007	梅香菱	网络安全部	4200	100	450		175	0	4925
008	李霞	行政部	2700	0	300		642.86	0	3642.86
009	苏海涛	销售部	3400	600	500	13670.4	0	300	18470.4
010	喻可	财务部	2700	600	300	200	742.86	0	4542.86
011	苏曼	销售部	2000	0	600	2284.5	214.29	0	5098.79
012	蒋苗苗	企划部	3000	500	450	1000	325	0	5275
013	胡子强	销售部	2000	500	500	1850	271.43	0	5121.43
014	刘玲燕	行政部	2700	700	300		532.14	0	4232.14
015	韩要荣	网络安全部	3200	600	350		815.48	0	4965.48
016	侯淑媛	销售部	2000	500	600	510	0	0	3610
017	孙丽萍	行政部	2700	100	300		250	0	3350
018	李平	行政部	2700	0	200		0	0	2900
019	王保国	销售部	2000	0	500	10032	0	300	12832
020	杨和平	网络安全部	3200	300	350	0	391.67	0	4241.67
021	张文轩	销售部	2000	400	500	7879.2	150	0	10929.2
022	彭丽丽	销售部	3500	200	600	5240	0	0	9540
023	韦余强	企划部	3000	400	350		771.43	0	4521.43

图 3-107

所属部门	数据 人数	平均工资
财务部	3	4644.446667
行政部	6	3566.865
企划部	4	5035.12
网络安全部	6	5137.501667
销售部	11	8663.615455
总计	30	6053.326333

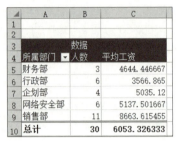

图 3-108

3.4.2 字段添加决定分析结果

使用数据透视表分析数据，首先要学会建立基本数据透视表，然后再添加字段，获取分析结果。设置不同的字段将决定获取什么统计结果。

1. 创建数据透视表并添加字段

数据透视表是基于已经建立好的数据表的，基本上可以通过如下三步完成透视表的创建。

❶ 准备好数据表，如图 3-109 所示为一份销售记录单。

日期	店铺	系列	产品名称	规格	销售单价	销售数量	销售金额	销售员
8/1	乐购店	红石榴系列	红石榴套装（洁面+水+乳）	套	198	17	3366	王淑芬
8/1	潍汇店	柔润倍现系列	柔润倍现保湿精华霜	50g	108	11	528	周星辰
8/2	潍汇店	水嫩精纯系列	水嫩精纯能量元面霜	45ml	119	10	1190	王淑芬
8/2	潍汇店	红石榴系列	红石榴倍润滋养霜	50g	110	14	1540	王晨曦
8/3	万达店	红石榴系列	红石榴套装（洁面+水+乳）	套	198	17	3366	夏子蒙
8/3	潍汇店	柔润倍现系列	柔润盈透洁面泡沫	150g	68	16	1088	周星辰
8/8	乐购店	水嫩精纯系列	水嫩精纯明星眼霜	15g	138	10	590	王淑芬
8/5	乐购店	水嫩精纯系列	水嫩精纯明星美肌水	100ml	135	12	1620	赵科然
8/6	乐购店	柔润倍现系列	柔润盈透洁面泡沫	150g	68	15	1020	周星辰
8/6	万达店	柔润倍现系列	柔润倍现保湿精华霜	50g	108	9	352	夏子蒙
8/7	乐购店	红石榴系列	红石榴去角质素	100g	85	11	935	赵科然
8/7	万达店	水嫩精纯系列	水嫩精纯能量元面霜	45ml	119	20	2380	夏子蒙
8/7	乐购店	红石榴系列	红石榴鲜活水盈润肤水	120ml	108	15	1620	周星辰
8/8	万达店	红石榴系列	红石榴套装（洁面+水+乳）	套	198	8	1584	夏子蒙
8/8	万达店	柔润倍现系列	柔润倍现套装	套	308	7	2156	包玲玲
8/8	潍汇店	柔润倍现系列	柔润倍现盈透精华水	100ml	70	15	1050	王晨曦
8/9	万达店	柔润倍现系列	柔润倍现盈透精华水	100ml	70	11	770	夏子蒙
8/9	万达店	红石榴系列	红石榴倍润滋养霜	50g	110	10	450	包玲玲
8/9	乐购店	红石榴系列	红石榴鲜活水盈乳液	100ml	115	9	1035	王淑芬
8/10	乐购店	红石榴系列	红石榴鲜活水盈乳液	100ml	115	11	1265	赵科然
8/11	潍汇店	柔润倍现系列	柔润倍现保湿精华乳液	100ml	105	9	945	王晨曦
8/12	万达店	红石榴系列	红石榴鲜活水盈润肤水	120ml	108	15	1620	包玲玲
8/12	乐购店	水嫩精纯系列	水嫩精纯明星眼霜	15g	138	10	1380	赵科然
8/12	潍汇店	红石榴系列	红石榴去角质素	100g	85	9	765	周星辰
8/13	万达店	柔润倍现系列	柔润倍现套装	套	308	10	3080	崔宁
8/13	潍汇店	水嫩精纯系列	水嫩精纯明星修饰乳	40g	148	9	1332	周星辰

Sheet3　销售记录表

图 3-109

❷ 选中数据表中的任意单元格，在"插入"选项卡的"表格"组中单击"数据透视表"按钮，打开"创建数据透视表"对话框，如图 3-110 所示。

❸ 在"选择一个表或区域"框中显示了当前要建立为数据透视表的数据源（默认情况下将整张数据表作为建立数据透视表的数据源），如图 3-111 所示。单击"确定"按钮，则可创建数据透视表（默认的数

据透视表是空白状态，需要添加字段才能得出分析结果），如图3-112所示。

> **专家提醒**
>
> 数据透视表的功能虽然非常强大，但使用之前需要先规范数据源，否则会给后期创建和使用数据透视表带来重重阻碍，甚至无法创建数据透视表。规范数据源一般需要注意以下几个问题。
>
> ● 不能包含多层表头，即表格应具有完备的列标识。
>
> ● 列标识不能缺失。如果有遗漏列标识，那么在创建数据透视表时会弹出错误提示。
>
> ● 数据格式要规范。比如前面章节中介绍的文本数据不应包含空格、不能出现文本型数字等。
>
> ● 数据应具有连续性。一个完善的数据源如果中间使用空行中断，那么在创建数据透视表时，也不能正确识别完整的数据源。

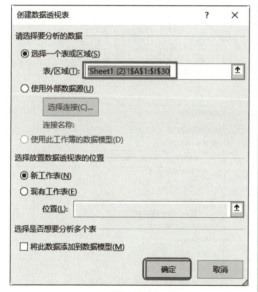

图3-110

图3-111

在创建了数据透视表之后，默认是一个空表，要想得出各种分析结果，需要进行不同字段的设置。

在字段列表中选择字段，按住鼠标左键不放将其拖到下面的字段设置框中。例如将"店铺"拖动到"行标签"区域，如图3-113所示；将"销售金额"拖动到"值"区域，如图3-114所示。通过得到的分析表可以直观看到各个部门中各个商品的总数量与总金额，如图3-115所示。

图3-112

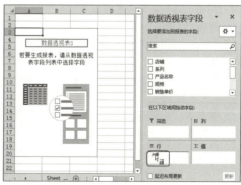

图3-113

图 3-114

图 3-115

2. 调节字段以获取不同统计结果

数据透视表的强大功能体现在字段的设置上，不同的字段组合可以获取不同的统计效果，因此可以随时调整字段位置，多角度地分析数据。下面仍然以如图 3-109 所示的销售记录单为例，介绍字段的设置及调整方法。这其中涉及字段位置的设置、顺序的调整等知识点。

例1：各类别商品销售数量及金额统计报表

利用如图 3-109 所示的数据源创建统计各类别商品销售数量及金额的报表。

❶ 选中数据源表格中的任意单元格，在"插入"选项卡的"表格"组中单击"数据透视表"按钮，如图 3-116 所示。

❷ 打开"创建数据透视表"对话框，保持默认选项，如图 3-117 所示。

❸ 单击"确定"按钮，即可在新工作表中创建数据透视表，如图 3-118 所示。

❹ 在字段列表中将光标指向"系列"字段，按住鼠标左键将其拖动至"行"区域中，然后按相同方法将"销售数量""销售金额"字段拖动到"值"区域中，即可得到分析各系列商品销售情况的数据透视表，如图 3-119 所示。

❺ 在 Sheet2 工作表上单击鼠标右键，在弹出的快捷菜单中选择"重命名"命令，如图 3-120 所示。将工作表重命名为"各系列商品销售统计"，如图 3-121 所示。

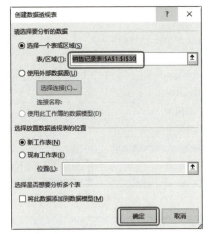

图 3-116

图 3-117

图 3-118

图 3-119

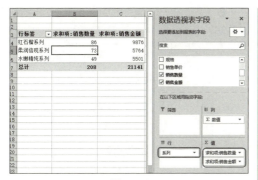

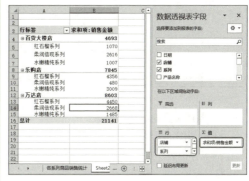

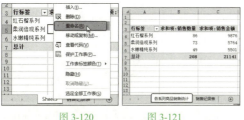

图 3-120

图 3-121

知识扩展

创建数据透视表是为了进行分类统计，如果数据表一个分类都找不到，那么对其创建数据透视表是无任何意义的，所以数据源表格应该至少包含一个分类。

例如，如图 3-122 所示表格没有任何分类，这种表无论怎么统计还是这个结果；而图 3-123 所示表格，则可以按部门进行分类统计。

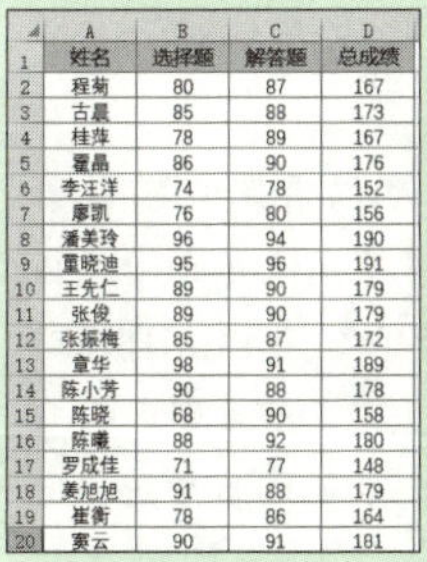

姓名	选择题	解答题	总成绩
程菊	80	87	167
古晨	85	88	173
桂萍	78	89	167
霍晶	86	90	176
李汪洋	74	78	152
廖凯	76	80	156
潘美玲	96	94	190
董晓迪	95	96	191
王先仁	89	90	179
张俊	89	90	179
张振梅	85	87	172
章华	98	91	189
陈小芳	90	88	178
陈晓	68	90	158
陈曦	88	92	180
罗成佳	71	77	148
姜旭旭	91	88	179
崔衡	78	86	164
窦云	90	91	181

图 3-122

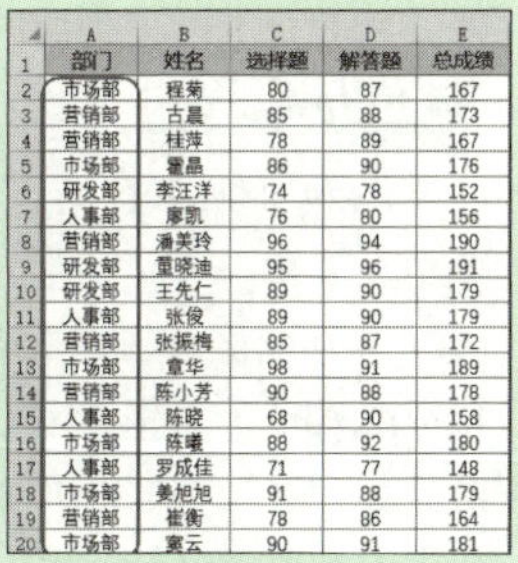

部门	姓名	选择题	解答题	总成绩
市场部	程菊	80	87	167
营销部	古晨	85	88	173
营销部	桂萍	78	89	167
市场部	霍晶	86	90	176
研发部	李汪洋	74	78	152
人事部	廖凯	76	80	156
营销部	潘美玲	96	94	190
研发部	董晓迪	95	96	191
研发部	王先仁	89	90	179
人事部	张俊	89	90	179
营销部	张振梅	85	87	172
市场部	章华	98	91	189
营销部	陈小芳	90	88	178
人事部	陈晓	68	90	158
市场部	陈曦	88	92	180
人事部	罗成佳	71	77	148
市场部	姜旭旭	91	88	179
营销部	崔衡	78	86	164
市场部	窦云	90	91	181

图 3-123

例 2：各店铺的销售统计报表

利用如图 3-109 所示的数据源创建各店铺的销售统计报表。

❶ 按例 1 中的方法创建数据透视表。

❷ 拖动“店铺”字段和“系列”字段到“行”区域中，拖动“销售金额”字段到“值”区域中，即可得到各店铺的销售统计表，如图 3-124 所示。

图 3-124

❸ 将工作表重命名为“各店铺的销售统计报表”，如图 3-125 所示。

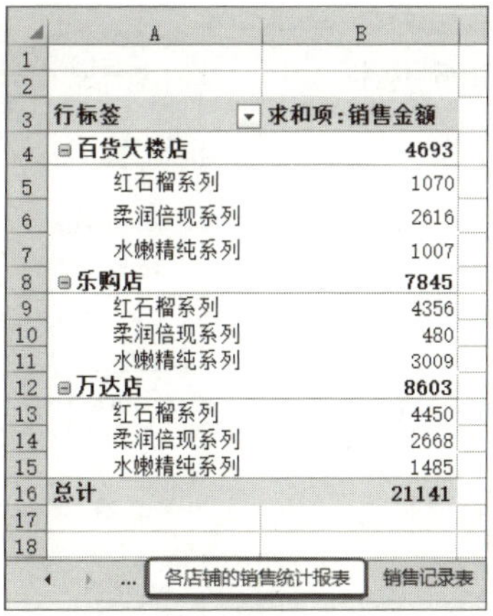

行标签	求和项:销售金额
⊟百货大楼店	4693
红石榴系列	1070
柔润倍现系列	2616
水嫩精纯系列	1007
⊟乐购店	7845
红石榴系列	4356
柔润倍现系列	480
水嫩精纯系列	3009
⊟万达店	8603
红石榴系列	4450
柔润倍现系列	2668
水嫩精纯系列	1485
总计	21141

图 3-125

数据透视表是一个交互式报表，当设置双行标签时，还可以通过调节字段获取多种不同的统计结果。

在要调整的字段“系列”上右击，在右键菜单中单击“上移”或“下移”按钮，如图 3-126 所示。调整后的数据透视表的统计结果也自动发生变化，当前的侧重点在对各个系列总销售额的统计，但下面也对各个店铺的明细进行了统计，如图 3-127 所示。

图 3-126　　　　图 3-127

❶ 此处假设销售记录表中有 8 月数据与 9 月数据，如图 3-130 所示。按例 1 中的方法创建数据透视表。

例 3：各销售员业绩统计报表

利用如图 3-109 所示的数据源创建各销售员业绩统计报表。

❶ 按例 1 中的方法创建数据透视表。

❷ 拖动"销售员"字段到"行"区域中，拖动"销售金额"字段到"值"区域中，即可得到各销售员业绩统计报表，如图 3-128 所示。

图 3-128

❸ 按例 1 中的方法将工作表重命名为"各销售员业绩统计报表"，如图 3-129 所示。

图 3-129

例 4：各类别商品各月份销售统计报表

假设当前数据表中涉及多月的数据，还可以建立分月统计的报表。

图 3-130

❷ 拖动"系列"字段和"日期"字段到"行"区域中，拖动"销售金额"字段到"值"区域中，即可让各个系列商品的销售额按月份统计，如图 3-131 所示。

图 3-131

> **知识扩展**
>
> 添加日期字段后，可以看到当前统计表中会多出一个"月"字段，这是自动生成的，因为当前数据涉及多月，所以会自动进行分组统计。如果数据涉及多年，则还会自动添加"年"字段，即能按年自动分组，方便查看数据的统计结果。

例 5：筛选查看指定店铺的统计报表

在数据透视表中还可以将字段添加到"筛选"区域中，实现只筛选统计部分数据。例如，将"店铺"字段添加到"筛选"区域，可以筛选查看某一个店铺的统计数据。

❶ 按例4中的方法创建数据透视表，并且字段保持相同的设置。

❷ 将"店铺"字段拖入"筛选"区域中，得到的统计结果如图3-132所示。

图 3-132

❸ 单击筛选字段右侧的下拉按钮，在下拉列表中选择"港汇店"（如图3-133所示），单击"确定"按钮得到的是"港汇店"的统计结果，如图3-134所示。

图 3-133　　　　　图 3-134

❹ 单击筛选字段右侧的下拉按钮，在下拉列表中选择"万达店"（如图3-135所示），单击"确定"按钮得到的是"万达店"的统计结果，如图3-136所示。

图 3-135　　　　　图 3-136

3.4.3 自定义汇总计算方式

数据透视表对数值字段默认的汇总方式为求和，对文本字段的默认汇总方式为计数。当默认的汇总结果不是需要的统计结果时，可以重新更改汇总方式。例如，图3-137所示数据透视表的目的是要统计各个工龄段的人数，而当添字段后，默认的汇总方式是对工龄进行求和，因此达不到统计目的。

图 3-137

❶ 在数据透视表中选中汇总项下的任意单元格，在"数据透视表"→"分析"选项卡的"活动字段"组中单击"字段设置"按钮，打开"值字段设置"对话框，如图3-138所示。

图 3-138

❷ 在"计算类型"列表框中选择"计数"汇总方式，并在"自定义名称"框中输入更加直观的名称，如图3-139所示。更改计数方式后，可以看到统计出的各个年龄段的人数，如图3-140所示。

图 3-139

61

图 3-140

3.4.4 自定义值的显示方式

将数值字段添加到"值"字段框中时,默认的汇总方式为求和。求和只是其中的一种显示方式,除此之外,还有占总计的百分比、占行汇总的百分比、占父行汇总的百分比等显式方式。

1. 显示为总计的百分比

例如,在如图 3-141 所示的数据透视表中统计了各个部门的总销售额,现在要求显示各个部门的销售额占总销售额的百分比。

图 3-141

❶ 选中列字段下的任意单元格,单击鼠标右键,在弹出的快捷菜单中依次选择"值显示方式"→"总计的百分比"命令,如图 3-142 所示。

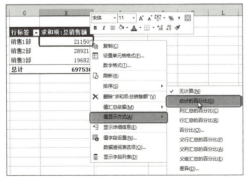

图 3-142

❷ 按上述操作完成设置后,即可看到各部门的销售额占总销售额的百分比,效果如图 3-143 所示。

图 3-143

2. 显示为行汇总的百分比

在有列标签的数据透视表中,可以设置值的显示方式为占行汇总的百分比。在此显示方式下横向观察报表,可以看到各个项所占百分比情况。如图 3-144 所示的数据透视表为默认统计结果,现在需要查看各部门中男女的比例情况。

	A	B	C
1			
2			
3	计数项:姓名	性别	
4	所在部门	男	女
5	销售部	9	15
6	财务部		4
7	行政部	2	4
8	企划部	3	2
9	市场部	3	1
10	技术研发部	5	6
11	人力资源部	2	4
12	总计	24	36

图 3-144

❶ 选中列字段下的任意单元格,单击鼠标右键,在弹出的快捷菜单中依次选择"值显示方式"→"行汇总的百分比"命令,如图 3-145 所示。

图 3-145

专家提醒

如果当前数据透视表设置了双行标签或双列标签，也可以设置“父行汇总的百分比”“父列汇总的百分比”显示方式。

❷ 按上述操作完成设置后，即可看到各个部门中男女所占比例。例如，“销售部”中男性占37.5%，女性占62.5%，如图3-146所示。

	A	B	C
1			
2			
3	计数项:姓名	性别	
4	所在部门	男	女
5	销售部	37.50%	62.50%
6	财务部	0.00%	100.00%
7	行政部	33.33%	66.67%
8	企划部	60.00%	40.00%
9	市场部	75.00%	25.00%
10	技术研发部	45.45%	54.55%
11	人力资源部	33.33%	66.67%
12	总计	40.00%	60.00%

图 3-146

3. 显示为父行汇总的百分比

如果设置了双行标签，则可以设置值的显示方式为占父行汇总的百分比。在此显示方式下可以看到父级下的各个类别的百分比。如图3-147所示的数据透视表为默认统计结果，通过设置“占父行汇总的百分比”显示方式，可以直观地看到在每个月份中每一种支出项目所占的百分比情况，如图3-148所示。

日期	项目	求和项:金额
⊟1月		12963
	差旅费	863
	办公用品	650
	餐饮费	5400
	福利	1500
	会务费	2200
	交通费	1450
	通讯费	900
⊟2月		9405
	差旅费	3800
	办公用品	200
	餐饮费	2350
	福利	500
	会务费	380
	交通费	1675
	通讯费	500
⊟3月		12300.5
	差旅费	2800
	办公用品	732
	餐饮费	4568.5
	福利	800
	会务费	2600
	交通费	800

图 3-147

日期	项目	求和项:金额
⊟1月		37.39%
	差旅费	6.66%
	办公用品	5.01%
	餐饮费	41.66%
	福利	11.57%
	会务费	16.97%
	交通费	11.19%
	通讯费	6.94%
⊟2月		27.13%
	差旅费	40.40%
	办公用品	2.13%
	餐饮费	24.99%
	福利	5.32%
	会务费	4.04%
	交通费	17.81%
	通讯费	5.32%
⊟3月		35.48%
	差旅费	22.76%
	办公用品	5.95%
	餐饮费	37.14%
	福利	6.50%
	会务费	21.14%
	交通费	6.50%

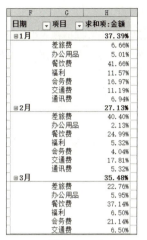

图 3-148

❶ 选中列字段下的任意单元格，单击鼠标右键，在弹出的快捷菜单中依次选择“值显示方式”→“父行汇总的百分比”命令，如图3-149所示。

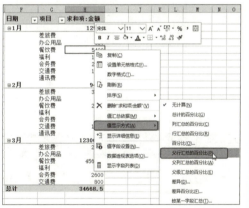

图 3-149

❷ 按上述操作完成设置后，即可看到每个月份下各个不同的支出项目所占的百分比，同时也显示出一季度中各个月份支出额占总支出额的百分比。

3.4.5 分组统计数据

数据透视表建立后，由于数据性质的不同，有时统计结果会比较分散，不便于分析查看，这时就需要对统计结果进行分组，从而获取某一类数据的统计结果。在统计学中经常需要对数据进行分组统计。

1. 自动分组

例如，在本例数据透视表中统计了58份有效调查问卷的打分情况（如图3-150所示），这样的统计结果很分散。如果对打分的分值按分数段显示，就可直观地查看各分数段的人数。

	A	B
1		
2		
3	打分	计数项:姓名
4	73	1
5	74	2
6	75	3
7	76	1
8	77	2
9	78	1
10	79	1
11	80	4
12	81	2
13	82	5
14	83	2
15	84	2
16	85	6
17	86	3
18	87	4
19	88	1
20	89	6
21	90	3
22	91	1
23	92	4
24	93	2
25	97	1
26	71	1
27	总计	58

图 3-150

❶ 选中“打分”字段下的任意项，在“数据透视表工具”→“分析”选项卡的“组合”组中单击“分组选择”按钮，如图3-151所示。

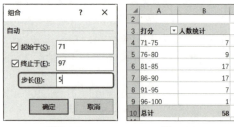

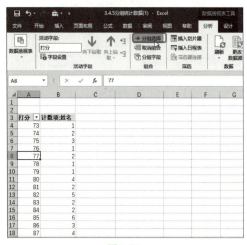

图 3-151

❷ 打开“组合”对话框，这里想以5分为一组，所以设置步长为“5”，“起始于”和“终止于”这两个值程序会根据当前的最大值与最小值自动生成，如图3-152所示。

❸ 单击“确定”按钮，此时即可看到在按各个分数段进行人数分组汇总统计，效果如图3-153所示。

图 3-152

	A	B
2		
3	打分	人数统计
4	71-75	7
5	76-80	9
6	81-85	17
7	86-90	17
8	91-95	7
9	96-100	1
10	总计	58

图 3-153

2. 手动分组

对数值执行自动分组时，只能按统一的步长去分组。如果想很自由地按分析目的去分组，则可以进行手动分组。例如，如图3-154所示的数据表记录了各省市旅行社的统计数量（篇幅限制，只显示部分记录），最少的有65个，最多的有443个，变化幅度很大，现在想将数据分为100以下、100～200、200～300以及300以上4个区间。

	A	B	C
1	序号	城市名	三星以上商务酒店
2	1	上海	390
3	2	南京	345
4	3	宁波	224
5	4	合肥	201
6	5	杭州	356
7	6	苏州	195
8	7	无锡	130
9	8	绍兴	122
10	9	常州	106
11	10	南昌	165
12	11	长沙	198
13	12	贵阳	98
14	13	兰宁	65
15	14	青岛	195
16	15	威海	201
17	16	济南	220
18	17	德州	94
19	18	天津	330
20	19	北京	443
21	20	成都	312

图 3-154

❶ 选中表格任意单元格区域，创建数据透视表，并设置“三星以上商务酒店”字段为行标签，设置“城市名”字段为值标签，如图3-155所示。

图 3-155

❷ 在行标签下选中 100 以内的数字，在"数据透视表工具"→"分析"选项卡的"组合"组中单击"分组选择"命令（如图 3-156 所示），即可将选中的数据分为一个组，如图 3-157 所示。

图 3-156

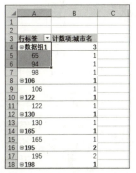

图 3-157

❸ 接着选中 100～200 的数据，在"数据透视表工具"→"分析"选项卡的"组合"组中单击"分组选择"命令（如图 3-158 所示）进行分组。

图 3-158

❹ 按相同的方法将 200～300、300 以上的数字进行分组，分组后的数据透视表如图 3-159 所示。

	A	B	C
1			
2			
3	行标签	计数项:城市名	
4	⊟数据组1	3	
5	65	1	
6	94	1	
7	98	1	
8	⊟数据组2	7	
9	106	1	
10	122	1	
11	130	1	
12	165	1	
13	195	2	
14	198	1	
15	⊟数据组3	4	
16	201	2	
17	220	1	
18	224	1	
19	⊟数据组4	6	
20	312	1	
21	330	1	
22	345	1	
23	356	1	
24	390	1	
25	443	1	
26	总计	20	

图 3-159

❺ 选中"数据组 1"单元格，重新输入名称为"<100"，如图 3-160 所示。

图 3-160

❻ 按相同的方法将“数据组 2”、“数据组 3”等全部进行重命名，如图 3-161 所示。

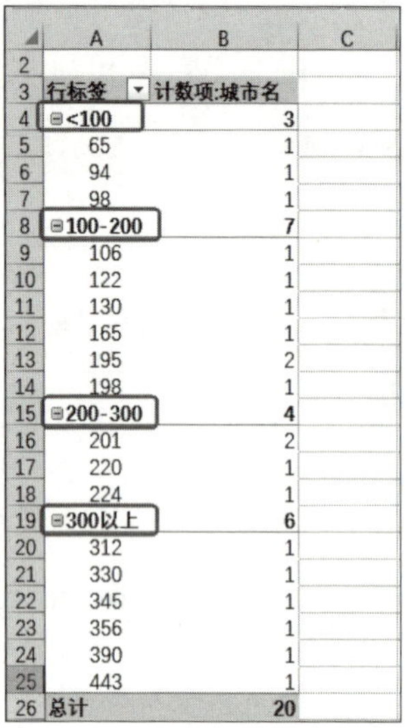

行标签	计数项:城市名
⊟<100	3
65	1
94	1
98	1
⊟100-200	7
106	1
122	1
130	1
165	1
195	2
198	1
⊟200-300	4
201	2
220	1
224	1
⊟300以上	6
312	1
330	1
345	1
356	1
390	1
443	1
总计	20

图 3-161

❼ 在字段列表中取消选中“三星以上商务酒店”复选框，统计结果如图 3-162 所示。

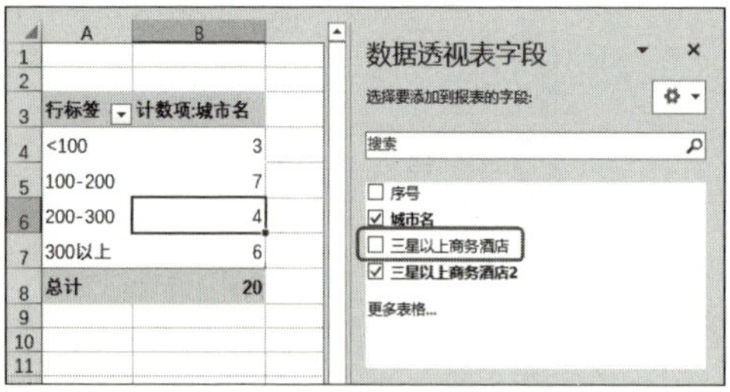

图 3-162

❽ 接着在 A3 单元格更改列标识为“三星以上商务酒店”，将 B3 单元格的标识更改为“数量”，得到的统计报表如图 3-163 所示。

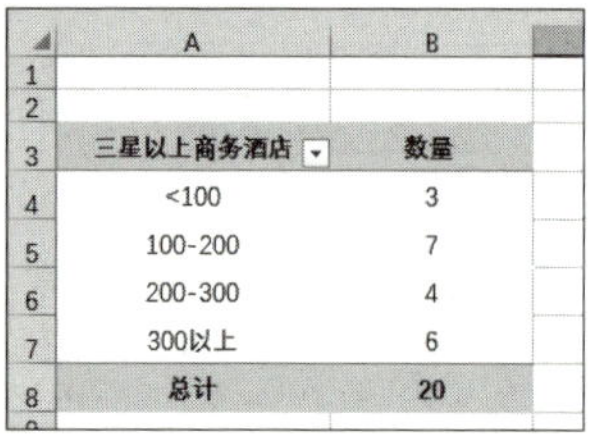

三星以上商务酒店	数量
<100	3
100-200	7
200-300	4
300以上	6
总计	20

图 3-163

专家提醒

分组的目的是让同一类或同一阶段的数据进行归类，从而得到归类后的结果。因此，即使是自定义分组，也建议找寻一定的规律，不能毫无规律地随意分类。随意分类会让统计结果失去意义。

知识扩展

数据透视表是一种统计报表，对于这种统计结果，很多时候都需要复制到其他的地方使用。因此在得到统计结果后可以将其转换为普通表格，方便使用。

方法是：选中整张数据透视表，按 Ctrl+C 组合键复制，在“开始”选项卡的“剪贴板”组中单击“粘贴”下拉按钮，在弹出的下拉菜单中单击“值和源格式”按钮（如图 3-164 所示），即可将数据透视表中当前数据转换为普通表格，如图 3-165 所示。

图 3-164

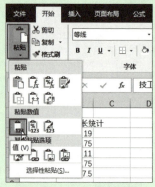

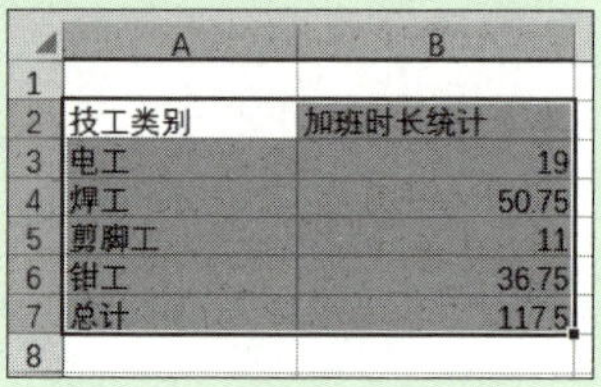

技工类别	加班时长统计
电工	19
焊工	50.75
剪脚工	11
钳工	36.75
总计	117.5

图 3-165

第4章 解不确定值

在日常工作中，很多时候我们希望查看当运算中某一个或几个变量变动时，目标值会发生什么样的变动。这一类问题可以使用Excel中的数据分析工具进行求解。Excel中的数据分析工具包括模拟运算表、单变量求解和方案管理器，还可以添加规划求解工具，此工具在实际工作中也有着很广泛的运用。

- ☑ 单变量求解
- ☑ 模拟运算
- ☑ 方案管理器
- ☑ 规划求解工具在实际工作中的应用

4.1 单变量求解

单变量求解是对某一问题按公式计算所得出的结果做出假设，推测公式中形成结果的一系列变量可能发生的变化。所以说，单变量求解是函数公式的逆运算。下面通过几个范例来介绍。

4.1.1 预测销售量

例如，企业某产品的利润为9.25元/件，目前3月上旬和中旬的销售量已按实际情况统计出来，那么下旬的销售量为多少，才能保证产品的最大利润为15万元。

❶ 选中D3单元格，在编辑栏中输入公式：
=(A3+B3+C3)*9.25

按回车键，即可计算出3月上旬和中旬的利润额，如图4-1所示。

图4-1

❷ 单击"数据"选项卡下"数据工具"选项组中的"模拟分析"按钮，在下拉菜单中单击"单变量求解"命令。打开"单变量求解"对话框，在"目标单元格"框中输入 $D$3，在"目标值"框中输入150000，在"可变单元格"框中输入 $C$3，如图4-2所示。

图4-2

❸ 单击"确定"按钮，即可根据设置的参数条件进行单变量求解计算，如图4-3所示。

图4-3

❹ 再次单击"确定"按钮，即可根据参数条件预测出下旬的销量约为5265时，才可以保证3月份的利润达到15万元，如图4-4所示。

图4-4

4.1.2 预测贷款利率

公司计划向银行申请五年期贷款1000万元，采取每月等额偿还本息的方法归还贷款本金并支付利息。目前银行初步提出年利率为6.18%的方案，计算得出每月需还款19.42万元。经过计算，公司每月最多只能支付18.5万元的还款，现在需要计算出在此条件下公司能接受的利率是多少。

❶ 首先输入贷款金额、年利率、借款期限，选中B5单元格，在编辑栏中输入公式：
=-PMT(B2/12,B3*12,B4)

按Enter键，建立计算月偿还额的公式，如图4-5所示。

项目	数值
年利率	6.18%
借款期限(年)	5
贷款金额(万)	1000
月偿还额(万)	¥19.42

图4-5

> **专家提醒**
>
> PMT基于固定利率及等额分期付款方式，返回贷款的每期付款额。它是一个非常常用的财务函数。其语法如下。

- PMT(rate,nper,pv,fv,type)
- rate：贷款利率。
- nper：该项贷款的付款总数。
- pv：现值，即本金。
- fv：未来值，即最后一次付款后希望得到的现金余额。
- type：指定各期的付款时间是在期初，还是期末。若为 0，则为期末；若为 1，则为期初。

由于要计算的是贷款的月偿还额，而不是年偿还额，因此函数的参数中需要将 B2 单元格中的年利率转换为月利率，即进行除以 12 的处理；将 B3 单元格中的年期数转换为月数，进行乘以 12 的处理。

❷ 单击"数据"选项卡下的"数据工具"选项组中的"模拟分析"按钮，在下拉菜单中单击"单变量求解"命令（如图 4-6 所示），打开"单变量求解"对话框。

图 4-6

❸ 在"目标单元格"框中输入 B5，在"目标值"框中输入 18.5，在"可变单元格"框中输入 $B$2，如图 4-7 所示。

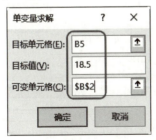

图 4-7

❹ 单击"确定"按钮，即可根据设置的参数条件进行单变量求解计算，如图 4-8 所示。

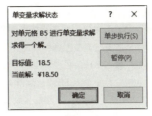

图 4-8

❺ 再次单击"确定"按钮，即可求解出当月偿还额为 18.5 万元时，可接受的年利率为 4.19%，如图 4-9 所示。

项目	数值
年利率	4.19%
借款期限(年)	5
贷款金额(万)	1000
月偿还额(万)	¥18.50

图 4-9

4.1.3 预测盈亏平衡点

企业的某一个分工厂由于市场拓展不佳，公司计划缩减工厂产量至 15 万，现在需要测算出在该产量下该工厂的盈亏情况。已知产品平均售价随产量上升而下降，三费与销售收入成一定的比例。经计算，15 万产量下的利润总额为 26.5625 万元。

❶ 首先输入基本的项目数据，选中 B11 单元格，在编辑栏中输入公式：=B5-B6-B7-B8-B9+B10

按 Enter 键，建立计算利润总额的公式，如图 4-10 所示。

项目	数量/金额
生产数量(万)Q	15
销售单价P	39
单位成本C	28
营业收入R	585
营业成本W	420
销售费用	70.2
管理费用	58.0125
财务费用	5.025
营业外利润	-5.2
利润总额	26.5625

图 4-10

第 4 章 解不确定值

❷ 单击“数据”选项卡下的“数据工具”选项组中的“模拟分析”按钮，在下拉菜单中单击“单变量求解”命令，打开“单变量求解”对话框，在“目标单元格”框中输入B11，在“目标值”框中输入0，在“可变单元格”框中输入$B$2，如图4-11所示。

❸ 单击“确定”按钮，即可根据设置的参数条件进行单变量求解计算，如图4-12所示。

图4-11

图4-12

❹ 再次单击“确定”按钮，即可求解出公司将生产量控制在2.45万左右，可以做到盈亏平衡，如图4-13所示。

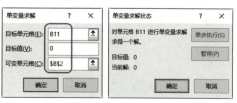

	A	B
1	项目	数量/金额
2	生产数量(万)Q	2.455726092
3	销售单价P	39
4	单位成本C	28
5	营业收入R	95.77331759
6	营业成本W	68.76033058
7	销售费用	11.49279811
8	管理费用	9.497520661
9	财务费用	0.822668241
10	营业外利润	-5.2
11	利润总额	0

图4-13

4.2 模拟运算表

模拟运算表是一个单元格区域，它可以显示一个或多个公式中替换不同值时的结果。模拟运算表根据行、列变量的个数，可分为两种类型：单变量模拟运算表和双变量模拟运算表。单变量模拟运算表中，可以对一个变量输入不同的值，从而查看它对一个或多个公式的影响。

4.2.1 按不同提成比例预测销售额

在单变量模拟运算表中，输入的数据值需要被安排在同一行或者同一列，并且表格中使用的公式必须引用输入的单元格。

例如，销售员预备每月拿到8000元的提成，按总公司5%的提成比例来算，需要完成16万元的销售额。但每个分公司，由于地区差异，开展业务的难易程度不同，所以给员工的提成比例并不一样。计算不同分公司的销售员需要完成多少销售额，才可以拿到8000元的提成额。

❶ 在表格中输入总公司指标，并输入预计的提成金额，选中B2单元格，在编辑栏中输入公式：

=INT(B4/B3)

按Enter键，计算出提成比例为5%时，如果想获取8000元的提成金额，那么月销售目标应为160000元，如图4-14所示。

❷ 建立单变量模拟运算表格，并在表格中输入各不同的提成比例，选中C7单元格，建立与B2单元格中完全相同的公式，如图4-15所示。

B2 =INT(B4/B3)

	A	B	C
1	总公司指标数据		
2	销售目标	160000	
3	提成比例	5.00%	
4	提成金额	8000	

图4-14

C7 =INT(B4/B3)

	A	B	C
1	总公司指标数据		
2	销售目标	160000	
3	提成比例	5.00%	
4	提成金额	8000	
5			
6	分公司	提成比例	销售目标
7	广州	5.00%	160000
8	上海	4.80%	
9	杭州	5.50%	
10	西宁	7.00%	
11	武汉	6.50%	
12	济南	6.80%	

图4-15

❸ 选中 B7:C12 单元格区域，单击"数据"选项卡，在"数据工具"选项组中单击"模拟分析"下拉按钮，在其下拉菜单中选择"模拟运算表"命令，如图 4-16 所示。

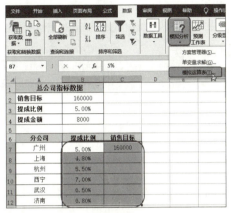

图 4-16

❹ 打开"模拟运算表"对话框，设置"输入引用列的单元格"为 B3 单元格，如图 4-17 所示。

图 4-17

❺ 单击"确定"按钮，返回工作表，即可求得不同提成比例情况下，为拿到 8000 元的提成额，应该完成的销售目标各为多少，如图 4-18 所示。

图 4-18

4.2.2 双变量模拟运算表

与单变量模拟运算不同的是，如果想查看两个变量对一个公式的影响，则需要使用双变量模拟运算表。

沿用 4.2.1 小节中的实例，查看两个变动因素下的销售目标情况，第一个变动因素是提成比例，第二个变动因素是想获取的提成金额，建立双变量模拟运算表，操作步骤如下。

❶ 在表格下方创建双变量模拟运算表，并在纵向输入不同的提成比例，在横向输入不同的预计提成金额。选中 B6 单元格，在编辑中输入公式：

=INT(B4/B3)

按 Enter 键，如图 4-19 所示。

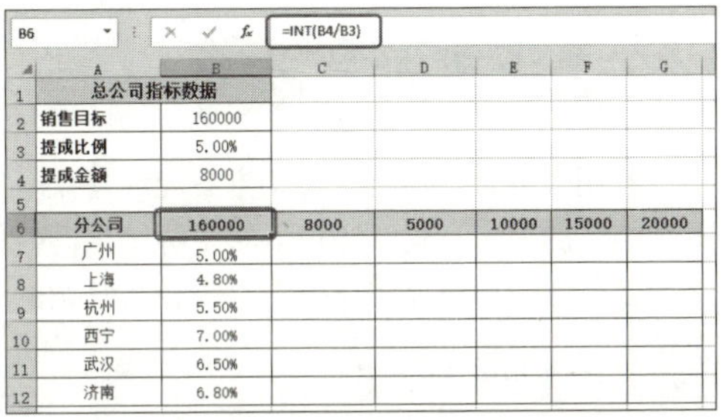

图 4-19

❷ 选中 B6:G12 单元格区域（进行双变量模拟运算时选择的单元格区域必须要包含这个有计算公式的单元格），单击"数据"选项卡，在"数据工具"选项组中单击"模拟分析"下拉按钮，选择"模拟运算表"命令（如图 4-20 所示），打开"模拟运算表"对话框。

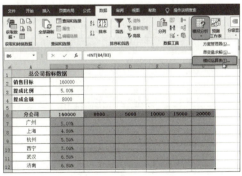

图 4-20

❸ 将光标定位到"输入引用行的单元格"文本框中，在工作表中选中 B4 单元格，将光标定位到"输入引用列的单元格"文本框中，在工作表中选中

B3 单元格，如图 4-21 所示。

图 4-21

可以查看到应该对应的销售金额，可以为自己的销售制定目标。

图 4-22

❹ 单击"确定"按钮，返回工作表中，即可看到双变量模拟运算表输出结果，如图 4-22 所示。在不同的提成比例情况下，想获取相应的提成金额，都可以查看到。

4.3 方案管理器

使用方案管理器时，每个方案允许建立一组假设条件，自动产生多种结果，并可直观地看到每个结果的显示过程；还可以将多种结果同时保存在一个工作表中，十分方便。方案管理器可以进行多方案的分析比较，企业对于较为复杂的计划，可能需要制订多个方案进行比较，然后进行决策。

4.3.1 定义方案

方案管理器用于管理多变量情况下的数据变化情况。例如，某公司向银行申请贷款，经过了解，有四家银行愿意提供贷款，但这四家银行的贷款额、贷款利率和偿还年限都不一样，贷款条件如图 4-23 所示。

	A	B	C	D
1	各家银行的贷款条件			
2	银行名称	贷款总额	贷款利率	偿还年限
3	A银行	200000	4.26%	10
4	B银行	220000	4.87%	12
5	C银行	240000	5.21%	12
6	D银行	250000	5.48%	15

图 4-23

粗略一看，其中 A 银行提供贷款的年利率最小，同时偿还年限也最短。该如何选择呢？下面我们就借助 Excel 的方案管理功能进行分析，确定最优贷款方案。

❶ 新建一个工作簿，将"Sheet 1"工作表标签重命名为"方案模型"，在工作表中建立方案分析模型，该模型是假设不同的贷款额、贷款利率和偿还年

限，对每月偿还额的影响。在该模型中有三个可变量：贷款额、贷款利率和偿还年限；一个因变量：月偿还额（如图 4-24 所示）。

❷ 选中 B5 单元格，输入公式：
=PMT(B3/12,B4*12,B2)

按 Enter 键，如图 4-25 所示。

图 4-24

图 4-25

> **专家提醒**
>
> 建立公式后返回了 #NUM! 的错误值，不必惊慌，这是由于相关数据还没输入，暂时会显示一个错误信息。

❸ 在当前工作表中单击"数据"选项卡，在"数据工具"组中单击"模拟分析"按钮，打开下拉菜单，如图 4-26 所示。

❹ 单击"方案管理器"命令（如图 4-27 所示），打开"方案管理器"对话框。

图 4-26

图 4-27

❺ 单击"添加"按钮，弹出"编辑方案"对话框，在"方案名"框中键入方案名，输入"A方案"。在"可变单元格"框中键入单元格的引用，在这里输入"$B$2:$B$4"，如图 4-28 示。

图 4-28

❻ 设置完成后，单击"确定"按钮，进入"方案变量值"对话框中，编辑每个可变单元格的值，在这里依次输入 A 银行贷款方案中的贷款总额、贷款

利率、偿还年限，即依次为 200000、4.26%、10，如图 4-29 所示。

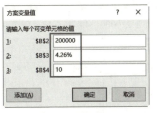

图 4-29

❼ 输入完成后，单击"添加"按钮返回"方案管理器"对话框中，可以看到列表中已经显示了 A 方案，如图 4-30 所示。

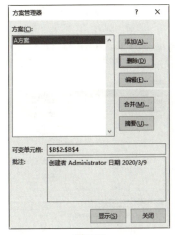

图 4-30

❽ 在"方案管理器"对话框中，单击"添加"按钮，再次打开"添加方案"对话框，在"方案名"框中键入方案名，输入"B方案"，如图 4-31 所示。

图 4-31

❾ 单击"确定"按钮，进入"方案变量值"对话框中，编辑每个可变单元格的值，在这里依次输入 B 银行贷款方案中的贷款总额、贷款利率、偿还年限，即依次为 220000、4.87%、12，如图 4-32 所示。

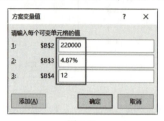

图 4-32

❿ 单击"确定"按钮完成 B 方案的建立。重复以上步骤输入 C 银行、D 银行的方案，设置完成后，单击"确定"按钮，回到"方案管理器"对话框中，可以看到建立的方案，如图 4-33 所示。

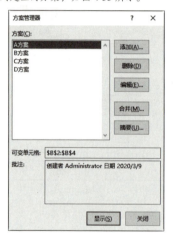

图 4-33

4.3.2 显示方案

在同一张工作表中建立了多个方案之后，要查看不同的方案，可以按如下方法来操作。

❶ 在建立了方案的工作表中单击"数据"选项卡，在"数据工具"组中单击"模拟分析"按钮，在下拉菜单中单击"方案管理器"命令，打开"方案管理器"对话框，此时可以显示出当前工作表中建立的所有方案，如图 4-34 所示。

❷ 选中要显示的方案，如"B 方案"（如图 4-34 所示），单击"显示"按钮即可显示方案，如图 4-35

显示了 B 银行的贷款方案。选中 D 方案（如图 4-36 所示），单击"显示"按钮显示 D 银行的贷款方案，如图 4-37 所示。

图 4-34

A	B
方案分析模型	
贷款金额	220000.00
贷款利率	0.0487
偿还年限	12
月偿还额	-2020.44

图 4-35

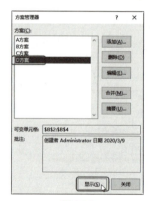

图 4-36

A	B
方案分析模型	
贷款金额	250000.00
贷款利率	0.0548
偿还年限	15
月偿还额	-2040.06

图 4-37

❸ 可以按相同的方法一一查看。

4.3.3 重新编辑方案

方案建立完成后，当可变量数据发生变化后，可以对其进行修改。

❶ 在要修改方案的工作表中，进入"数据"选项卡下的"数据工具"组中，单击"模拟分析"按钮，在展开下拉菜单中单击"方案管理器"命令，打开"方案管理器"对话框。

❷ 在"方案"列表中选中要修改的方案，如"A方案"（如图4-38所示）。单击"编辑"按钮，打开"编辑方案"对话框，如图4-39所示。

❸ 在"编辑方案"对话框中，可以对方案名、可变单元格进行重新更改。更改完成后，单击"确定"按钮即可。

> **专家提醒**
>
> 如果要删除不需要的方案，只需要打开"方案管理器"对话框，在"方案"列表中选中不需要的方案。单击"删除"按钮，即可从"方案"列表中删除不需要的方案。

4.3.4 生成方案总结报告

方案建立完成后，可以建立方案摘要来直观显示不同变量值时的计算结果，从而得出决策结论。方案摘要有两种形式，一种是表格形式，一种是数据透视表形式。

❶ 打开建立了方案且想显示方案摘要的工作表，打开"方案管理器"，单击"摘要"按钮，如图4-40所示。

❷ 打开"方案摘要"对话框，选中"报表类型"单选框，设置结果单元格（结果单元格为你想查看其值的单元格，本例中想查看结果为贷款金额、贷款利率、偿还年限、月偿还额，因此单击按钮回到工作表中选择B2:B5单元格区域），如图4-41所示。

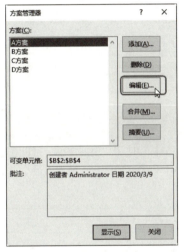

图 4-38

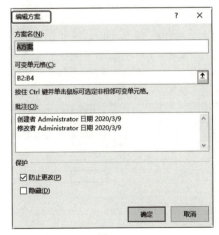

图 4-39

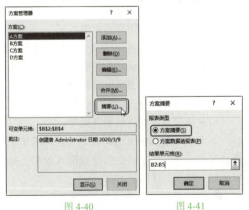

图 4-40　　　　　图 4-41

❸ 设置完成后，单击"确定"按钮即可新建"方案摘要"工作表，显示摘要信息，即显示出不同银行贷款的贷款金额、贷款利率、偿还年限、月偿还额，如图4-42所示。

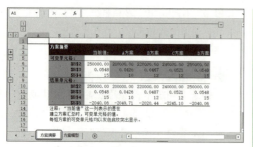

图 4-42

在报表中可以直观显示出不同银行的贷款方案。可以看出 B 银行提供的贷款方案，每月所需偿还额最小，而且贷款额也较 A 银行提供的金额大，利率又比 C 银行和 D 银行的低，所以应该选择 B 银行的贷款方案。

如果要生成数据透视表形式的方案摘要，可在打开"方案摘要"对话框时选中"方案数据透视表"单选按钮，如图 4-43 所示，生成"数据透视表"型方案摘要，如图 4-44 所示。

图 4-43

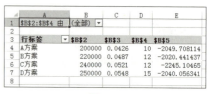

图 4-44

4.4 规划求解

规划求解是 Microsoft Excel 加载项程序，可用于模拟分析。使用"规划求解"可以在满足所设定的限制条件的同时查找一个单元格（称为目标单元格）中公式的优化（最大或最小）值。借助于这一功能，可以从多个方案中选出最优的方案。

4.4.1 规划求解可解决的问题范畴

适用于规划求解的问题范围如下。
- 使用规划求解可以从多个方案中得出最优方案，如最优生产方案、最优运输方案、最佳值班方案安排等。
- 使用规划求解确定资本预算。
- 使用规划求解进行财务规划。

下面用一个例子来讲解规划求解的求解原理及求解方法。在下例中需要找出 A 列哪些数字加在一起等于目标值 1000。

❶ 选中 D4 单元格，在编辑栏中输入公式：
=SUMPRODUCT(A2:A9,B2:B9)"
按 Enter 键，如图 4-45 所示。

❷ 在"数据"选项卡的"分析"组中单击"规划求解"按钮，打开"规划求解参数"对话框，如图 4-46 所示。"设置目标"设置为单元格 $D$4，在"目标值"文本框中输入"1000"，在"通过更改可变单元格"设置为 $B$2:$B$9，如图 4-47 所示。

❸ 单击"添加"按钮，打开"添加约束"对话框，设置单元格引用为 $B$2:$B$9，单击中间的下拉按钮展开列表，选择"bin"，如图 4-48 所示。选择后可以看到后面的约束条件显示为"二进制"，如图 4-49 所示。这项约束条件表示求解之后，符合条件的显示为 1，不符合条件的显示为 0。

图 4-45

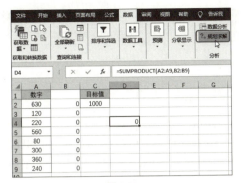

图 4-46

> **专家提醒**
>
> "int"约束条件表示引用的单元格结果值为整数,"dif"约束条件表示引用的单元格结果值为不重复值。

❹ 单击"确定"按钮,返回到"规划求解参数"对话框中,然后单击"求解"按钮(如图 4-50 所示),弹出如图 4-51 所示的对话框,对是否找到求解结果给出提示。

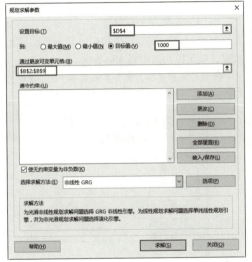

图 4-47

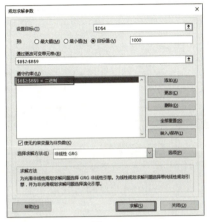

图 4-50

图 4-51

❺ 单击"确定"按钮,在 B 列会生成 0 和 1 两种数字,所有填充 1 的对应在 A 列中的数字即为目标数值,如图 4-52 所示。

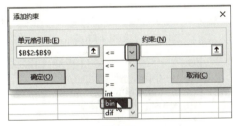

图 4-48

图 4-49

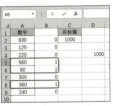

图 4-52

第 4 章 解不确定值

77

4.4.2 加载规划求解工具

规划求解工具并没有作为命令项显示在选项卡中，因此在使用规划求解工具之前，先要花两个步骤来加载规划求解工具。

❶ 选择"文件"→"选项"命令，打开"Excel 选项"对话框，如图4-53所示。选择"加载项"选项卡，单击"转到"按钮，打开"加载项"对话框，如图4-54所示。

图4-53

图4-55

4.4.3 规划求解鸡兔同笼问题

鸡兔同笼问题在数学领域应用得非常广泛，因为利用它的计算原理可以解决众多同类的计算问题。在 Excel 中利用规划求解的功能，可以很好地解决鸡兔同笼的问题。

1. 建立鸡兔同笼求解模型

可以为鸡兔同笼问题建立一个模型，模型建立好之后，后期需要应用时，只要更改原始数据，就可以快速刷新求解答案。

❶ 建立求解模型，如图4-56所示（最终求解出的数据显示在 B9 和 B10 单元格中）。

图4-56

❷ 在模型中输入已知数据，选中 B7 单元格，建立公式为"=B9+B10"，如图4-57所示。

图4-57

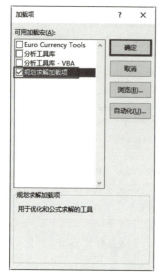

图4-54

❷ 选中"规划求解加载项"复选框，单击"确定"按钮，即可新增规划求解命令，如图4-55所示。

❸ 选中 B8 单元格，建立公式为"=B9*2+B10*4"，

如图 4-58 所示。

图 4-58

❹ 在"数据"选项卡的"分析"组中单击"规划求解"按钮,打开"规划求解参数"对话框,如图 4-59 所示。在"设置目标"框中设置"$B$7",在"目标值"文本框中输入"45",在"通过更改可变单元格"框中设置为"$B$9:$B$10",如图 4-60 所示。

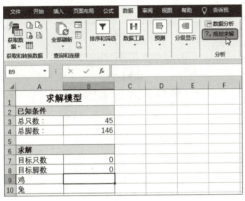

图 4-59

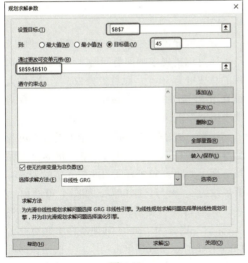

图 4-60

❺ 单击"添加"按钮,打开"添加约束"对话框,设置"单元格引用"为"$B$9:$B$10",约束条件为"int"(表示必须是整数),如图 4-61 所示。

图 4-61

❻ 单击"确定"按钮,返回到"规划求解参数"对话框,可以看到添加的约束条件,如图 4-62 所示。

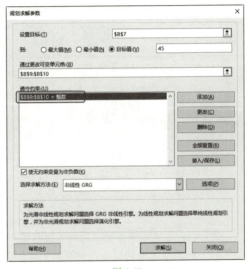

图 4-62

❼ 单击"添加"按钮,再次打开"添加约束"对话框,设置"单元格引用"为"$B$8",约束条件为"=$B$4",如图 4-63 所示。

图 4-63

❽ 单击"确定"按钮,返回到"规划求解参数"对话框(如图 4-64 所示),然后单击"求解"按钮,即可完成当前条件下的规划求解,即鸡有 17 只,兔有 28 只,如图 4-65 所示。

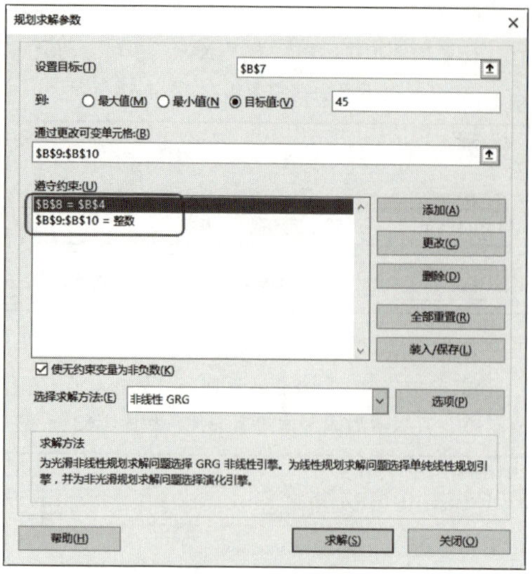

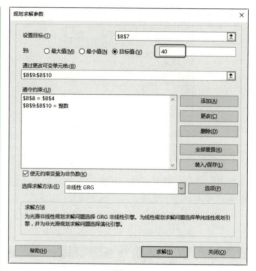

图 4-64

	A	B
1	求解模型	
2	已知条件	
3	总只数：	45
4	总脚数：	146
5		
6	求解	
7	目标只数	45
8	目标脚数	146
9	鸡	17
10	兔	28

图 4-65

之所以先建立求解模型，是为了更改已知条件后，仍然可以根据新条件重新规划求解。例如，更改已知条件为如图 4-66 所示，现在需要重新求解鸡和兔的分配情况。只要重新打开“规划求解参数”对话框，将“目标值”更改为“40”（其他条件不必更改），如图 4-67 所示。直接单击“求解”按钮，即可快速求解，即满足当前条件时鸡为21只，兔为19只，如图4-68所示。

	A	B
1	求解模型	
2	已知条件	
3	总只数：	40
4	总脚数：	118
5		
6	求解	
7	目标只数	45
8	目标脚数	146
9	鸡	17
10	兔	28

图 4-66

图 4-67

	A	B
1	求解模型	
2	已知条件	
3	总只数：	40
4	总脚数：	118
5		
6	求解	
7	目标只数	40
8	目标脚数	118
9	鸡	21
10	兔	19

图 4-68

2. 鸡兔同笼问题的延伸

鸡兔同笼模型并非只能进行鸡兔问题的求解，还可以扩展求解同类问题。例如，大小钢珠的总数量为 30 个，总重量为 266 克，已知大钢珠重 11 克 / 个，小钢珠重 7 克 / 个，现在需要求出大小钢珠的个数分别是多少。

这里，大小钢珠不同的重量就类似于鸡和兔不同的脚的数量，因此 B7 单元格的公式保持不变（如图 4-69 所示），B8 单元格的公式需要更改为“=B9*11+B10*7”，如图 4-70 所示。

重新打开“规划求解参数”对话框，将“目标值”更改为“30”（其他条件不必更改），如图 4-71 所示。直接单击“求解”按钮，即可快速求解，即满足当前条件时大钢球为 14 个，

小钢珠为 16 个,如图 4-72 所示。

图 4-69

图 4-70

图 4-71

4.4.4 规划求解多条件限制下的排班方案

在一些服务行业中,上班时间不但涉及白天和晚上,还涉及周末和节假日,所以需要制订合理的排班方案。这种满足多条件的排班方案制作起来并不容易,利用 Excel 中的规划求解功能,可以快速制定出一个满足要求的排班方案。下面通过一个例子来介绍应用方法。

店铺的员工数量及排班要求如下:
- 店铺共有 3 名销售员工。
- 每天营业时间为:10:00～22:00,共 12 小时。
- 营业高峰期为 11:30～13:00 和 18:00～21:00,此期间必须是 3 人上班,其他时间段都是 1 人上班。
- 周六、周日 11:30～21:00 均为 3 人上班。
- 每位员工每天至少工作 8 小时,一周工作时长最少为 54 小时。

依据基本要求建立数据表,如图 4-73 所示(注意,涂色部分为需要 3 人同时上班的营业高峰期)。

	A	B	C	D	E	F	G	H
1	周次	时间段	时长/h	员工1	员工2	员工3	实际人数	需要人数
2		10:00-11:30	15					1
3		11:30-13:00	15					3
4	星期一	13:00-18:00	5					1
5		18:00-21:00	3					3
6		21:00-22:00	1					1
7		10:00-11:30	15					1
8		11:30-13:00	15					3
9	星期二	13:00-18:00	5					1
10		18:00-21:00	3					3
11		21:00-22:00	1					1
12		10:00-11:30	15					1
13		11:30-13:00	15					3
14	星期三	13:00-18:00	5					1
15		18:00-21:00	3					3
16		21:00-22:00	1					1
17		10:00-11:30	15					1
18		11:30-13:00	15					3
19	星期四	13:00-18:00	5					1
20		18:00-21:00	3					3
21		21:00-22:00	1					1
22		10:00-11:30	15					1
23		11:30-13:00	15					3
24	星期五	13:00-18:00	5					1
25		18:00-21:00	3					3
26		21:00-22:00	1					1
27		10:00-11:30	15					1
28		11:30-13:00	15					3
29	星期六	13:00-18:00	5					3
30		18:00-21:00	3					3
31		21:00-22:00	1					1
32		10:00-11:30	15					1
33		11:30-13:00	15					3
34	星期日	13:00-18:00	5					3
35		18:00-21:00	3					3
36		21:00-22:00	1					1

图 4-73

❶ **建立求解公式**。选中 G2 单元格,建立公式

为"=SUM(D2:F2)",并向下复制公式到G36单元格,如图4-74所示。

图4-74

❷选中D39单元格,建立公式为"=SUMPRODUCT($C$2:$C$36,D2:D36)",如图4-75所示。

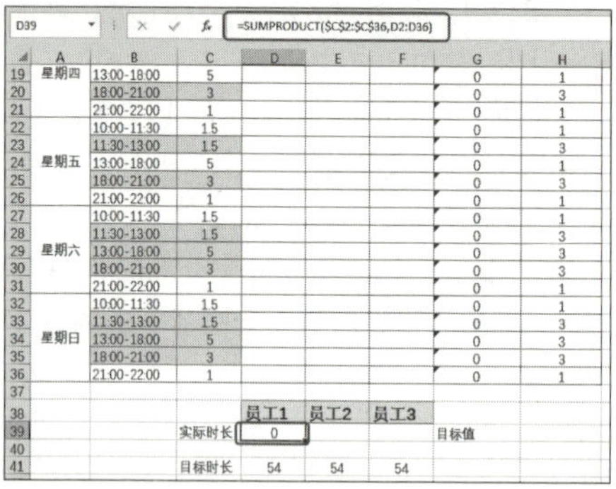

图4-75

❸向右复制公式到F39单元格,选中E39,查看建立的公式为"=SUMPRODUCT($C$2:$C$36,E2:E36)",如图4-76所示;选中F39,查看到建立的公式为"=SUMPRODUCT($C$2:$C$36,F2:F36)",如图4-77所示。

图4-76

图4-77

❹选中G40单元格,建立公式为"=SUM(D39:F39)",如图4-78所示。

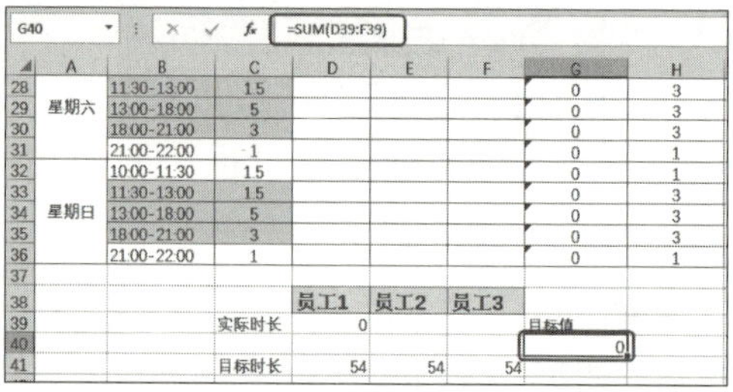

图4-78

❺选中G41单元格,建立公式为"=3*8*7",如图4-79所示。因为总工时为:3人×8小时×7天,以此为目标值。

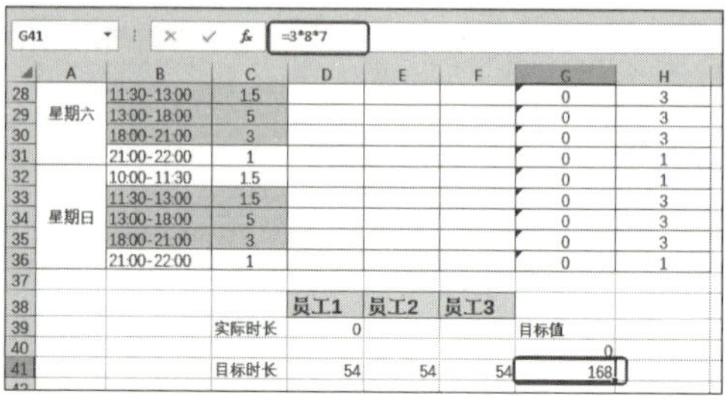

图4-79

❻在"数据"选项卡的"分析"组中单击"规划求解"按钮,打开"规划求解参数"对话框。在"设置目标"框中设置"$G$40",在"目标值"文本框中输入"168",将"通过更改可变单元格"设置为"$D$2:$F$36",如图4-80所示。

❼单击"添加"按钮,打开"添加约束"对话框,设置"单元格引用"为"$D$2:$F$36",约束条

82

件为"bin",如图4-81所示。表示求解之后,符合条件的显示为1,不符合条件的显示为0。

图4-80

图4-81

❽ 单击"添加"按钮,再次打开"添加约束"对话框,设置"单元格引用"为"$D$39:$F$39",约束条件为">=" "$D$41:$F$41",如图4-82所示。

图4-82

❾ 单击"添加"按钮,再次打开"添加约束"对话框,设置"单元格引用"为"$G$2:$G$36",约束条件为">=" "$H$2:$H$36",如图4-83所示。

图4-83

❿ 单击"确定"按钮,返回到"规划求解参数"对话框可以看到所有约束条件,如图4-84所示。然后单击"求解"按钮,即可完成当前条件下的规划求解,如图4-85所示。

图4-84

图4-85

在表格的D、E、F列中1表示排班、0表示不排班。同时我们看到,在G列中显示的实际人数都是满足H列中的需要人数的。这样的排班表，可以为实际排班提供非常有价值的参考。

4.4.5 规划求解最优运输方案

某公司拥有两个处于不同地理位置的生产工厂和五个位于不同地理位置的客户，现在需要将产品从两个工厂运往五个客户。已知两个工厂的最大产量均为 60000，五个客户的需求总量分别为 30000、23000、15000、32000、16000，从各工厂到各客户的单位产品运输成本如图 4-86 所示，要求计算出使总成本最小的运输方案。

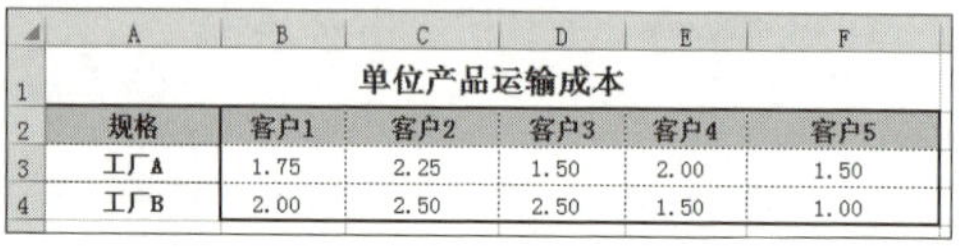

图 4-86

❶ 选中 B11 单元格并输入公式：

=SUM(B9:B10)

按 Enter 键后拖动填充柄向右填充到 F11 单元格，建立好各客户需求合计总量的公式（当前只是建立公式，待求解之后就会与 12 行中显示的需求值相等），如图 4-87 所示。

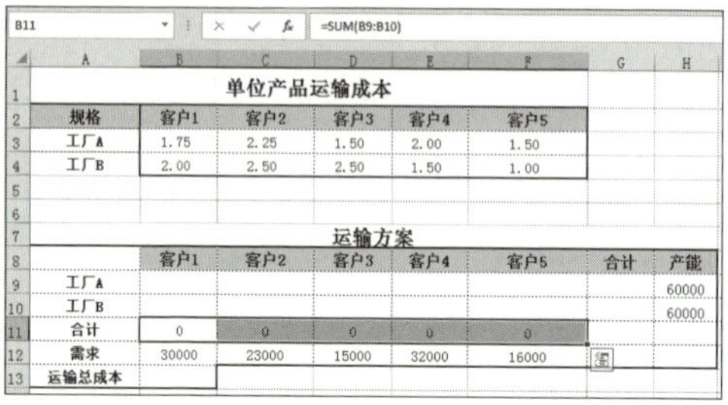

图 4-87

❷ 选中 G9 单元格并输入公式：

=SUM(B9:F9)

按 Enter 键后拖动填充柄向下填充到 G10 单元格，计算出两个工厂的合计总量，如图 4-88 所示。

❸ 选中 B13 单元格并输入公式：

=SUMPRODUCT(B3:F4,B9:F10)

按 Enter 键，计算出运输总成本，如图 4-89 所示。

图 4-88

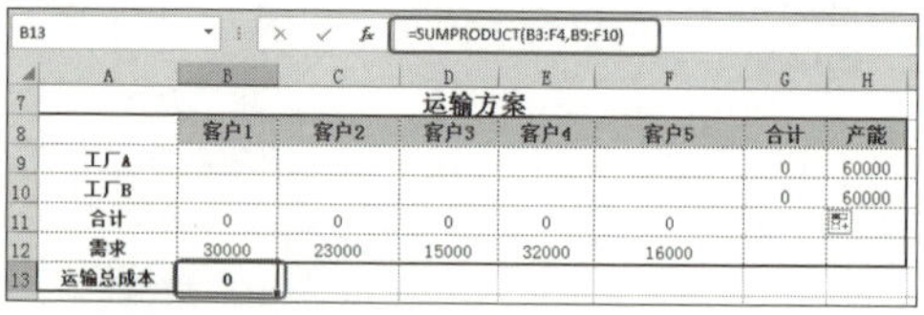

图 4-89

> **专家提醒**
>
> SUMPRODUCT 函数用于在给定的几组数组中，将数组间对应的元素相乘，并返回乘积之和。例如，"= SUMPRODUCT（A2:A4,B2:B4）"执行的运算是：A2*B2+A3*B3 + A4*B4。
>
> 本例公式"=SUMPRODUCT(B3:F4,B9:F10)"表示将不同的运输成本与不同的运输量逐一相乘再相加，得到的是最终的运输总成本。

❹ 保持 B13 单元格选中状态，在"数据"选项卡的"分析"组中单击"规划求解"按钮，如图 4-90 所示。

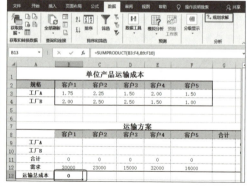

图 4-90

❺ 打开"规划求解参数"对话框，按图 4-91 所示设置目标单元格、目标值，以及通过更改可变单元格，然后单击"添加"按钮，打开"添加约束"对话框。

图 4-91

❻ 设置第一个约束条件为"$B$9:$B$10>=0",如图 4-92 所示;单击"添加"按钮进入设置第二个条件,设置第二个约束条件为"$B$11:$F$11=$B$12:$F$12",如图 4-93 所示;单击"添加"按钮进入设置第三个条件,设置第三个约束条件为"$G$9:$G$10<=$H$9:$H$10",如图 4-94 所示。

图 4-92

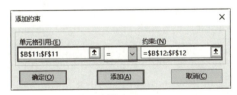

图 4-93

图 4-94

❼ 单击"确定"按钮返回"规划求解参数"对话框,再选中"最小值"单选按钮,如图 4-95 所示。

图 4-95

❽ 单击"求解"按钮,即可完成规划求解的计算,如图 4-96 所示。从结果可知,当使用 B9:F10 单元格中的运输方案时,可以让运输成本达到最小。

	A	B	C	D	E	F	G	H
1	单位产品运输成本							
2	规格	客户1	客户2	客户3	客户4	客户5		
3	工厂A	1.75	2.25	1.50	2.00	1.50		
4	工厂B	2.00	2.50	2.50	1.50	1.00		
5								
6								
7	运输方案							
8		客户1	客户2	客户3	客户4	客户5	合计	产能
9	工厂A	30000	15000	15000	0	0	60000	60000
10	工厂B	0	8000	0	32000	16000	56000	60000
11	合计	30000	23000	15000	32000	16000		
12	需求	30000	23000	15000	32000	16000		
13	运输总成本	192750						

图 4-96

第5章 数据分组与频数统计

数据分组就是根据统计研究任务，按照一定的要求，把研究的社会现象总体划分为若干个性质相同的组。而一组测量值中，落在各组内的数据个数就称为频数。

数据分组与频数统计的目的是为了区分现象的不同类型，研究总体的内部结构，分析现象间的依存关系。

- ☑ 离散型数据与连续型数据的特点
- ☑ 离散型数据的分组
- ☑ 连续型数据的分组
- ☑ 利用函数统计频数
- ☑ 利用直方图统计频数
- ☑ 运用直方图统计图表

5.1 数据分组

在统计学中，数据按变量值是否连续，可分为离散数据与连续数据两种。分清数据性质才能选择合适的分组方式。

- 离散数据：其数值只能用自然数或整数单位计算。例如，企业个数、职工人数、设备台数等，只能按计量单位数计数。
- 连续数据：在一定区间中可以任意取值，其数值是连续不断的，相邻两个数值可作无限分割，即可取无限个数值。例如，生产零件的规格尺寸、身高的测量值、体重的测量值等。

5.1.1 离散型数据分组——单项式分组

对于离散型的变量，如果变量值的变动幅度小，就可以一个变量值对应一组，称单项式分组。如居民家庭按儿童数分组、毕业生按年龄分组等，均可采用单项式分组。

1. COUNTIF 分组统计

如图 5-1 所示，记录了某企业中在相同条件下不同工人的生产数量数据（篇幅限制，只显示部分记录），要求对工人生产数量的水平进行分析。由于抽样的生产数量变化幅度不大，此时可以使用单项式分组，一个数据分为一组，即每个生产数量都是离散型数据分组的界限。

	A	B	C
1	抽样编号	操作人	生产数量
2	1	李为洋	58
3	2	杨依娜	59
4	3	朱子进	60
5	4	曹正	59
6	5	郭丽	61
7	6	王雪峰	60
8	7	吴东梅	61
9	8	张以军	60
10	9	孙倩	62
11	10	简志能	60
12	11	李军	61
13	12	顾源	60
14	13	刘维	61
15	14	李婷婷	62
16	15	周玉杰	58
17	16	华新伟	59
18	17	邹志志	60
19	18	韩志	59
20	19	吴伟云	61
21	20	杨清	60
22	21	李欣	58
23	22	金鑫	61
24	23	华涵涵	62
25	24	张玮	60
26	25	聂新余	60

图 5-1

❶ 在工作表空白位置建立生产数量分布表格并建立人数统计标识，如图 5-2 所示。

	A	B	C	D	E	F
1	抽样编号	操作人	生产数量		生产数量	人数
2	1	李为洋	58		58	
3	2	杨依娜	59		59	
4	3	朱子进	60		60	
5	4	曹正	59		61	
6	5	郭丽	61		62	
7	6	王雪峰	60			
8	7	吴东梅	61			
9	8	张以军	60			
10	9	孙倩	62			
11	10	简志能	60			
12	11	李军	61			
13	12	顾源	60			
14	13	刘维	61			
15	14	李婷婷	62			
16	15	周玉杰	58			

图 5-2

❷ 选中 F2 单元格，在编辑栏中输入公式：

=COUNTIF($C$2:$C$31,E2)

按 Enter 键即可计算出生产数量为 58 件的人数，如图 5-3 所示。

F2 =COUNTIF($C$2:$C$31,E2)

	A	B	C	D	E	F
1	抽样编号	操作人	生产数量		生产数量	人数
2	1	李为洋	58		58	3
3	2	杨依娜	59		59	
4	3	朱子进	60		60	
5	4	曹正	59		61	
6	5	郭丽	61		62	
7	6	王雪峰	60			
8	7	吴东梅	61			
9	8	张以军	60			
10	9	孙倩	62			

图 5-3

❸ 将光标定位到 F2 单元格右下角，向下填充公式至 F6 单元格，即可计算出其他生产数量的人数，如图 5-4 所示。

图 5-4

由统计结果看到,生产数量为 60 和 61 的人最多。

> **知识扩展**
>
> COUNTIF 函数用于统计指定区域中符合指定条件的单元格数目。本例中公式"=COUNTIF($C$2:$C$31,E2)"表示统计出 $C$2:$C$31 单元格区域中等于 E2 单元格数据的记录条数,即统计 $C$2:$C$31 单元格区域中"58"的个数。
>
> 因为这个公式建立后需要向下复制,因此设计公式时要注意对数据源的引用方式,不想变化的需要使用绝对引用方式。本例中的第一个参数为用于统计判断的区域,是始终不变的,所以使用绝对引用方式;而当公式向下复制时,需要改变的是第二个参数(即被统计的对象),所以得到相对引用方式。

2. 数据透视表分组统计

离散型数据的单项式分组也可以使用数据透视表功能快速实现。

❶ 选中表格任意单元格区域,在"插入"选项卡的"表格"组中单击"数据透视表"按钮,如图 5-5 所示。

❷ 打开"创建数据透视表"对话框,保持默认选项,如图 5-6 所示。

❸ 单击"确定"按钮创建数据透视表。设置"生产数量"字段为行标签,再设置"操作人"字段为值标签,如图 5-7 所示。

图 5-5

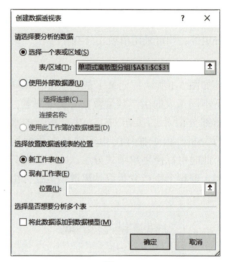

图 5-6

图 5-7

❹ 在"数据透视表工具"→"设计"选项卡的"布局"组中单击"报表布局"按钮,在下拉列表中单击"以表格形式显示",如图 5-8 所示。此时可以让"生产数量"这个字段名称显示出来,如图 5-9 所示。

图 5-8

5.1.2 离散型数据分组——组距式分组

如果离散变量值的变动幅度很大,个数很多,则可以把整个变量值依次划分为几个区间,各变量值按其大小确定所归并的区间,区间的距离称为组距,这样的分组称为组距式分组。在组距式分组中,相邻组既可以有确定的上下限,也可以将相邻组的组限重叠。

如图 5-11 所示,表格中记录了某种技能考试的成绩数据(篇幅限制,只显示部分记录),显然调查的数据是离散型的,最低分是 68 分,最高分是 99 分,变化幅度很大,此时应该将性质相似的数据分为同组,性质悬殊的分为不同的组。将数据分为 0~70、70~80、80~90 以及 90~100 这 4 个区间,因此 70、80 和 90 这 3 个数字就成了离散数据的分组界限。

❶ 在表格空白处将数据分为"<=70"、"70-80"、"80-90"、"90-100" 4 组数据,如图 5-11 所示。

图 5-9

❺ 将 B3 单元格中的名称更改为"人数"(选中单元格,在编辑栏中去输入),如图 5-10 所示。

	A	B	C
1			
2			
3	生产数量	人数	
4	58	3	
5	59	4	
6	60	10	
7	61	9	
8	62	4	
9	总计	30	

图 5-10

	A	B	C	D	E	F	G
1	某技能考试成绩数据分析					区间	数据
2	1组	2组	3组	4组		<=70	
3	89	82	78	98		70-80	
4	98	87	90	99		80-90	
5	69	80	77	96		90-100	
6	87	73	85	94			
7	85	85	82	96			
8	85	90	91	88			
9	95	70	90	94			
10	68	89	87	96			
11	78	87	82	98			
12	82	78	86	96			
13	85	81	91	82			
14	89	96	94	98			
15	99	98	96	92			
16	91	95	97	87			
17	96	94	87	82			
18	96	97	96	94			

图 5-11

❷ 选中 G2 单元格,在编辑栏中输入公式:
=COUNTIF(A3:D18,"<=70")

按 Enter 键,即可统计出小于等于 70 分的人数,如图 5-12 所示。

❸ 选中 G3 单元格,在编辑栏中输入公式:
=COUNTIFS(A3:D18,">70",A3:D18,"<=80")

按 Enter 键,即可计算出分数在 70~80 分的人数,如图 5-13 所示。

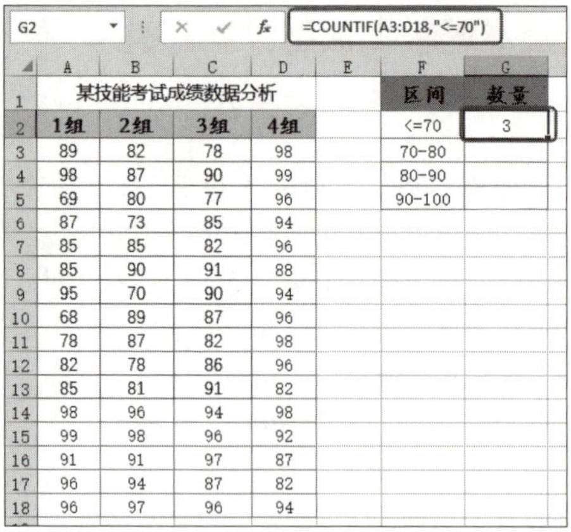

图 5-12

图 5-13

知识扩展

COUNTIF 函数用于统计指定区域中满足多个条件的单元格数目。本例中公式"=COUNTIFS(A3:D18,">70",A3:D18,"<=80")"将 ">70" 和 "<=80" 作为两个条件写入参数中，表示统计出 A3:D18 单元格区域中同时满足 ">70" 和 "<=80" 这两个条件的单元格个数。

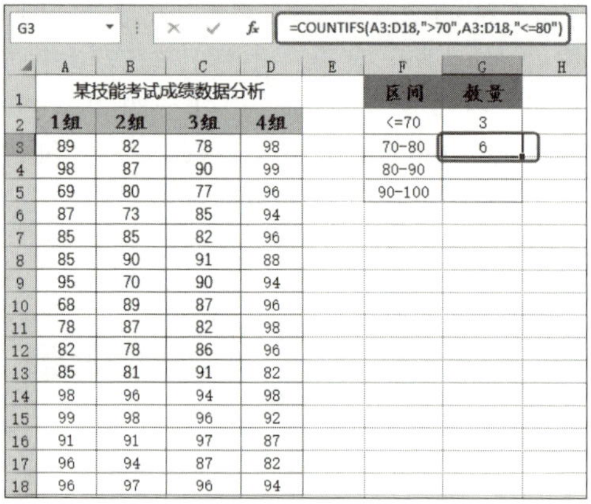

当只有一个条件时使用 COUNTIF 函数，有两个条件时使用 COUNTIFS 函数。

❹ 选中 G4 单元格，在编辑栏中输入公式：
=COUNTIFS(A3:D18,">80",A3:D18,"<=90")

按 Enter 键，即可计算出分数在 80～90 分的人数，如图 5-14 所示。

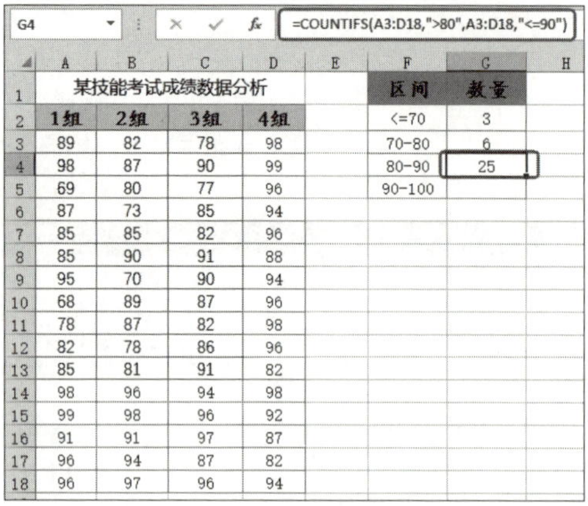

图 5-14

❺ 选中 G5 单元格，在编辑栏中输入公式：
=COUNTIF(A3:D18,">90")

按 Enter 键，即可计算出分数在 90～100 分的人数，如图 5-15 所示。

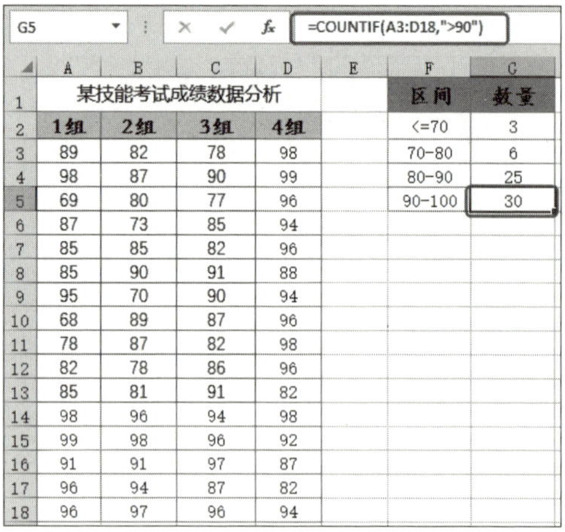

图 5-15

由统计结果看到，分数在 90～100 分的人数是最多的。

5.1.3 连续型数据分组界限

鉴于连续型变量的特性，连续型数据无法全部列举其数值，其分组只能是组距式分组。但在按数量标志分组时，各个分组的数量界限的选择必须能反映各个样本的本质差异，还需要根据被研究的现象总体的数量特征，采用适当的组数，确定适合的组距。

如图 5-16 所示，登记了东三省主要城市的海拔高度，根据地貌特征，海拔在 200 m 以下为平原，海拔介于 200～500 m 为丘陵地带，海拔高于 500 m 的面积广大地带为高原地带。根据这种地理学常识来对各个城市的海拔数据进行分组，以反映数据本质特征，而 200、500 则是该连续型分组的科学界限。

东三省海拔高度表

省份	城市	海拔高度(m)
黑龙江省	贵阳	1071.2
	思南	416.3
	遵义	843.9
	毕节	1510.6
	威宁	2237.5
	安顺	1392.9
	独山	972.2
	兴仁	1378.5
	鹤岗	228
	海拉尔	613
	博克图	739
吉林省	长春	237
	吉林	184
	四平	164
	通化	403
	通辽	180
	开鲁	235
辽宁省	阜新	138
	抚顺	82
	沈阳	42
	锦州	66
	鞍山	22
	营口	4
	丹东	15
	大连	62

图 5-16

❶ 在表格空白处将数据分为 <=200、200~500、>500 这 3 组数据，并添加分析表格，如图 5-17 所示。

东三省海拔高度表

省份	城市	海拔高度(m)		地貌	组段	数量
黑龙江省	贵阳	1071.2		平原	<=200	
	思南	416.3		丘陵	200~500	
	遵义	843.9		高原	>500	
	毕节	1510.6				
	威宁	2237.5				
	安顺	1392.9				
	独山	972.2				
	兴仁	1378.5				
	鹤岗	228				
	海拉尔	613				
	博克图	739				

图 5-17

❷ 选中 G3 单元格，在编辑栏中输入公式：

=COUNTIF(C3:C27,"<=200")

按 Enter 键，即可计算出平原地形城市个数，如图 5-18 所示。

G3　=COUNTIF(C3:C27,"<=200")

东三省海拔高度表

省份	城市	海拔高度(m)		地貌	组段	数量
黑龙江省	贵阳	1071.2		平原	<=200	11
	思南	416.3		丘陵	200~500	
	遵义	843.9		高原	>500	
	毕节	1510.6				
	威宁	2237.5				
	安顺	1392.9				

图 5-18

❸ 选中 G4 单元格，在编辑栏中输入公式：

=COUNTIFS(C3:C27,">200",C3:C27,"<=500")

按 Enter 键，即可计算出丘陵地形城市个数，如图 5-19 所示。

G4　=COUNTIFS(C3:C27,">200",C3:C27,"<=500")

东三省海拔高度表

省份	城市	海拔高度(m)		地貌	组段	数量
黑龙江省	贵阳	1071.2		平原	<=200	11
	思南	416.3		丘陵	200~500	5
	遵义	843.9		高原	>500	
	毕节	1510.6				
	威宁	2237.5				
	安顺	1392.9				
	独山	972.2				

图 5-19

❹ 选中 G5 单元格，在编辑栏中输入公式：

=COUNTIF(C3:C27,">500")

按 Enter 键，即可计算出高原地形城市个数，如图 5-20 所示。

G5　=COUNTIF(C3:C27,">500")

东三省海拔高度表

省份	城市	海拔高度(m)		地貌	组段	数量
黑龙江省	贵阳	1071.2		平原	<=200	11
	思南	416.3		丘陵	200~500	5
	遵义	843.9		高原	>500	9
	毕节	1510.6				
	威宁	2237.5				
	安顺	1392.9				
	独山	972.2				
	兴仁	1378.5				
	鹤岗	228				
	海拉尔	613				

图 5-20

5.2 频数统计

频数又称次数。在一组测量值中，当按一定的组距将其分组时出现在各组内的数据个数就称为频数。按分组依次排列的频数构成频数数列，用来说明各组标志值对全体标志值所起作用的强度。各组频数的总和等于总体的全部单位数。

频数的表示方法既可以是表，也可以是图形。

5.2.1 单项式分组的频数统计

单项式分组的频数统计是针对离散型数据中变量值变动幅度较小，可用于单项式分组的数据，因此其频数统计方法实际就是 5.1.1 小节介绍的操作，可以使用 CONTIF 函数或数据透视表来求解。

如图 5-21 所示，记录了 2019 年某地区对每个家庭儿童数量的抽样数据（共 100 个数据），可以统计出频数，并与之前年份的儿童数量进行比较，以分析二胎政策之后的人口增加情况。

❶ 在工作表空白部分建立分组表格。选中 G3 单元格，在编辑栏中输入公式：

=COUNTIF($A$2:$D$26,F3)

按 Enter 键，即可计算出儿童数为“1”的家庭数，如图 5-21 所示。

G3 =COUNTIF($A$2:$D$26,F3)

	A	B	C	D	E	F	G
1	某地区每个家庭儿童数量抽样						
2	1	2	2	3		儿童数	家庭数
3	2	2	1	1		1	56
4	1	2	2	1		2	
5	4	2	1	1		3	
6	1	2	2	1		4	
7	1	1	1	2			
8	2	1	1	2			
9	1	1	1	1			
10	3	2	1	2			
11	1	1	2	1			
12	2	1	1	2			
13	3	1	3	3			
14	2	2	1	2			
15	1	1	1	1			
16	2	2	1	1			
17	2	2	2	2			
18	1	2	2	1			
19	1	1	1	1			
20	2	2	2	2			
21	1	2	1	2			
22	1	1	1	1			
23	1	1	1	1			
24	1	1	2	3			
25	2	2	1	1			
26	1	1	1	1			

图 5-21

❷ 选中 G3 单元格，向下填充公式至 G7 单元格中，即可计算出其他儿童数量对应的家庭数，如图 5-22 所示。

	A	B	C	D	E	F	G
1	某地区每个家庭儿童数量抽样						
2	1	2	2	3		儿童数	家庭数
3	2	2	1	1		1	56
4	1	2	2	1		2	37
5	4	2	1	1		3	6
6	1	2	2	1		4	1
7	1	1	1	2			
8	2	1	1	2			
9	1	1	1	1			
10	3	2	1	2			
11	1	1	2	1			
12	2	1	1	2			
13	3	1	3	3			
14	2	2	1	2			
15	1	1	1	1			
16	2	2	1	1			
17	2	2	2	2			
18	1	2	2	1			
19	1	1	1	1			
20	2	2	2	2			
21	1	2	1	2			
22	1	1	1	1			
23	1	1	1	1			
24	1	1	2	3			
25	2	2	1	1			
26	1	1	1	1			

图 5-22

从统计结果可以看到，频数最高的为“1”和“2”，与 2019 年之前的年份相比较，可以确定二孩家庭逐渐增多。

5.2.2 组距式分组的频数统计

组距式分组的频数统计先要确定全距，然后根据全距确定组数和组距，最后根据分组的情况来确定组项。确定组项时要注意以下几点：

- 最小值的下限要低于最小值变量，最大值的上限应高于最大值变量；
- 组限的确定有利于表现出总体分布的特点，应反映出事物的变化；
- 组限尽可能选取整数。

如图 5-23 所示，登记了全国 50 个城市的房价数据，现在对这些数据进行分组，并计算出频数。在 Excel 2019 中，组距式分组的频数统计一般使用函数 FREQUENCY 来实现，而且非常方便快捷。

❶ 在表格空白处创建分组过程表格和分组结果表格，如图 5-24 所示。

❷ 选中 H2 单元格，在编辑栏中输入公式：

=MAX(C2:C51)

按 Enter 键，即可计算出单价中的最大值，如图 5-25 所示。

图 5-23

图 5-24

图 5-25

❸ 选中 H3 单元格，在编辑栏中输入公式：
=MIN(C2:C51)

按 Enter 键，即可计算出单价中的最小值，如图 5-26 所示。

图 5-26

❹ 选中 H4 单元格，在编辑栏中输入公式：
=H2-H3

按 Enter 键，即可计算出全距，如图 5-27 所示。

图 5-27

❺ 根据全距，可以将数据分为 6 组，选中 H6 单元格，在编辑栏中输入公式：=H4/H5

按 Enter 键，即可计算出组距，如图 5-28 所示。

❻ 组距选取为整数，即根据组距结果选择"10000"。接着在分组结果中根据组距选取对数据源进行分组，将数据分为 7 组，并设置各个区间，如图 5-29 所示。

图 5-28

图 5-29

第 5 章 数据分组与频数统计

93

❼ 选中 I11:I17 单元格区域，在编辑栏中输入公式：

=FREQUENCY(C2:C51, G11:G17)

按 Shift+Ctrl+Enter 组合键，即可计算出各个区间对应的频数，如图 5-30 所示。

图 5-30

通过计算结果，可以看到房价分布在哪个价格区间的数量最多。

知识扩展

FREQUENCY 函数计算数值在某个区域内的出现频率，然后返回一个垂直数组。由于函数 FREQUENCY 返回一个数组，所以它必须以数组公式的形式输入。函数语法如下：

FREQUENCY(data_array,bins_array)

● data_array：是一个数组或对一组数值的引用，要为它计算频率。

● bins_array：是一个区间数组或对区间的引用，该区间用于对 data_array 中的数值进行分组。

5.3 频数统计直方图

在 Excel 的高级分析工具中有直方图工具，使用此工具可以快速进行频数统计并生成图表。这是一项非常实用的功能。

5.3.1 加载直方图分析工具

要想使用分析工具对表格数据分析，首先需要安装分析工具库加载项，加载步骤如下。

❶ 打开表格，单击"文件"选项卡，在打开的面板中单击"选项"命令（如图 5-31 所示），打开"Excel 选项"对话框。单击"加载项"右侧面板的"转到"按钮（如图 5-32 所示），打开"加载项"对话框。

图 5-31   图 5-32

❷ 选中"分析工具库"复选框，单击"确定"按钮，如图 5-33 所示。完成加载后，在"数据"选项卡的"分析"组中单击"数据分析"按钮，如图 5-34 所示。单击就可以打开"数据分析"对话框。

图 5-33

图 5-34

5.3.2 应用直方图分析工具

在加载了直方图分析工具后，可以一次性对频数进行统计并自动生成图表。例如当前表格登记了 100 份调查问卷对某产品的评分情况，现在对这些数据以 10 为组距进行分组，计算出频数，并生成频数统计图表。

❶ 在数据旁建立组限（组距以 10 为区间）。在"数据"选项卡的"分析"组中单击"数据分析"按钮（如图 5-35 所示），打开"数据分析"对话框。

图 5-35

❷ 选择"直方图"工具（如图 5-36 所示），单击"确定"按钮进入"直方图"对话框，按如图 5-37 所示设置各项参数，并选中"图表输出"复选框。注意"输入区域"为整个数据区域，"接收区域"为设置的组限。

图 5-36

图 5-37

❸ 单击"确定"按钮即可快速统计频数并生成直方图，如图 5-38 所示。

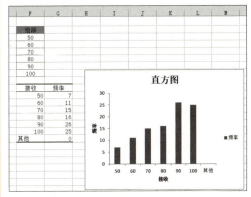

图 5-38

❹ 由于图表中默认包含有一个"其他"分类，可以通过设置取消此分类。选中图表并单击鼠标右键，在弹出的右键菜单中单击"选择数据"命令，如图 5-39 所示。

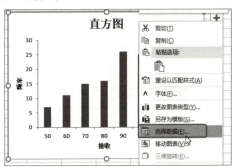

图 5-39

❺ 打开"选择数据源"对话框，重新设置图表数据区域为"=直方图!$F$11:$G$16"，如图 5-40 所示。

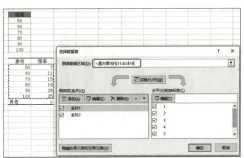

图 5-40

❻ 在"水平（分类）轴标签"区域单击"编辑"按钮，打开"轴标签"对话框。拖动选择"F11:F16"单元格区域为轴标签，如图 5-41 所示。

❼ 单击"确定"按钮回到"选择数据源"对话框，选中"系列1"系列，然后单击"删除"按钮，如图 5-42 所示。

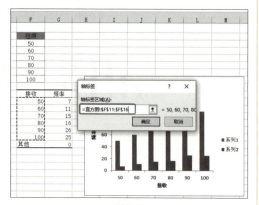

图 5-41

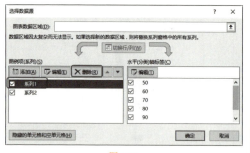

图 5-42

❽ 单击"确定"按钮得到调整好的直方图，如图 5-43 所示。

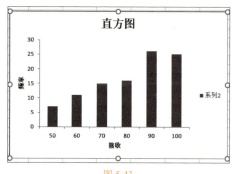

图 5-43

❾ 在数据系列上单击鼠标右键，在打开的右键菜单中执行"添加数据标签"→"添加数据标签"命令（如图 5-44 所示），即可在图表上显示出"值"数据标签，即每个分组区间的频数值是多少，如图 5-45 所示。

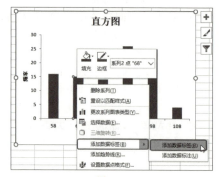

图 5-44

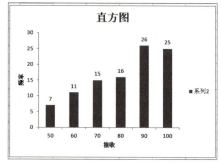

图 5-45

❿ 选中图表，单击图表右上角出现的"图表样式"按钮，在展开的列表中找到想使用的样式，单击即可套用（鼠标指针指向即时预览），如图 5-46 所示。利用此方法可以达到一键美化图表的目的。

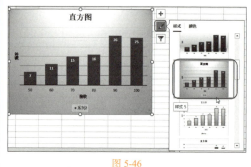

图 5-46

最后为图表添加上能表达主题的标题文字，效果如图 5-47 所示。

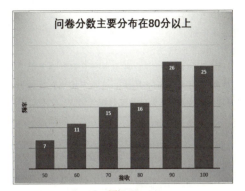

图 5-47

5.3.3 应用直方图统计图表

从 Excel 2016 开始，Excel 在图表类别中提供了"直方图"统计图表类型，可对同一列数据进行频数分布统计。针对 5.3.2 小节中的数据，为了能顺利创建图表，还需要对源数据进行处理，下面来介绍具体操作步骤。

❶ 将源数据改为到一列显示（可以复制工作表来完成此操作），如图 5-48 所示。

图 5-48

❷ 选中 A2:A101 单元格区域，单击"插入"选项卡，在"图表"选项组中单击"插入统计图表"下拉按钮，在其下拉菜单中选择"直方图"子图表类型，如图 5-49 所示。

❸ 执行上述命令后即可立即插入默认图表，如图 5-50 所示。

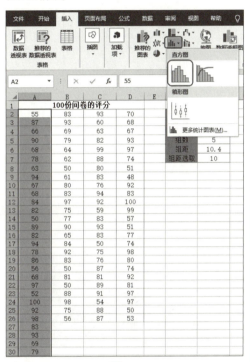

图 5-49

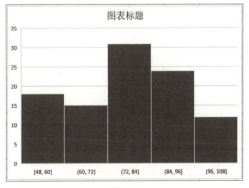

图 5-50

❹ 对于默认图表需要根据实际情况更改箱体宽度，即各个箱体以多少为区间进行分组。这时就要

考虑当前的组距了。在水平轴的标题上双击鼠标，打开"设置坐标轴格式"右侧窗格，单击"坐标轴选项"标签，在"箱宽度"框中设置值为"10"（即组距值），设置"溢出箱"为"100"，"下溢箱"为"50"，如图 5-51 所示。设置后可以看到图表效果，如图 5-52 所示。

❺ 接着再在箱体上单击鼠标右键，在打开的右键菜单中执行"添加数据标签"→"添加数据标签"命令，如图 5-53 所示。

❻ 添加数据标签后再为图表重新输入标题，得到的直方图如图 5-54 所示。从直方图中可以清晰地看到数据的分组情况以及频数统计值。

图 5-51

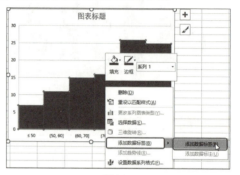

图 5-53

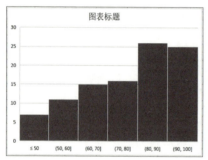

图 5-52

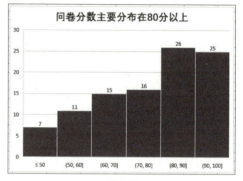

图 5-54

第 6 章 描述性统计分析

描述性统计是指运用制表和分类、图形以及计算概括性数据来描述数据特征的各项活动。描述性统计分析要对调查总体所有变量的有关数据进行统计性描述，主要包括集中趋势分析、离散程度分析、分布以及一些基本的统计图形。例如，利用频数分析和交叉频数分析可以检验异常值；利用平均值、中位数和众数等指标可以反映数据的集中趋势；利用方差和标准差可以反映数据之间的差异程度；利用偏度系数与峰度系数可以反映数据的分布状态。

- ☑ 数据的集中趋势分析
- ☑ 数据的离散程度分析
- ☑ 数据的分布
- ☑ 数据分布统计图

6.1 描述集中趋势的统计量

集中趋势是指一组数据向某一中心值靠拢或集中的程度。进行集中趋势分析的目的是为了表示在一定时间、地点和条件下达到的一般水平，经常被作为评价事物和决策的数据标准或参考。描述集中趋势的统计量主要有平均值、众数、中位数和分位数。

6.1.1 算术平均数

平均值用于反映所有数据的一般水平，常用的有算术平均数、调和平均数、几何平均数和幂平均数。算术平均数是一组数据相加后除以数据的个数得到的结果。算术平均数是集中趋势的最常用测度值，主要适用于未经分组的数值型数据。但是算术平均数易受极值的影响。

例如，图 6-1 所示的数据表，要计算各同学 1～6 月月考成绩的平均分，可以使用 AVERAGE 函数求解。

序号	姓名	1月月考	2月月考	3月月考	4月月考	5月月考	6月月考
1	周薇	486	597	508	480	608	606.5
2	杨佳	535.5	540.5	540	549.5	551	560.5
3	刘勋	587	482	493	501	502	588
4	张智志	529	589.5	587.5	587	588	578
5	宋云飞	504.5	505	503	575	488.5	581
6	王婷	587	493.5	572.5	573	588	574
7	王伟	502	493	587	588.5	500.5	580.5
8	李欣	552	538	552	568	589	592
9	周钦伟	498	487	488	499.5	445.5	468.5

图 6-1

选中 I2 单元格，在编辑栏中输入公式：

=AVERAGE(C2:H2)

按 Enter 键，向下复制公式，计算出每一位学生月考成绩的平均分，如图 6-2 所示。

I2 =AVERAGE(C2:H2)

序号	姓名	1月月考	2月月考	3月月考	4月月考	5月月考	6月月考	平均成绩
1	周薇	486	597	508	480	608	606.5	547.58
2	杨佳	535.5	540.5	540	549.5	551	560.5	546.17
3	刘勋	587	482	493	501	502	588	525.50
4	张智志	529	589.5	587.5	587	588	578	576.50
5	宋云飞	504.5	505	503	575	488.5	581	526.17
6	王婷	587	493.5	572.5	573	588	574	564.67
7	王伟	502	493	587	588.5	500.5	580.5	541.92
8	李欣	552	538	552	568	589	592	565.17
9	周钦伟	498	487	488	499.5	445.5	468.5	481.08

图 6-2

6.1.2 几何平均数

几何平均数不是对各变量值的算术平均，而是 n 个变量值连乘积的 n 次方根。它的主要用途是对比率、指数等进行平均，计算平均发展速度。

在 Excel 中使用 GEOMEAN 函数来计算几何平均数，以判断一组数据的稳定程度。例如，沿用上面的例子来求解各同学月考成绩的几何平均数。

❶ 选中 J2 单元格，在编辑栏中输入公式：

=GEOMEAN(C2:H2)

按 Enter 键，即可计算出第一位学生 6 次月考的几何平均数，如图 6-3 所示。

J2 =GEOMEAN(C2:H2)

序号	姓名	1月月考	2月月考	3月月考	4月月考	5月月考	6月月考	平均成绩	几何平均值
1	周薇	486	597	508	480	608	606.5	547.58	544.60
2	杨佳	535.5	540.5	540	549.5	551	560.5	546.17	
3	刘勋	587	482	493	501	502	588	525.50	
4	张智志	529	589.5	587.5	587	588	578	576.50	
5	宋云飞	504.5	505	503	575	488.5	581	526.17	
6	王婷	587	493.5	572.5	573	588	574	564.67	
7	王伟	502	493	587	588.5	500.5	580.5	541.92	
8	李欣	552	538	552	568	589	592	565.17	
9	周钦伟	498	487	488	499.5	445.5	468.5	481.08	

图 6-3

❷ 选中 J2 单元格，向下填充公式至 J10 单元格中，即可计算出所有学生月考成绩的平均分，如图 6-4 所示。

序号	姓名	1月月考	2月月考	3月月考	4月月考	5月月考	6月月考	平均成绩	几何平均值
1	周薇	486	597	508	480	608	606.5	547.58	544.60
2	杨佳	535.5	540.5	540	549.5	551	560.5	546.17	546.10
3	刘勋	587	482	493	501	502	588	525.50	523.69
4	张智志	529	589.5	587.5	587	588	578	576.50	576.08
5	宋云飞	504.5	505	503	575	488.5	581	526.17	524.89
6	王婷	587	493.5	572.5	573	588	574	564.67	563.67
7	王伟	502	493	587	588.5	500.5	580.5	541.92	540.16
8	李欣	552	538	552	568	589	592	565.17	564.82
9	周钦伟	498	487	488	499.5	445.5	468.5	481.08	480.70

图 6-4

可以看到，第一位同学的平均成绩高于第二位同学，但计算出几何平均数后发现，第一位同学的平均成绩却低于第二位同学。这是因为第一位同学的月考成绩浮动较大，而第二位同学的平均成绩相对更加稳定。

6.1.3 调和平均数

在实际应用中，往往由于缺乏总体单位数的资料而不能直接计算算术平均数，这时需要用调和平均法来求得平均数。调和平均数是各观测值倒数的算术平均数的倒数，它的计算原理是：$n/(1/a+1/b+1/c+\cdots\cdots)$，注意 a、b、c 都要求大于 0。它适合于未经分组整理的原始数据资料，易受极端值的影响，且受极小值的影响比受极大值的影响更大。在 Excel 中可以使用 HARMEAN 函数计算数据集合的调和平均值。

例如，5 名学生在一个小时内的解题数量分别为 6、7、5、5、4，要求计算出平均解题速度。我们可以使用公式“=5/(1/6+1/7+1/5+1/5+1/4)”计算出结果 5.21。但如果数据众多，使用这种公式显然是不方便的，此时可以使用 HARMEAN 函数快速求解。

选中 D2 单元格，在编辑栏中输入公式：

=HARMEAN(B2:B6)

按 Enter 键即可计算出平均解题数，如图 6-5 所示。

D2 | =HARMEAN(B2:B6)

	A	B	C	D	E
1	姓名	解题数/小时		平均解题数	
2	夏长茹	6		5.210918114	
3	余佩琪	7			
4	杭世强	5			
5	陈媛媛	5			
6	周薇	4			

图 6-5

6.1.4 加权算术平均数

在实际工作应用中，很多时候需要处理分组数据。分组数据是根据某种标准将数据划分为各种区间的数据，根据分组数据计算的平均数称为加权算术平均数。加权算术平均数的计算方法是各组标志值与各组频数相乘的总和除以各组频数之和。

例如，如图 6-6 所示的表格中统计了几次进货的数量及价格，因为每一次入库的数量、价格的不同，多次入库之后，商品混合在了一起。如果按照平均价格作为标准来计算总价值，那么会与实际价值相差很远；如果按照加权平均价格，那么估算的出库价格会合理得多。

	A	B	C	D
1	次数	数量	价格	金额
2	1	220	5	1100
3	2	500	3	1500
4	3	230	5	1150
5	4	260	5	1300
6	5	400	4	1600
7	6	320	4	1280
8				

图 6-6

❶ 选中 C9 单元格，在编辑栏中输入公式：

=SUMPRODUCT(B2:B7,C2:C7)

按 Enter 键即可计算出库存货品的实际价值，如图 6-7 所示。

C9 | =SUMPRODUCT(B2:B7,C2:C7)

	A	B	C	D	E	F
1	次数	数量	价格			
2	1	220	5			
3	2	500	3			
4	3	230	5			
5	4	260	5			
6	5	400	4			
7	6	320	4			
8						
9	实际价值		7930			
10	平均价格					
11	以平均价格估算价值					
12	加权平均价格					
13	加权平均价格估算价值					

图 6-7

知识扩展

SUMPRODUCT 函数用在给定的几组数组中，将数组间对应的元素相乘，并返回乘积之和。例如“= SUMPRODUCT（A2:A4,B2:B4）”执行的运算是：“A2*B2 +A3*B3 + A4*B4”。

❷ 选中 C10 单元格，在编辑栏中输入公式：

=AVERAGE(C2:C7)

按 Enter 键即可计算出平均价格，如图 6-8 所示。

C10　=AVERAGE(C2:C7)

	A	B	C	D	E
1	次数	数量	价格		
2	1	220	5		
3	2	500	3		
4	3	230	5		
5	4	260	5		
6	5	400	4		
7	6	320	4		
8					
9	实际价值		7930		
10	平均价格		4.333333		
11	以平均价格估算价值				
12	加权平均价格				
13	加权平均价格估算价值				

图 6-8

❸ 选中 C11 单元格，在编辑栏中输入公式：

=C10*SUM(B2:B7)

按 Enter 键即可得到以平均价格估算的价格，如图 6-9 所示。从计算结果可以看到与实际价值并不相符。

C11　=C10*SUM(B2:B7)

	A	B	C	D	E
1	次数	数量	价格		
2	1	220	5		
3	2	500	3		
4	3	230	5		
5	4	260	5		
6	5	400	4		
7	6	320	4		
8					
9	实际价值		7930		
10	平均价格		4.333333		
11	以平均价格估算价值		8363.333		
12	加权平均价格				
13	加权平均价格估算价值				

图 6-9

❹ 选中 C12 单元格，在编辑栏中输入公式：

=C9/SUM(B2:B7)

按 Enter 键计算出加权平均价格，如图 6-10 所示。

C12　=C9/SUM(B2:B7)

	A	B	C	D	E
1	次数	数量	价格		
2	1	220	5		
3	2	500	3		
4	3	230	5		
5	4	260	5		
6	5	400	4		
7	6	320	4		
8					
9	实际价值		7930		
10	平均价格		4.333333		
11	以平均价格估算价值		8363.333		
12	加权平均价格		4.108808		
13	加权平均价格估算价值				

图 6-10

❺ 选中 C13 单元格，在编辑栏中输入公式：

=C12*SUM(B2:B7)

按 Enter 键计算出以加权平均价格估算价值，如图 6-11 所示。从计算结果可以看到与实际价值是相符的。

C13　=C12*SUM(B2:B7)

	A	B	C	D	E
1	次数	数量	价格		
2	1	220	5		
3	2	500	3		
4	3	230	5		
5	4	260	5		
6	5	400	4		
7	6	320	4		
8					
9	实际价值		7930		
10	平均价格		4.333333		
11	以平均价格估算价值		8363.333		
12	加权平均价格		4.108808		
13	加权平均价格估算价值		7930		

图 6-11

下面讲解一个范例。某粮油店 5 月 1 日入库某品牌大米 30 千克，价格为 5 元；5 月 7 日又入库相同大米 50 千克，价格为 6.5 元；5 月 20 日入库相同大米 40 千克，价格为 7.5 元。粮油店出库是按照先进先出的原则，目前仓库还有库存 80 千克，且粮油店决定给 A 客户 60 千克。粮油店计算了一个平均价格为 6.33 元（如图 6-12 所示），预备以“6.33*60”的价格出售（如图 6-13 所示），可是以这种价格出售是不合理的，下面进行分析。

C6　=AVERAGE(C2:C4)

	A	B	C	D
1	日期	数量(千克)	单价(千克)	
2	5月1日	30	5	
3	5月7日	50	6.5	
4	5月20日	40	7.5	
5				
6	平均价格		6.333333333	
7	以平均价格估算出售金额			
8	实际价值			

图 6-12

C7　=C6*60

	A	B	C	D
1	日期	数量(千克)	单价(千克)	
2	5月1日	30	5	
3	5月7日	50	6.5	
4	5月20日	40	7.5	
5				
6	平均价格		6.333333333	
7	以平均价格估算出售金额		380	
8	实际价值			

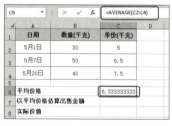

图 6-13

❶ 由于粮油店出库是按照先进先出的原则，所以这一次出售的 60 千克大米的实际价值是

"=C3*50+C4*10"，如图 6-14 所示。通过比较 C7 单元格中以平均价格估算出售金额与 C8 单元格中的实际价值，可以看到以平均价格出售是很不合理的。

C8 =C3*50+C4*10

	A	B	C
1	日期	数量(千克)	单价(千克)
2	5月1日	30	5
3	5月7日	50	6.5
4	5月20日	40	7.5
5			
6	平均价格		6.333333333
7	以平均价格估算出售金额		380
8	实际价值		400

图 6-14

❷选中 C10 单元格，在编辑栏中输入公式：

=SUMPRODUCT(B2:B4,C2:C4)/SUM(B2:B4)

按 Enter 键计算出加权平均价格，如图 6-15 所示。

C10 =SUMPRODUCT(B2:B4,C2:C4)/SUM(B2:B4)

	A	B	C	D	E
1	日期	数量(千克)	单价(千克)		
2	5月1日	30	5		
3	5月7日	50	6.5		
4	5月20日	40	7.5		
5					
6	平均价格		6.333333333		
7	以平均价格估算出售金额		380		
8	实际价值		400		
9					
10	加权平均价格		6.458333333		
11	以加权平均价格估算出售金额				

图 6-15

❸选中 C11 单元格，在编辑栏中输入公式：

=C10*60

按 Enter 键计算出以加权平均价格估算出售金额，如图 6-16 所示。从计算的结果可以看到此价格与实际价值相差较小，所以以此价格出售更加合理。

C11 =C10*60

	A	B	C
1	日期	数量(千克)	单价(千克)
2	5月1日	30	5
3	5月7日	50	6.5
4	5月20日	40	7.5
5			
6	平均价格		6.333333333
7	以平均价格估算出售金额		380
8	实际价值		400
9			
10	加权平均价格		6.458333333
11	以加权平均价格估算出售金额		387.5

图 6-16

6.1.5 众数

众数是一组数据中出现数量最多的变量值，反映了一组数据的集中趋势。众数出现的次数越多，就越能代表这组数据的整体状况，通过众数能比较直观地了解到一组数据的大致情况。但是，当一组数据大小不同，差异又很大时，就很难判断众数的准确值了。此外，当一组数据中众数出现的次数不具备明显优势时，用它来反映一组数据的典型水平是不太可靠的。

1. 非分组数据计算众数

如果是非分组数据计算众数，只需要找出出现频率最高的变量即可，在 Excel 中可以使用 MODE.MULT 函数来计算非分组数据的众数。例如，当前表格中是指定时间内某零件生产数量的抽样数据，如图 6-17 所示，要求计算其众数。

❶选中 E2:E5 单元格区域，在编辑栏中输入公式（如图 6-17 所示）：

=MODE.MULT(C2:C31)

按 Ctrl+Shift+Enter 组合键，即可返回该数据集中的众数列表，因为当前只有一个众数，所以返回的是"60"，如图 6-18 所示。

SWITCH =MODE.MULT(C2:C31)

	A	B	C	D	E
1	抽样编号	操作人	生产数量		众数
2	1	李为洋	58		31)
3	2	杨依娜	59		
4	3	朱子进	60		
5	4	曹正	59		
6	5	郭丽	61		
7	6	王雪峰	60		
8	7	吴东梅	61		
9	8	张以军	60		
10	9	孙倩	62		
11	10	简志能	60		
12	11	李军	61		
13	12	顾源	60		
14	13	刘维	61		
15	14	李婷婷	62		
16	15	周玉杰	58		
17	16	华新伟	59		
18	17	邹志志	60		
19	18	韩志	59		
20	19	吴伟云	61		
21	20	杨清	60		
22	21	李欣	58		
23	22	金鑫	61		
24	23	华涵涵	62		
25	24	张玮	60		

图 6-17

{=MODE.MULT(C2:C31)}

抽样编号	操作人	生产数量		众数
1	李为洋	58		60
2	杨依娜	59		60
3	朱子进	60		60
4	曹正	59		60
5	郭丽	61		
6	王雪峰	60		
7	吴东梅	61		
8	张以军	60		
9	孙倩	62		
10	简志能	60		
11	李军	61		
12	顾源	60		
13	刘维	61		
14	李婷婷	62		
15	周玉杰	58		
16	华新伟	59		
17	邹志志	60		

图 6-18

❷ 如果有多个众数则可以一次性显示出来，例如当前数据源中有“60”和“61”两个众数，当按下 Ctrl+Shift+Enter 组合键时也会一次性显示出来，如图 6-19 所示。

抽样编号	操作人	生产数量		众数
1	李为洋	58		60
2	杨依娜	59		61
3	朱子进	60		#N/A
4	曹正	59		#N/A
5	郭丽	61		
6	王雪峰	60		
7	吴东梅	61		
8	张以军	60		
9	孙倩	62		
10	简志能	60		
11	李军	61		
12	顾源	60		
13	刘维	61		
14	李婷婷	62		
15	周玉杰	58		
16	华新伟	61		
17	邹志志	60		
18	韩志	59		
19	吴伟云	61		

图 6-19

知识扩展

MODE.MULT 函数用于返回一组数据或数据区域中出现频率最高或重复出现的数值的垂直数组。函数语法如下：

MODE.MULT((number1,[number2],...)

- number1：表示要计算其众数的第一个数字参数。（参数可以是数字，也可以是包含数字的名称、数组或引用）；
- number2, ...：可选项，表示要计算其众数的第 2~254 个数字参数。可以用单一数组或对某个数组的引用来代替用逗号分隔的参数。

2. 分组数据计算众数

求解分组数据的众数，需要先学会对数据进行分组，然后可以使用 COUNTIF 函数或是“直方图”分析工具对频数进行统计（在第 5 章中已经详细讲解了关于数据分组与频数统计的知识）。有了分组区段并统计出频数后，就可以进行众数的统计了。

❶ 如图 6-20 所示为 100 份问卷调查的评分数据，在表格旁边建立组限和区间。组限的设置是为了方便后面使用“直方图”分析工具统计各个分组区间的频数。设置组限时，第一值的上界一定要小于最小值，这是因为在使用“直方图”分析工具统计时上界不包括在内，所以如果直接使用最小值作为首个数据的上界，那么这个最小值则不会被统计出来。间隔值可以根据自己的需要设置，本例使用的间隔是“10”。

100份问卷的评分					组限	区间	频数
55	83	93	70		50	40~50	
87	93	60	68		60	50~60	
66	69	63	67		70	60~70	
90	79	82	93		80	70~80	
68	64	99	97		90	80~90	
78	62	88	74		100	90~100	
63	50	80	51				
94	61	83	48				
67	80	76	92				
68	83	94	83				
84	97	92	100				
82	75	59	99				
50	77	83	57				
89	90	93	51				
82	65	83	77				
94	84	50	74				
78	92	75	98				
86	83	76	80				
56	50	87	74				
68	81	81	92				
97	50	89	81				
52	88	91	97				
100	98	54	97				
92	75	88	50				
98	56	87	53				

图 6-20

❷ 在“数据”选项卡的“分析”组中单击“数据分析”按钮，打开“数据分析”对话框。选择“直方图”工具，如图 6-21 所示。

❸ 单击“确定”按钮进入“直方图”对话框，按如图 6-22 所示设置参数。注意“输入区域”为整

个数据区域，“接收区域”为设置的组限。

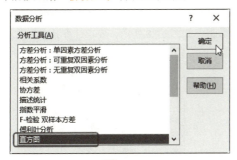

图 6-21

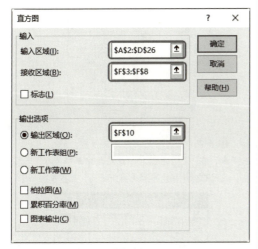

图 6-22

❹ 单击“确定”按钮即可快速统计频数，如图 6-23 所示。

	A	B	C	D	E	F	G	H
1		100份问卷的评分						
2	55	83	93	70		组限	区间	频数
3	87	93	60	68		50	40~50	
4	66	69	63	67		60	50~60	
5	90	79	82	93		70	60~70	
6	68	64	99	97		80	70~80	
7	78	62	88	74		90	80~90	
8	63	50	80	51		100	90~100	
9	94	61	83	48				
10	67	80	76	92		接收	频率	
11	68	83	94	83		50	7	
12	84	97	92	100		60	11	
13	82	75	59	99		70	15	
14	50	77	83	57		80	16	
15	89	90	93	51		90	26	
16	82	65	83	77		100	25	
17	94	84	50	74		其他	0	

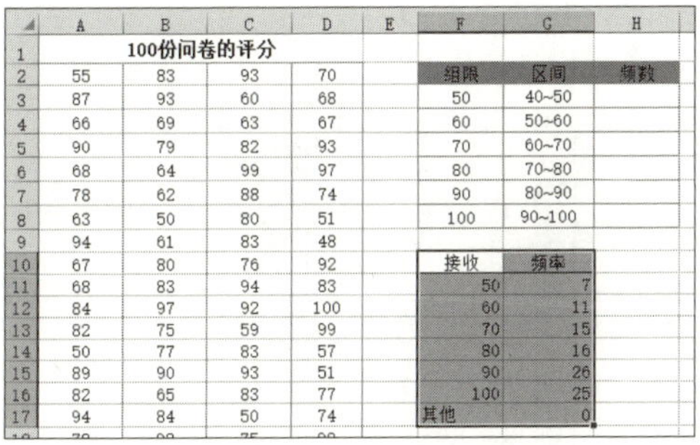

图 6-23

❺ 将频数复制到 H3:H8 单元格中，如图 6-24 所示。

	A	B	C	D	E	F	G	H
1		100份问卷的评分						
2	55	83	93	70		组限	区间	频数
3	87	93	60	68		50	40~50	7
4	66	69	63	67		60	50~60	11
5	90	79	82	93		70	60~70	15
6	68	64	99	97		80	70~80	16
7	78	62	88	74		90	80~90	26
8	63	50	80	51		100	90~100	25
9	94	61	83	48				
10	67	80	76	92		接收	频率	
11	68	83	94	83		50	7	
12	84	97	92	100		60	11	
13	82	75	59	99		70	15	
14	50	77	83	57		80	16	
15	89	90	93	51		90	26	
16	82	65	83	77		100	25	
17	94	84	50	74		其他	0	

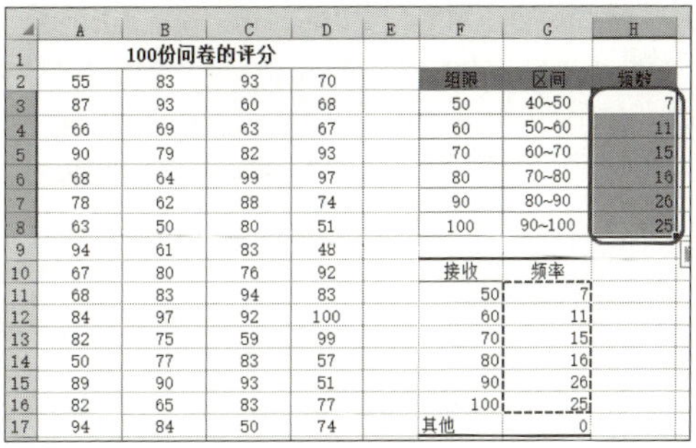

图 6-24

求解分组数据众数的计算公式为：

$$l_1 = L + \left(\frac{\delta_1}{\delta_1 + \delta_2} \right) * l$$

- L 是众数所在组下限。
- δ_1 是众数所在组的频数减去前一组的频数。
- δ_2 为众数所在组的频数减去后一组的频数。
- l 为众数所在组的组距宽度。

由表格数据可知，80～90这个范围内人数是最多的，也就是众数组，因此本例中众数组的下界是80。下面求解 δ_1 和 δ_2 的值和众数值。

❶ 选中 G19 单元格，在编辑栏中输入公式：

=H7-H6

按 Enter 键，即可计算出 δ_1 的值，如图 6-25 所示。

G19 =H7-H6

	A	B	C	D	E	F	G	H
1		100份问卷的评分						
2	55	83	93	70		组限	区间	频数
3	87	93	60	68		50	40~50	7
4	66	69	63	67		60	50~60	11
5	90	79	82	93		70	60~70	15
6	68	64	99	97		80	70~80	16
7	78	62	88	74		90	80~90	26
8	63	50	80	51		100	90~100	25
9	94	61	83	48				
10	67	80	76	92		接收	频率	
11	68	83	94	83		50	7	
12	84	97	92	100		60	11	
13	82	75	59	99		70	15	
14	50	77	83	57		80	16	
15	89	90	93	51		90	26	
16	82	65	83	77		100	25	
17	94	84	50	74		其他	0	
18	78	92	75	98				
19	86	83	76	80		δ_1	10	
20	56	50	87	74		δ_2		
21	68	81	81	92		众数		

图 6-25

❷ 选中 G20 单元格，在编辑栏中输入公式：

=H7-H8

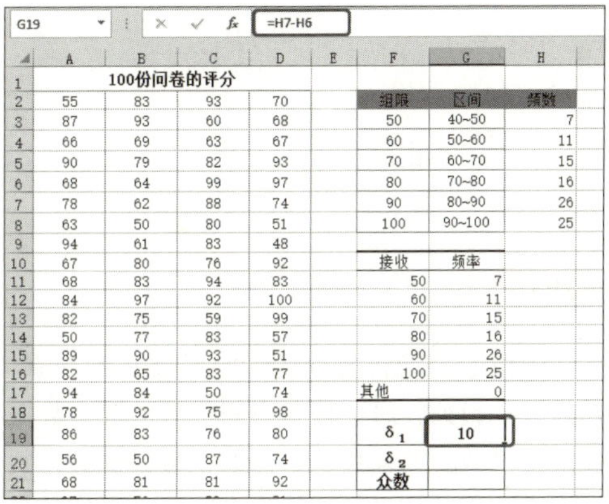

按Enter键，即可计算出δ_2的值，如图6-26所示。

图6-26

❸ 选中G21单元格，在编辑栏中输入公式：
=80+(G19/(G19+G20))*10

按Enter键，即可计算出众数，如图6-27所示。

图6-27

6.1.6 中位数

中位数是指将数据按大小顺序排列起来，形成一个数列，居于数列中间位数的那个数据就是中位数。如果数据系列的个数是偶数，则两个中间值的算术平均值为中位数。中位数分为非分组数据和分组数据两种。

1. 非分组数据计算中位数

在非分组数据中，首先要将数据按升序排序，然后使用Excel中的MEDIAN函数来计算中位数。例如，当前表格是各大城市的房屋单价数据，如图6-28所示，要求计算其中位数。

序号	城市	单价(元/m²)
1	北京	62212
2	成都	16756
3	大连	15824
4	东莞	18155
5	福州	25838
6	广州	51729
7	杭州	31524
8	济南	15817
9	金华	16809
10	丽水	18209
11	南京	30947
12	南通	15955
13	宁波	23671
14	青岛	20535
15	三亚	41075
16	厦门	52583
17	上海	55256
18	深圳	69129
19	苏州	22640
20	天津	24719
21	温州	21382
22	无锡	16746
23	武汉	18952
24	珠海	22308

图6-28

❶ 选中"单价"列下任意单元格，单击"数据"选项卡，在"排序和筛选"选项组中单击"升序"按钮，此时C列数据由小到大重新排列，如图6-29所示。

图6-29

❷ 选中E3单元格，在编辑栏中输入公式：

=MEDIAN(C2:C25)

按 Enter 键后，即可计算出单价数据的中位数，如图 6-30 所示。

序号	城市	单价(元/㎡)		单价的中位数
8	济南	15817		
3	大连	15824		22474
12	南通	15955		
22	无锡	16746		
2	成都	16756		
9	金华	16809		
4	东莞	18155		
10	丽水	18209		
23	武汉	18952		
14	青岛	20535		
21	温州	21382		
24	珠海	22308		
19	苏州	22640		
13	宁波	23671		
20	天津	24719		
5	福州	25838		
11	南京	30947		
7	杭州	31524		
15	三亚	41075		
6	广州	51729		
16	厦门	52583		
17	上海	55256		
1	北京	62212		
18	深圳	69129		

图 6-30

专家提醒

MEDIAN 函数用于计算给定数值的中位数。"=MEDIAN(C2:C25)" 表示计算 C2:C25 数组区域中数值的中位数。由于数据系列是偶数，所以中位数为中间位置数据的平均值。

2. 分组数据计算中位数

在统计学中，分组数据的中位数需要建造累计频率分布表，然后通过累计频率分布表确定中位数，应先按公式求出中位数所在组的位置，然后再按下限公式或上限公式确定中位数。计算公式如下：

$$M_e = L + \frac{\frac{\sum f}{2} - S_{m-1}}{f_m} \times d_m$$

- M_e：中位数。
- L：中位数所在组下限。
- U：中位数所在组上限。
- d_m：中位数的组距（$d_m = U - L$）。
- S_{m-1}：用向上累计法累计中位数所在组前一组的频数（即次数）。
- $\sum f$：总频数。
- f_m：中位数所在组的频数。

如图 6-31 所示为某工厂每小时产量统计的分组数据，并统计了每个分组的频数。由于计算分组数据的中位数时需要对频数进行累计，所以规划了一列用来显示向上累计频数。

	A	B	C	D
1		基本资料		
2	产品	产量分组/小时	人数	人数向上累计频数
3	A	60以下	8	8
4	B	60~70	18	26
5	C	70~80	30	56
6	D	80~90	31	82
7	E	90~100	8	92
8	F	100以上	5	100

图 6-31

❶ 选中 C10 单元格，在编辑栏中输入公式：=D8/2

按 Enter 键，计算出中位数的位置，如图 6-32 所示。

	A	B	C	D
1		基本资料		
2	产品	产量分组/小时	人数	人数向上累计频数
3	A	60以下	8	8
4	B	60~70	18	26
5	C	70~80	30	56
6	D	80~90	31	82
7	E	90~100	8	92
8	F	100以上	5	100
9				
10	中位数的位置		50	
11	分组数据的中位数			

图 6-32

❷ 选中 C11 单元格，在编辑栏中输入公式：=70+(C10-D4)/56*10

按 Enter 键，即可计算出分组数据的中位数，如图 6-33 所示。

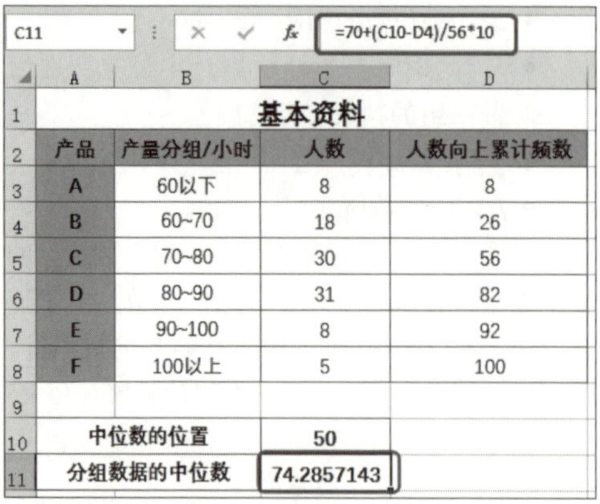

C11 =70+(C10-D4)/56*10

	A	B	C	D
1	基本资料			
2	产品	产量分组/小时	人数	人数向上累计频数
3	A	60以下	8	8
4	B	60~70	18	26
5	C	70~80	30	56
6	D	80~90	31	82
7	E	90~100	8	92
8	F	100以上	5	100
9				
10	中位数的位置		50	
11	分组数据的中位数		74.2857143	

图 6-33

专家提醒

本例中，中位数的位置计算出来是 50，当累计到 60 ~ 70 时频数为 26，累计到 70 ~ 80 时频数为 56，可见中位数在 70 ~ 80 这一组。中位数所在组的频数 f_m 是 56，中位数所在组的下限 L 是 70，上限 U 是 80，所以组距 d_m 是 10，S_{m-1} 是用向上累计法累计中位数所在组的前一组的频数是 26。

6.1.7 四分位数

分位数是将总体的全部数据按大小顺序排列后，处于各等分位置的变量值。四分位数是通过 3 个点将全部数据等分为 4 个部分，其中每部分包含 25% 的数据。很显然，中间的四分位数就是中位数，因此通常所说的四分位数是指处在 25% 位置上的数值（称为下四分位数）和处在 75% 位置上的数值（称为上四分位数）。

在 Excel 中可以使用 QUARTILE.INC 函数来快速返回一组数据的四分位数。

❶ 选中“身高”列中任意单元格，在“数据”选项卡的“排序和筛选”选项组中单击“升序”按钮将身高数据从小到大排列。

❷ 选中 E7 单元格，在编辑栏中输入公式：

=QUARTILE.INC(B3:B18,1)

按 Enter 键即可统计出 B3:B18 单元格区域中 25% 处的值，如图 6-34 所示。

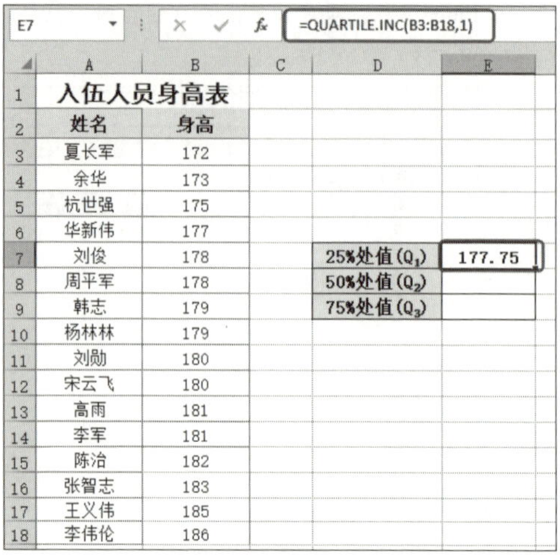

E7 =QUARTILE.INC(B3:B18,1)

	A	B	C	D	E
1	入伍人员身高表				
2	姓名	身高			
3	夏长军	172			
4	余华	173			
5	杭世强	175			
6	华新伟	177			
7	刘俊	178		25%处值(Q_1)	177.75
8	周平军	178		50%处值(Q_2)	
9	韩志	179		75%处值(Q_3)	
10	杨林林	179			
11	刘勋	180			
12	宋云飞	180			
13	高雨	181			
14	李军	181			
15	陈治	182			
16	张智志	183			
17	王义伟	185			
18	李伟伦	186			

图 6-34

❸ 选中 E8 单元格，在编辑栏中输入公式：

=QUARTILE.INC(B3:B18,2)

按 Enter 键即可统计出 B3:B18 单元格区域中 50% 处的值，等同于公式“= MEDIAN (B3:B18)”的返回值，如图 6-35 所示。

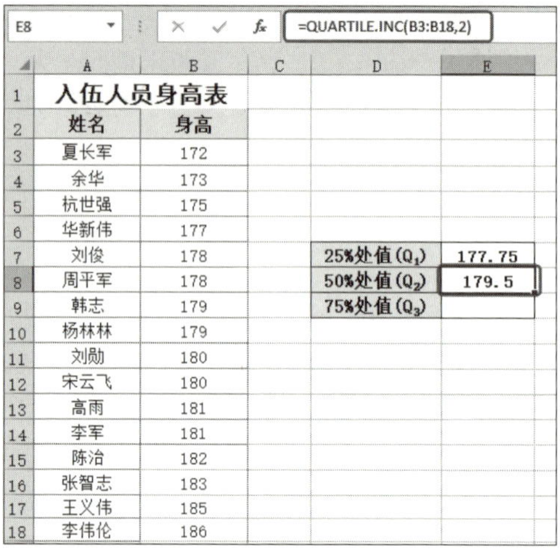

E8 =QUARTILE.INC(B3:B18,2)

	A	B	C	D	E
1	入伍人员身高表				
2	姓名	身高			
3	夏长军	172			
4	余华	173			
5	杭世强	175			
6	华新伟	177			
7	刘俊	178		25%处值(Q_1)	177.75
8	周平军	178		50%处值(Q_2)	179.5
9	韩志	179		75%处值(Q_3)	
10	杨林林	179			
11	刘勋	180			
12	宋云飞	180			
13	高雨	181			
14	李军	181			
15	陈治	182			
16	张智志	183			
17	王义伟	185			
18	李伟伦	186			

图 6-35

❹ 选中 E9 单元格，在编辑栏中输入公式：

=QUARTILE.INC(B3:B18,3)

按 Enter 键即可统计出 B3:B18 单元格区域中 75% 处的值，如图 6-36 所示。

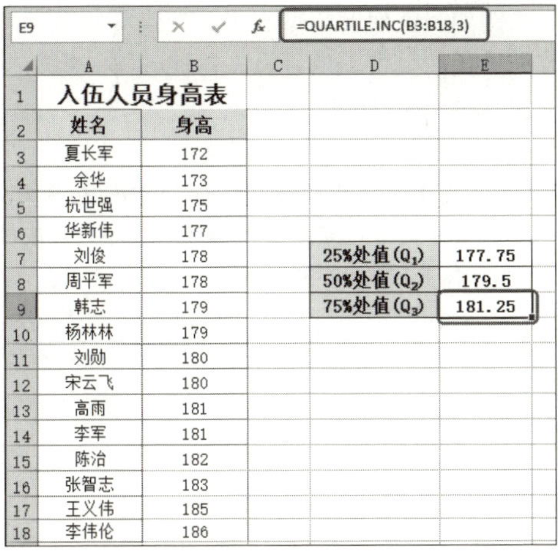
E9 =QUARTILE.INC(B3:B18,3)

	A	B	C	D	E
1	入伍人员身高表				
2	姓名	身高			
3	夏长军	172			
4	余华	173			
5	杭世强	175			
6	华新伟	177			
7	刘俊	178		25%处值(Q_1)	177.75
8	周平军	178		50%处值(Q_2)	179.5
9	韩志	179		75%处值(Q_3)	181.25
10	杨林林	179			
11	刘勋	180			
12	宋云飞	180			
13	高雨	181			
14	李军	181			
15	陈治	182			
16	张智志	183			
17	王义伟	185			
18	李伟伦	186			

图 6-36

知识扩展

QUARTILE.INC 可根据一个 0 ~ 1 的百分点值（包含 0 和 1）返回数据集的四分位数。其语法如下：

QUARTILE.INC(array,quart)

- array：计算四分位数值的数组或数字引用区域。
- quart：指定返回哪一个四分位值。"0" 表示最小值，"1" 表示第 1 个四分位数（25% 处），"2" 表示第 2 个四分位数（50% 处），"3" 表示第 3 个四分位数（75% 处），"4" 表示最大值。

6.1.8 百分位数

将一组数据从小到大排序，并计算相应的累计百分位，则某一百分位所对应数据的值就称为这一百分位的百分位数。可表示为：一组 n 个观测值按数值大小排列，处于 $p\%$ 位置的值称第 p 百分位数。第 p 百分位数是这样一个值，它使得至少有 $p\%$ 的数据项小于或等于这个值，且至少有 $(100-p)\%$ 的数据项大于或等于这个值。

在 Excel 中可以使用 PERCENTILE.INC 函数来快速返回一组数据第 K 个百分点的值。

❶ 选中"身高"列中任意单元格，在"数据"选项卡的"排序和筛选"选项组中单击"升序"按钮，将身高数据从小到大排列。

❷ 选中 E7 单元格，在编辑栏中输入公式：

=PERCENTILE.INC(B3:B18,0.8)

按 Enter 键即可统计出 B3:B18 单元格区域中第 80 百分位数，如图 6-37 所示。表示在这一组数据中，至少有 80% 的数据项小于或等于 182，且至少有 20% 的数据项大于或等于 182。

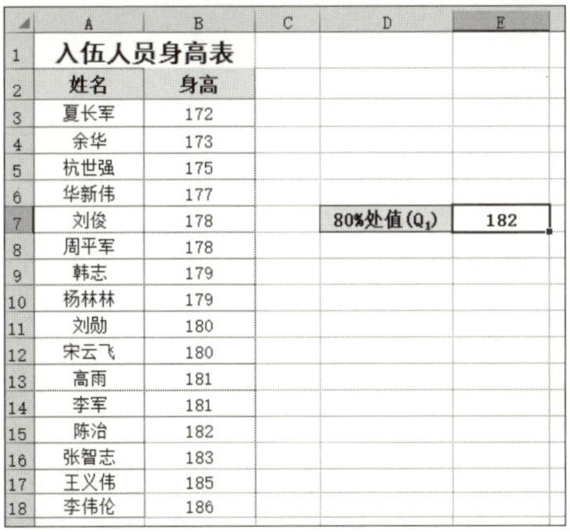

	A	B	C	D	E
1	入伍人员身高表				
2	姓名	身高			
3	夏长军	172			
4	余华	173			
5	杭世强	175			
6	华新伟	177			
7	刘俊	178		80%处值(Q_1)	182
8	周平军	178			
9	韩志	179			
10	杨林林	179			
11	刘勋	180			
12	宋云飞	180			
13	高雨	181			
14	李军	181			
15	陈治	182			
16	张智志	183			
17	王义伟	185			
18	李伟伦	186			

图 6-37

6.2 描述离散趋势的统计量

离散趋势在统计学中是用来描述观测值偏离中心位置的趋势，反映了所有观测值偏离中心的分布情况。测定离散趋势的指标有极差、平均差、四分位差、方差和标准差，以及离散系数等。本节中将介绍描述离散趋势的统计量。

6.2.1 极差

极差又称范围误差或全距，是测定标志变动最简单的指标。简单来说，极差反映一组数据中两个极端数之间的差异情况，其值等于最大值减最小值。极差没有充分利用数据的信息，即只用了两个极端值，只要最大值大，极差就大。所以它的缺点是不稳定，仅适用样本容量较小（n<10）的情况。

❶ 选中“身高”列中任意单元格，在“数据”选项卡的“排序和筛选”选项组中单击“升序”按钮，将身高数据从小到大排列。

❷ 选中 D3 单元格，在编辑栏中输入公式：

=MAX(B3:B18)-MIN(B3:B18)

按 Enter 键即可计算出这组数据的极差，如图 6-38 所示。

D3 =MAX(B3:B18)-MIN(B3:B18)

	A	B	C	D	E
1	入伍人员身高表				
2	姓名	身高（cm）		极差（cm）	
3	陈治	182		14	
4	高雨	181			
5	韩志	179			
6	杭世强	175			
7	华新伟	177			
8	李军	181			
9	李伟伦	186			
10	刘俊	178			
11	刘勋	180			
12	宋云飞	180			
13	王义伟	185			
14	夏长军	172			
15	杨林林	179			
16	余华	173			
17	张智志	183			
18	周平军	178			

图 6-38

6.2.2 四分位差

四分位数就是一组数据排序后处于 25% 处和 75% 处的值。P75 表示上四分位数，P25 表示下四分位数，而四分位间距就是上四分位数与下四分位数的差值。四分位差主要用于测度顺序数据的离散程度，它反映了中间 50% 数据的离散程度，其数值越小，说明中间的数据越集中；其数值越大，说明中间的数据越分散。

专家提醒

由于中位数处于数据的中间位置，因此，四分位差的大小在一定程度上也说明了中位数对一组数据的代表程度。

例如，下面的数据表中，需要对两组身高数据进行四分位差的计算，以比较哪一组数据更加集中。

❶ 选中 B16 单元格，在编辑栏中输入公式：

=QUARTILE.INC(B3:B15,3)-QUARTILE.INC(B3:B15,1)

按 Enter 键即可统计出 B3:B15 单元格区域中数据的四分位差，如图 6-39 所示。

B16 =QUARTILE.INC(B3:B15,3)-QUARTILE.INC(B3:B15,1)

	A	B	C	D	E	F
1	入伍人员身高表					
2	姓名	1组身高(cm)		姓名	2组身高(cm)	
3	陈治	182		包子贤	182	
4	高雨	181		张凌	183	
5	韩志	179		赵苏宇	175	
6	杭世强	175		韩磊	177	
7	华新伟	177		韩晓宇	178	
8	李军	181		赵志新	178	
9	李伟伦	186		张志明	179	
10	刘俊	178		夏军華	179	
11	刘勋	180		陈其	180	
12	宋云飞	180		杭世强	180	
13	王义伟	185		余华	176	
14	夏长军	172		张智志	183	
15	杨林林	179		周平军	178	
16	四分位差	3		四分位差		

图 6-39

❷ 选中 E16 单元格，在编辑栏中输入公式：

=QUARTILE.INC(E3:E15,3)-QUARTILE.INC(E3:E15,1)

按 Enter 键即可统计出 E3:E15 单元格区域中数据的四分位差，如图 6-40 所示。

E16 =QUARTILE.INC(E3:E15,3)-QUARTILE.INC(E3:E15,1)

	A	B	C	D	E	F
1	入伍人员身高表					
2	姓名	1组身高(cm)		姓名	2组身高(cm)	
3	陈治	182		包子贤	182	
4	高雨	181		张凌	183	
5	韩志	179		赵苏宇	175	
6	杭世强	175		韩磊	177	
7	华新伟	177		韩晓宇	178	
8	李军	181		赵志新	178	
9	李伟伦	186		张志明	179	
10	刘俊	178		夏军華	179	
11	刘勋	180		陈其	180	
12	宋云飞	180		杭世强	180	
13	王义伟	185		余华	176	
14	夏长军	172		张智志	183	
15	杨林林	179		周平军	178	
16	四分位差	3		四分位差	2	

图 6-40

通过比较 B16 和 E16 单元格的值，可以判断出 2 组的身高数据更加集中。

6.2.3 方差

方差与标准差都是用来描述一组数据波动性（集中还是分散）的统计量。方差是各个数据与平均数之差的平方和的平均数。方差在统计中用于度量随机变量和其均值之间的偏离程度，计算出的方差值越小，表示数据越稳定。在许多实际问题中，研究随机变量和均值之间的偏离程度有着很重要的意义。

在 Excel 中，VAR.S 函数是专用于求解方差的函数。

如图 6-41 所示的表格为学生成绩表数据，可以通过计算各个科目成绩值的方差，以比较几个科目成绩的稳定性情况。

① 选中 C26 单元格，在编辑栏中输入公式：=VAR.S(C2:C25)

按 Enter 键即可计算出“语文”科目成绩值的方差，如图 6-41 所示。

② 选中 C26 单元格，向右复制公式到 E26 单元格中，可以得出其他两个科目成绩的方差，如图6-42所示。

通过比较可以看到“语文”科目的方差值最大，“英语”科目的方差值最小，因此得出的结论是：相比较而言，这三个科目中，“语文”科目成绩最不稳定，“英语”科目成绩相对最稳定。

C26 =VAR.S(C2:C25)

	A	B	C	D	E
1	序号	姓名	语文	数学	英语
2	1	包子贤	89	82	78
3	2	张佳佳	98	87	90
4	3	赵子琪	69	80	77
5	4	韩琴琴	87	73	85
6	5	韩晓宇	85	85	82
7	6	赵志新	85	90	91
8	7	张志明	95	70	90
9	8	夏长茹	68	89	87
10	9	余佩琪	78	87	82
11	10	杭世强	82	78	86
12	11	华新伟	85	81	91
13	12	华涵涵	92	96	94
14	13	韩志	88	98	96
15	14	高雨	91	91	97
16	15	陈媛媛	81	94	87
17	16	周薇	82	97	96
18	17	杨佳	65	98	98
19	18	刘勋	82	96	99
20	19	张智志	86	82	96
21	20	宋云飞	71	98	94
22	21	王婷	92	92	96
23	22	王伟	78	87	88
24	23	李欣	79	82	94
25	24	周钦伟	85	94	96
26		方差	72.12862		

图 6-41

C26 =VAR.S(C2:C25)

	A	B	C	D	E
1	序号	姓名	语文	数学	英语
2	1	包子贤	89	82	78
3	2	张佳佳	98	87	90
4	3	赵子琪	69	80	77
5	4	韩琴琴	87	73	85
6	5	韩晓宇	85	85	82
7	6	赵志新	85	90	91
8	7	张志明	95	70	90
9	8	夏长茹	68	89	87
10	9	余佩琪	78	87	82
11	10	杭世强	82	78	86
12	11	华新伟	85	81	91
13	12	华涵涵	92	96	94
14	13	韩志	88	98	96
15	14	高雨	91	91	97
16	15	陈媛媛	81	94	87
17	16	周薇	82	97	96
18	17	杨佳	65	98	98
19	18	刘勋	82	96	99
20	19	张智志	86	82	96
21	20	宋云飞	71	98	94
22	21	王婷	92	92	96
23	22	王伟	78	87	88
24	23	李欣	79	82	94
25	24	周钦伟	85	94	96
26		方差	72.12862	64.86775	40.16667

图 6-42

6.2.4 标准差

由于方差的计量单位和量纲不便于从经济意义上进行解释，所以实际统计工作中多用方差的算术平方根，即标准差（又称均方差）来测度统计数据的差异程度。

在 Excel 中，STDEV.P 函数是专用于求解标准差的函数。

① 沿用上例中的成绩统计表格，选中 C27 单元格，在编辑栏中输入公式：=STDEV.P(C2:C25)

按 Enter 键，即可计算出“语文”科目成绩值的标准差，如图 6-43 所示。

C27 =STDEV.P(C2:C25)

	A	B	C	D	E
1	序号	姓名	语文	数学	英语
2	1	包子贤	89	82	78
3	2	张佳佳	98	87	90
4	3	赵子琪	69	80	77
5	4	韩琴琴	87	73	85
6	5	韩晓宇	85	85	82
7	6	赵志新	85	90	91
8	7	张志明	95	70	90
9	8	夏长茹	68	89	87
10	9	余佩琪	78	87	82
11	10	杭世强	82	78	86
12	11	华新伟	85	81	91
13	12	华涵涵	92	96	94
14	13	韩志	88	98	96
15	14	高雨	91	91	97
16	15	陈媛媛	81	94	87
17	16	周薇	82	97	96
18	17	杨佳	65	98	98
19	18	刘勋	82	96	99
20	19	张智志	86	82	96
21	20	宋云飞	71	98	94
22	21	王婷	92	92	96
23	22	王伟	78	87	88
24	23	李欣	79	82	94
25	24	周钦伟	85	94	96
26		方差	72.12862	64.86775	40.16667
27		标准差	8.31404		

图 6-43

② 选中 C27 单元格，向右复制公式到 E27 单元格中，可以得出其他两个科目成绩的标准差，如图 6-44 所示。

C27 =STDEV.P(C2:C25)

	A	B	C	D	E
1	序号	姓名	语文	数学	英语
2	1	包子贤	89	82	78
3	2	张佳佳	98	87	90
4	3	赵子琪	69	80	77
5	4	韩琴琴	87	73	85
6	5	韩晓宇	85	85	82
7	6	赵志新	85	90	91
8	7	张志明	95	70	90
9	8	夏长茹	68	89	87
10	9	余佩琪	78	87	82
11	10	杭世强	82	78	86
12	11	华新伟	85	81	91
13	12	华涵涵	92	96	94
14	13	韩志	88	98	96
15	14	高雨	91	91	97
16	15	陈媛媛	81	94	87
17	16	周薇	82	97	96
18	17	杨佳	65	98	98
19	18	刘勋	82	96	99
20	19	张智志	86	82	96
21	20	宋云飞	71	98	94
22	21	王婷	92	92	96
23	22	王伟	78	87	88
24	23	李欣	79	82	94
25	24	周钦伟	85	94	96
26		方差	72.12862	64.86775	40.16667
27		标准差	8.31404	7.884474	6.204277

图 6-44

专家提醒

通过对比计算出的方差与标准差，可以看到标准差的值要比方差的值小很多。标准差是方差的算术平方根，所以标准差对数据离散程度的描述更加准确一些。

6.2.5 异众比率

异众比率用于评价众数的代表性测度。异众比率越接近1，众数的代表性越差。

异众比例的计算方式为总体中非众数频数与总体全部频数之比，即异众比率指非众数组的频数占总频数的比例。具体计算公式如下：

$$V_{M_0} = \frac{N - f_{M_0}}{N}$$

- V_{M0} 表示异众比率。
- f_{M0} 表示众数频数。
- N 表示总体频数。

如图6-45所示，表格中记录的是80次购买饮料的频数分布。

	A	B	C
1	80次购买饮料的频数分布统计		
2	序号	饮料	频数
3	1	可口可乐	10
4	2	雪　碧	12
5	3	脉动	8
6	4	康师傅（茶）	6
7	5	统一（果味）	14
8	6	加多宝	19
9	7	美汁源	6
10	8	乐天	5

图6-45

❶ 选中"频数"列下任意单元格，在"数据"选项卡的"排序和筛选"选项组中单击"降序"按钮将身高数据从大到小排列（此操作是为了快速找到最高频数），如图6-46所示。

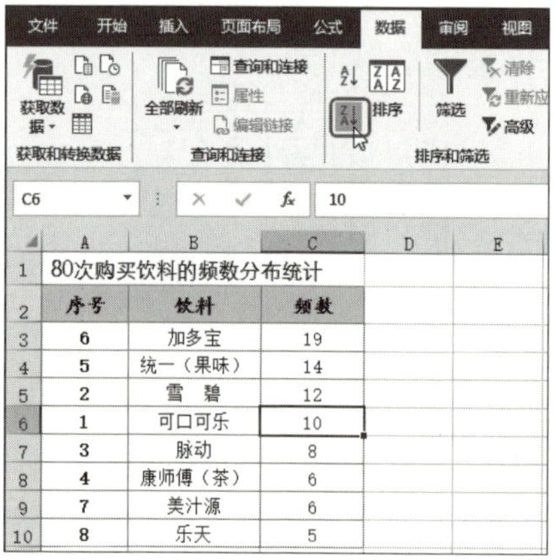

	A	B	C	D	E
1	80次购买饮料的频数分布统计				
2	序号	饮料	频数		
3	6	加多宝	19		
4	5	统一（果味）	14		
5	2	雪　碧	12		
6	1	可口可乐	10		
7	3	脉动	8		
8	4	康师傅（茶）	6		
9	7	美汁源	6		
10	8	乐天	5		

图6-46

❷ 选中B12单元格，在编辑栏中输入公式：

=(80-C3)/80

按Enter键，即可计算出"加多宝"的异众比率，如图6-47所示。

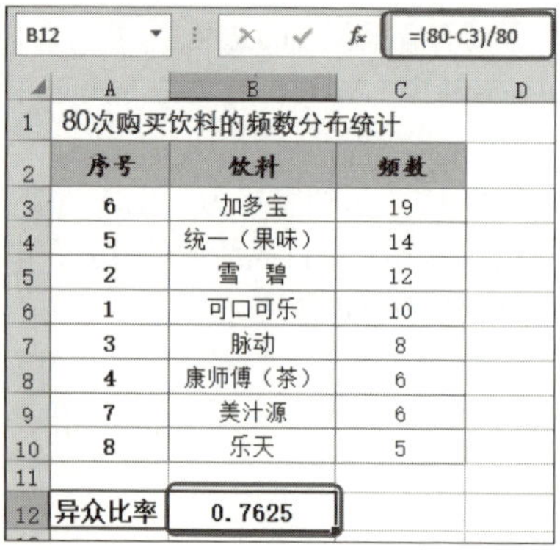

	A	B	C	D
1	80次购买饮料的频数分布统计			
2	序号	饮料	频数	
3	6	加多宝	19	
4	5	统一（果味）	14	
5	2	雪　碧	12	
6	1	可口可乐	10	
7	3	脉动	8	
8	4	康师傅（茶）	6	
9	7	美汁源	6	
10	8	乐天	5	
11				
12	异众比率	0.7625		

图6-47

专家提醒

因为"加多宝"的购买频数最高，所以就以此产品来计算异众比率。

❸ 选中B12单元格，在"开始"选项卡的"数字"组中单击一次%按钮（表示转化为百分比值），再接着单击两次按钮（表示增加小数位数，击一次增加一位），如图6-48所示。

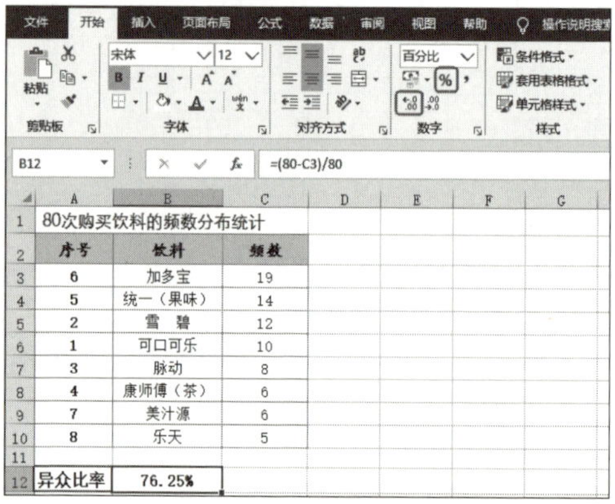

	A	B	C	D	E	F	G
1	80次购买饮料的频数分布统计						
2	序号	饮料	频数				
3	6	加多宝	19				
4	5	统一（果味）	14				
5	2	雪　碧	12				
6	1	可口可乐	10				
7	3	脉动	8				
8	4	康师傅（茶）	6				
9	7	美汁源	6				
10	8	乐天	5				
11							
12	异众比率	76.25%					

图6-48

根据统计结果我们得到的结论是，购买其他品牌饮料（指除加多宝之外的品牌）的人数达到76.25%的异众比率，说明用"加多宝"来代表消费者购买饮料品牌的状况，其代表性比较差，其众数代表性不是很明显。

6.3 描述总体分布形态的统计量

数据分布特征可以从集中趋势、离散趋势及分布形态三个方面进行描述。其中集中趋势、离散趋势在前两节中我们已经做了介绍。而描述总体分布形态的统计量一般有两个,即偏度和峰度。偏度是指数据分布不对称的方向和程度,是统计数据分布非对称程度的数字特征。峰度是指数据分布图形的尖峭程度或峰凸程度。

6.3.1 偏度系数

偏度是描述取值分布形态对称性的统计量。偏度系数大于 0,称为右偏或正偏,表示不对称部分的分布更趋向正值,此时数据位于均值右边的比位于左边的少;偏度系数小于 0,称为左偏或负偏,表示不对称部分的分布更趋向负值,此时数据位于均值左边的比位于右边的少。如果偏度系数接近 0,则可认为分布是对称的。

在 Excel 中,可以使用 SKEW 函数来计算数据偏度系数。

如图 6-49 所示是两种商品克重的抽样数据,要求比较两个样本的偏度。

❶ 选中 B17 单元格,在编辑栏中输入公式:
=SKEW(B2:B16)

按 Enter 键,计算出"薯片克重"数据的偏度系数,如图 6-49 所示。

图 6-49

❷ 选中 C17 单元格,在编辑栏中输入公式:
=SKEW(C2:C16)

按 Enter 键,计算出"单个苹果克重"数据的偏度系数,如图 6-50 所示。

图 6-50

由计算结果可以看到,"薯片克重"数据的偏度系数小于 0,因此是负偏离,表示数据位于均值右边的比位于左边的多;"单个苹果克重"数据的偏度系数大于 0,因此是正偏离,表示数据位于均值左边的比位于右边的多。

> **专家提醒**
>
> SKEW 函数可计算分布的不对称度。不对称度反映以平均值为中心的分布的不对称程度。正不对称度表示不对称部分的分布更趋向正值,负不对称度表示不对称部分的分布更趋向负值。

6.3.2 峰度系数

在统计学中,峰度用来表述分布的扁平或尖峰程度,峰值反映与正态分布相比,某一分布的尖锐度或平坦度。正的峰度系数说明观察量更集中,有比正态分布更长的尾部(更加尖锐);负的峰度系数说明观测量不那么集中,有比正态分布更短的尾部(更加平坦)。

在 Excel 中,可以使用 KURT 函数来计算数据峰度系数。例如,仍然以两种商品克重的抽样数据为例来比较两个样本的峰度系数。

❶ 选中 B17 单元格，在编辑栏中输入公式：

=KURT(B2:B16)

按 Enter 键，计算出“薯片克重”数据的峰度系数，如图 6-51 所示。

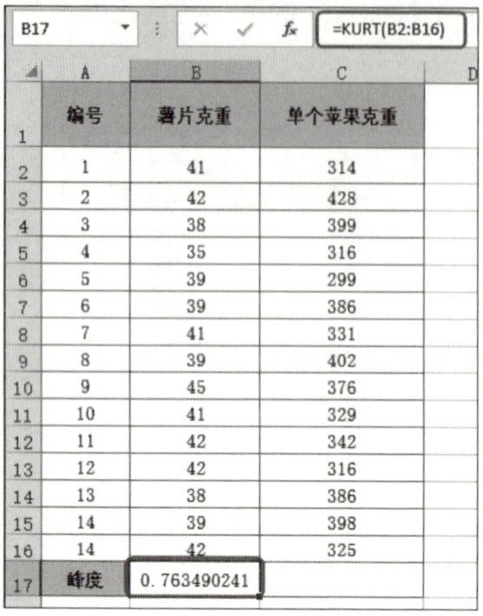

B17 =KURT(B2:B16)

	A	B	C
1	编号	薯片克重	单个苹果克重
2	1	41	314
3	2	42	428
4	3	38	399
5	4	35	316
6	5	39	299
7	6	39	386
8	7	41	331
9	8	39	402
10	9	45	376
11	10	41	329
12	11	42	342
13	12	42	316
14	13	38	386
15	14	39	398
16	14	42	325
17	峰度	0.763490241	

图 6-51

❷ 选中 C17 单元格，在编辑栏中输入公式：

= KURT (C2:C16)

按 Enter 键，计算出“单个苹果克重”数据的峰度系数，如图 6-52 所示。

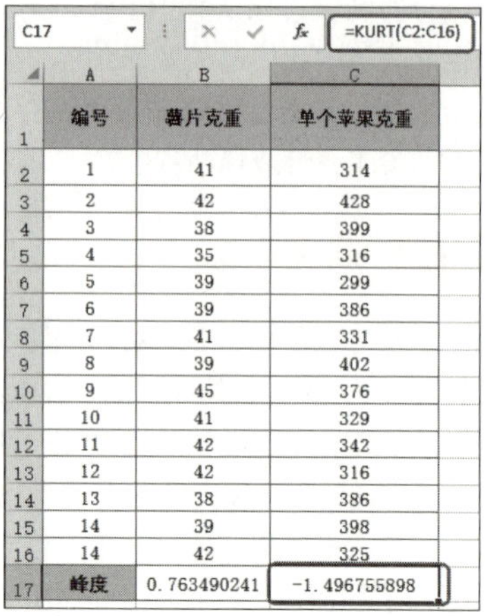

C17 =KURT(C2:C16)

	A	B	C
1	编号	薯片克重	单个苹果克重
2	1	41	314
3	2	42	428
4	3	38	399
5	4	35	316
6	5	39	299
7	6	39	386
8	7	41	331
9	8	39	402
10	9	45	376
11	10	41	329
12	11	42	342
13	12	42	316
14	13	38	386
15	14	39	398
16	14	42	325
17	峰度	0.763490241	-1.496755898

图 6-52

由计算结果可以看到，计算出的“薯片克重”数据的峰度是大于 0 的，与“单个苹果克重”相比，数据分布更加向均值集中。

6.4 箱形图描述四分位数

箱线图就是根据四分位数做的统计图，因形状如箱子而得名。它主要用于反映原始数据分布的特征，还可以进行多组数据分布特征的比较。在 Excel 2019 中已经有了这种图表类型，创建起来非常方便，也可以让数据的分布特征更直观地呈现。箱式图通常选用 5 个描述统计量，即最小值、P25、均数、P75 和最大值。

箱线图就是根据四分位数做的图，箱线图可以用来比较不同组别的数据。

6.4.1 呈现单组数据的分布状态

表格中统计了某大米的价格数据，现要用箱式图快速展现该组数据的分布状态。

❶ 选中 A2:A15 单元格区域，单击“插入”选项卡，在“图表”选项组中单击“插入统计图表”下拉按钮，在其下拉菜单中选择“箱形图”子图表类型，如图 6-53 所示。

❷ 执行插入图表命令后，图表如图 6-54 所示。

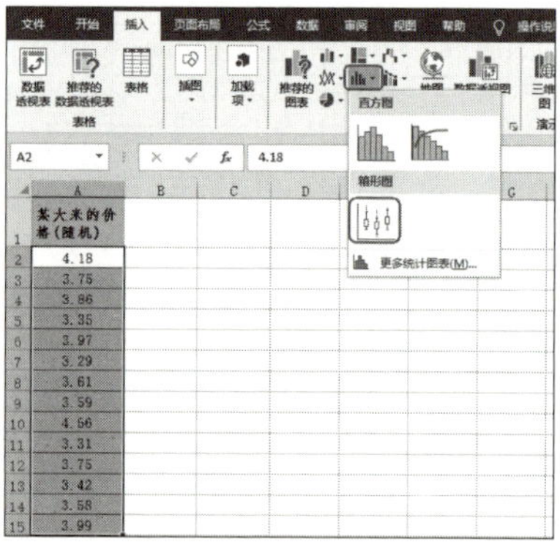

图 6-53

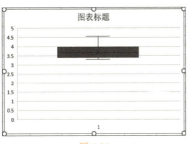

图 6-54

❸ 在垂直轴的刻度上双击鼠标，打开"设置坐标轴格式"右侧窗格，重新更改最小值为"3"（如图 6-55 所示），设置后图表效果如图 6-56 所示。

图 6-55

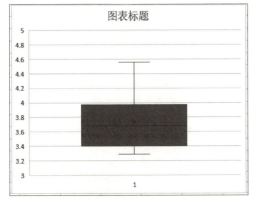

图 6-56

专家提醒

本例的数据跨度不大，如果不更改最小值，则图表会紧缩在一起，视觉效果不好，也不便于对数据的查看。

❹ 接着再在图表的箱上单击鼠标右键，在打开的右键菜单中执行"添加数据标签"→"添加数据标签"命令（如图 6-57 所示），可以看到图表中已添加了各个统计量，如图 6-58 所示。

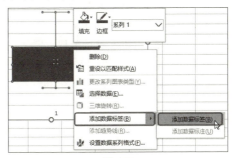

图 6-57

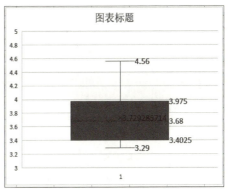

图 6-58

❺ 为图表重新输入标题，删除水平轴与垂直轴，并对图表中文字格式进行设置。图表最终效果如图 6-59 所示。图表上显示的数字依次是最大值、75% 处值、中位数、25% 处值、最小值，由图表上的统计量及图形效果可以判断这组数据的峰值和偏度都较大。

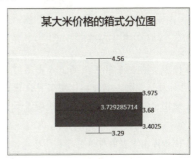

图 6-59

6.4.2 比较多组数据的分布状态

利用箱形图还可以进行多组数据的分布状态比较，建立图表后再比较数据组，则会让视觉效果更加直观。沿用上面的例子，现给出了某大米在两个地区销售价格的数据，建立箱形图对这两组数据的分布状态进行比较。

❶ 选中 A2:B16 单元格区域，单击"插入"选项卡，在"图表"选项组中单击"插入统计图表"下拉按钮，在其下拉菜单中选择"箱形图"子图表类型。执行插入图表命令后，图表如图 6-60 所示。

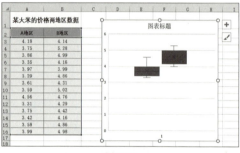

图 6-60

❷ 在垂直轴的刻度上双击鼠标，打开"设置坐标轴格式"右侧窗格，重新更改最小值为"3"（如图 6-61 所示），设置后图表效果如图 6-62 所示。

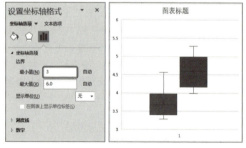

图 6-61　　　　　图 6-62

❸ 接着再在垂直轴的刻度上双击鼠标，打开"设置坐标轴格式"右侧窗格，重新更改最大值为"5.5"（如图 6-63 所示），设置后图表效果如图 6-64 所示。

❹ 接着再在图表的箱体上单击鼠标右键，在打开的右键菜单中执行"添加数据标签"→"添加数据标签"命令（如图 6-65 所示），图表中已添加了各个统计量。

图 6-63

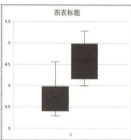

图 6-64

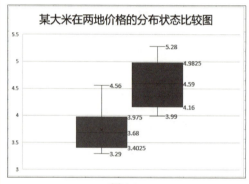

图 6-65

❺ 为了能更明确地知道图表中两个箱形各代表哪个地区，则可以在图表中添加文本框和线条指引，以让图表的表达效果更加直观，如图 6-66 所示。从图表中可以直观地看到 B 地区的数据明显高于 A 地区，并且数据的偏度系数也小很多。

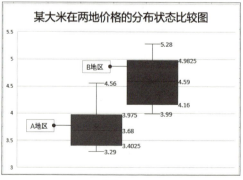

图 6-66

6.5 Excel数据分析工具进行描述统计分析

在 Excel 2019 中，可以使用数据分析工具进行描述统计分析。例如，针对如图 6-67 所示的两地区某大米价格的统计数据，使用数据分析工具进行分析的操作步骤如下。

	A	B
1	某大米在两地区的价格数据	
2	A地区	B地区
3	4.18	4.14
4	3.75	5.28
5	3.86	4.99
6	3.35	4.16
7	3.97	3.99
8	3.29	4.86
9	3.61	4.31
10	3.59	5.02
11	4.56	4.76
12	3.31	4.29
13	3.75	4.42
14	3.42	4.16
15	3.58	4.86
16	3.99	4.98

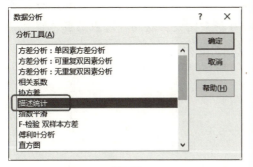

图 6-67

❶ 在“数据”选项卡的“分析”组中单击“分析工具”选项，打开“数据分析”对话框。在“分析工具”列表框中选择“描述统计”工具，如图 6-68 所示。

图 6-68

❷ 单击“确定”按钮，打开“描述统计”对话框，设置“输入区域”为“$A$2:$B$16”，设置“输出区域”为“$D$2”，选中“标志位于第一行”，选中“汇总统计”“平均数置信度”“第 K 大值”和“第 K 小值”复选框，如图 6-69 所示。

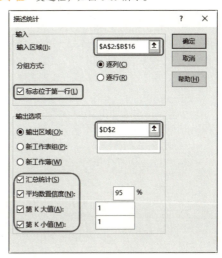

图 6-69

❸ 单击“确定”按钮，返回到工作表中，即可得到描述统计计算结果，如图 6-70 所示。

	A	B	C	D	E	F	G
1	某大米在两地区的价格数据						
2	A地区	B地区		A地区		B地区	
3	4.18	4.14					
4	3.75	5.28		平均	3.729286	平均	4.587143
5	3.86	4.99		标准误差	0.096684	标准误差	0.11186
6	3.35	4.16		中位数	3.68	中位数	4.59
7	3.97	3.99		众数	3.75	众数	4.16
8	3.29	4.86		标准差	0.361758	标准差	0.41854
9	3.61	4.31		方差	0.130869	方差	0.175176
10	3.59	5.02		峰度	0.623729	峰度	-1.54435
11	4.56	4.76		偏度	0.849972	偏度	0.091961
12	3.31	4.29		区域	1.27	区域	1.29
13	3.75	4.42		最小值	3.29	最小值	3.99
14	3.42	4.16		最大值	4.56	最大值	5.28
15	3.58	4.86		求和	52.21	求和	64.22
16	3.99	4.98		观测数	14	观测数	14
17				最大(1)	4.56	最大(1)	5.28
18				最小(1)	3.29	最小(1)	3.99
19				置信度(95	0.208873	置信度(95	0.241658

图 6-70

从统计结果可以看到，一次性得到了多项统计量的值。可见高级分析工具的功能是非常实用和强大的。

第7章 方差分析

方差是返回评估测值变动大小的测度之一。方差分析是一种假设检验方法，通过对总体变异进行分析，看总变异是由哪些部分组成的，这些部分间的关系如何，因此方差分析也被称为变异数分析。

通俗地说，一个复杂的事物，其中往往有许多因素互相制约，又互相依存，方差分析就是对引起方差变化的各个因素进行分析和比较，从而检验出形成各样本差异的主要原因，并与规定理论F值相比较，以判定它们之间的差异是否显著。

- ☑ 方差计算函数
- ☑ 单因素方差分析
- ☑ 双因素方差分析
- ☑ 协方差计算

7.1 Excel中的方差计算函数

为了描述一组数据的波动性（集中还是分散），在统计学中引入了方差、标准差的概念。方差和标准差是测度数据变异程度最重要、最常用的指标，方差是各个数据与其算术平均数的离差平方和的平均数，通常用 σ^2 表示，方差值越小表示数据越稳定。由于方差的计量单位和量纲不便于从经济意义上进行解释，所以实际统计工作中多用方差的算术平方根——标准差来测度统计数据的差异程度。标准差又称均方差，一般用 σ 表示。另外，标准差和方差一般是用来描述一维数据的，当遇到含有多维数据的数据集时，在概率论和统计学中使用协方差衡量两个变量的总体误差。

在 Excel 中提供了一些方差统计函数，VAR.S 用于计算样本方差，VAR.P 用于计算样本总体方差，STDEV.S 用于计算样本标准差，STDEV.P 用于计算样本总体标准差，COVARIANCE.S 用于计算样本协方差，COVARIANCE.P 用于计算总体协方差。

7.1.1 VAR.S 估算方差

【函数功能】VAR.S 函数用于估算基于样本的方差（忽略样本中的逻辑值和文本）。计算出的方差值越小，表示数据间的差别越小，数据越稳定。

【函数语法】VAR.S(number1,[number2],...)
- number1：对应于样本总体的第一个数值参数；
- number2,...：可选项，对应于样本总体的第 2~254 个数值参数。

例如，要考察一台机器的生产能力，利用抽样程序来检验生产出来的产品质量，假设提取 14 个产品对其直径进行测量。根据行业通用法则：如果一个样本中的 14 个数据项的方差大于 0.005，则该机器必须关闭待修。

选中 D2 单元格，在编辑栏中输入公式：
=VAR.S(B2:B15)

按 Enter 键，即可计算出方差为"0.00390549"，如图 7-1 所示。此值小于 0.005，则此机器工作正常。

图 7-1

知识扩展

如果样本中包含有文本值，应使用 VARA 函数来估算给定样本的方差。它与 VAR.S 函数的区别在于文本和逻辑值（TRUE 和 FALSE）也将参与计算。

例如，要考察一台机器的生产能力，利用抽样程序来检验生产出来的产品质量，假设提取的 14 个值中有"机器检测"情况，要求使用此数据估算产品质量的方差，计算公式如图 7-2 所示。

图 7-2

7.1.2 VAR.P 以样本值估算总体方差

假设总体数量是 100，样本数量是 20，当要计算 20 个样本的方差时使用 VAR.S 函数。但如果要根据 20 个样本值估算总体 100 的方差，则使用 VAR.P 函数。

【函数功能】VAR.P 函数用于计算基于样本总体的方差（忽略逻辑值和文本）。

【函数语法】VAR.P(number1,[number2],...])

- number1：对应于样本总体的第一个数值参数；
- number2, …：可选项，对应于样本总体的第 2～254 个数值参数。

例如，要考察一台机器的生产能力，利用抽样程序来检验生产出来的产品质量，假设提取 14 个产品对其直径进行测量，下面通过这个样本数据估计总体方差。

选中 D2 单元格，在编辑栏中输入公式：

=VAR.P(B2:B15)

按 Enter 键，即可计算出基于样本总体的方差为“0.00362653”，如图 7-3 所示。

D2 =VAR.P(B2:B15)

	A	B	C	D	E
1	序号	零件直径		方差	
2	1	3.51		0.00362653	
3	2	3.44			
4	3	3.38			
5	4	3.45			
6	5	3.47			
7	6	3.45			
8	7	3.48			
9	8	3.49			
10	9	3.55			
11	10	3.45			
12	11	3.32			
13	12	3.51			
14	13	3.55			
15	14	3.51			

图 7-3

7.1.3 STDEV.S 估算标准偏差

标准差又称为均方差，标准差反映的是数值相对于平均值的离散程度。标准差与均值的量纲（单位）是一致的，在描述一个波动范围时标准差更方便。比如一个班的男生的平均身高是 170cm，标准差是 10cm，可以简便描述为本班男生的身高分布在 170 ± 10 cm 范围之内。

【函数功能】STDEV.S 函数用于计算基于样本估算标准偏差（忽略样本中的逻辑值和文本）。

【函数语法】STDEV.S(number1,[number2],...])

- number1：对应于总体样本的第一个数值参数，也可以用单一数组或对某个数组的引用来代替用逗号分隔的参数；
- number2, ...：可选项，对应于总体样本的第 2～254 个数值参数。也可以用单一数组或对某个数组的引用来代替用逗号分隔的参数。

例如，要考察一批入伍军人的身高情况，抽样抽取 14 个人的身高数据，要求基于此样本估算标准偏差。

❶ 选中 B2 单元格，在编辑栏中输入公式：

=AVERAGE(A2:A15)

按 Enter 键，即可计算出身高平均值，如图 7-4 所示。

❷ 选中 C2 单元格，在编辑栏中输入公式：

=STDEV.S(A2:A15)

按 Enter 键，即可基于此样本估算出标准偏差，如图 7-5 所示。因此在此样本中，入伍军人的身高分布在 1.7621 ± 0.0539 m 之间。

B2 =AVERAGE(A2:A15)

	A	B	C	D
1	身高数据	平均身高	标准偏差	
2	1.72	1.762142857		
3	1.82			
4	1.78			
5	1.76			
6	1.74			
7	1.72			
8	1.70			
9	1.80			
10	1.69			
11	1.82			
12	1.85			
13	1.69			
14	1.76			
15	1.82			

图 7-4

C2 | =STDEV.S(A2:A15)

	A	B	C
1	身高数据	平均身高	标准偏差
2	1.72	1.762142857	0.05394849
3	1.82		
4	1.78		
5	1.76		
6	1.74		
7	1.72		
8	1.70		
9	1.80		
10	1.69		
11	1.82		
12	1.85		
13	1.69		
14	1.76		
15	1.82		

图 7-5

知识扩展

如果样本中包含有文本值，应使用 STDEVA 函数计算基于给定样本的标准偏差。它与 STDEV 函数的区别是文本值和逻辑值也将参与计算。

例如，要考察一批入伍军人的身高情况，抽样抽取 14 个人的身高数据（其中包含一项“无效检测”），要求基于此样本估算标准偏差，计算公式如图 7-6 所示。

B2 | =STDEVA(A2:A15)

	A	B	C	D
1	身高数据	标准偏差		
2	1.72	0.474738216		
3	1.82			
4	1.78			
5	1.76			
6	1.74			
7	无效测量			
8	1.70			
9	1.80			
10	1.69			
11	1.82			
12	1.85			
13	1.69			
14	1.76			
15	1.82			

图 7-6

7.1.4 STDEV.P 以样本值估算总体标准偏差

假设总体数量是 100，样本数量是 20，当要计算 20 个样本的标准偏差时使用 STDEV.S 函数。但如果要根据 20 个样本值估算总体 100 的标准偏差，则使用 STDEV.P 函数。

【函数功能】 STDEV.P 函数用于计算样本总体的标准偏差（忽略逻辑值和文本）。

【函数语法】 STDEV.P (number1,[number2],...])

- number1：对应于样本总体的第一个数值参数；
- number2, ...：可选项，对应于样本总体的第 2～254 个数值参数。

专家提醒

对于大样本来说，STDEV.S 与 STDEV.P 的计算结果大致相等，但对于小样本来说，二者计算结果差别会很大。

例如，要考察一批入伍军人的身高情况，抽样抽取 14 个人的身高数据，要求基于此样本估算总体的标准偏差。

选中 B2 单元格，在编辑栏中输入公式：

=STDEV.P(A2:A15)

按 Enter 键，即可基于此样本估算出总体的标准偏差，如图 7-7 所示。

B2 | =STDEV.P(A2:A15)

	A	B	C	D
1	身高数据	标准偏差		
2	1.72	0.051986066		
3	1.82			
4	1.78			
5	1.76			
6	1.74			
7	1.72			
8	1.70			
9	1.80			
10	1.69			
11	1.82			
12	1.85			
13	1.69			
14	1.76			
15	1.82			

图 7-7

7.2 方差高级分析工具

方差分析又称"变异数分析"或"F检验",它用于对两个及两个以上样本均数差别的显著性检验。例如,医学界研究几种药物对某种疾病的疗效,农业研究土壤、肥料、日照时间等因素对某种农作物产量的影响以及不同化学药剂对作物害虫的杀虫效果等,都可以使用方差分析方法去解决。

如果使用公式进行变异数分析,则需要进行众多统计量的核算,如组内方差、组间方差、F统计量、F值对应的概率等。利用统计学中的相关公式是可以完成核算的,但是在Excel软件中,"分析工具库"中提供了三种工具,可用来分析方差,操作起来极为便利。下面我们来学习一些应用范例。

7.2.1 单因素方差分析范例

单因素方差分析用来研究控制变量的不同水平是否可对观测变量产生显著影响。这里由于仅研究单个因素对观测变量的影响,因此称为单因素方差分析。单因素方差分析是两个样本平均数比较的引申,它是用来检验多个平均数之间的差异,从而确定因素对试验结果有无显著性影响的一种统计方法。

方差分析的步骤如下。

第一步:提出假设。

H_0: $\mu_1 = \mu_2 = ... = \mu_k$,表示自变量对因变量没有显著影响。

H_1: μ_1, μ_2, ..., μ_k不全相等,自变量对因变量有显著影响。

第二步:计算有关均值(使用方差高级分析工具可一次性计算得出)。

第三步:计算误差平方和(使用方差高级分析工具可一次性计算得出)。

第四步:计算统计量(使用方差高级分析工具可一次性计算得出)。

第五步:估出决策。

例1:分析学历层次对考评结果的影响。

某企业对员工进行综合考评后,需要分析员工学历层次对综合考评结果的影响。此时可以使用"方差分析:单因素方差分析"工具来进行分析。

❶ 如图7-8所示是学历与综合考评能力的评分记录表。

❷ 在"数据"选项卡的"排序和筛选"组中单击"筛选"按钮添加自动筛选,单击"学历"字段右侧的下拉按钮,选中"大学"复选框,如图7-9所示。

图7-8   图7-9

❸ 单击"确定"按钮筛选出数据,如图7-10所示。

图7-10

❹ 选中C列中筛选得到的数据,复制到表格的另一区域或新工作表中,如图7-11所示。

❺ 按相同的方法筛选"大专"与"研究生"两个学历各自对应的综合考评能力分值,并筛选形成如图7-12所示的数据列表。

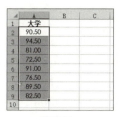

图 7-11　　　　　图 7-12

❻ 在"数据"选项卡的"分析"组中单击"数据分析"功能按钮，打开"数据分析"对话框。选中"方差分析：单因素方差分析"，如图 7-13 所示。

图 7-13

❼ 单击"确定"按钮，打开"方差分析：单因素方差分析"对话框。分别设置"输入区域"和"输出区域"的参数并且选中"标志位于第一行"复选框，如图 7-14 所示。

图 7-14

❽ 单击"确定"按钮，即可得到方差分析结果，效果如图 7-15 所示。从结果中可以看出"P"值为 0.034692，小于 0.05，则拒绝原假设，表示学历层次对综合考评能力有影响。

结论：计算出统计量 F 的值后，根据给定的显著性水平 α，在方差分析表中查找 F 值对应的 P 值。若 $P<F_\alpha$，则拒绝原假设（H_0）；若 $P>F_\alpha$，则接受原假设（H_0）。其判断的过程是

这样的，先假设 H_0 成立，再通过样本实际算出一个统计值。如果发现这个值所代表的 P 值很小，则说明在 H_0 成立的情况下，这个值出现的机会很小。这时就认为 H_0 不对，拒绝 H_0，也就是接受 H_1。

图 7-15

知识扩展

- SS：离差平方和。
- df：自由度（组内为 $k-1$；组间为 $n-k$）。
- MS：均方。
- F：检验统计量，它用于计算 P 值，通常不需要单独对其进行分析。它的计算公式为：组间均方／组内均方。
- P-value：F 概率分布的值。
- F crit：F 临界值。

例2：分析几种不同满意度间是否存在显著差异。

表格中统计的是某线上天猫店关于"服务满意度""发货速度满意度"和"价格满意度"的几组调查数据（如图 7-16 所示）。现在想分析"服务满意度""发货速度满意度"和"价格满意度"之间是否存在显著性的差异。

	B	C	D	E	F
服务满意度	3.95	4.12	4.15	3.94	4.08
发货速度满意度	4.22	4.11	3.99	4.36	4.31
价格满意度	4.15	4.12	3.92	3.78	4.08

图 7-16

❶ 在"数据"选项卡的"分析"组中单击"数据分析"功能按钮，打开"数据分析"对话框。选中"方差分析：单因素方差分析"，如图 7-17 所示。

图 7-17

❷ 单击"确定"按钮，打开"方差分析：单因素方差分析"对话框。分别设置"输入区域"和"输出区域"的参数，并且选中"行"单选按钮，选中"标志位于第一行"复选框，如图 7-18 所示。

图 7-18

❸ 单击"确定"按钮，即可得到方差分析结果，效果如图 7-19 所示。从结果中可以看出"P"值为 0.113，大于 0.05，则同意原假设，说明"服务满意度""发货速度满意度"和"价格满意度"之间不存在显著性的差异。注意："没有显著差异"并不表示"没有差异"。

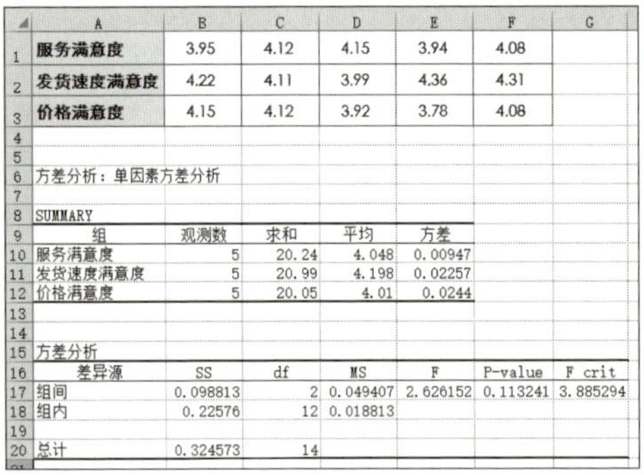

图 7-19

知识扩展

"平均值 ± 标准差"用于在数据方差分析后进一步了解差异情况。平均值呈现数据总体得分情况，标准差呈现数据波动情况，因此可代表数据总体特征。本例中可以通过计算判断几种满意度中哪种波动最大。

❶ 选中 F10 单元格，在编辑栏中输入公式为"=SQRT(E10)"，按 Enter 键后向下复制公式到 F12 单元格，计算出不同组别样本的标准差，如图 7-20 所示。

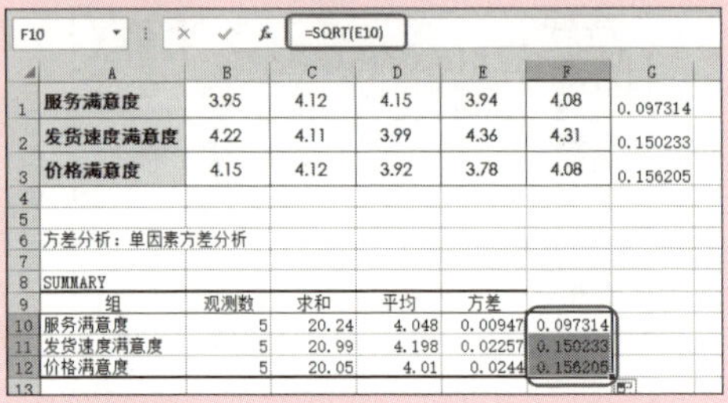

图 7-20

❷ 选中 G10 单元格，在编辑栏中输入公式为"=D10+F10"，按 Enter 键后向下复制公式到 G12 单元格，计算出不同组别样本的具体差异，如图 7-21 所示。

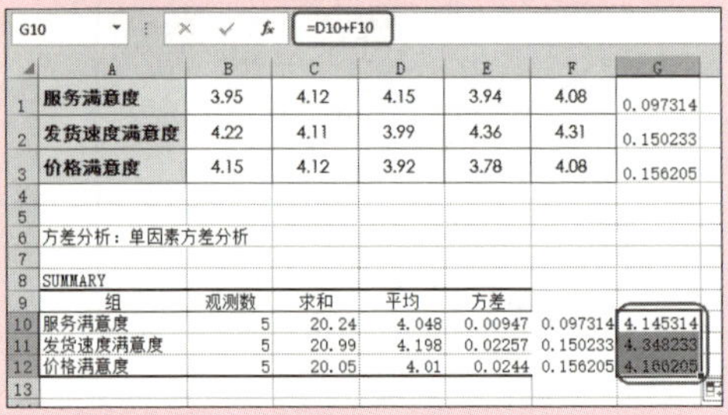

图 7-21

7.2.2 可重复双因素方差分析范例

双因素方差分析用于分析两个因素（即行因素和列因素）对试验结果的影响。当两个因素对试验结果的影响是相互独立的，且可以分别判断出行因素和列因素对试验数据的影响时，可使用双因素方差分析中的无重复双因素分析，即无交互作用的双因素方差分析方法。当这两个因素不仅会对试验数据单独产生影响，还会因二者搭配而对结果产生新的影响时，便可使用可重复双因素分析，即有交互作用的双因素方差分析方法。下面介绍一个可重复双因素分析的实例。

例如，某企业用两种机器生产 3 种不同样式的产品，想了解两台不同型号的机器（因素 1）生产不同样式（因素 2）产品的生产量情况。分别用两台机器去生产 3 种样式的产品，然后各提取 5 天的生产量数据，组成 15 个水平处理组合，如图 7-22 所示。要求分析不同样式、不同机器对生产量的影响。

	A	B	C	D
1		样式1	样式2	样式3
2	机器A	50	47	52
3		45	45	44
4		52	48	50
5		48	50	45
6		49	52	44
7	机器B	51	48	57
8		54	40	58
9		55	49	54
10		53	47	50
11		50	42	51

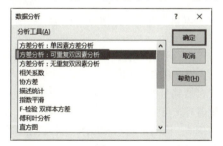

图 7-22

❶ 在“数据”选项卡的“分析”组中单击“数据分析”功能按钮，打开“数据分析”对话框。选中“方差分析：可重复双因素分析”，如图 7-23 所示。

图 7-23

❷ 单击“确定”按钮，打开“方差分析：可重复双因素分析”对话框。分别设置“输入区域”等各项参数，如图 7-24 所示。

❸ 单击“确定”按钮，返回到工作表中，即可得出输出结果，如图 7-25 所示。

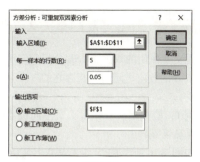

图 7-24

F	G	H	I	J	K	L
方差分析：可重复双因素分析						
SUMMARY	样式1	样式2	样式3	总计		
机器A						
观测数	5	5	5	15		
求和	244	242	235	721		
平均	48.8	48.4	47	48.06667		
方差	6.7	7.3	14	8.638095		
机器B						
观测数	5	5	5	15		
求和	263	226	270	759		
平均	52.6	45.2	54	50.6		
方差	4.3	15.7	12.5	25.25714		
总计						
观测数	10	10	10			
求和	507	468	505			
平均	50.7	46.8	50.5			
方差	8.9	13.06667	25.38889			
方差分析						
差异源	SS	df	MS	F	P-value	F crit
样本	48.13333	1	48.13333	4.773554	0.038898	4.259677
列	96.46667	2	48.23333	4.783471	0.017848	3.402826
交互	136.0667	2	68.03333	6.747107	0.004731	3.402826
内部	242	24	10.08333			
总计	522.6667	29				

图 7-25

在第一部分的 SUMMARY 中，可看到两台机器对应各样式的样本观测数、求和、样本平均数、样本方差等数据。

在第二部分的“方差分析”中可看到，分析结果不但有样本行因素（因素 2）和列因素（因素 1）的 F 统计量和 F 临界值，也有交互作用的 F 统计量和 F 临界值。对比 3 项 F 统计量和各自的 F 临界值，样本、列、交互的 F 统计量都大于 F 临界值，说明机器、样式都对生产量有显著的影响。此外，结果中 3 个 P-value 值都小于 0.05，也说明了机器和样式及二者之间的交互作用对生产量都有显著影响。所以，该公司在制定后续的生产决策时应考虑这些因素，使得产量最大化。

7.2.3 无重复双因素方差分析范例

无交互作用的双因素方差分析假定因素 A 和因素 B 的效应之间是相互独立的,不存在相互关系。

例1:检测工人操作水平及不同机器对产量有无显著影响。

如图 7-26 所示的统计表是 4 名工人操作 3 台机器各一天的产量数据,现在想判断不同工人操作同一机器是否对产量有显著影响,或判断同一工人操作不同机器是否对产量有显著影响,可以使用"方差分析:无重复双因素分析"工具来进行分析。

	A	B	C	D	E
1		工人1	工人2	工人3	工人4
2	机器A	50	47	52	55
3	机器B	45	35	44	51
4	机器C	52	48	50	50

图 7-26

❶ 单击"数据"选项卡,在"分析"选项组单击"数据分析"按钮,打开"数据分析"对话框。在列表框中单击"方差分析:无重复双因素分析",单击"确定"按钮,如图 7-27 所示。

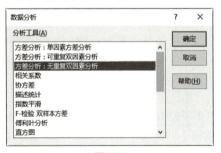

图 7-27

❷ 打开"方差分析:无重复双因素分析"对话框,设置"输入区域"为 A1:E4,选中"标志"复选框,在"α"后的文本框中输入"0.05",设置"输出区域"为 $A$6,如图 7-28 所示。

❸ 单击"确定"按钮,返回到工作表中,即可得出输出结果,输出结果包含"SUMMARY"和"方差"分析两大部分,如图 7-29 所示。

图 7-28

	A	B	C	D	E	F	G
6	方差分析:无重复双因素分析						
7							
8	SUMMARY	观测数	求和	平均	方差		
9	机器A	4	204	51	11.333333		
10	机器B	4	175	43.75	43.583333		
11	机器C	4	200	50	2.6666667		
12							
13	工人1	3	147	49	13		
14	工人2	3	130	43.33333	52.333333		
15	工人3	3	146	48.66667	17.333333		
16	工人4	3	156	52	7		
17							
18							
19	方差分析						
20	差异源	SS	df	MS	F	P-value	F crit
21	行	123.5	2	61.75	6.6358209	0.030178	5.143253
22	列	116.9167	3	38.97222	4.1880597	0.064229	4.757063
23	误差	55.83333	6	9.305556			
24							
25	总计	296.25	11				

图 7-29

"SUMMARY"部分给出样本的一些信息,而"方差分析"部分则以方差分析表的形式给出方差分析的结果、F 统计量的值、P 值和 F 检验的临界值。

工人编号的 P 值:0.030178<0.05,说明不同工人对产量有一定影响。

机器编号的 P 值:0.064229>0.05,说明不同机器对产量无显著影响。

例2:检测不同检测员水平及不同酒罐中酒精含量有无差异。

某企业抽取 3 名检测员进行葡萄酒酒精浓度检验,每位检测员从 10 个酒罐取酒检测,得出的数据如图 7-30 所示。现在要求分析 3 名检测员的检测技术有无差异,以及每个酒罐中的酒精浓度有无差异。

	A	B	C	D	E	F	G	H	I	J	K
1		酒罐1	酒罐2	酒罐3	酒罐4	酒罐5	酒罐6	酒罐7	酒罐8	酒罐9	酒罐10
2	检测员1	10.21	11.2	8.58	9.21	9.58	9.12	10.25	9.68	9.25	11.2
3	检测员2	10.98	10.88	8.98	8.92	9.99	9.34	10.11	9.74	9.02	10.68
4	检测员3	10.12	10.12	8.25	9.65	10.25	9.99	10.54	9.17	8.21	10.87
5											

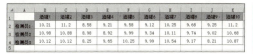

图 7-30

❶ 单击“数据”选项卡，在“分析”选项组单击“数据分析”按钮，打开“数据分析”对话框。在列表框中单击“方差分析：无重复双因素分析”，单击“确定”按钮，如图 7-31 所示。

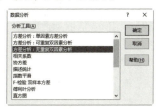

图 7-31

❷ 打开“方差分析：无重复双因素分析”对话框，设置“输入区域”为 $A$1:$K$4，选中“标志”复选框，在“α”后文本框中输入“0.05”，设置“输出区域”为 $A$7，如图 7-32 所示。

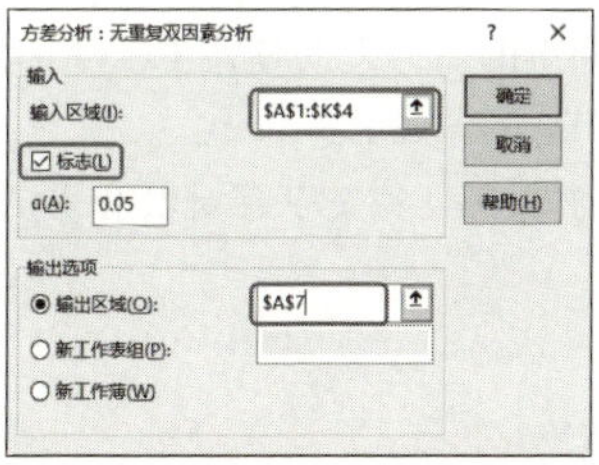

图 7-32

❸ 单击“确定”按钮，返回到工作表中，即可得出输出结果，输出结果包含“SUMMARY”和“方差”分析两大部分，如图 7-33 所示。

6							
7	方差分析：无重复双因素分析						
8							
9	SUMMARY	观测数	求和	平均	方差		
10	检测员1	10	98.28	9.828	0.771884		
11	检测员2	10	98.64	9.864	0.63276		
12	检测员3	10	97.17	9.717	0.824112		
13							
14	酒罐1	3	31.31	10.43667	0.223433		
15	酒罐2	3	32.2	10.73333	0.307733		
16	酒罐3	3	25.81	8.603333	0.133633		
17	酒罐4	3	27.78	9.26	0.1351		
18	酒罐5	3	29.82	9.94	0.1141		
19	酒罐6	3	28.45	9.483333	0.204633		
20	酒罐7	3	30.9	10.3	0.0481		
21	酒罐8	3	28.59	9.53	0.0981		
22	酒罐9	3	26.48	8.826667	0.298433		
23	酒罐10	3	32.75	10.91667	0.069233		
24							
25							
26	方差分析						
27	差异源	SS	df	MS	F	P-value	F crit
28	行	0.11742	2	0.05871	0.335744	0.719188	3.554557
29	列	16.91123	9	1.879026	10.74554	1.37E-05	2.456281
30	误差	3.14758	18	0.174866			
31							
32	总计	20.17623	29				

图 7-33

“SUMMARY”部分给出样本的一些信息，而“方差分析”部分则以方差分析表的形式给出方差分析的结果、F 统计量的值、P 值和 F 检验的临界值。

检测员的 P 值：0.719187819565072>0.05，说明 3 个检测员的检验技术没有显著差异。

酒罐的 P 值：1.37E-05<0.05，说明 10 个不同酒罐内葡萄酒的酒精浓度存在极显著的差异。

7.3 协方差计算

当遇到含有多维数据的数据集时，就需要引入协方差的概念，如判断施肥量与亩产的相关性，判断甲状腺与碘食用量的相关性等。在概率论和统计学中，协方差用于衡量两个变量的总体误差。如果结果为正值，则说明两者是正相关的；结果为负值，说明是负相关的；如果为 0，则就是统计上说的“相互独立”。可以通俗的理解为：协方差用于判断两个变量在变化过程中是同方向变化，还是反方向变化，以及同向或反向程度如何。

在 Excel 中有专门的协方差计算函数，也有协方差高级分析工具，利用它们很好地解决计算过于烦琐的问题。

7.3.1 COVARIANCE.S 计算协方差分析相关性

【函数功能】用于计算样本协方差，即两个数据集中每对数据点的偏差乘积的平均值。
【函数语法】COVARIANCE.S(array1,array2)
- array1：表示第一个所含数据为整数的单元格区域；
- array2：表示第二个所含数据为整数的单元格区域。

例如，以16个调查地点的地方性甲状腺肿患病量与其食品、水中含碘量的调查数据为依据，现在通过计算协方差可判断甲状腺肿与含碘量是否存在显著关系。

选中 E2 单元格，在编辑栏中输入公式：
=COVARIANCE.S(B2:B17,C2:C17)

按 Enter 键，即可返回协方差为"89.738"，如图 7-34 所示。通过计算结果可以得出结论为：甲状腺肿患病量与碘食用量有正相关，即含碘量越高，甲状腺肿患病量越高。

图 7-34

7.3.2 COVARIANCE.P 以样本值估算总体的协方差

假设总体数量是100，样本数量是20，当要计算20个样本的协方差时使用 COVARIANCE.S，但如果要根据20个样本值估算总体100的协方差则使用 COVARIANCE.P。

【函数功能】COVARIANCE.P 函数用于计算总体协方差，即两个数据集中每对数据点的偏差乘积的平均数。
【函数语法】COVARIANCE.P(array1,array2)
　　array1：表示第一个所含数据为整数的单元格区域；
　　array2：表示第二个所含数据为整数的单元格区域。

例如，以16个调查地点的地方性甲状腺肿患病量与其食品、水中含碘量的调查数据为依据，要求基于此样本估算总体的协方差。

选中 E2 单元格，在编辑栏中输入公式：
=COVARIANCE.P(B2:B17,C2:C17)

按 Enter 键，即可返回总体协方差为"84.1294"，如图 7-35 所示。

图 7-35

7.3.3 运用协方差分析工具分析两个变量的相关性

Excel 中具有协方差分析工具，利用此工具可以快速进行两个变量相关性的分析判断。例如，现对22位教师的工资额、教师级别及实行新政改革的年数进行调查统计，通过计算协方差可判断教师的工资额与教师级别是否存在显著关系，以及教师的工资额与新政改革是否存在显著关系。

❶ 如图 7-36 所示为统计表格。打开“数据分析”对话框，然后选择“协方差”（如图 7-37 所示），单击“确定”按钮，打开“协方差”对话框。

	A	B	C	D
1	序号	现工资额	教师级别	新政改革(年数)
2	1	4500	5	1
3	2	4500	3	1
4	3	3600	3	2
5	4	3100	5	2
6	5	4300	5	1
7	6	5200	4	2
8	7	3800	2	2
9	8	3700	1	1
10	9	3200	1	1
11	10	4300	3	1
12	11	3600	4	2
13	12	4200	5	2
14	13	4000	5	2
15	14	3600	1	1
16	15	4200	4	1
17	16	3800	2	2
18	17	3200	1	2
19	18	4100	3	2
20	19	3400	1	1
21	20	3100	1	1
22	21	3200	2	2
23	22	4500	4	2

图 7-36

图 7-37

❷ 设置各项参数，如图 7-38 所示。

图 7-38

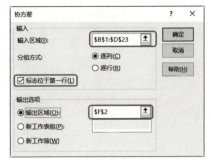

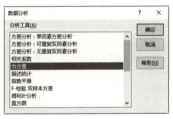

❸ 设置后单击“确定”按钮，返回工作表中，即可看到数据分析结果，输出表为“现工资额”“教师级别”“新政改革（年数）”三个变量的协方差矩阵，如图 7-39 所示。从分析结果中可以看到教师级别与现工资额的协方差值为 471.281，即二者存在正相关的关系；新政改革与现工资额的协方差值为 −5.3719，即二者相关性不大。

F	G	H	I
	现工资额	教师级别	新政改革(年数)
现工资额	301260.3		
教师级别	471.281	2.3161157	
新政改革(年数)	-5.3719	0.20661157	0.247933884

图 7-39

第8章 相关分析

社会经济现象总体中的两个变量往往表现为因素标志和结果标志的相互关系，即自变量和因变量之间的因果关系。相关分析是研究两个或两个以上变量之间相互关系的统计分析方法。

在统计学中，相关分析的主要内容有：

（1）确定现象之间有无关系。这是相关与回归分析的起点。只有存在相互依存关系，才有必要进行进一步的分析。

（2）确定相关关系的表现形式。只有确定了现象之间相互关系的具体表现形式，才能运用相应的相关分析方法去解决。

（3）测定相关关系的密切程度和方向。

- ☑ 了解相关关系
- ☑ 编制相关关系图
- ☑ 计算相关系数
- ☑ 相关系数的检验

8.1 了解相关关系的种类

相关关系按不同的分类标准，有多个不同的种类，在本小节中先进行了解。

（一）按影响因素的多少分类
- 单相关：结果标志只受一个因素标志影响，即只有一个自变量和一个因变量。
- 复相关：结果标志受两个或两个以上因素标志影响，即一个因变量受多个自变量的影响。

（二）按相关关系表现形态分类
- 线性相关：如果两个变量所对应的取值在直角坐标系中近似于一条直线，则可以将这两个变量的关系称为线性相关。
- 非线性相关：如果两个变量所对应的取值在直角坐标系中近似于一条曲线，则可以将这两个变量的关系称为非线性相关。

（三）按变动方向分类
- 正相关：如果相关关系表现为因素标志和结果标志数值在变动方向上保持一致，则称为正相关。
- 负相关：如果相关关系表现为因素标志和结果标志数值在变动方向上相反，则称为负相关。

8.2 编制相关表与相关图

相关关系可以使用相关表、相关图、相关系数来进行分析。其中相关表与相关图是较为简单的分析方式。

8.2.1 编制相关表

通过编制表格可以直观地观察数据的变化规律，是分析简单相关的一种方式。简单相关用来描述两个随机变量（X 和 Y）之间的线性相关程度，两个变量之间无主次之分。

例如，某企业根据生产量来核定产品的单个成本，得到的相关数据表如图 8-1 所示。

	A	B	C	D	E	F	G	H
1	生产数量(万件)	1	5	10	15	30	70	100
2	单个成本(元)	4.5	4.2	3.7	3.6	3.4	2.7	2.2
3								

图 8-1

通过观察上表可以很明显地看到，随着产量的增加，单位成本呈逐渐降低趋势，即产量与单位成本呈现负相关的关系。

8.2.2 典型的相关图——散点图

表达相关性最典型的图表形式是散点图，散点图将两组数据分别绘制于横坐标与纵坐标上，在创建时最好对其中一组数据排序，让其呈上升或下降的趋势。如果另一组数据也呈现了上升或下降的趋势，则表示二者具有相关性，相互影响。散点图有 3 种形式：对应正相关的散点图、对应负相关的散点图和对应无关的散点图。

如图 8-2 所示是一组业绩金额对应的工资金额的数据，现在需要绘制出散点图，并确定二者之间的关系。

❶ 选中 B 列中的任意单元格，在"数据"选项卡的"排序和筛选"组中单击"升序"按钮，将业绩数据排序，如图 8-3 所示。

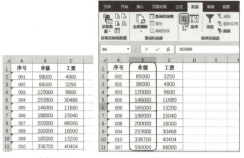

图 8-2　　　图 8-3

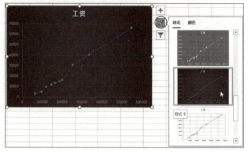

图 8-6

❷ 选中 B1:C11 单元格区域，在"插入"选项卡的"图表"组中单击"插入散点图或气泡图"按钮，在展开的列表中单击"带直线和数据标签的散点图"（如图 8-4 所示），即可创建默认样式的散点图，如图 8-5 所示。

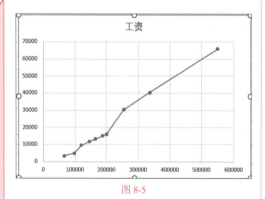

图 8-4

图 8-5

❸ 选中图表，单击右侧的"图表样式"按钮，在子菜单中显示出所有可以套用的样式。鼠标指针指

❹ 在线条上（注意不要在标记点上）双击鼠标打开"设置数据系列格式"右侧窗格。单击"填充与线条"标签按钮，在展开的"线条"栏下，可以重新设置折线图线条的颜色和粗细值，如图 8-7 所示。

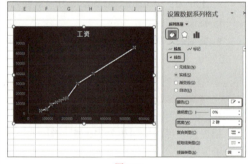

图 8-7

❺ 单击"标记"标签按钮，在展开的"数据标记选项"栏下，选中"内置"单选框，接着在"类型"下拉列表中选择标记样式，并设置大小，如图 8-8 所示。

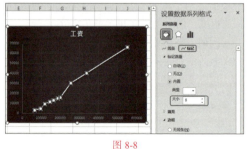

图 8-8

❻ 选中图表，单击右侧的"图表元素"按钮，在子菜单中选中"坐标轴标题"复选框，为图表添加上坐标轴标题框，如图 8-9 所示。

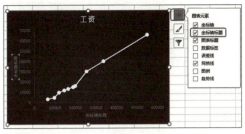

图 8-9

❼ 在水平轴的坐标轴标题框内输入"销售业绩",在垂直轴的坐标轴标题框内输入"工资金额",如图 8-10 所示。最后再为图表输入一个能直接表达出主题的标题文字,可以直观地看到工资金额与销售业绩呈现非常密切的正相关关系,如图 8-11 所示。

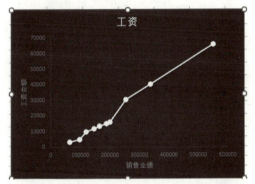

图 8-10

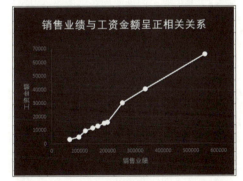

图 8-11

8.2.3 复相关的表达——气泡图

表达相关性还可以使用气泡图。气泡图用

于表达复相关的关系,即多元总体的情形,一个因变量受多个自变量的影响。

例如,如图 8-12 所示的表格为"工作年限""业绩""工资"三组数据,通过建立气泡图可以分析三者之间的关系。

	A	B	C
1	工作年限	业绩	工资
2	1	270000	32400
3	2	426000	51120
4	3	536700	64404
5	4	400000	48000
6	5	453900	54468
7	6	365000	43800
8	7	320000	38400

图 8-12

❶ 选中 A1:C8 单元格区域,在"插入"选项卡的"图表"组中单击"插入散点图或气泡图"按钮,在展开的列表中单击"气泡图"(如图 8-13 所示),即可创建默认样式的气泡图,如图 8-14 所示。

图 8-13

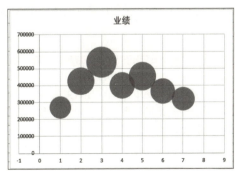

图 8-14

❷ 在水平轴上双击鼠标打开"设置坐标轴格式"右侧窗格。单击"坐标轴选项"标签按钮，重新设置刻度的"最小值"为"0"，"最大值"为"8"，如图 8-15 所示。

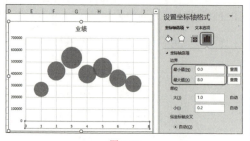

图 8-15

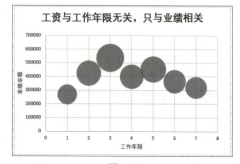

图 8-16

专家提醒

并不是所有的图表都要改变它的刻度，而是当程度默认识别的刻度不满足当前需求，或是希望表达效果更好时，才需要更改刻度。比如，当前图表产生了负数刻度，实际在本图表中是不需要负数的。另外，年份最大值为"7"，因此刻度的最大值使用"8"就足够了。

图 8-17

❸ 选中图表，单击右侧的"图表元素"按钮，在子菜单中选"坐标轴标题"复选框（如图 8-16 所示），为图表添加上坐标轴标题框并输入横纵坐标轴的标题文字。最后再为图表输入一个能直接表达出主题的标题文字，如图 8-17 所示。

从这张图表中可以看到如下信息。

（1）看横轴。随着年份的增加，气泡并没有逐渐变大（气泡大小表示工资金额），或逐渐变小，因此说明工作年限与工资金额不存在相关性。

（2）看纵轴。高度越高，气泡越大，则说明业绩金额与工资金额存在正相关性。

8.3 相关系数

散点图仅给出了两个变量大致的相关关系，无法准确度量出变量相关程度的大小。相关系数是测定变量之间相关密切程度的比较完善的指标，在 Excel 中可以使用公式和函数来求解相关系数。

8.3.1 使用函数计算相关系数

对应的两个变量 x 和 y 的相关关系，可以用两者的相关系数 r 来度量。对应 x 和 y 的简单相关系数为：

$$r = \frac{\sigma_{xy}^2}{\sigma_x \sigma_y}$$

- σ_{xy}^2 为 x 和 y 的协方差。
- σ_x 为 x 的标准差。
- σ_y 为 y 的标准差。

相关系数只适用于线性相关的现象，其性质有如下几点。

- 当 $|r|=1$ 时，则 x 和 y 为完全线性相关。
- 当 $r>0$ 时，表示 x 和 y 为正相关；当

r<0 时，表示 x 和 y 为负相关。

- 当 $|r|$=0 时，则说明两者之间不相关。
- 当 0<$|r|$<1 时，表示 x 和 y 存在一定的线性相关关系。$|r|$<0.3 称为微弱相关；0.3 ≤ $|r|$<0.5 称为低度相关；0.5 ≤ $|r|$<0.8 称为显著相关；0.8 ≤ $|r|$<1 称为高度相关。

1. 使用公式计算 r 值

根据计算公式，要分别计算出数列 x 和数列 y 的标准差，并计算出 x 和 y 的协方差。这些数据在 Excel 中都可以使用函数来计算。标准差使用 STDEVP 函数（这个函数在前面的章节中已经介绍过），计算两个数据集的协方差使用 COVARIANCE.P 函数。

【函数功能】 COVARIANCE.P 函数表示返回总体协方差，即两个数据集中每对数据点的偏差乘积的平均数。

【函数语法】 COVARIANCE.P(array1,array2)

- array1：表示第一个所含数据为整数的单元格区域；
- array2：表示第二个所含数据为整数的单元格区域。

如图 8-18 所示是一组月收入及对应的网购金额调查数据，现在需要确定月收入和对应的网购金额的相关系数，从而判断二者的相关性。

	A	B	C
1	序号	月收入	月网购消费
2	1	2500	1050
3	2	3800	875
4	3	4300	724
5	4	3280	1221
6	5	3950	1170
7	6	7200	500
8	7	3750	1350
9	8	2700	1285
10	9	5800	965
11	10	4320	1700
12	11	4200	1320
13	12	4300	2000
14	13	3900	2050
15	14	5500	1300
16	15	3900	1020

图 8-18

❶ 在表格下方来计算标准差与协方差。选中 B18 单元格，在编辑栏中输入公式：

=STDEVP(B2:B16)

按 Enter 键，计算出第一个数列的标准差，如图 8-19 所示。

B18 =STDEVP(B2:B16)

	A	B	C
1	序号	月收入	月网购消费
2	1	2500	1050
3	2	3800	875
4	3	4300	724
5	4	3280	1221
6	5	3950	1170
7	6	7200	500
8	7	3750	1350
9	8	2700	1285
10	9	5800	965
11	10	4320	1700
12	11	4200	1320
13	12	4300	2000
14	13	3900	2050
15	14	5500	1300
16	15	3900	1020
17			
18	σ	1150.800687	
19	σ^2_{xy}		

图 8-19

❷ 然后向右复制公式，计算出第二个数列的标准差，如图 8-20 所示。

C18 =STDEVP(C2:C16)

	A	B	C
1	序号	月收入	月网购消费
2	1	2500	1050
3	2	3800	875
4	3	4300	724
5	4	3280	1221
6	5	3950	1170
7	6	7200	500
8	7	3750	1350
9	8	2700	1285
10	9	5800	965
11	10	4320	1700
12	11	4200	1320
13	12	4300	2000
14	13	3900	2050
15	14	5500	1300
16	15	3900	1020
17			
18	σ	1150.800687	414.8546198
19	σ^2_{xy}		

图 8-20

❸ 选中 B19 单元格，在编辑栏中输入公式：

=COVARIANCE.P(B2:B16,C2:C16)

按 Enter 键，即可计算出两组数据的协方差，如图 8-21 所示。

B19 =COVARIANCE.P(B2:B16,C2:C16)

	A	B	C	D
1	序号	月收入	月网购消费	
2	1	2500	1050	
3	2	3800	875	
4	3	4300	724	
5	4	3280	1221	
6	5	3950	1170	
7	6	7200	500	
8	7	3750	1350	
9	8	2700	1285	
10	9	5800	965	
11	10	4320	1700	
12	11	4200	1320	
13	12	4300	2000	
14	13	3900	2050	
15	14	5500	1300	
16	15	3900	1020	
17				
18	σ	1150.800687	414.8546198	
19	σ^2_{xy}	-152703.5556		

图 8-21

❹ 选中B22单元格，在编辑栏中输入公式：

=B19/(B18*C18)

按Enter键，即可计算出r的值，如图8-22所示。由计算结果看到，$r<0$，则表示月收入与月网购消费额存在低度的负相关关系。

序号	月收入	月网购消费
1	2500	1050
2	3800	875
3	4300	724
4	3280	1221
5	3950	1170
6	7200	500
7	3750	1350
8	2700	1285
9	5800	965
10	4320	1700
11	4200	1320
12	4300	2000
13	3900	2050
14	5500	1300
15	3900	1020
σ	1150.800687	414.8546198
σ^2_{xy}	-152703.5556	
相关系数r	-0.31985497	

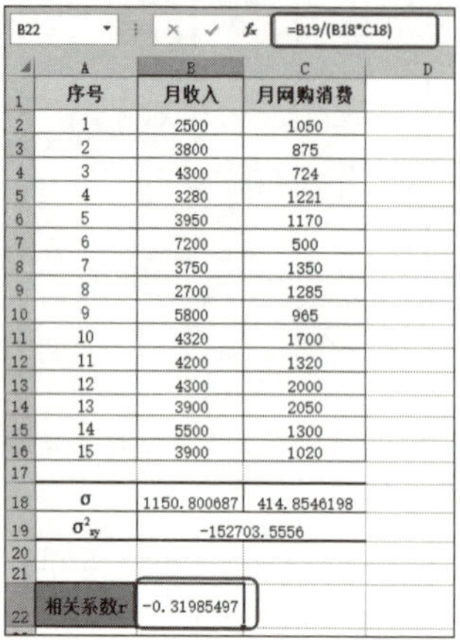

图8-22

2. 使用CORREL函数计算r值

除了使用相关系数计算公式外，在Excel程序中还可以使用CORREL函数来计算两个变量的相关系数。

【函数功能】CORREL函数返回两个不同事物之间的相关系数。使用相关系数可以确定两种属性之间的关系。例如，可以检测某地的平均温度和空调使用情况之间的关系。

【函数语法】CORREL(array1,array2)

- array1：表示第一组数值单元格区域；
- array2：表示第二组数值单元格区域。

仍然沿用上面的例子，选中B18单元格，在编辑栏中输入公式：

=CORREL(B2:B16,C2:C16)

按Enter键，即可计算出r的值，如图8-23所示。由计算结果看到，$r<0$，则表示月收入与月网购消费额存在低度的负相关关系。

序号	月收入	月网购消费
1	2500	1050
2	3800	875
3	4300	724
4	3280	1221
5	3950	1170
6	7200	500
7	3750	1350
8	2700	1285
9	5800	965
10	4320	1700
11	4200	1320
12	4300	2000
13	3900	2050
14	5500	1300
15	3900	1020
相关系数r	-0.31985497	

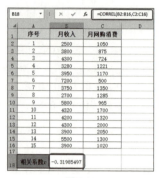

图8-23

8.3.2 使用相关系数分析工具分析

在Excel中提供了多个数据分析的工具，其中就包括“相关系数”工具，使用它也可以非常方便快捷地求解相关系数。

❶ 单击“数据”选项卡，在“分析”选项组中单击“数据分析”按钮，如图8-24所示。

序号	月收入	月网购消费
1	2500	1050
2	3800	875
3	4300	724
4	3280	1221
5	3950	1170
6	7200	500
7	3750	1350
8	2700	1285
9	5800	965
10	4320	1700
11	4200	1320
12	4300	2000
13	3900	2050
14	5500	1300
15	3900	1020

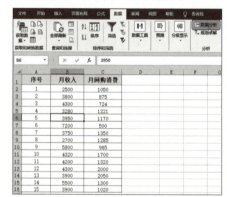

图8-24

❷ 打开“数据分析”对话框，在列表框中选择“相关系数”选项，单击“确定”按钮，如图8-25所示。

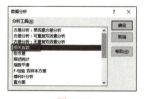

图8-25

❸ 打开"相关系数"对话框，设置各项参数，如图 8-26 所示。

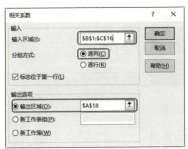

图 8-26

❹ 单击"确定"按钮，返回到工作表中，即可得出输出结果，B20 单元格显示的就是得到的相关系数，如图 8-27 所示。

	A	B	C
1	序号	月收入	月网购消费
2	1	2500	1050
3	2	3800	875
4	3	4300	724
5	4	3280	1221
6	5	3950	1170
7	6	7200	500
8	7	3750	1350
9	8	2700	1285
10	9	5800	965
11	10	4320	1700
12	11	4200	1320
13	12	4300	2000
14	13	3900	2050
15	14	5500	1300
16	15	3900	1020
17			
18		月收入	月网购消费
19	月收入	1	
20	月网购消费	−0.31985497	1

图 8-27

8.4 相关系数的检验

相关系数的显著性检验包括两种情况：一种情况是样本相关系数 r 与总体相关系数 ρ 的比较；另一种情况是通过比较两个样本 r 的差异 $(r_1 - r_2)$，推论各自的总体 ρ_1 和 ρ_2 是否有差异。

8.4.1 小样本相关系数为 0 的检验

对于两个变量 x 和 y 构成的数据总体，一般情况下假定服从正态分布（$\rho=0$），总体的相关系数为 r，如果从总体中随机抽取 N 组数据构成样本，则样本的相关系数为 r，对应的总体相关系数的检验要根据样本相关系数的抽样分布得到。

对于两个变量无关还是有关的假设检验可以分为小样本下的检验和大样本下的检验。小样本可以采用 t 值检验，对应的 t 统计为：

$$t = \frac{r\sqrt{N-2}}{\sqrt{1-r^2}}$$

- 如果 $t > t_{\alpha/2}$，则拒绝 H_0，说明所得到的 r 不是来自 $\rho = 0$ 的总体，或者说 r 是显著的。
- 若 $t < t_{\alpha/2}$，则说明所得到的 r 值具有偶然性，从 r 值还不能断定总体具有相关关系，或者说 r 不显著。

假设销售部希望知道销售部中男女销售员业绩是否存在关系，因此从销售部中随机抽取 16 个（男女各 8 个）员工的销售业绩，如图 8-28 所示，现在需要在 0.1 的显著性水平下判断男女销售业绩是否存在相关性。

	A	B	C
1	销售部男女销售业绩数据		
2	序号	女销售员业绩	男销售员业绩
3	1	12350	11230
4	2	22356	21586
5	3	15632	14563
6	4	16452	25637
7	5	23564	19385
8	6	21052	30365
9	7	10023	8852
10	8	13250	9680

图 8-28

❶ 在表格下方创建数据表格，并设置表格格式，在表格中输入已知参数。选中 B14 单元格，在编辑栏中输入公式：

=CORREL(B3:B10,C3:C10)

按 Enter 键，即可计算出样本相关系数 r，如图 8-29 所示。

❷ 选中 B15 单元格，在编辑栏中输入公式：

=B14*SQRT(B12-2)/(1-B14^2)

按 Enter 键，即可计算出 t 值，如图 8-30 所示。

图 8-29

图 8-32

8.4.2 大样本相关系数为 0 的检验

当样本大于等于 30 时，称之为大样本。在大样本中可以采用标准正态分布进行检验，对应的 z 统计为：

$$z = r\sqrt{N-1}$$

如图 8-33 所示是以 30 个调查地点的地方性甲状腺肿患病率与其食品、水中含碘量的调查数据为依据，现在判断甲状腺肿与含碘量是否存在显著关系。

	A	B	C
1	甲状腺肿与碘的数据		
2	序号	患病率	含碘量
3	1	300	0.05
4	2	310	0.1
5	3	29	20
6	4	285	0.2
7	5	126	0.3
8	6	80	5
9	7	155	2.2
10	8	50	6.2
11	9	220	0.25
12	10	120	2.6
13	11	40	12.5
14	12	210	0.28
15	13	180	0.2
16	14	56	10.3
17	15	145	2.7
18	16	35	18.6
19	17	143	2.75
20	18	225	0.25
21	19	30	19.5
22	20	78	10.5
23	21	85	9.85
24	22	128	2.23
25	23	250	0.26
26	24	230	0.36
27	25	42	3.6
28	26	120	2.05
29	27	135	2.15
30	28	20	22.5
31	29	46	4.4
32	30	88	9.15

图 8-33

图 8-30

❸ 选中 B17 单元格，在编辑栏中输入公式：
=TINV(D12/2,B12-2)

按 Enter 键，即可计算出 $t_{α/2}$ 值，如图 8-31 所示。

图 8-31

❹ 选中 B18 单元格，在编辑栏中输入公式：
=IF(B15< B17),"女销售员业绩与男销售员业绩有关","女销售员业绩与男销售员业绩无关")

按 Enter 键，即可得出结论，如图 8-32 所示。

❶ 在表格下方创建数据表格，并设置表格格式，在表格中输入已知参数。选中 B36 单元格，在编辑栏中输入公式：

=CORREL(B3:B32,C3:C32)

按 Enter 键，即可计算出样本相关系数 r，如图 8-34 所示。

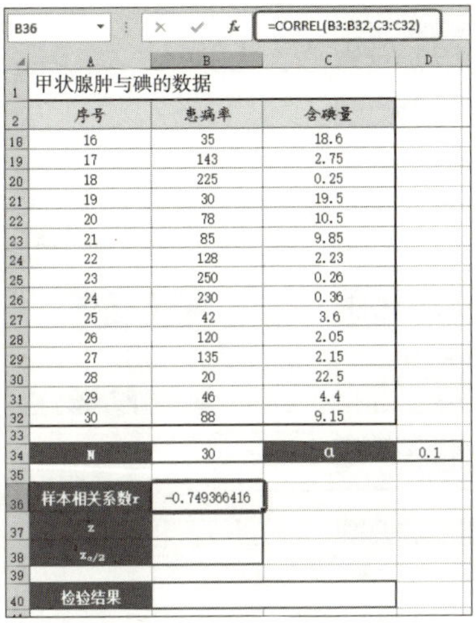

图 8-34

❷ 选中 B37 单元格，在编辑栏中输入公式：
=B36*SQRT(B34-1)

按 Enter 键，即可计算出 z 值，如图 8-35 所示。

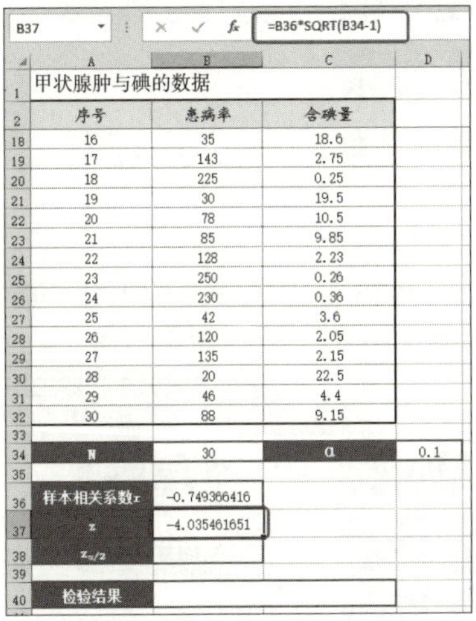

图 8-35

❸ 选中 B38 单元格，在编辑栏中输入公式：
=NORMINV(D34/2,0,1)

按 Enter 键，即可计算出 $Z_{\alpha/2}$ 值，如图 8-36 所示。

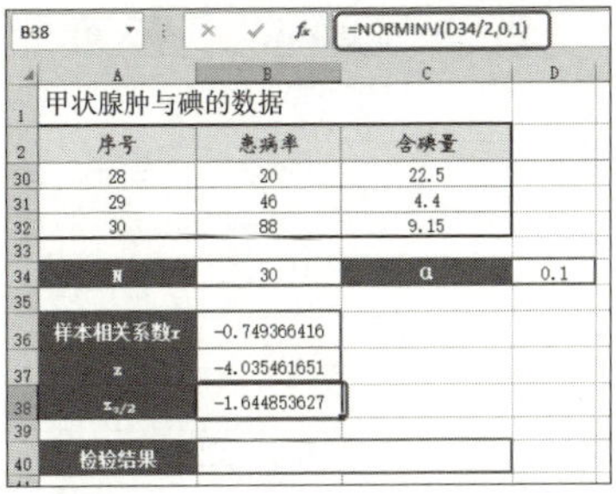

图 8-36

❹ 选中 B40 单元格，在编辑栏中输入公式：
=IF(B37< B38),"甲状腺肿与含碘量相关","甲状腺肿与含碘量无关")

按 Enter 键，即可得出结论，如图 8-37 所示。

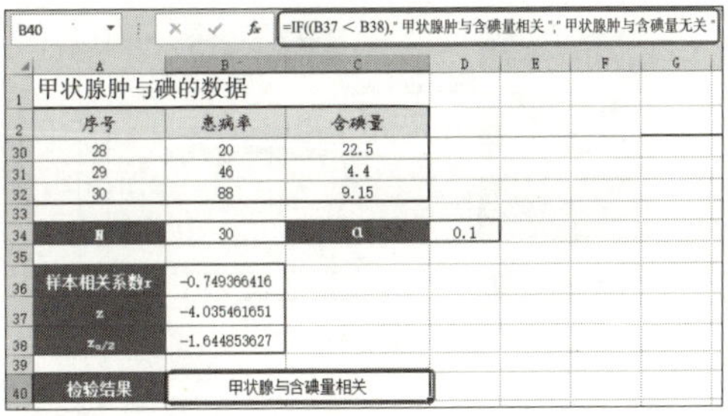

图 8-37

8.4.3 相关系数为常数的检验

在 Excel 中还可以对相关系数为常数的两个变量进行检验，检查其是否符合相关系数。

如图 8-38 所示为某机构观测的 9 个小组模拟考试的平均成绩与雅思正式考试的平均成绩，现在需要在显著性为 0.1 的情况下判断模拟考试与正式考试的相关系数是否为 0.8。

❶ 在表格下方创建数据表格，并设置表格格式，在表格中输入已知参数。选中 B16 单元格，在编辑栏中输入公式：

=CORREL(B3:B11,C3:C11)

按 Enter 键，即可计算出样本相关系数 r，如图 8-39 所示。

❷ 选中 B17 单元格，在编辑栏中输入公式：
=0.5*LN((1+B14)/(1-B14))

按 Enter 键，即可计算出 μ 值，如图 8-40 所示。

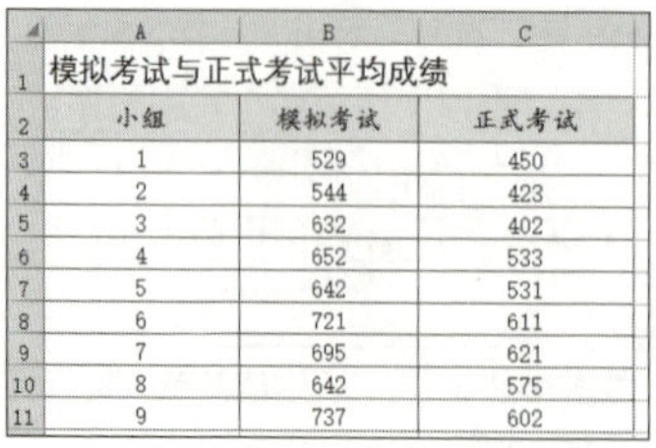

图 8-38

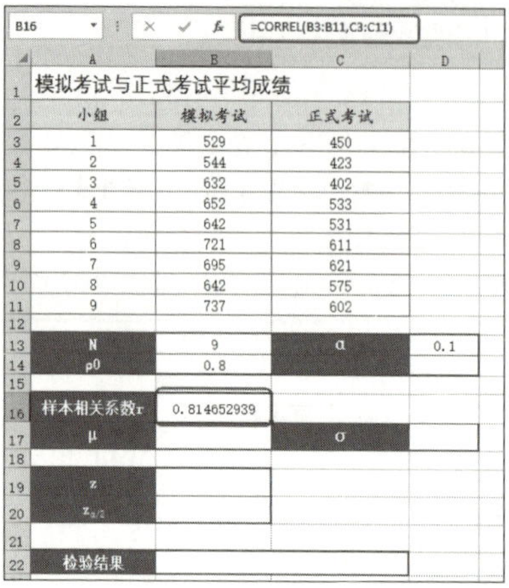

图 8-39

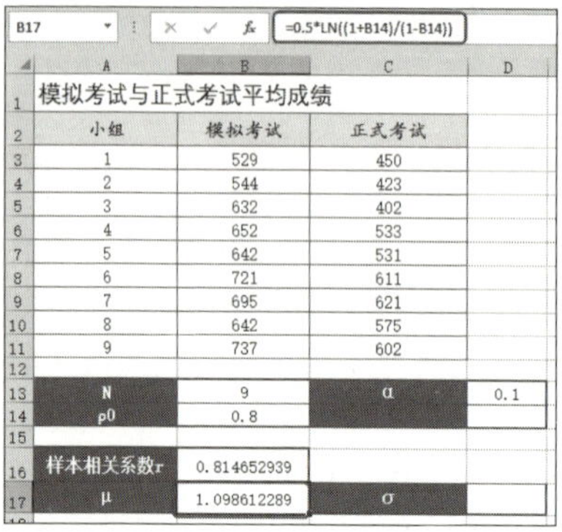

图 8-40

❸ 选中 D17 单元格,在编辑栏中输入公式:
=1/SQRT(B13-3)

按 Enter 键,即可计算出 σ 值,如图 8-41 所示。

❹ 选中 B19 单元格,在编辑栏中输入公式:
=(0.5*LN((1+B16)/(1-B16))-B17)/D17

按 Enter 键,即可计算出 z 值,如图 8-42 所示。

❺ 选中 B20 单元格,在编辑栏中输入公式:
=NORMINV(D13/2,0,1)

按 Enter 键,即可计算出 $Z_{\alpha/2}$ 值,如图 8-43 所示。

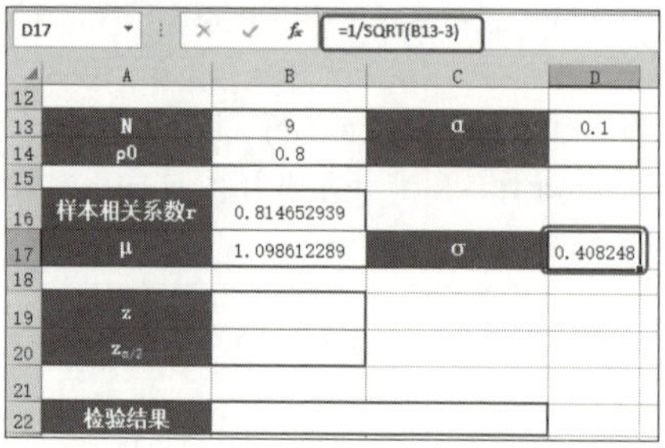

图 8-41

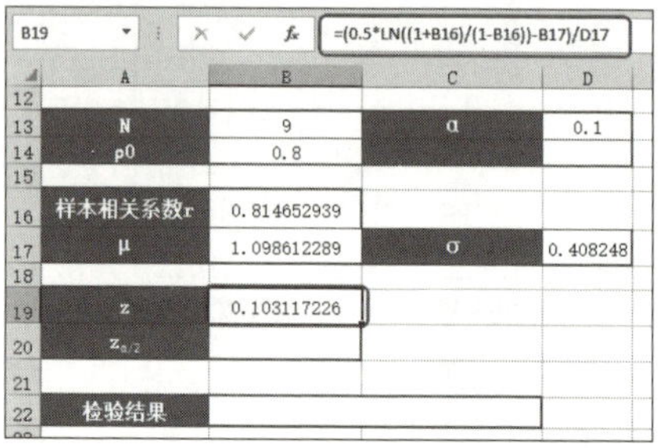

图 8-42

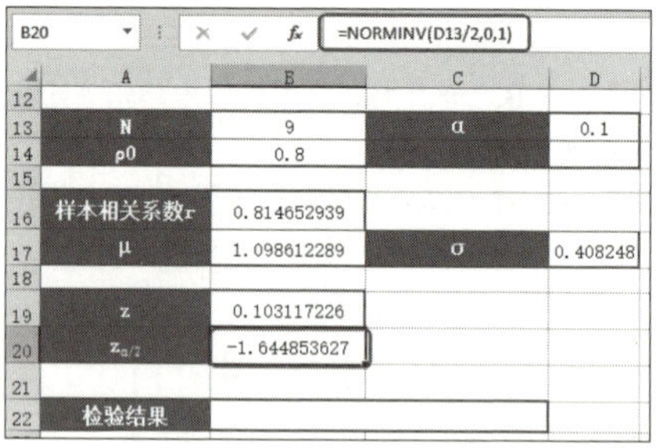

图 8-43

❻ 选中 B22 单元格,在编辑栏中输入公式:
=IF(ABS(B19)<ABS(B20),"r=0.8","r $\neq$ 0.8")

按 Enter 键,即可得出检验结果,如图 8-44 所示。

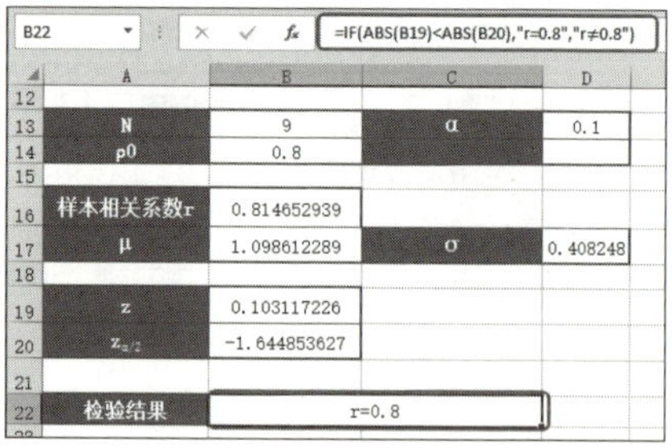

图 8-44

第9章 回归分析

回归分析是确定两个或两个以上变量间相互依赖的定量关系的一种统计分析方法，它将一系列影响因素和结果进行拟合，拟合出一个方程，然后将这个方程应用到其他同类事件中，进行预测。另外根据回归分析结果，得出各个自变量对目标变量产生的影响。

总结来说，回归分析研究的主要问题有以下3个。

（1）确定y与x间的定量关系表达式，这种表达式称为回归方程。

（2）判断自变量x对因变量y有无影响。

（3）利用所求得的回归方程进行预测和控制。

在回归分析中，把变量分为两类。一类是因变量，它们通常是实际问题中所关心的一类指标，通常用y表示；而影响因变量取值的另一类变量称为自变量，用x来表示。

- ☑ 使用回归函数进行回归分析
- ☑ 使用趋势线进行回归分析
- ☑ 回归分析中的预测
- ☑ 回归高级分析工具

9.1 分析自变量对目标变量的影响程度

要分析出自变量对目标变量产生的影响，在 Excel 软件中可以使用函数求解几个指标，即回归系数、相关系数和判定系数。

9.1.1 SLOPE 计算一元线性回归的回归系数

【函数功能】SLOPE 函数返回根据 known_y's 和 known_x's 中的数据点拟合的线性回归直线的斜率。斜率为直线上任意两点的垂直距离与水平距离的比值，也就是回归直线的变化率。

【函数语法】SLOPE(known_y's,known_x's)
- known_y's：为数字型因变量数据点数组或单元格区域；
- known_x's：为自变量数据点集合。

回归系数在回归方程中表示自变量 x 对因变量 y 影响大小的参数。回归系数越大，表示 x 对 y 影响越大，正回归系数表示 y 随 x 增大而增大，负回归系数表示 y 随 x 增大而减小。例如，回归方程式 $y=ax+b$ 中，斜率 a 称为回归系数。

选中 B13 单元格，在编辑栏中输入公式：
=SLOPE(B2:B11,A2:A11)

按 Enter 键，即可返回两组数据的线性回归直线的斜率值，如图 9-1 所示。

由计算出的斜率值（即回归系数）可以判断完成数量与奖金呈现正回归，但回归系数值不是很大，表示完成数量对奖金影响不是太大，有可能奖金金额受完成数量中有多少合格产品的影响更大一些。

图 9-1

9.1.2 CORREL 计算一元线性回归的相关系数

【函数功能】CORREL 函数返回两个不同事物之间的相关系数。使用相关系数可以确定两种属性之间的关系。例如，可以检测某地的平均温度和空调使用情况之间的关系。

【函数语法】CORREL(array1,array2)
- array1：表示第一组数值单元格区域。
- array2：表示第二组数值单元格区域。

进行相关分析，一般要求出相关系数，以相关系数的大小来判断自变量和因变量的相关程度。

选中 B13 单元格，在编辑栏中输入公式：
=CORREL(A2:A11,B2:B11)

按 Enter 键，即可返回两组数据的线性回归直线的相关系数，如图 9-2 所示。

由计算出的相关系数可以判断完成数量与奖金有相关性，但相关性不是特别强，因为计算出的相关系

数值越接近 1，表示二者的相关性越强。

图 9-2

9.1.3 RSQ 计算一元线性回归的判定系数

【函数功能】RSQ 函数通过 known_y's 和 known_x's 中数据点返回皮尔生（Pearson）乘积矩相关系数的平方。

【函数语法】RSQ(known_y's,known_x's)

- known_y's：为数组或数据点区域；
- known_x's：为数组或数据点区域。

RSQ 函数计算回归直线的判定系数。表示回归直线精度高低的指标被称为判定系数，它是相关系数的平方，其值为 0～1。计算结果接近 0，则回归直线的精度低；接近 1，则精度高。

选中 E2 单元格，在编辑栏中输入公式：

=RSQ(B2:B17,C2:C17)

按 Enter 键，即可返回两组数据的线性回归直线的判定系数，如图 9-3 所示。

由计算出的判定系数可以判断含碘量与患病量有相关性，且相关性较强，因为计算出的判定系数越接近 1 精度越高，即受影响程度越高。

E2 =RSQ(B2:B17,C2:C17)

	A	B	C	D	E
1	序号	含碘量	患病量		判定系数
2	1	0.1	278		0.66953
3	2	0.05	228		
4	3	1.8	398		
5	4	0.2	305		
6	5	1.19	326		
7	6	2.1	380		
8	7	0.8	295		
9	8	3.2	550		
10	9	0.28	440		
11	10	1.25	336		
12	11	3.45	556		
13	12	0.32	332		
14	13	0.6	328		
15	14	2.9	398		
16	15	1.1	365		
17	16	4.65	500		

图 9-3

9.2 趋势线法（散点图）线性回归分析

在回归分析中，只包括一个自变量和一个因变量，且二者的关系可用一条直线近似表示，这种回归分析称为一元线性回归分析。进行一元线性回归分析，散点图是一种常用方式，它可以将所选变量之间的相关关系用一种非常直观的图表呈现。

9.2.1 分析工作年限与销售业绩的相关性

如图 9-4 所示是抽取 10 位员工对其工作年限和对应的业绩进行调查统计，现在需要分析工作年限对销售业绩有怎样的影响，同时还可以预测其他工作年限对应的业绩。

	A	B	C
1	序号	工作年限	业绩（万）
2	员工1	1	44
3	员工2	2	34.6
4	员工3	2	53.67
5	员工4	2	40
6	员工5	3	55.39
7	员工6	4	46.5
8	员工7	5	47
9	员工8	1	32.5
10	员工9	3	35.6
11	员工10	4	56.8

图 9-4

❶ 选中 B2:C11 单元格区域，单击“插入”选项卡，在“图表”选项组中单击“散点图”下拉按钮，在其下拉菜单中选择“散点图”子图表类型，如图 9-5 所示。

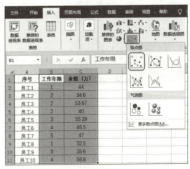

图 9-5

❷ 此时系统根据选择的数据源，创建默认样式

的散点图，如图9-6所示。

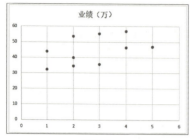

图9-6

❸ 对图表进行格式设置，可以达到如图9-7所示的效果。

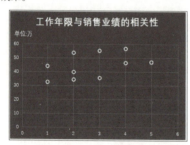

图9-7

> **专家提醒**
>
> 当前的图表是一个普通的散点图。要得到回归分析的系数，最关键的是添加趋势线及回归方程的操作。

❹ 选中数据系列并单击鼠标右键，在弹出的快捷菜单中选择"添加趋势线"命令，如图9-8所示。

图9-8

❺ 打开"设置趋势线格式"右侧窗格，选中"线性"单选按钮，选中"显示公式""显示R平方值"复选框，如图9-9所示。

❻ 执行上述操作后返回工作表中，就出现了回归方程，如图9-10所示。

图9-9

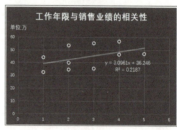

图9-10

根据得出的回归系数、截距和判定系数，分析结论如下。

↳ 自变量对目标变量的影响

回归系数值为3.0961，回归直线的判定系数（判定系数是相关系数的平方）值为0.2187。回归系数越大表示 x 对 y 影响越大，正回归系数表示 y 随 x 增大而增大，负回归系数表示 y 随 x 增大而减小。而判定系数的值为0～1，结果接近0则回归直线的精度低，接近1则精度高。由这两个判定指标可以得出的结论是：工作年限对销售业绩是有影响的，但影响不是特别大。

↳ 预测

A列和B列对应的线性关系式为 $y=ax+b$，当前回归方程为 $y=3.0961x+36.246$。有了这个公式，可以对任意工作年限对应的业绩额进行预测。

- 预测工作年限为6年时的业绩额，使用公式 $y=3.0961×6+36.246$。
- 预测当生产量为7年时的业绩额，使用公式 $y=3.0961×7+36.246$。

9.2.2 分析月收入与月网络消费额的相关性

如图 9-11 所示是抽取 15 位人员对其月收入和月网购消费额进行调查统计,现在需要分析月收入对月网络消费额有怎样的影响。

❶ 选中 B2:C16 单元格区域,单击"插入"选项卡,在"图表"选项组中单击"散点图"下拉按钮,在其下拉菜单中选择"散点图"子图表类型,如图 9-11 所示。

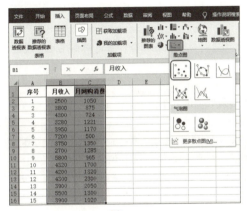

图 9-11

❷ 此时系统根据选择的数据源,创建默认样式的散点图,如图 9-12 所示。

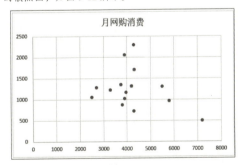

图 9-12

❸ 选中数据系列并单击鼠标右键,在弹出的快捷菜单中选择"添加趋势线"命令,如图 9-13 所示。

❹ 打开"设置趋势线格式"右侧窗格,选中"线性"单选按钮,选中"显示公式""显示 R 平方值"复选框,如图 9-14 所示。

❺ 执行上述操作后返回工作表中,就出现了回归方程,如图 9-15 所示。

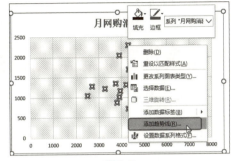

图 9-13

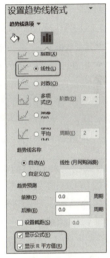

图 9-14

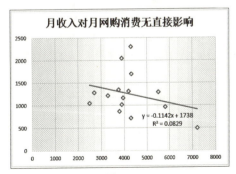

图 9-15

根据得出的回归系数、截距和相关系列,分析自变量对目标变量的影响,其分析结论如下。

回归系数值为 0.1142，回归直线的判定系数（判定系数是相关系数的平方）值为 0.0829。回归系数越大表示 x 对 y 影响越大，正回归系数表示 y 随 x 增大而增大，负回归系数表示 y 随 x 增大而减小。而判定系数的值为 0～1，结果接近 0，则回归直线的精度低，接近 1 则精度高。由这两个判定指标可以得出的结论是：月收入对月网购消费稍存在负影响，总体无直接影响。

9.3 回归分析预测目标变量

通过回归分析进行目标变量的预测，在 Excel 中有几个非常方便实用的函数，下面分别进行介绍。

9.3.1 LINEST 根据生产数量预测产品的单个成本

【函数功能】 LINEST 函数使用最小二乘法对已知数据进行最佳直线拟合，并返回描述此直线的数组。

【函数语法】 LINEST(known_y's,known_x's,const,stats)

- known_y's：表示表达式 $y=mx+b$ 中已知的 y 值集合；
- known_x's：表示关系表达式 $y=mx+b$ 中已知的可选 x 值集合；
- const：表示为一逻辑值，指明是否强制使常数 b 为 0。若 const 为 TRUE 或省略，b 将参与正常计算；若 const 为 FALSE，b 将被设为 0，并同时调整 m 值使得 $y=mx$；
- stats：表示为一逻辑值，指明是否返回附加回归统计值。若 stats 为 TRUE，则函数返回附加回归统计值；若 stats 为 FALSE 或省略，则函数返回系数 m 和常数项 b。

LINEST 函数用于对已知数据进行最佳直线拟合。此函数是我们在做销售、成本预测分析时使用比较多的函数。下面表格中 A 列为产品数量，B 列是对应的单个产品成本。要求预测：当生产 40 个产品时，单个成本是多少。

❶ 选中 D2:E2 单元格区域，在编辑栏中输入公式：

=LINEST($B$2:$B$8,$A$2:$A$8)

按 Ctrl+Shift+Enter 组合键即可根据两组数据直接取得 a 和 b 的值，如图 9-16 所示（a 值是回归系数，b 是截距）。

D2 {=LINEST($B$2:$B$8,$A$2:$A$8)}

	A	B	C	D	E	F
1	生产数量	单个成本(元)		a值	b值	
2	1	45		-0.2045	41.46288	
3	5	42				
4	10	37				
5	15	36				
6	30	34				
7	70	27				
8	100	22				

图 9-16

❷ A 列和 B 列对应的线型关系式为：$y=ax+b$。因此选中 B11 单元格，在编辑栏中输入公式：

=A11*D2+E2

按 Enter 键即可预测出生产数量为 40 件时的单个成本值，如图 9-17 所示。

B11 =A11*D2+E2

	A	B	C	D	E
1	生产数量	单个成本(元)		a值	b值
2	1	45		-0.2045	41.46288
3	5	42			
4	10	37			
5	15	36			
6	30	34			
7	70	27			
8	100	22			
9					
10	单个成本预测				
11	40	33.28276601			

图 9-17

❸ 更改 A11 单元格的生产数量，可以预测出相应的单个成本的金额，如图 9-18 所示。

	A	B	C	D	E
1	生产数量	单个成本(元)		a值	b值
2	1	45		-0.2045	41.46288
3	5	42			
4	10	37			
5	15	36			
6	30	34			
7	70	27			
8	100	22			
9					
10	单个成本预测				
11	80	25.10265344			

图 9-18

9.3.2 LOGEST 预测网站未来点击量

【函数功能】LOGEST 函数在回归分析中，计算最符合观测数据组的指数回归拟合曲线，并返回描述该曲线的数值数组。因为此函数返回数值数组，所以必须以数组公式的形式输入。

【函数语法】LOGEST(known_y's,known_x's,const,stats)
- known_y's：一组符合 $y=b*m^x$ 函数关系的 y 值的集合；
- known_x's：一组符合 $y=b*m^x$ 运算关系的可选 x 值集合；
- const：一个逻辑值，指明是否强制使常数 b 为 0。若 const 为 TRUE 或省略，b 将参与正常计算；若 const 为 FALSE，b 将被设为 0，并同时调整 m 值使得 $y=mx$；
- stats：一个逻辑值，指明是否返回附加回归统计值。若 stats 为 TRUE，则函数返回附加回归统计值；若 stats 为 FALSE 或省略，则函数返回系数 m 和常数项 b。

如果网站中某专题的点击量呈指数增长趋势，则可以使用 LOGEST 函数来对后期点击量进行预测。

❶ 选中 D2:E2 单元格区域，在编辑栏中输入公式：

=LOGEST(B2:B11,A2:A11,TRUE,FALSE)

按 Ctrl+Shift+Enter 组合键即可根据两组数据直接取得 m 和 b 的值，如图 9-19 所示。

图 9-19

❷ A 列和 B 列对应的线型关系式为：$y=b*m^x$。因此选中 B16 单元格，在编辑栏中输入公式：

=E2*POWER(D2,A16)

按 Enter 键即可预测出 11 月的点击量，如图 9-20 所示。

图 9-20

9.4 高级分析工具——回归工具

在 Excel 的高级分析工具中提供了回归分析工具，使用回归分析工具进行回归分析会更加快捷。但无论使用哪种方法进行回归分析，使用者应该学会看懂回归参数表和回归统计表，只有看懂这些分析结果才能得出想要的统计分析结论。

9.4.1 一元线性回归分析

如果在回归分析中只包括一个自变量和一个因变量，且二者的关系可用一条直线近似表示，那么这种回归分析称为一元线性回归分析。

如图 9-21 所示的表格中统计了不同生产数量对应的单位成本，下面需要使用回归工具来分析生产数量与单位成本之间有无依赖关系，同时也可以对任意生产数量时的单位成本进行预测。

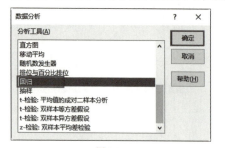

图 9-21

❶ 打开"数据分析"对话框，然后选择"回归"，如图 9-22 所示。单击"确定"按钮，打开"回归"对话框，按如图 9-23 所示的方式设置各项参数。

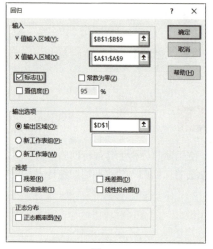

图 9-22

图 9-23

❷ 单击"确定"按钮，返回工作表中，即可看到表中添加的回归统计结果，如图 9-24 所示。

图 9-24

第一张表是"回归统计表"，得到的结论如下。

- Multiple 对应的是相关系数，值为 0.9666974。
- R Square 对应的数据为判定系数，或称拟合优度，它是相关系数的平方，值为 0.9345039。
- Adjusted R Square 对应的是校正判定系数，值为 0.9235879。

这几项值都接近于 1，说明生产数量与单位成本之间存在直接的线性相关关系。

第二张表是"方差分析表"。

它的主要作用是通过 F 检验来判定回归模型的回归效果。Significance F（F 显著性统计量）的 P 值远小于显著性水平 0.05，所以说该回归方程回归效果显著。

第三张表是"回归参数表"。

一元线性回归对应的线性关系式为 $y=ax+b$，根据 E17:E18 单元格的值得出估算的回归方程为 $y=-0.2049x+41.4657$。有了这个公式，可以对任意生产量时的单位成本进行预测，例如：

- 预测生产量为 90 件时的单位成本，使用公式 $y=-0.2049 \times 90+41.4657$。
- 预测生产量为 120 件时的单位成本，使用公式 $y=-0.2049 \times 120+41.4657$。

9.4.2 多元线性回归分析

如果回归分析中包括两个或两个以上的自变量，且因变量和自变量之间是线性关系，则称为多重线性回归分析。

如图 9-25 所示的表格中统计了完成数量、合格数和奖金，下面对任意完成数量和合格数时的奖金进行预测。

	A	B	C
1	完成数量(个)	合格数(个)	奖金(元)
2	210	195	500
3	205	196	800
4	200	198	1000
5	210	202	798
6	206	200	810
7	210	208	1080
8	200	187	480
9	220	179	200

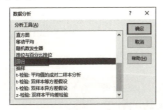

图 9-25

❶ 打开“数据分析”对话框，然后选择“回归”，如图 9-26 所示。单击“确定”按钮，打开“回归”对话框，按图 9-27 所示的方式设置各项参数。

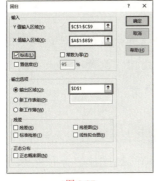

图 9-26

图 9-27

❷ 单击“确定”按钮，返回工作表中，即可看到表中添加的回归统计结果，如图 9-28 所示。

	D	E	F	G	H	I	J	K	L
3	回归统计								
4	Multiple R	0.939133							
5	R Square	0.881971							
6	Adjusted R Sq	0.834759							
7	标准误差	119.3994							
8	观测值	8							
9									
10	方差分析								
11		df	SS	MS	F	Significance F			
12	回归分析	2	532645	266322.5	18.68116	0.004786033			
13	残差	5	71281.04	14256.21					
14	总计	7	603926						
15									
16		Coefficien	标准误差	t Stat	P-value	Lower 95%	Upper 95%	下限 95.0%	上限 95.0%
17	Intercept	-2372.89	2065.238	-1.14897	0.302547	-7681.754377	2935.973	-7681.75	2935.973
18	完成数量(个)	-10.8758	7.276215	-1.4947	0.195227	-29.57988817	7.828324	-29.5799	7.828324
19	合格数(个)	27.29444	5.242879	5.206002	0.00345	13.81719038	40.77169	13.81719	40.77169

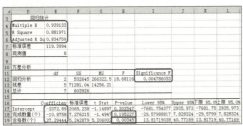

图 9-28

第一张表是“回归统计表”，得到的结论如下。

- Multiple 对应的是相关系数，值为 0.939133。
- R Square 对应的数据为判定系数，或称拟合优度，它是相关系数的平方，值为 0.881971。
- Adjusted R Square 对应的是校正判定系数，值为 0.834759。

这几项值都接近于 1，说明奖金与合格数存在直接的线性相关关系。

第二张表是“方差分析表”。

它的主要作用是通过 F 检验来判定回归模型的回归效果。Significance F（F 显著性统计量）的 P 值远小于显著性水平 0.05，所以说该回归方程回归效果显著。

第三张表是“回归参数表”。

多元线性回归的线性关系式为 $z=ax+by+c$，根据 E17:E19 单元格的值得出估算的回归方程为 $z=-10.8758x+27.29444y+(-2372.89)$。有了这个公式，可以对任意完成数量和合格数时的奖金进行预测。

- 预测完成量为 70 件、合格数为 50 件时的奖金，使用公式 $z=-10.8758\times70+27.29444\times50+(-2372.89)$。
- 预测完成量为 300 件、合格数为 280 件时的奖金，使用公式 $z=-10.8758\times300+27.29444\times280+(-2372.89)$。

再看表格中合格数的 t 统计量的 P 值为 0.00345，远小于显著性水平 0.05，因此合格数与奖金相关。

完成数量的 t 统计量的 P 值为 0.195227，大于显著性水平 0.05，因此完成数量与奖金关系不大。

第10章 时间序列预测分析

时间序列又称为动态数列,是按时间先后顺序排列形成的统计数列。时间序列分析就是利用这组数列,应用数理统计的方法加以处理,以预测未来事物的发展。如GDP预测,根据近十年总值,预测未来几年的总值等。

总结来说,时间序列的作用如下。

(1)计算水平指标和速度指标,分析社会经济现象发展过程与结果。

(2)利用数学模型揭示社会经济现象发展变化的规律性,并预测未来的发展趋势。

(3)揭示现象之间的相互联系程度。

- ☑ 时间序列的移动平均
- ☑ 时间序列的指数平滑

10.1 一次移动平均法预测分析

移动平均法是以对时间序列逐期递移求得的平均数作为预测值的一种预测方法,可以有效地消除实际数据值的随机波动,从而得到较为平滑的数据变动趋势图表,通过对历史趋势变动的分析,可以预测未来一期或几期内数据的变动方向。移动平均法分为一次移动平均法和二次移动平均法。

10.1.1 计算移动平均数

根据某公司2008～2019年产品的销售量预测值,使用"移动平均"分析工具预测2020年的销量,并创建图表查看实际销量与预测值之间的差别。

❶ 打开表格,在"数据"选项卡的"分析"组中单击"数据分析"按钮,如图10-1所示。打开"数据分析"对话框,选择"移动平均"选项,如图10-2所示。

图 10-1

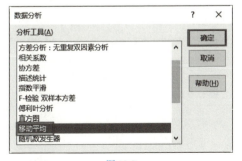

图 10-2

❷ 打开"移动平均"对话框,按图10-3所示的方式设置各项参数,选中"标准误差"和"图表输出"复选框。单击"确定"按钮,返回工作表中,即可看到表中添加的预测值、误差值及移动平均折线图图表,如图10-4所示。注意,这里的C14单元格的值就是预测出的下一期的预测值,即2020年的销售量数据。

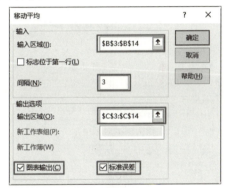

图 10-3

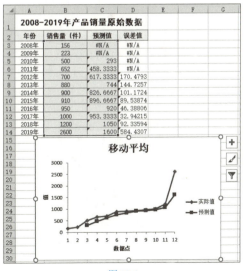

图 10-4

10.1.2 编辑移动平均图表

根据移动平均分析结果自动生成的图表效果是非常差的,一般都需要对图表的显示效果进行优化设置。

❶ 默认图表的水平轴显示的是简易数字序号,而正确的图表应该是显示年份值,所以先修改水平轴的标签。选中图表中任意系列,单击鼠标右键,在弹出的快捷菜单中选择"选择数据"命令,如图10-5所示。

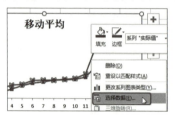

图 10-5

❷ 打开"选择数据源"对话框,单击"编辑"按钮,如图10-6所示。

图 10-6

❸ 打开"轴标签"对话框,重新设置"轴标签区域"(用鼠标拖动选取 A3:A14 单元格区域),单击拾取器按钮(如图10-7所示)返回"选择数据源"对话框,即可看到更改后的轴标签为年份值,如图10-8所示。

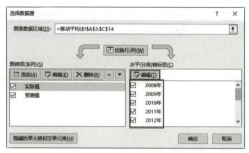

图 10-7

图 10-8

❹ 单击"确定"按钮,可以看到重设的轴标签应用于图表的效果,如图10-9所示。

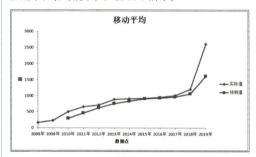

图 10-9

❺ 选中图表中的"预测值"系列,单击鼠标右键,在弹出的快捷菜单中选择"设置数据系列格式"命令,如图10-10所示。

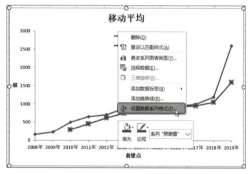

图 10-10

❻ 打开"设置数据系列格式"右侧窗格,单击"填充与线条"按钮,再单击"标记"标签,在"标记选项"栏中选中"无"单选按钮,如图10-11所示;切换到"线条"标签下,选中"实线"单选按钮,"短划线类型"设置框右侧的下拉按钮,选择"点划线"类型,如图10-12所示。

图 10-11

图 10-12

❼ 设置完成后可以看到图表中对于"预测值"这个系列显示为虚线样式,如图 10-13 所示。

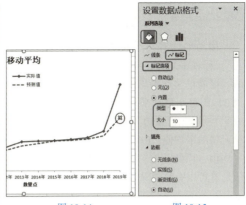
图 10-14　　　　　图 10-15

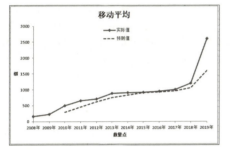
图 10-13

❽ 在图表中再次单击"预测值"这个系列,接着再在最后一个数据标记处单击一次,这样可以保证只选中这一个数据点(如图 10-14 所示)。单击鼠标右键,在弹出的快捷菜单中选择"设置数据点格式"命令,打开"设置数据点格式"右侧窗格,单击"填充与线条"按钮,再单击"标记"标签,在"标记选项"栏中选择一个标记类型并可以设置大小,如图 10-15 所示。

❾ 设置完成后可以看到图表中对于最后一个数据显示了特殊的标记,如图 10-16 所示。接着按相同的方法再次选中这个数据点,单击鼠标右键,在弹出的菜单中执行"添加数据标签"→"添加数据标签"命令(如图 10-17 所示),即可为该预测点添加预测值。

❿ 然后将图表垂直坐标轴的标题"值"(默认)更改为"销售额",更改图表标题为"2020 年销售量预测",并对折线图图表进行美化,效果如图 10-18 所示(虚线上最后一个数据点就是预测值)。

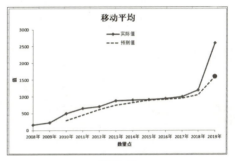
图 10-16

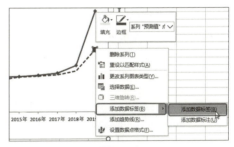
图 10-17

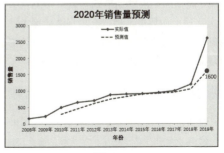
图 10-18

10.1.3 一次移动平均预测后期销量

移动平均有一个很重要的概念就是“间隔”，移动平均数的计算是限定在间隔数之内的。以简单移动平均数的计算为例，假设间隔为 3，则每个移动平均数都是前 3 个原始数据的平均值。在图 10-19 中，C5 是 B3、B4、B5 单元格的平均值，C6 是 B4、B5、B6 单元格的平均值，以此类推。通过这种移动方式的平均值计算可以有效消除数值波动影响。

	A	B	C
1	2008–2019年产品销量原始数		
2	年份	销售量（件）	预测值
3	2008年	156	#N/A
4	2009年	223	#N/A
5	2010年	500	=AVERAGE(B3:B5)
6	2011年	652	=AVERAGE(B4:B6)
7	2012年	700	=AVERAGE(B5:B7)
8	2013年	880	=AVERAGE(B6:B8)
9	2014年	900	=AVERAGE(B7:B9)
10	2015年	910	=AVERAGE(B8:B10)
11	2016年	950	=AVERAGE(B9:B11)
12	2017年	1000	=AVERAGE(B10:B12)
13	2018年	1200	=AVERAGE(B11:B13)
14	2019年	2600	=AVERAGE(B12:B14)

图 10-19

进行移动平均后，C10 单元格的值就是对下一期的预测值。如果再想预测下一期，则需要对 B13、B14、C14 三个值进行求平均值，公式为：=(B13+B14+C14)/3，即如图 10-20 所示。

C15 =(B13+B14+C14)/3

	A	B	C	D
1	2008–2019年产品销量原始数据			
2	年份	销售量（件）	预测值	误差值
3	2008年	156	#N/A	#N/A
4	2009年	223	#N/A	#N/A
5	2010年	500	293	#N/A
6	2011年	652	458.3333333	#N/A
7	2012年	700	617.3333333	170.479281
8	2013年	880	744	144.725666
9	2014年	900	826.6666667	101.172387
10	2015年	910	896.6666667	89.5387357
11	2016年	950	920	46.3880572
12	2017年	1000	953.3333333	32.9421491
13	2018年	1200	1050	92.3359406
14	2019年	2600	1600	584.430714
15			1800	

图 10-20

专家提醒

移动平均对原序列有修匀或平滑的作用。加大间隔数，会使平滑波动效果更好，也会使预测值对数据实际变动更不敏感，因此移动平均的间隔不宜过大。当数据包含季节、周期变动时，移动平均的间隔数与季节、周期变动长度一致，才能消除其季节或周期变动影响。

移动平均数并不总能很好地反映出趋势。由于是平均值，预测值总是停留在过去的水平上，而无法预计会导致将来更高或更低的波动。

移动平均分析需要根据大量的历史数据来进行分析。

10.2 二次移动平均法预测分析

当时间序列没有明显的趋势变动时，使用一次移动平均就能够准确地反映实际情况，即直接用第 t 周期的一次移动平均数就可预测第 t+1 周期的值。但当时间序列出现线性变动趋势时，用一次移动平均数来预测就会出现滞后偏差，因此需要进行修正。修正的方法是在一次移动平均的基础上再做二次移动平均，利用移动平均滞后偏差的规律找出曲线的发展方向和发展趋势，然后再建立直线趋势的预测模型，故称为趋势移动平均法。

10.2.1 计算二次移动平均数

❶ 沿用上面的分析结果建立“二次移动平均”标识，如图 10-21 所示。

❷ 再次打开“移动平均”对话框，设置“输入区域”为 $C$5:$C$14 单元格区域，在“间隔”文本框中输入“3”，设置“输出区域”为 $D$5 单元格，如图 10-22 所示。

	A	B	C	D
1	2008–2019年产品销量原始数据			
2	年份	销售量（件）	一次移动平均	二次移动平均
3	2008年	156	#N/A	
4	2009年	223	#N/A	
5	2010年	500	293	
6	2011年	652	458.3333333	
7	2012年	700	617.3333333	
8	2013年	880	744	
9	2014年	900	826.6666667	
10	2015年	910	896.6666667	
11	2016年	950	920	
12	2017年	1000	953.3333333	
13	2018年	1200	1050	
14	2019年	2600	1600	

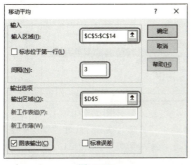

图 10-21

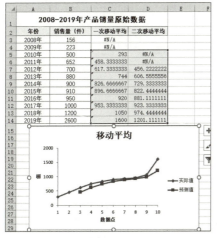

图 10-22

❸ 单击“确定”按钮，返回工作表，即可得到二次移动平均数，如图 10-23 所示。

	A	B	C	D
1	2008–2019年产品销量原始数据			
2	年份	销售量（件）	一次移动平均	二次移动平均
3	2008年	156	#N/A	
4	2009年	223	#N/A	
5	2010年	500	293	#N/A
6	2011年	652	458.3333333	#N/A
7	2012年	700	617.3333333	456.2222222
8	2013年	880	744	606.5555556
9	2014年	900	826.6666667	729.3333333
10	2015年	910	896.6666667	822.4444444
11	2016年	950	920	881.1111111
12	2017年	1000	953.3333333	923.3333333
13	2018年	1200	1050	974.4444444
14	2019年	2600	1600	1201.111111

图 10-23

❹ 对图表进行上述相同的编辑操作，可以看到经过二次移动平均后，线条又更加平滑了，如图 10-24 所示。

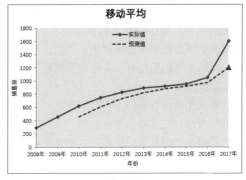

图 10-24

10.2.2 二次移动平均预测销售量

进行二次移动平均后，D13 单元格的值即为下一期的预测值。如果再想预测下一期，则需要对 C13、C14、D14 三个值求平均值，公式为：=(C13+C14+D14)/3，即如图 10-25 所示。

D15 ▾ : × ✓ fx =(C13+C14+D14)/3

	A	B	C	D
1	2008–2019年产品销量原始数据			
2	年份	销售量（件）	一次移动平均	二次移动平均
3	2008年	156	#N/A	
4	2009年	223	#N/A	
5	2010年	500	293	#N/A
6	2011年	652	458.3333333	#N/A
7	2012年	700	617.3333333	456.2222222
8	2013年	880	744	606.5555556
9	2014年	900	826.6666667	729.3333333
10	2015年	910	896.6666667	822.4444444
11	2016年	950	920	881.1111111
12	2017年	1000	953.3333333	923.3333333
13	2018年	1200	1050	974.4444444
14	2019年	2600	1600	1201.111111
15				1283.703704

图 10-25

10.3 时间序列的指数平滑

对于不含趋势和季节成分的时间序列，即平稳时间序列，由于这类序列只含随机成分，只要通过平滑就可以消除随机波动，因此这类预测方法也称为平滑预测方法。指数平滑使用以前全部数据来决定一个特别时间序列的平滑值。将本期的实际值与前期对本期预测值的加权平均作为本期的预测值。

指数平滑预测的作用是给近期的观察值以较大的权数，给远期的实际值以较小的权数，使预测值既能较多地反映最新的信息，又能反映大量历史资料的信息，从而使预测结果更符合实际情况。

根据平滑次数不同，指数平滑法分为一次指数平滑法、二次指数平滑法和三次指数平滑法等。但它们的基本思想都是：预测值是以前观测值的加权和，且对不同的数据给予不同的权，新数据给较大的权，旧数据给较小的权。

10.3.1 一次指数平滑法

一次指数平滑法只有一个加权系数。指数平滑常数取值至关重要。平滑常数决定了平滑水平及对预测值与实际结果之间差异的响应速度。平滑常数 a 越接近于 1，远期实际值对本期平滑值的下降越迅速；平滑常数 a 越接近于 0，远期实际值对本期平滑值影响程度的下降越缓慢。由此，当时间数列相对平稳时，可取较大的 a。

如图 10-26 所示为某地降雨量统计数据，假设阻尼为 0.4，现在需要预测下期降雨量。

	A	B	C
1	月份	某地降雨量	a=0.4的平滑值
2	1月	27.3	
3	2月	31.8	
4	3月	8.2	
5	4月	7.04	
6	5月	16.8	
7	6月	8.36	
8	7月	10.25	
9	8月	13.2	
10	9月	15.8	
11	10月	22.61	
12	11月	20.12	
13	12月	8.32	

图 10-26

专家提醒

在平滑预测过程中，最核心的是确定合适加权系数，加权系数一般为 0.7～0.8。加权系数又叫阻尼系数，加权系数确定的原则是时间序列的实际值和预测值误差最小，

因此可以将误差平方和最小的加权系数值作为最佳加权系数。

❶ 单击"数据"选项卡，在"分析"选项组中单击"数据分析"按钮，打开"数据分析"对话框，在"分析工具"列表框中选择"指数平滑"选项，如图 10-27 所示。

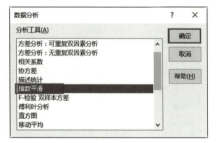

图 10-27

❷ 单击"确定"按钮，打开"指数平滑"对话框。设置"输入区域"为 B2:B13 单元格区域，在"阻尼系数"文本框中输入"0.6"，设置"输出区域"为 C2 单元格，如图 10-28 所示。

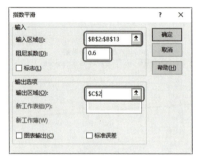

图 10-28

❸ 单击"确定"按钮，返回工作表，即可得出一次指数预测结果，如图 10-29 所示。C13 单元格的值即为预测值。

	A	B	C
1	月份	某地降雨量	a=0.4的平滑值
2	1月	27.3	#N/A
3	2月	31.8	27.3
4	3月	8.2	29.1
5	4月	7.04	20.74
6	5月	16.8	15.26
7	6月	8.36	15.876
8	7月	10.25	12.8696
9	8月	13.2	11.82176
10	9月	15.8	12.373056
11	10月	22.61	13.7438336
12	11月	20.12	17.29030016
13	12月	8.32	18.4221801

图 10-29

10.3.2 二次指数平滑法

当时间序列没有明显的趋势变动时，使用第 t 周期一次指数平滑就能直接预测第 $t+1$ 期之值。但当时间序列的变动出现直线趋势时，用一次指数平滑法来预测仍存在着明显的滞后偏差。因此，也需要进行修正。修正的方法也是在一次指数平滑的基础上再做二次指数平滑，利用滞后偏差的规律找出曲线的发展方向和发展趋势，然后建立直线趋势预测模型，故称为二次指数平滑法。

如图 10-30 所示，为某网站对各月新增注册量的统计，现在需要利用二次指数平滑对下期注册量进行预测。

	A	B
1	月份	新增注册量
2	1月	35
3	2月	49
4	3月	110
5	4月	160
6	5月	158
7	6月	150
8	7月	180
9	8月	260
10	9月	247
11	10月	283
12	11月	320
13	12月	333

图 10-30

❶ 利用前面相同的方法计算出一次平滑值，如图 10-31 所示。

	A	B	C	D
1	月份	新增注册量	a=0.4的平滑值	二次平滑值
2	1月	35	#N/A	
3	2月	49	35	
4	3月	110	40.6	
5	4月	160	68.36	
6	5月	158	105.016	
7	6月	150	126.2096	
8	7月	180	135.72576	
9	8月	260	153.435456	
10	9月	247	196.0612736	
11	10月	283	216.4367642	
12	11月	320	243.0620585	
13	12月	333	273.8372351	

图 10-31

❷ 再次打开"指数平滑"对话框，设置"输入区域"为 C3:C13 单元格区域，在"阻尼系数"文本框中输入"0.6"，设置"输出区域"为 D3 单元格，如图 10-32 所示。

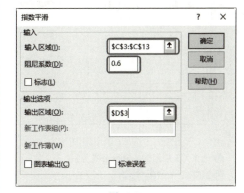

图 10-32

❸ 单击"确定"按钮，返回工作表，即可得到二次指数平滑的结果，如图 10-33 所示，D13 单元格的值即为预测值。

	A	B	C	D
1	月份	新增注册量	a=0.4的平滑值	二次平滑值
2	1月	35	#N/A	
3	2月	49	35	#N/A
4	3月	110	40.6	35
5	4月	160	68.36	37.24
6	5月	158	105.016	49.688
7	6月	150	126.2096	71.8192
8	7月	180	135.72576	93.57536
9	8月	260	153.435456	110.43552
10	9月	247	196.0612736	127.6354944
11	10月	283	216.4367642	155.0058061
12	11月	320	243.0620585	179.5781893
13	12月	333	273.8372351	204.971737

图 10-33

10.3.3 确定最优平滑系数

指数平滑工具在设置对话框时，要求输入阻尼系数，这是保证预测结果准确度的关键。使用数据分析工具分析时无法进行此项数值的确定，但可以使用公式计算得出。当确定了最优平滑系数后，指数平滑值能自动按最优平滑系数更新。

❶ 首先假设平滑系数为 0.4，输入到 E2 单元格。在 C2 单元格输入：=B2，确定 Y 的初值，如图 10-34 所示。

图 10-34

❷ 选中 C3 单元格,输入公式为:
=B2*$E$2+C2*(1-$E$2)

按 Enter 键,然后选中 C3 单元格,拖动右下角填充柄至 C13 单元格,如图 10-35 所示。

图 10-35

❸ 选中 F2 单元格,在编辑栏输入公式:
=SUMXMY2(B2:B13,C2:C13)

按 Enter 键求得误差平方和,该值与标准误差同时达到最小,如图 10-36 所示。

图 10-36

专家提醒

SUMXMY2 用于返回两数组中对应数值之差的平方和。

❹ 单击"数据"选项卡,在"分析"组中单击"规划求解"命令按钮,打开"规划求解参数"对话框。将"设置目标"设置为 F2 单元格,选中"最小值"单选按钮,将可变单元格设置为 E2 单元格,如图 10-37 所示。

图 10-37

专家提醒

我们希望 F2 单元格中的误差平方值是最小的,因此这里需要选择"最小值"。

❺ 单击"添加"按钮打开"添加约束"对话框,设置约束条件为 $E$2<=1,如图 10-38 所示。

图 10-38

❻ 单击"确定"按钮回到"规划求解参数"对话框中,可以看到添加的约束条件,如图 10-39 所示。

❼ 单击"求解"按钮即可打开"规划求解结果"对话框,如图 10-40 所示。

❽ 关闭对话框,可以看到 E2 单元格的求解值,根据求得的最优平滑系数,指数平滑值也自动更新,从而得出最优预测值,如图 10-41 所示。

图 10-39

图 10-40

	A	B	C	D	E	F
1	月份	某地降雨量	指数平滑值		平滑系数	误差平方和
2	1月	27.3	27.3		0.586699131	886.4306782
3	2月	31.8	27.3			
4	3月	8.2	29.94014609			
5	4月	7.04	17.18522127			
6	5月	16.8	11.23302877			
7	6月	8.36	14.49916595			
8	7月	10.25	10.89732262			
9	8月	13.2	10.517539			
10	9月	15.8	12.09133654			
11	10月	22.61	14.26720617			
12	11月	20.12	19.16191606			
13	12月	8.32	19.72402307			

图 10-41

第11章 指数统计

指数能综合反映现象总体的变动方向和程度。指数的作用主要从3个方面体现。

（1）综合反映复杂现象总体数量上的变动情况。

（2）分析现象总体变动中受各个因素变动的影响程度。

（3）分析社会经济现象在长时间内的发展变化趋势。

广义指数是指同类指标在不同时间或不同空间上对比的相对数，是考察单个总体中个别现象或个别项目的数量对比关系的指数。狭义指数（也称为总指数）是指反映不能直接相加的复杂现象总体数量变动的相对数，是考察由多个复杂因素构成的总体现象的数量对比关系的指数，是指数分析的主要内容。

- ☑ 综合指数
- ☑ 平均指数
- ☑ 指数体系与因素分析

11.1 综合指数

根据编制总指数的方法，可将总指数分为"综合指数"和"平均指数"，本节主要讲解综合指数。

复杂经济现象的总量变动可以分解为两个或两个以上因素的变动，将其中一个或一个以上因素指标加以固定，只观察另一因素指标的变动程度，这样的总量指标对比形成的总指数称为综合指数。

例如，商品销售额就是一个总值指标，它可以分解成销售量和商品价格两个因素指标。如果我们要编制销售量的总指数（数量指标指数），就可以将商品的价格加以固定（或固定在基期，或固定在报告期），只反映销售量报告期比基期变动了多少；反之，如果要编制商品价格指数，则可将销售量加以固定。

按照加总的方式不同，综合指数主要包含同等加权指数、基期加权指数、帕氏指数、埃奇沃斯指数及费雪指数。

11.1.1 同等加权指数

同等加权指数是最简单的一种综合指数，就是将指数中的各个组成部分同等对待并赋予相同的权重。

1. 同等加权销量指数

如果将报告期销售量综合，并与基期销售量相比，即可得到同等数量加权指数，用来反映报告期销量相对于基期销量的变化。同等加权销量指数的计算公式为：

$$I_{Eq} = \frac{\frac{1}{n}(Q_1^1 + Q_2^1 + \ldots + Q_n^1)}{\frac{1}{n}(Q_1^0 + Q_2^0 + \ldots + Q_n^0)} = \frac{\sum Q^1}{\sum Q^0}$$

- I_{Eq} 为同等加权销量的指数。
- Q_1^0、Q_2^0…为指数中各组成部分1、2…的基期销量。
- Q_1^1、Q_2^1…为指数中各组成部分1、2…的报告期销量。
- n 为指数中组成部分的个数。

❶ 创建新工作簿，重命名 Sheet1 工作表为"同等加权指数"。在工作表中创建"商品销售量和商品价格资料"工作表，并输入销售量与价格资料数据，如图 11-1 所示。

图 11-1

❷ 选中 C10 单元格，在编辑栏中输入公式：
=SUM(C4:C8)/SUM(B4:B8)

按 Enter 键后即可计算出同等加权销量指数，如图 11-2 所示。

图 11-2

2. 同等加权价格指数

如果将报告期价格综合，并与基期价格相比，即可得到同等价格加权指数，用来反映报告期价格相对于基期价格的变化。同等加权价格指数的计算公式为：

$$I_{Ep}=\frac{\frac{1}{n}(P_1^{\ 1}+P_2^{\ 1}+\cdots+P_n^{\ 1})}{\frac{1}{n}(P_1^{\ 0}+P_2^{\ 0}+\cdots+P_n^{\ 0})}=\frac{\sum P^1}{\sum P^0}$$

- I_{Ep} 为加权价格的指数。
- $P_1^{\ 0}$、$P_2^{\ 0}\cdots$为指数中各组成部分 1、2…的基期价格。
- $P_1^{\ 1}$、$P_2^{\ 1}\cdots$为指数中各组成部分 1、2…的报告期价格。
- n 为指数中组成部分的个数。

选中 C11 单元格，在编辑栏中输入公式：

=SUM(E4:E8)/SUM(D4:D8)

按 Enter 键后即可计算出同等加权价格指数，如图 11-3 所示。

C11 =SUM(E4:E8)/SUM(D4:D8)

	A	B	C	D	E
1	商品销售量和商品价格资料				
2	商品名称	销售量		价格	
3		基期q₀	报告期q₁	基期p₀	报告期p₁
4	女装(件)	4800	6000	300	380
5	男装(件)	3500	3200	500	500
6	鞋品(双)	3000	3800	320	360
7	包品(个)	2000	3200	220	280
8	饰品(个)	900	920	48	70
9					
10	同等加权销量指数		120.56%		
11	同等加权价格指数		114.55%		
12					

图 11-3

从计算出的结果可以看出：同等加权销量指数为 120.56%，说明相对初期，销量增加了 12.56%；同等加权价格指数为 114.55%，说明相对初期，价格上涨了 14.55%。

11.1.2 基期加权指数

基期加权指数又称为 Lapeyres 指数或者拉氏指数，最基本的特征是权数根据基期值确定，在以后的计算期里不发生变化。

拉氏数量指数的计算公式为：

$$I_{Lq}=\frac{P_1^{\ 0}\times Q_1^{\ 1}+P_2^{\ 0}\times Q_2^{\ 1}+\cdots+P_n^{\ 0}\times Q_n^{\ 1}}{P_1^{\ 0}\times Q_1^{\ 0}+P_2^{\ 0}\times Q_2^{\ 0}+\cdots+P_n^{\ 0}\times Q_n^{\ 0}}=\frac{\sum P^0\times Q^1}{\sum P^0\times Q^0}$$

- I_{Lq} 为拉氏数量指数。
- $P_1^{\ 0}$、$P_2^{\ 0}\cdots$为指数中各组成部分 1、2 的基期价格。
- $Q_1^{\ 0}$、$Q_2^{\ 0}\cdots$为指数中各组成部分 1、2 的基期数量。
- $Q_1^{\ 1}$、$Q_2^{\ 1}\cdots$为指数中各组成部分 1、2 的报告期数量。
- n 为指数中组成部分的个数。

拉氏价格指数的计算公式为：

$$I_{Lp}=\frac{P_1^{\ 1}\times Q_1^{\ 0}+P_2^{\ 1}\times Q_2^{\ 0}+\cdots+P_n^{\ 1}\times Q_n^{\ 0}}{P_1^{\ 0}\times Q_1^{\ 0}+P_2^{\ 0}\times Q_2^{\ 0}+\cdots+P_n^{\ 0}\times Q_n^{\ 0}}=\frac{\sum P^1\times Q^0}{\sum P^0\times Q^0}$$

- I_{Lp} 为拉氏价格指数。
- $P_1^{\ 0}$、$P_2^{\ 0}\cdots$为指数中各组成部分 1、2 的基期价格。
- $Q_1^{\ 0}$、$Q_2^{\ 0}\cdots$为指数中各组成部分 1、2 的基期数量。
- $P_1^{\ 1}$、$P_2^{\ 1}\cdots$为指数中各组成部分 1、2 的报告期价格。
- $Q_1^{\ 1}$、$Q_2^{\ 1}\cdots$为指数中各组成部分 1、2 的报告期数量。
- n 为指数中组成部分的个数。

❶ 重命名 Sheet2 工作表为“拉氏指数”，复制“商品销售量和商品价格资料”表格，并根据资料数据及所需的求解结果创建数据表格，如图 11-4 所示。

	A	B	C	D	E	F	G	H	I	J
1	商品销售量和商品价格资料						计算基期加权指数			
2	商品名称	销售量		价格			商品名称	P⁰*Q⁰	P¹*Q⁰	P⁰*Q¹
3		基期q₀	报告期q₁	基期p₀	报告期p₁		女装(件)			
4	女装(件)	4800	6000	300	380		男装(件)			
5	男装(件)	3500	3200	500	500		鞋品(双)			
6	鞋品(双)	3000	3800	320	360		包品(个)			
7	包品(个)	2000	3200	220	280		饰品(个)			
8	饰品(个)	900	920	48	70		总和			
9										
10										
11	拉氏数量指数									
12	拉氏价格指数									

图 11-4

❷ 选中 H3 单元格，在编辑栏中输入公式：

=D4*B4

按 Enter 键后向下复制公式，即可计算出 P^0*Q^0 的值，如图 11-5 所示。

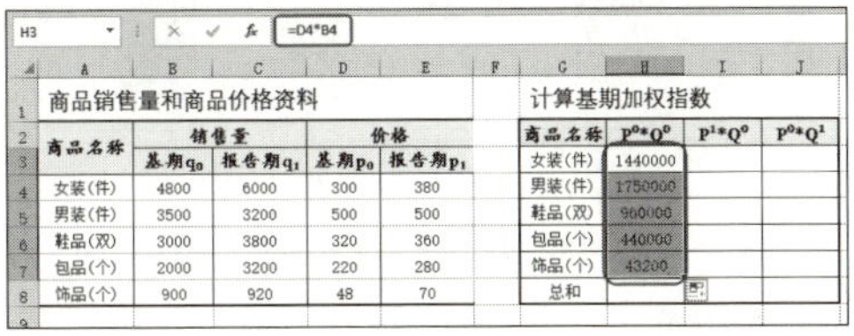

商品名称	销售量 基期q_0	销售量 报告期q_1	价格 基期p_0	价格 报告期p_1
女装(件)	4800	6000	300	380
男装(件)	3500	3200	500	500
鞋品(双)	3000	3800	320	360
包品(个)	2000	3200	220	280
饰品(个)	900	920	48	70

商品名称	P^0*Q^0	P^1*Q^0	P^0*Q^1
女装(件)	1440000		
男装(件)	1750000		
鞋品(双)	960000		
包品(个)	440000		
饰品(个)	43200		
总和			

图 11-5

❸ 选中 I3 单元格，在编辑栏中输入公式：

=E4*B4

按 Enter 键后向下复制公式，即可计算出 P^1*Q^0 的值，如图 11-6 所示。

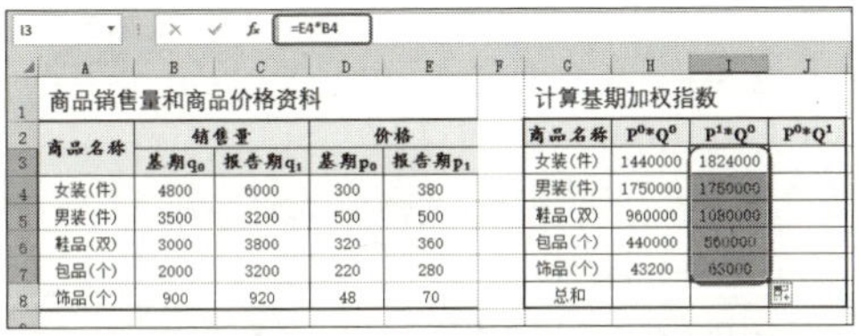

商品名称	销售量 基期q_0	销售量 报告期q_1	价格 基期p_0	价格 报告期p_1
女装(件)	4800	6000	300	380
男装(件)	3500	3200	500	500
鞋品(双)	3000	3800	320	360
包品(个)	2000	3200	220	280
饰品(个)	900	920	48	70

商品名称	P^0*Q^0	P^1*Q^0	P^0*Q^1
女装(件)	1440000	1824000	
男装(件)	1750000	1750000	
鞋品(双)	960000	1080000	
包品(个)	440000	560000	
饰品(个)	43200	63000	
总和			

图 11-6

❹ 选中 J3 单元格，在编辑栏中输入公式：

=D4*C4

按 Enter 键后向下复制公式，即可计算出 P^0*Q^1 的值，如图 11-7 所示。

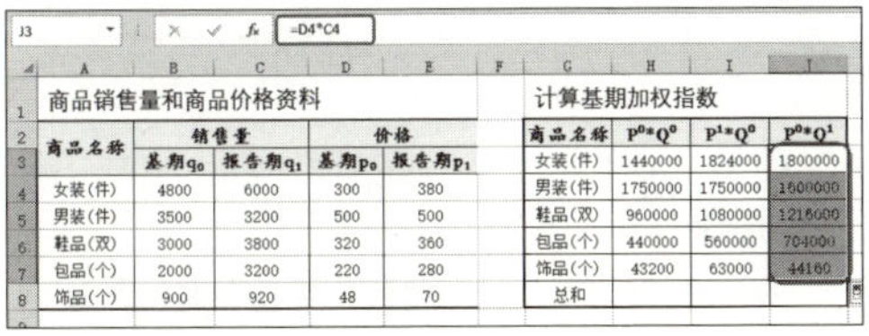

商品名称	销售量 基期q_0	销售量 报告期q_1	价格 基期p_0	价格 报告期p_1
女装(件)	4800	6000	300	380
男装(件)	3500	3200	500	500
鞋品(双)	3000	3800	320	360
包品(个)	2000	3200	220	280
饰品(个)	900	920	48	70

商品名称	P^0*Q^0	P^1*Q^0	P^0*Q^1
女装(件)	1440000	1824000	1800000
男装(件)	1750000	1750000	1600000
鞋品(双)	960000	1080000	1216000
包品(个)	440000	560000	704000
饰品(个)	43200	63000	44160
总和			

图 11-7

❺ 选中 H8 单元格，在编辑栏中输入公式：

=SUM(H3:H7)

按 Enter 键后向右复制公式，得到如图 11-8 所示结果。

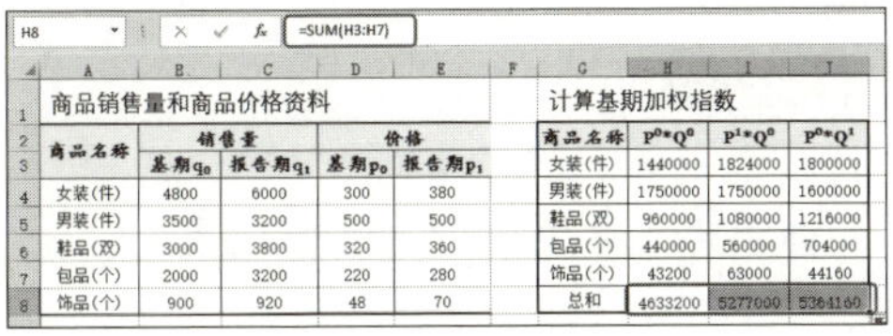

商品名称	销售量 基期q_0	销售量 报告期q_1	价格 基期p_0	价格 报告期p_1
女装(件)	4800	6000	300	380
男装(件)	3500	3200	500	500
鞋品(双)	3000	3800	320	360
包品(个)	2000	3200	220	280
饰品(个)	900	920	48	70

商品名称	P^0*Q^0	P^1*Q^0	P^0*Q^1
女装(件)	1440000	1824000	1800000
男装(件)	1750000	1750000	1600000
鞋品(双)	960000	1080000	1216000
包品(个)	440000	560000	704000
饰品(个)	43200	63000	44160
总和	4633200	5277000	5364160

图 11-8

❻ 选中 C11 单元格，在编辑栏中输入公式：

=J8/H8

按 Enter 键，即可得到拉氏数量指数，如图 11-9 所示。

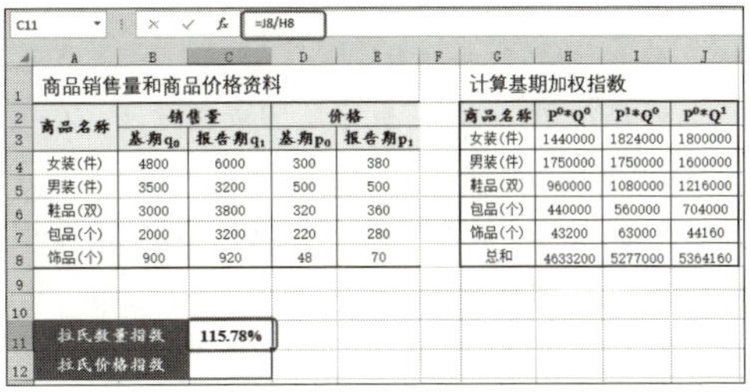

商品名称	销售量 基期q_0	销售量 报告期q_1	价格 基期p_0	价格 报告期p_1
女装(件)	4800	6000	300	380
男装(件)	3500	3200	500	500
鞋品(双)	3000	3800	320	360
包品(个)	2000	3200	220	280
饰品(个)	900	920	48	70

商品名称	P^0*Q^0	P^1*Q^0	P^0*Q^1
女装(件)	1440000	1824000	1800000
男装(件)	1750000	1750000	1600000
鞋品(双)	960000	1080000	1216000
包品(个)	440000	560000	704000
饰品(个)	43200	63000	44160
总和	4633200	5277000	5364160

拉氏数量指数	115.78%
拉氏价格指数	

图 11-9

❼ 选中 C12 单元格，在编辑栏中输入公式：

=I8/H8

按 Enter 键，即可得到拉氏价格指数，如图 11-10 所示。

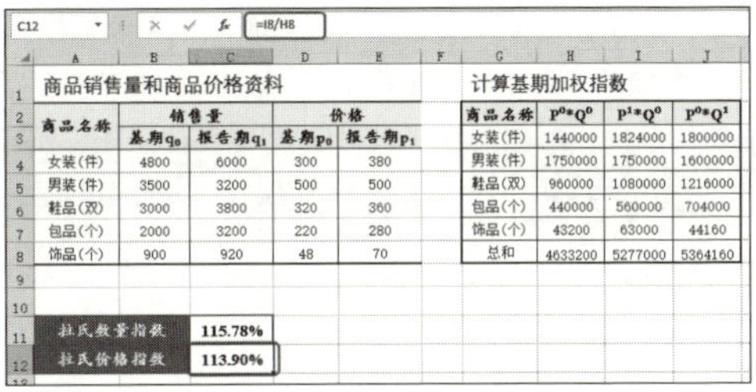

商品名称	销售量 基期q_0	销售量 报告期q_1	价格 基期p_0	价格 报告期p_1
女装(件)	4800	6000	300	380
男装(件)	3500	3200	500	500
鞋品(双)	3000	3800	320	360
包品(个)	2000	3200	220	280
饰品(个)	900	920	48	70

商品名称	P^0*Q^0	P^1*Q^0	P^0*Q^1
女装(件)	1440000	1824000	1800000
男装(件)	1750000	1750000	1600000
鞋品(双)	960000	1080000	1216000
包品(个)	440000	560000	704000
饰品(个)	43200	63000	44160
总和	4633200	5277000	5364160

拉氏数量指数	115.78%
拉氏价格指数	113.90%

图 11-10

从计算结果可以看出：拉氏数量指数为 115.78%，同基期相比较上涨了 15.78%；拉氏价格指数为 113.90%，比基期同比上涨了 13.90%。

11.1.3 报告期加权指数

报告期加权指数是 1874 年德国统计学家帕舍（Paasche）提出的一种指数计算方法，因此又称为帕氏指数。其基本特征是将度量因素固定在报告期，权数随着报告期改变而随时更新。

帕氏数量指数的计算公式为：

$$I_{Pq}=\frac{P_1^{\ 1}\times Q_1^{\ 1}+P_2^{\ 1}\times Q_2^{\ 1}+\cdots+P_n^{\ 1}\times Q_n^{\ 1}}{P_1^{\ 1}\times Q_1^{\ 0}+P_2^{\ 1}\times Q_2^{\ 0}+\cdots+P_n^{\ 1}\times Q_n^{\ 0}}=\frac{\sum P^1\times Q^1}{\sum P^1\times Q^0}$$

帕氏价格指数的计算公式为：

$$I_{Pp}=\frac{P_1^{\,1}\times Q_1^{\,1}+P_2^{\,1}\times Q_2^{\,1}+\cdots+P_n^{\,1}\times Q_n^{\,1}}{P_1^{\,0}\times Q_1^{\,1}+P_2^{\,0}\times Q_2^{\,1}+\cdots+P_n^{\,0}\times Q_n^{\,1}}=\frac{\sum P^1\times Q^1}{\sum P^0\times Q^1}$$

- I_{Pp} 为帕氏价格指数。
- I_{Pq} 为帕氏数量指数。
- $P_1^{\,0}$、$P_2^{\,0}$…为指数中各组成部分 1、2…的基期价格。
- $Q_1^{\,0}$、$Q_2^{\,0}$…为指数中各组成部分 1、2…的基期数量。
- $P_1^{\,1}$、$P_2^{\,1}$…为指数中各组成部分 1、2…的报告期价格。
- $Q_1^{\,1}$、$Q_2^{\,1}$…为指数中各组成部分 1、2…的报告期数量。
- n 为指数中组成部分的个数。

❶ 重命名 Sheet3 工作表为“帕氏指数”，复制“商品销售量和商品价格资料”表格，并根据资料数据及所需的求解结果创建数据表格，如图 11-11 所示。

商品销售量和商品价格资料

商品名称	销售量 基期q_0	销售量 报告期q_1	价格 基期p_0	价格 报告期p_1
女装(件)	4800	6000	300	380
男装(件)	3500	3200	500	500
鞋品(双)	3000	3800	320	360
包品(个)	2000	3200	220	280
饰品(个)	900	920	48	70

计算帕氏指数

商品名称	P^1*Q^0	P^0*Q^1	P^1*Q^1
女装(件)			
男装(件)			
鞋品(双)			
包品(个)			
饰品(个)			
总和			

帕氏数量指数	
帕氏价格指数	

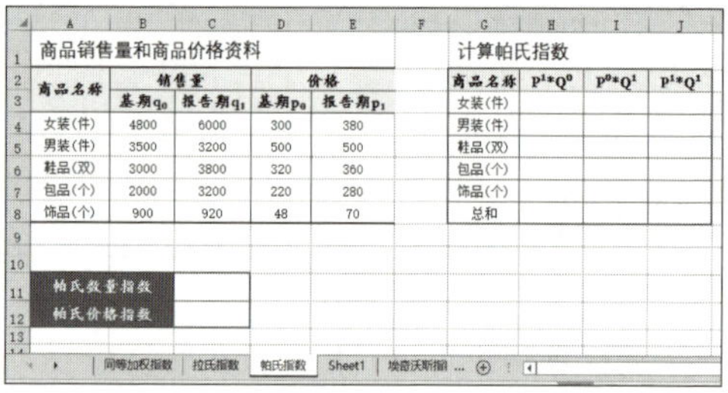

图 11-11

❷ 选中 H3 单元格，在编辑栏中输入公式：

=E4*B4

按 Enter 键后向下复制公式，即可计算出 P^1*Q^0 的值，如图 11-12 所示。

商品销售量和商品价格资料

商品名称	销售量 基期q_0	销售量 报告期q_1	价格 基期p_0	价格 报告期p_1
女装(件)	4800	6000	300	380
男装(件)	3500	3200	500	500
鞋品(双)	3000	3800	320	360
包品(个)	2000	3200	220	280
饰品(个)	900	920	48	70

计算帕氏指数

商品名称	P^1*Q^0	P^0*Q^1	P^1*Q^1
女装(件)	1824000		
男装(件)	1750000		
鞋品(双)	1080000		
包品(个)	560000		
饰品(个)	63000		
总和			

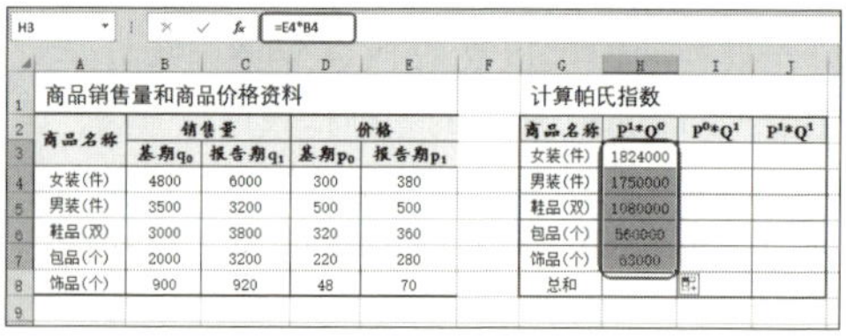

图 11-12

❸ 选中 I3 单元格，在编辑栏中输入公式：

=D4*C4

按 Enter 键后向下复制公式，即可计算出 P^0*Q^1 的值，如图 11-13 所示。

商品销售量和商品价格资料

商品名称	销售量 基期q_0	销售量 报告期q_1	价格 基期p_0	价格 报告期p_1
女装(件)	4800	6000	300	380
男装(件)	3500	3200	500	500
鞋品(双)	3000	3800	320	360
包品(个)	2000	3200	220	280
饰品(个)	900	920	48	70

计算帕氏指数

商品名称	P^1*Q^0	P^0*Q^1	P^1*Q^1
女装(件)	1824000	1800000	
男装(件)	1750000	1600000	
鞋品(双)	1080000	1216000	
包品(个)	560000	704000	
饰品(个)	63000	44160	
总和			

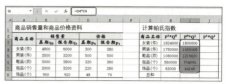

图 11-13

❹ 选中 J3 单元格，在编辑栏中输入公式：

=E4*C4

按 Enter 键后向下复制公式，即可计算出 P^1*Q^1 的值，如图 11-14 所示。

商品销售量和商品价格资料

商品名称	销售量 基期q_0	销售量 报告期q_1	价格 基期p_0	价格 报告期p_1
女装(件)	4800	6000	300	380
男装(件)	3500	3200	500	500
鞋品(双)	3000	3800	320	360
包品(个)	2000	3200	220	280
饰品(个)	900	920	48	70

计算帕氏指数

商品名称	P^1*Q^0	P^0*Q^1	P^1*Q^1
女装(件)	1824000	1800000	2280000
男装(件)	1750000	1600000	1600000
鞋品(双)	1080000	1216000	1368000
包品(个)	560000	704000	896000
饰品(个)	63000	44160	64400
总和			

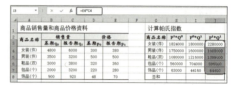

图 11-14

❺ 选中 H8 单元格，在编辑栏中输入公式：

=SUM(H3:H7)

按 Enter 键后向右复制公式，得到如图 11-15 所示结果。

商品销售量和商品价格资料

商品名称	销售量 基期q_0	销售量 报告期q_1	价格 基期p_0	价格 报告期p_1
女装(件)	4800	6000	300	380
男装(件)	3500	3200	500	500
鞋品(双)	3000	3800	320	360
包品(个)	2000	3200	220	280
饰品(个)	900	920	48	70

计算帕氏指数

商品名称	P^1*Q^0	P^0*Q^1	P^1*Q^1
女装(件)	1824000	1800000	2280000
男装(件)	1750000	1600000	1600000
鞋品(双)	1080000	1216000	1368000
包品(个)	560000	704000	896000
饰品(个)	63000	44160	64400
总和	5277000	5364160	6208400

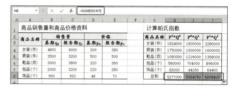

图 11-15

❻ 选中 C11 单元格，在编辑栏中输入公式：

=J8/H8

按 Enter 键，即可得到帕氏数量指数，如图 11-16 所示。

商品销售量和商品价格资料

商品名称	销售量 基期q_0	销售量 报告期q_1	价格 基期p_0	价格 报告期p_1
女装(件)	4800	6000	300	380
男装(件)	3500	3200	500	500
鞋品(双)	3000	3800	320	360
包品(个)	2000	3200	220	280
饰品(个)	900	920	48	70

计算帕氏指数

商品名称	P^1*Q^0	P^0*Q^1	P^1*Q^1
女装(件)	1824000	1800000	2280000
男装(件)	1750000	1600000	1600000
鞋品(双)	1080000	1216000	1368000
包品(个)	560000	704000	896000
饰品(个)	63000	44160	64400
总和	5277000	5364160	6208400

帕氏数量指数	117.65%
帕氏价格指数	

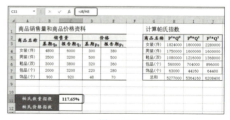

图 11-16

❼ 选中 C12 单元格，在编辑栏中输入公式：

=J8/I8

按 Enter 键，即可得到帕氏价格指数，如图 11-17 所示。

图 11-17

从计算结果可以看出：帕氏数量指数为 117.65%。同基期相比较上涨了 17.65%；帕氏价格指数为 115.74%，比基期同比上涨了 15.74%。

11.1.4 埃奇沃斯指数

埃奇沃斯指数是对拉氏指数和帕氏指数的权重进行算术平均的结果。

埃奇沃斯价格指数的计算公式为：

$$I_{Mp} = \frac{P_1^1 \times \left(\frac{Q_1^0+Q_1^1}{2}\right) + P_2^1 \left(\frac{Q_2^0+Q_2^1}{2}\right) + \cdots}{P_1^0 \times \left(\frac{Q_1^0+Q_1^1}{2}\right) + P_2^0 \left(\frac{Q_2^0+Q_2^1}{2}\right) + \cdots} = \frac{\sum P^1 \times \left(\frac{Q^0+Q^1}{2}\right)}{\sum P^0 \times \left(\frac{Q^0+Q^1}{2}\right)}$$

埃奇沃斯数量指数的计算公式为：

$$I_{Mq} = \frac{Q_1^1 \times \left(\frac{P_1^0+P_1^1}{2}\right) + Q_2^1 \left(\frac{P_2^0+P_2^1}{2}\right) + \cdots}{Q_1^0 \times \left(\frac{P_1^0+P_1^1}{2}\right) + Q_2^0 \left(\frac{P_2^0+P_2^1}{2}\right) + \cdots} = \frac{\sum Q^1 \times \left(\frac{P^0+P^1}{2}\right)}{\sum Q^0 \times \left(\frac{P^0+P^1}{2}\right)}$$

❶ 插入新工作表，并重命名为"埃奇沃斯指数"，复制"商品销售量和商品价格资料"表格，并根据资料数据及所需的求解结果创建数据表格，如图 11-18 所示。

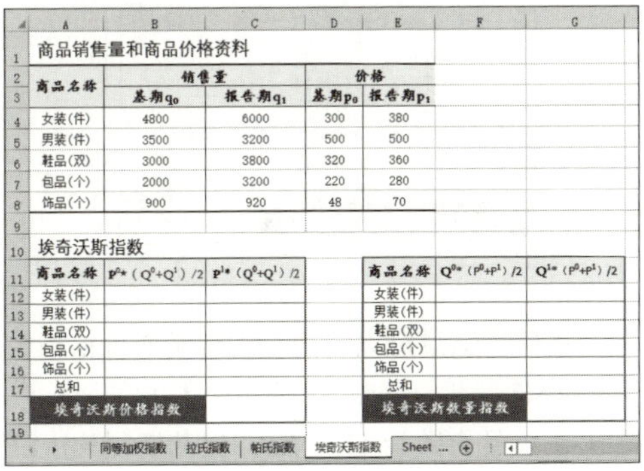

图 11-18

❷ 选中 B12 单元格，在编辑栏中输入公式：
=D5*(B5+C5)/2

按 Enter 键后向下复制公式，即可计算出 $P^0*(Q^0+Q^1)/2$ 的值，如图 11-19 所示。

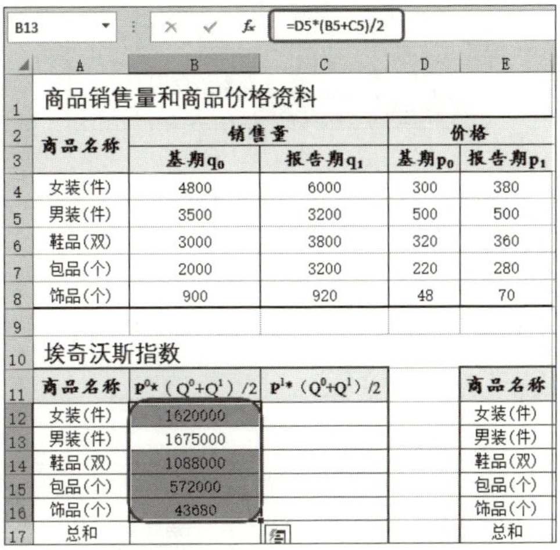

图 11-19

❸ 选中 C12 单元格，在编辑栏中输入公式：
=E4*(B4+C4)/2

按 Enter 键后向下复制公式，即可计算出 $P^1*(Q^0+Q^1)/2$ 的值，如图 11-20 所示。

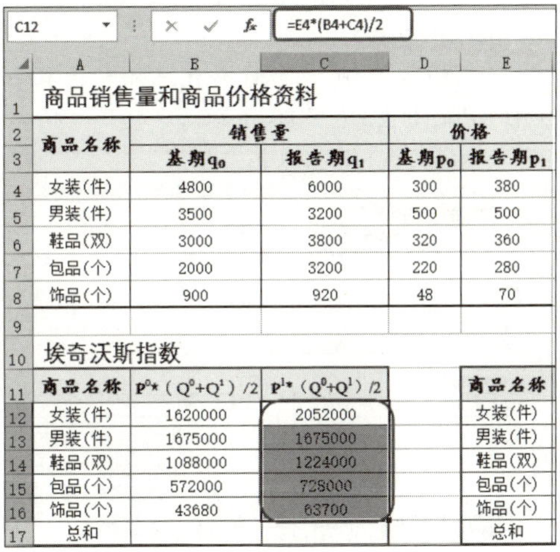

图 11-20

❹ 选中 B17 单元格，在编辑栏中输入公式：
=SUM(B12:B16)

按 Enter 键后向右复制公式，即可计算出参数总和，如图 11-21 所示。

B17 =SUM(B12:B16)

	A	B	C
10	埃奇沃斯指数		
11	商品名称	$P^0*(Q^0+Q^1)/2$	$P^1*(Q^0+Q^1)/2$
12	女装(件)	1620000	2052000
13	男装(件)	1675000	1675000
14	鞋品(双)	1088000	1224000
15	包品(个)	572000	728000
16	饰品(个)	43680	63700
17	总和	4998680	5742700
18	埃奇沃斯价格指数		

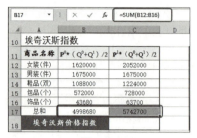

图 11-21

❺ 选中 C18 单元格，在编辑栏中输入公式：

=C17/B17

按 Enter 键，即可计算出埃奇沃斯价格指数，如图 11-22 所示。

C18 =C17/B17

	A	B	C
10	埃奇沃斯指数		
11	商品名称	$P^0*(Q^0+Q^1)/2$	$P^1*(Q^0+Q^1)/2$
12	女装(件)	1620000	2052000
13	男装(件)	1675000	1675000
14	鞋品(双)	1088000	1224000
15	包品(个)	572000	728000
16	饰品(个)	43680	63700
17	总和	4998680	5742700
18	埃奇沃斯价格指数		114.88%

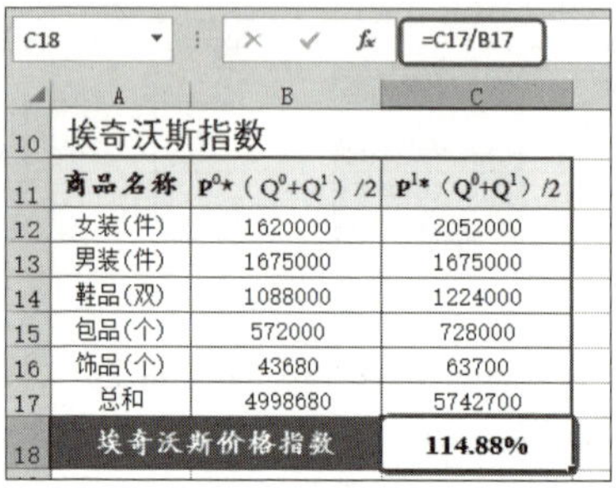

图 11-22

❻ 选中 F12 单元格，在编辑栏中输入公式：

=B4*(D4+E4)/2

按 Enter 键后向下复制公式，即可计算出 $Q^0*(P^0+P^1)/2$ 的值，如图 11-23 所示。

F12 =B4*(D4+E4)/2

	A	B	C	D	E
1	商品销售量和商品价格资料				
2	商品名称	销售量		价格	
3		基期q_0	报告期q_1	基期p_0	报告期p_1
4	女装(件)	4800	6000	300	380
5	男装(件)	3500	3200	500	500
6	鞋品(双)	3000	3800	320	360
7	包品(个)	2000	3200	220	280
8	饰品(个)	900	920	48	70

	A	B	C	E	F	G
10	埃奇沃斯指数					
11	商品名称	$P^0*(Q^0+Q^1)/2$	$P^1*(Q^0+Q^1)/2$	商品名称	$Q^0*(P^0+P^1)/2$	$Q^1*(P^0+P^1)/2$
12	女装(件)	1620000	2052000	女装(件)	1632000	
13	男装(件)	1675000	1675000	男装(件)	1750000	
14	鞋品(双)	1088000	1224000	鞋品(双)	1020000	
15	包品(个)	572000	728000	包品(个)	500000	
16	饰品(个)	43680	63700	饰品(个)	53100	
17	总和	4998680	5742700	总和		
18	埃奇沃斯价格指数		114.88%	埃奇沃斯数量指数		

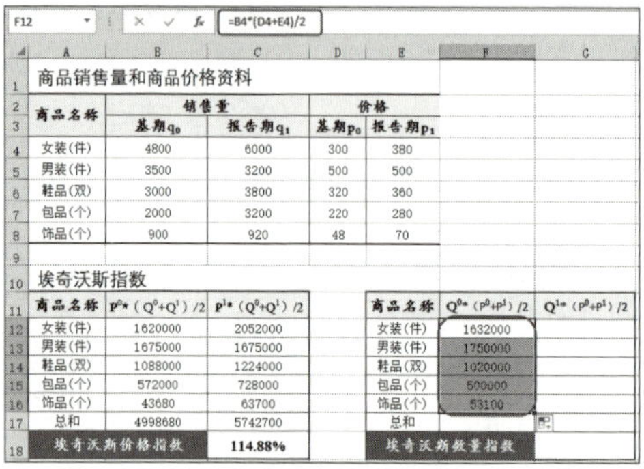

图 11-23

❼ 选中 G12 单元格，在编辑栏中输入公式：

=C4*(D4+E4)/2

按 Enter 键后向下复制公式，即可计算出 $Q^1*(p^0+p^1)/2$ 的值，如图 11-24 所示。

G12 =C4*(D4+E4)/2

	A	B	C	D	E
1	商品销售量和商品价格资料				
2	商品名称	销售量		价格	
3		基期q_0	报告期q_1	基期p_0	报告期p_1
4	女装(件)	4800	6000	300	380
5	男装(件)	3500	3200	500	500
6	鞋品(双)	3000	3800	320	360
7	包品(个)	2000	3200	220	280
8	饰品(个)	900	920	48	70

	A	B	C	E	F	G
10	埃奇沃斯指数					
11	商品名称	$P^0*(Q^0+Q^1)/2$	$P^1*(Q^0+Q^1)/2$	商品名称	$Q^0*(P^0+P^1)/2$	$Q^1*(P^0+P^1)/2$
12	女装(件)	1620000	2052000	女装(件)	1632000	2040000
13	男装(件)	1675000	1675000	男装(件)	1750000	1600000
14	鞋品(双)	1088000	1224000	鞋品(双)	1020000	1292000
15	包品(个)	572000	728000	包品(个)	500000	800000
16	饰品(个)	43680	63700	饰品(个)	53100	54280
17	总和	4998680	5742700	总和		
18	埃奇沃斯价格指数		114.88%	埃奇沃斯数量指数		

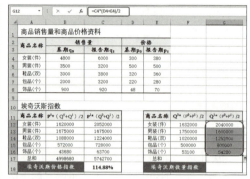

图 11-24

❽ 选中 F17 单元格，在编辑栏中输入公式：

=SUM(F12:F16)

按 Enter 键后向右复制公式，即可计算出参数总和，如图 11-25 所示。

F17 =SUM(F12:F16)

	E	F	G
11	商品名称	$Q^0*(P^0+P^1)/2$	$Q^1*(P^0+P^1)/2$
12	女装(件)	1632000	2040000
13	男装(件)	1750000	1600000
14	鞋品(双)	1020000	1292000
15	包品(个)	500000	800000
16	饰品(个)	53100	54280
17	总和	4955100	5786280
18	埃奇沃斯数量指数		

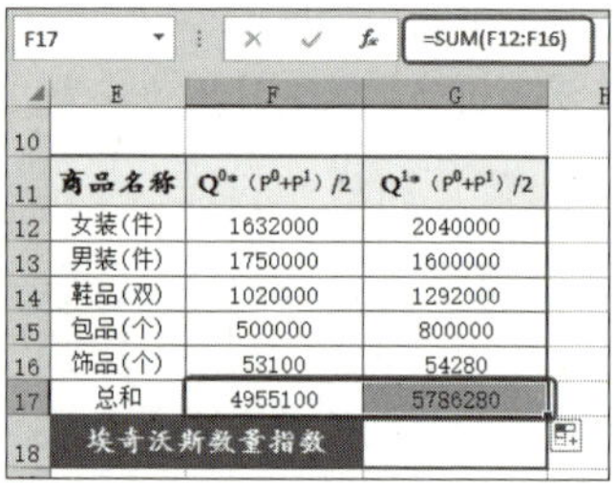

图 11-25

❾ 选中 G18 单元格，在编辑栏中输入公式：

=G17/F17

按 Enter 键，即可计算出埃奇沃斯数量指数，如图 11-26 所示。

G18 =G17/F17

	E	F	G
11	商品名称	$Q^0*(P^0+P^1)/2$	$Q^1*(P^0+P^1)/2$
12	女装(件)	1632000	2040000
13	男装(件)	1750000	1600000
14	鞋品(双)	1020000	1292000
15	包品(个)	500000	800000
16	饰品(个)	53100	54280
17	总和	4955100	5786280
18	埃奇沃斯数量指数		116.77%

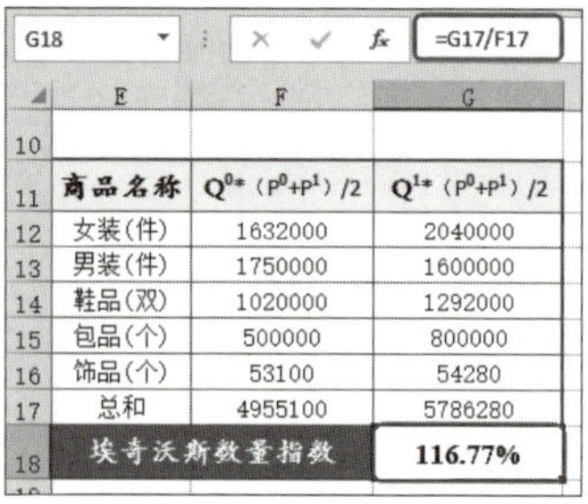

图 11-26

从计算结果可以看出：埃奇沃斯价格指数为 114.88%，同基期相比较上涨了 14.88%；埃奇沃斯数量指数为 116.77%，比基期同比上涨了 16.77%。

11.1.5 费雪指数

费雪指数是将拉氏指数和帕氏指数进行几何平均的结果。

费雪价格指数的计算公式为：

$$I_{Ep}=\sqrt{I_{LP}\times I_{PP}}=\sqrt{\frac{\sum P^1\times Q^0}{\sum P^0\times Q^0}\times\frac{\sum P^1\times Q^1}{\sum P^0\times Q^1}}$$

费雪数量指数的计算公式为：

$$I_{Eq}=\sqrt{I_{Lq}\times I_{Pq}}=\sqrt{\frac{\sum P^0\times Q^1}{\sum P^0\times Q^0}\times\frac{\sum P^1\times Q^1}{\sum P^1\times Q^0}}$$

❶ 重命名 Sheet2 工作表为“费雪指数”，复制“商品销售量和商品价格资料”表格，并根据资料数据及所需的求解结果创建数据表格，如图 11-27 所示。

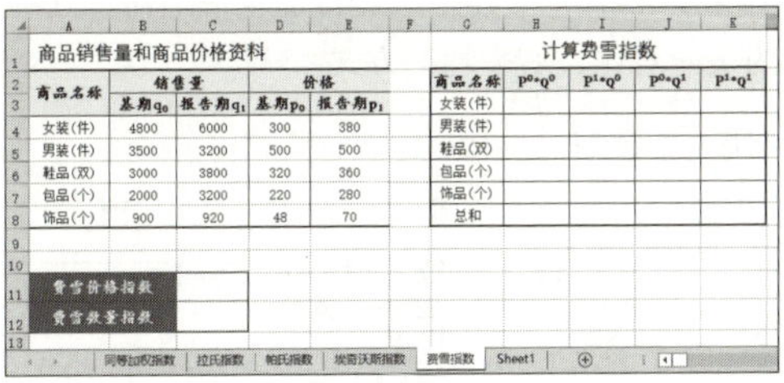

商品名称	销售量 基期q_0	销售量 报告期q_1	价格 基期p_0	价格 报告期p_1
女装(件)	4800	6000	300	380
男装(件)	3500	3200	500	500
鞋品(双)	3000	3800	320	360
包品(个)	2000	3200	220	280
饰品(个)	900	920	48	70

商品名称	P0*Q0	P1*Q0	P0*Q1	P1*Q1
女装(件)				
男装(件)				
鞋品(双)				
包品(个)				
饰品(个)				
总和				

图 11-27

❷ 选中 H3 单元格，在编辑栏中输入公式：

=D4*B4

按 Enter 键后向下复制公式，即可计算出 P^0*Q^0 的值，如图 11-28 所示。

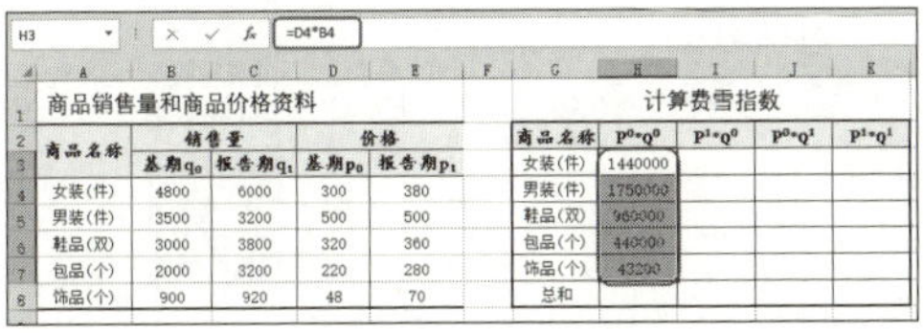

商品名称	销售量 基期q_0	销售量 报告期q_1	价格 基期p_0	价格 报告期p_1
女装(件)	4800	6000	300	380
男装(件)	3500	3200	500	500
鞋品(双)	3000	3800	320	360
包品(个)	2000	3200	220	280
饰品(个)	900	920	48	70

商品名称	P0*Q0	P1*Q0	P0*Q1	P1*Q1
女装(件)	1440000			
男装(件)	1750000			
鞋品(双)	960000			
包品(个)	440000			
饰品(个)	43200			
总和				

图 11-28

❸ 选中 I3 单元格，在编辑栏中输入公式：

=E4*B4

按 Enter 键后向下复制公式，即可计算出 P^1*Q^0 的值，如图 11-29 所示。

❹ 选中 J3 单元格，在编辑栏中输入公式：

=D4*C4

按 Enter 键后向下复制公式，即可计算出 P^0*Q^1 的值，如图 11-30 所示。

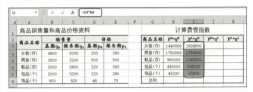

商品名称	销售量 基期q_0	销售量 报告期q_1	价格 基期p_0	价格 报告期p_1
女装(件)	4800	6000	300	380
男装(件)	3500	3200	500	500
鞋品(双)	3000	3800	320	360
包品(个)	2000	3200	220	280
饰品(个)	900	920	48	70

商品名称	P0*Q0	P1*Q0	P0*Q1	P1*Q1
女装(件)	1440000	1824000		
男装(件)	1750000	1750000		
鞋品(双)	960000	1080000		
包品(个)	440000	560000		
饰品(个)	43200	63000		
总和				

图 11-29

商品名称	销售量 基期q_0	销售量 报告期q_1	价格 基期p_0	价格 报告期p_1
女装(件)	4800	6000	300	380
男装(件)	3500	3200	500	500
鞋品(双)	3000	3800	320	360
包品(个)	2000	3200	220	280
饰品(个)	900	920	48	70

商品名称	P0*Q0	P1*Q0	P0*Q1	P1*Q1
女装(件)	1440000	1824000	1800000	
男装(件)	1750000	1750000	1600000	
鞋品(双)	960000	1080000	1216000	
包品(个)	440000	560000	704000	
饰品(个)	43200	63000	44160	
总和				

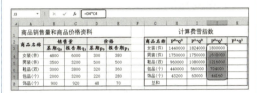

图 11-30

❺ 选中 K3 单元格，在编辑栏中输入公式：

=E4*C4

按 Enter 键后向下复制公式，即可计算出 P^1*Q^1 的值，如图 11-31 所示。

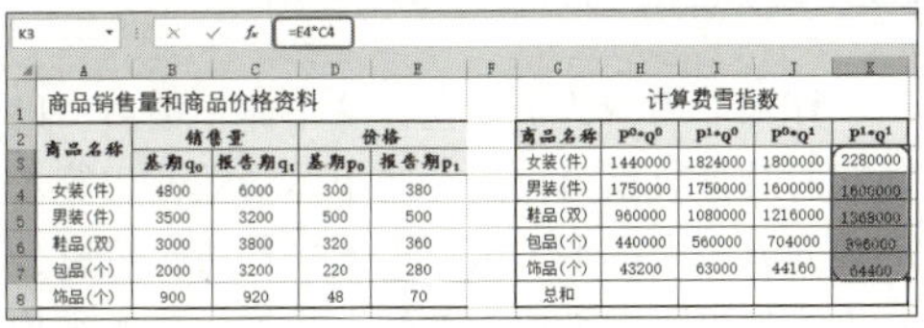

商品名称	销售量 基期q_0	销售量 报告期q_1	价格 基期p_0	价格 报告期p_1
女装(件)	4800	6000	300	380
男装(件)	3500	3200	500	500
鞋品(双)	3000	3800	320	360
包品(个)	2000	3200	220	280
饰品(个)	900	920	48	70

商品名称	P0*Q0	P1*Q0	P0*Q1	P1*Q1
女装(件)	1440000	1824000	1800000	2280000
男装(件)	1750000	1750000	1600000	1600000
鞋品(双)	960000	1080000	1216000	1368000
包品(个)	440000	560000	704000	896000
饰品(个)	43200	63000	44160	64400
总和				

图 11-31

❻ 选中 H8 单元格，在编辑栏中输入公式：

=SUM(H3:H7)

按 Enter 键，计算结果如图 11-32 所示。

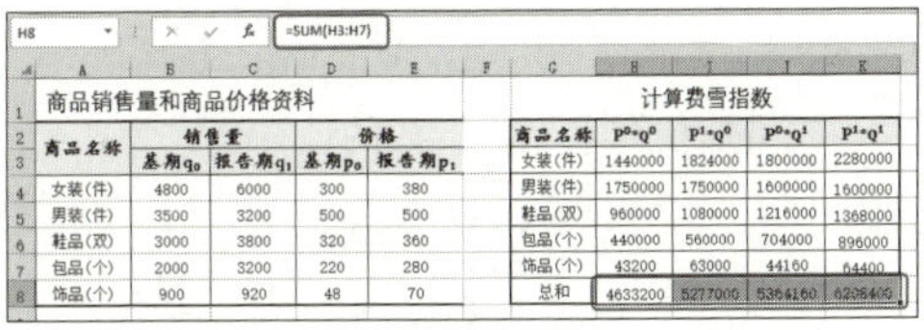

商品名称	销售量 基期q_0	销售量 报告期q_1	价格 基期p_0	价格 报告期p_1
女装(件)	4800	6000	300	380
男装(件)	3500	3200	500	500
鞋品(双)	3000	3800	320	360
包品(个)	2000	3200	220	280
饰品(个)	900	920	48	70

商品名称	P0*Q0	P1*Q0	P0*Q1	P1*Q1
女装(件)	1440000	1824000	1800000	2280000
男装(件)	1750000	1750000	1600000	1600000
鞋品(双)	960000	1080000	1216000	1368000
包品(个)	440000	560000	704000	896000
饰品(个)	43200	63000	44160	64400
总和	4633200	5277000	5364160	6208400

图 11-32

❼ 选中 C11 单元格，在编辑栏中输入公式：

=SQRT(I8/H8*K8/J8)

按 Enter 键，即可得到费雪价格指数，如图 11-33 所示。

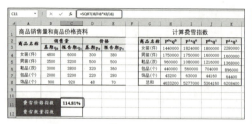

C11 =SQRT(I8/H8*K8/J8)

商品名称	销售量		价格	
	基期q_0	报告期q_1	基期p_0	报告期p_1
女装(件)	4800	6000	300	380
男装(件)	3500	3200	500	500
鞋品(双)	3000	3800	320	360
包品(个)	2000	3200	220	280
饰品(个)	900	920	48	70

计算费雪指数

商品名称	P^0*Q^0	P^1*Q^0	P^0*Q^1	P^1*Q^1
女装(件)	1440000	1824000	1800000	2280000
男装(件)	1750000	1750000	1600000	1600000
鞋品(双)	960000	1080000	1216000	1368000
包品(个)	440000	560000	704000	896000
饰品(个)	43200	63000	44160	64400
总和	4633200	5277000	5364160	6208400

费雪价格指数	114.81%
费雪数量指数	

图 11-33

❽ 选中 C12 单元格，在编辑栏中输入公式：

=SQRT(J8/H8*K8/I8)

按 Enter 键，即可得到费雪数量指数，如图 11-34 所示。

C12 =SQRT(J8/H8*K8/I8)

商品名称	销售量		价格	
	基期q_0	报告期q_1	基期p_0	报告期p_1
女装(件)	4800	6000	300	380
男装(件)	3500	3200	500	500
鞋品(双)	3000	3800	320	360
包品(个)	2000	3200	220	280
饰品(个)	900	920	48	70

计算费雪指数

商品名称	P^0*Q^0	P^1*Q^0	P^0*Q^1	P^1*Q^1
女装(件)	1440000	1824000	1800000	2280000
男装(件)	1750000	1750000	1600000	1600000
鞋品(双)	960000	1080000	1216000	1368000
包品(个)	440000	560000	704000	896000
饰品(个)	43200	63000	44160	64400
总和	4633200	5277000	5364160	6208400

费雪价格指数	114.81%
费雪数量指数	116.71%

图 11-34

从计算结果可以看出：费雪价格指数为 114.81%，同基期相比较上涨了 14.81%；费雪数量指数为 116.71%，比基期同比上涨了 16.71%。

11.2 平均指数

平均指数是指先通过对比计算个别现象的个体指数，然后将个体指数进行加权平均而得到的总指数。平均指数的特点是，编制指数的方法采用的是先对比、后平均的方式。

11.2.1 算术平均指数

算术平均指数是指在计算个体指数后，以基期的总量数据为权数，对个体指数使用算术平均的方法求得平均值。算术平均指数可以分为价格加权算术平均指数和数量加权算术平均指数。

价格加权算术平均指数的计算公式为：

$$\overline{K}_{Lp}=\frac{\sum \frac{P^1}{P^0} \times P^0Q^0}{\sum P^0Q^0}$$

数量加权算术平均指数的计算公式为：

$$\overline{K}_{Lq}=\frac{\sum \frac{Q^1}{Q^0} \times P^0Q^0}{\sum P^0Q^0}$$

❶ 新建工作簿，保存为平均指数。重命名 Sheet1 工作表为"算术平均指数"，在工作表中输入各产品销售资料，如图 11-35 所示。

❷ 选中 F4 单元格，在编辑栏中输入公式：

=C4/B4

按 Enter 键后向下复制公式，即可计算出 P^1/P^0 的值，如图 11-36 所示。

产品销售资料

产品名称	价格		销售数量		个体指数	个体指数
	基期P^0	报告期P^1	基期Q^0	报告期Q^1	P^1/P^0	Q^1/Q^0
空调	6800	7500	250	210		
洗衣机	3600	4000	260	360		
电视	4200	4500	286	250		
冰箱	4500	4100	350	300		
热水器	3100	3300	480	500		

算术平均指数 Sheet1 调和平均指数 几何平均指数

图 11-35

F4 =C4/B4

产品销售资料

产品名称	价格		销售数量		个体指数	个体指数
	基期P^0	报告期P^1	基期Q^0	报告期Q^1	P^1/P^0	Q^1/Q^0
空调	6800	7500	250	210	1.10	
洗衣机	3600	4000	260	360	1.11	
电视	4200	4500	286	250	1.07	
冰箱	4500	4100	350	300	0.91	
热水器	3100	3300	480	500	1.06451613	

图 11-36

❸ 选中 G4 单元格，在编辑栏中输入公式：

=E4/D4

按 Enter 键后向下复制公式，即可计算出 Q^1/Q^0 的值，如图 11-37 所示。

❹ 在产品销售资料下面根据数据和所需要求解的结果创建数据表格，如图 11-38 所示。

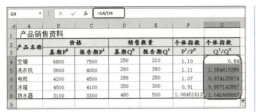

A	B	C	D	E	F	G
产品销售资料						
产品名称	价格		销售数量		个体指数	个体指数
	基期P^0	报告期P^1	基期Q^0	报告期Q^1	P^1/P^0	Q^1/Q^0
空调	6800	7500	250	210	1.10	0.84
洗衣机	3600	4000	260	360	1.11	1.384615385
电视	4200	4500	286	250	1.07	0.874125874
冰箱	4500	4100	350	300	0.91	0.857142857
热水器	3100	3300	480	500	1.06451613	1.041666667

图 11-37

A	B	C	D	E	F	G
产品销售资料						
产品名称	价格		销售数量		个体指数	个体指数
	基期P^0	报告期P^1	基期Q^0	报告期Q^1	P^1/P^0	Q^1/Q^0
空调	6800	7500	250	210	1.10	0.84
洗衣机	3600	4000	260	360	1.11	1.384615385
电视	4200	4500	286	250	1.07	0.874125874
冰箱	4500	4100	350	300	0.91	0.857142857
热水器	3100	3300	480	500	1.06451613	1.041666667
加权算术平均指数						
产品名称	P^0*Q^0	$P^1/P^0*(P^0*Q^0)$	$Q^1/Q^0*(P^0*Q^0)$			
空调						
洗衣机						
电视						
冰箱						
热水器						
总和						
价格算术平均指数						
数量算术平均指数						

图 11-38

❺ 选中 B12 单元格，在编辑栏中输入公式：

=B4*D4

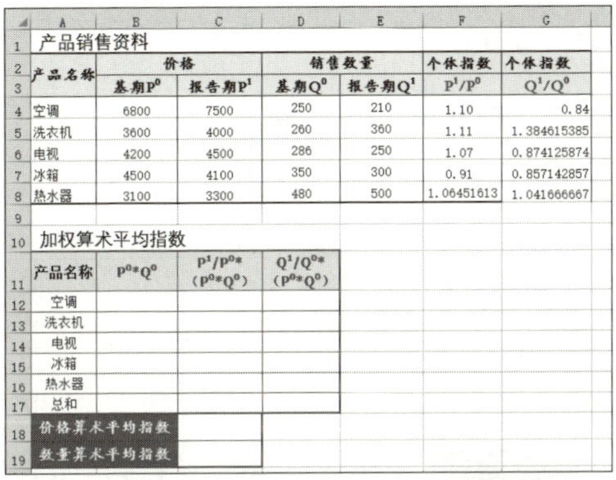

按 Enter 键后向下复制公式，即可计算出 P^0*Q^0 的值，如图 11-39 所示。

A	B	C	D	E	F	G
产品销售资料						
产品名称	价格		销售数量		个体指数	个体指数
	基期P^0	报告期P^1	基期Q^0	报告期Q^1	P^1/P^0	Q^1/Q^0
空调	6800	7500	250	210	1.10	0.84
洗衣机	3600	4000	260	360	1.11	1.384615385
电视	4200	4500	286	250	1.07	0.874125874
冰箱	4500	4100	350	300	0.91	0.857142857
热水器	3100	3300	480	500	1.06451613	1.041666667
加权算术平均指数						
产品名称	P^0*Q^0	$P^1/P^0*(P^0*Q^0)$	$Q^1/Q^0*(P^0*Q^0)$			
空调	1700000					
洗衣机	936000					
电视	1201200					
冰箱	1575000					
热水器	1488000					
总和						

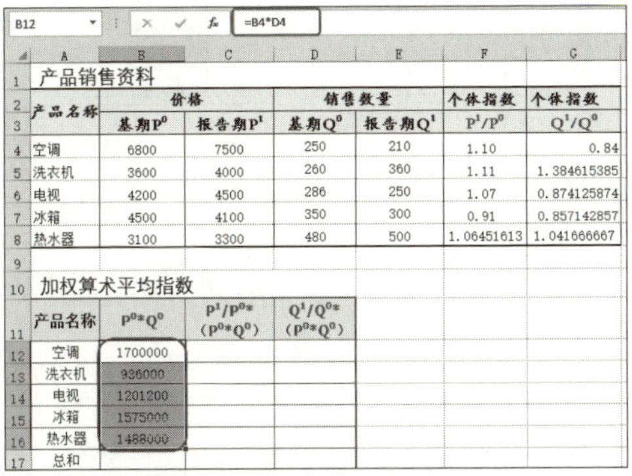

图 11-39

❻ 选中 C12 单元格，在编辑栏中输入公式：

=F4*B12

按 Enter 键后向下复制公式，即可计算出 $P^1/P^0*(P^0*Q^0)$ 的值，如图 11-40 所示。

❼ 选中 D12 单元格，在编辑栏中输入公式：

=G4*B12

按 Enter 键后向下复制公式，即可计算出 $Q^1/Q^0*(P^0*Q^0)$ 的值，如图 11-41 所示。

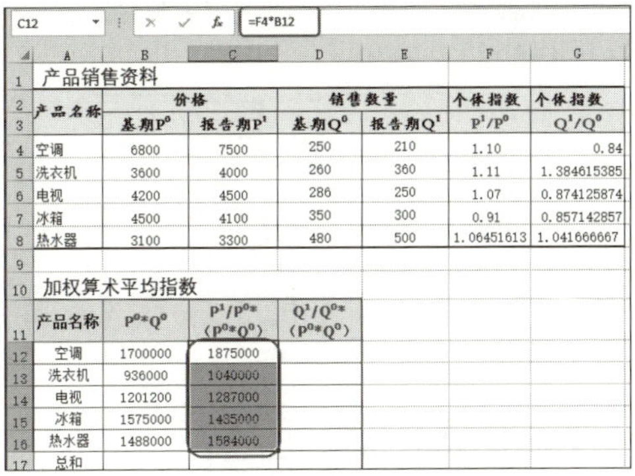

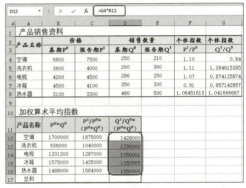

A	B	C	D	E	F	G
产品销售资料						
产品名称	价格		销售数量		个体指数	个体指数
	基期P^0	报告期P^1	基期Q^0	报告期Q^1	P^1/P^0	Q^1/Q^0
空调	6800	7500	250	210	1.10	0.84
洗衣机	3600	4000	260	360	1.11	1.384615385
电视	4200	4500	286	250	1.07	0.874125874
冰箱	4500	4100	350	300	0.91	0.857142857
热水器	3100	3300	480	500	1.06451613	1.041666667
加权算术平均指数						
产品名称	P^0*Q^0	$P^1/P^0*(P^0*Q^0)$	$Q^1/Q^0*(P^0*Q^0)$			
空调	1700000	1875000				
洗衣机	936000	1040000				
电视	1201200	1287000				
冰箱	1575000	1435000				
热水器	1488000	1584000				
总和						

图 11-40

A	B	C	D	E	F	G
产品销售资料						
产品名称	价格		销售数量		个体指数	个体指数
	基期P^0	报告期P^1	基期Q^0	报告期Q^1	P^1/P^0	Q^1/Q^0
空调	6800	7500	250	210	1.10	0.84
洗衣机	3600	4000	260	360	1.11	1.384615385
电视	4200	4500	286	250	1.07	0.874125874
冰箱	4500	4100	350	300	0.91	0.857142857
热水器	3100	3300	480	500	1.06451613	1.041666667
加权算术平均指数						
产品名称	P^0*Q^0	$P^1/P^0*(P^0*Q^0)$	$Q^1/Q^0*(P^0*Q^0)$			
空调	1700000	1875000	1428000			
洗衣机	936000	1040000	1296000			
电视	1201200	1287000	1050000			
冰箱	1575000	1435000	1350000			
热水器	1488000	1584000	1550000			
总和						

图 11-41

❽ 选中 B17 单元格，在编辑栏中输入公式：

=SUM(B12:B16)

按 Enter 键后向右复制公式，即可计算出总和，如图 11-42 所示。

A	B	C	D	E	F	G
产品销售资料						
产品名称	价格		销售数量		个体指数	个体指数
	基期P^0	报告期P^1	基期Q^0	报告期Q^1	P^1/P^0	Q^1/Q^0
空调	6800	7500	250	210	1.10	0.84
洗衣机	3600	4000	260	360	1.11	1.384615385
电视	4200	4500	286	250	1.07	0.874125874
冰箱	4500	4100	350	300	0.91	0.857142857
热水器	3100	3300	480	500	1.06451613	1.041666667
加权算术平均指数						
产品名称	P^0*Q^0	$P^1/P^0*(P^0*Q^0)$	$Q^1/Q^0*(P^0*Q^0)$			
空调	1700000	1875000	1428000			
洗衣机	936000	1040000	1296000			
电视	1201200	1287000	1050000			
冰箱	1575000	1435000	1350000			
热水器	1488000	1584000	1550000			
总和	6900200	7221000	6674000			

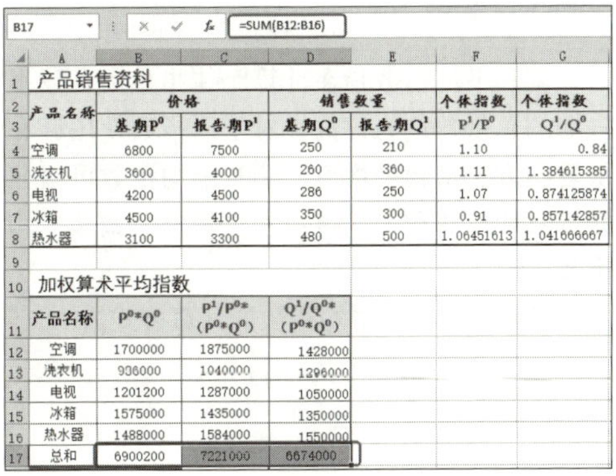

图 11-42

⑨ 选中 C18 单元格，在编辑栏中输入公式：

=C17/B17

按 Enter 键，即可计算出价格算术平均指数，如图 11-43 所示。

C18 =C17/B17

加权算术平均指数			
产品名称	P⁰*Q⁰	P¹/P⁰*（P⁰*Q⁰）	Q¹/Q⁰*（P⁰*Q⁰）
空调	1700000	1875000	1428000
洗衣机	936000	1040000	1296000
电视	1201200	1287000	1050000
冰箱	1575000	1435000	1350000
热水器	1488000	1584000	1550000
总和	6900200	7221000	6674000
价格算术平均指数		104.65%	
数量算术平均指数			

图 11-43

⑩ 选中 C19 单元格，在编辑栏中输入公式：

=D17/B17

按 Enter 键，即可计算数量算术平均指数，如图 11-44 所示。

C19 =D17/B17

加权算术平均指数			
产品名称	P⁰*Q⁰	P¹/P⁰*（P⁰*Q⁰）	Q¹/Q⁰*（P⁰*Q⁰）
空调	1700000	1875000	1428000
洗衣机	936000	1040000	1296000
电视	1201200	1287000	1050000
冰箱	1575000	1435000	1350000
热水器	1488000	1584000	1550000
总和	6900200	7221000	6674000
价格算术平均指数		104.65%	
数量算术平均指数		96.72%	

图 11-44

11.2.2 调和平均指数

调和平均指数是在计算个体指数后，以报告期的总量数量为权数，对个体指数使用调和平均的方法求和平均值。调和平均指数可以分为价格加权调和平均指数和数量加权调和平均指数。

价格加权调和平均指数的计算公式为：

$$\overline{K}_{HP}=\frac{\sum P^1Q^1}{\sum \frac{P^0}{P^1}\times P^1Q^1}$$

数量加权调和平均指数的计算公式为：

$$\overline{K}_{HP}=\frac{\sum P^1Q^1}{\sum \frac{Q^0}{Q^1}\times P^1Q^1}$$

❶ 复制产品销售资料表格，接着根据数据和所需要求解的结果创建数据表格，如图 11-45 所示。

产品销售资料						
产品名称	价格		销售数量		个体指数	个体指数
	基期P⁰	报告期P¹	基期Q⁰	报告期Q¹	P⁰/P¹	Q⁰/Q¹
空调	6800	7500	250	210		
洗衣机	3600	4000	260	360		
电视	4200	4500	286	250		
冰箱	4500	4100	350	300		
热水器	3100	3300	480	500		

加权调和平均指数			
产品名称	P¹*Q¹	P⁰/P¹*（P¹*Q¹）	P⁰/P¹*（P¹*Q¹）
空调			
洗衣机			
电视			
冰箱			
热水器			
总和			
价格调和平均指数			
数量调和平均指数			

算术平均指数　调和平均指数　Sheet1

图 11-45

❷ 选中 F4 单元格，在编辑栏中输入公式：

=B4/C4

按 Enter 键后向下复制公式，即可计算出 P^0/P^1 的值，如图 11-46 所示。

F4 =B4/C4

产品销售资料						
产品名称	价格		销售数量		个体指数	个体指数
	基期P⁰	报告期P¹	基期Q⁰	报告期Q¹	P⁰/P¹	Q⁰/Q¹
空调	6800	7500	250	210	0.91	
洗衣机	3600	4000	260	360	0.90	
电视	4200	4500	286	250	0.93	
冰箱	4500	4100	350	300	1.10	
热水器	3100	3300	480	500	0.94	

图 11-46

❸ 选中 G4 单元格，在编辑栏中输入公式：

=D4/E4

按 Enter 键后向下复制公式，即可计算出 Q^0/Q^1 的值，如图 11-47 所示。

G4 =D4/E4

产品销售资料						
产品名称	价格		销售数量		个体指数	个体指数
	基期P⁰	报告期P¹	基期Q⁰	报告期Q¹	P⁰/P¹	Q⁰/Q¹
空调	6800	7500	250	210	0.91	1.19047619
洗衣机	3600	4000	260	360	0.90	0.722222222
电视	4200	4500	286	250	0.93	1.144
冰箱	4500	4100	350	300	1.10	1.166666667
热水器	3100	3300	480	500	0.94	0.96

图 11-47

❹ 选中 B12 单元格，在编辑栏中输入公式：

=C4*E4

按 Enter 键后向下复制公式，即可计算出 P^1*Q^1 的值，如图 11-48 所示。

=SUM(B12:B16)

按 Enter 键后向右复制公式，即可计算出总和，如图 11-51 所示。

图 11-51

❽ 选中 C18 单元格，在编辑栏中输入公式：
=B17/C17

按 Enter 键，即可计算出价格加权调和平均指数，如图 11-52 所示。

❾ 选中 C19 单元格，在编辑栏中输入公式：
=B17/D17

按 Enter 键，即可计算出数量加权调和平均指数，如图 11-53 所示。

图 11-52　　　　　图 11-53

11.2.3 几何平均指数

几何平均指数是在计算个体指数后，以基期的总量数据为权数，对个体指数使用几何平均的方法求得平均值。几何平均指数可以分为价格加权几何平均指数和数量加权几何平均指数。

价格加权几何平均指数的计算公式为：

$$\bar{G}_P = \sum_{P^0 Q^0} \sqrt{\prod \left(\frac{P^1}{P^0}\right) P^0 Q^0}$$

数量加权几何平均指数的计算公式为：

$$\overline{G}_q=\sqrt[\sum P^0Q^0]{\prod\left(\frac{Q^1}{Q^0}\right)^{P^0Q^0}}$$

❶ 复制产品销售资料表格，接着根据数据和所需要求解的结果创建数据表格，如图 11-54 所示。

❷ 选中 F4 单元格，在编辑栏中输入公式：

=C4/B4

按 Enter 键后向下复制公式，即可计算出 P^1/P^0 的值，如图 11-55 所示。

产品销售资料

产品名称	价格		销售数量		个体指数	个体指数
	基期P⁰	报告期P¹	基期Q⁰	报告期Q¹	P¹/P⁰	Q¹/Q⁰
空调	6800	7500	250	210		
洗衣机	3600	4000	260	360		
电视	4200	4500	286	250		
冰箱	4500	4100	350	300		
热水器	3100	3300	480	500		

加权几何平均指数

产品名称	P^0*Q^0	$(P^1/P^0)^{P^0*Q^0/\Sigma P^0*Q^0}$	$(Q^1/Q^0)^{P^0*Q^0/\Sigma P^0*Q^0}$
空调			
洗衣机			
电视			
冰箱			
热水器			
总和			
价格加权几何平均指数			
数量加权几何平均指数			

算术平均指数　调和平均指数　几何平均指数　Sheet1 ...

图 11-54

F4　=C4/B4

产品销售资料

产品名称	价格		销售数量		个体指数	个体指数
	基期P⁰	报告期P¹	基期Q⁰	报告期Q¹	P¹/P⁰	Q¹/Q⁰
空调	6800	7500	250	210	1.10	
洗衣机	3600	4000	260	360	1.11	
电视	4200	4500	286	250	1.07	
冰箱	4500	4100	350	300	0.91	
热水器	3100	3300	480	500	1.06	

图 11-55

❸ 选中 G4 单元格，在编辑栏中输入公式：

=E4/D4

按 Enter 键后向下复制公式，即可计算出 Q^1/Q^0 的值，如图 11-56 所示。

G4　=E4/D4

产品销售资料

产品名称	价格		销售数量		个体指数	个体指数
	基期P⁰	报告期P¹	基期Q⁰	报告期Q¹	P¹/P⁰	Q¹/Q⁰
空调	6800	7500	250	210	1.10	0.84
洗衣机	3600	4000	260	360	1.11	1.38
电视	4200	4500	286	250	1.07	0.87
冰箱	4500	4100	350	300	0.91	0.86
热水器	3100	3300	480	500	1.06	1.04

图 11-56

❹ 选中 B12 单元格，在编辑栏中输入公式：

=B4*D4

按 Enter 键后向下复制公式，即可计算出 P^0*Q^0 的值，如图 11-57 所示。

B12　=B4*D4

产品销售资料

产品名称	价格		销售数量		个体指数	个体指数
	基期P⁰	报告期P¹	基期Q⁰	报告期Q¹	P¹/P⁰	Q¹/Q⁰
空调	6800	7500	250	210	1.10	0.84
洗衣机	3600	4000	260	360	1.11	1.38
电视	4200	4500	286	250	1.07	0.87
冰箱	4500	4100	350	300	0.91	0.86
热水器	3100	3300	480	500	1.06	1.04

加权几何平均指数

产品名称	P^0*Q^0	$(P^1/P^0)^{P^0*Q^0/\Sigma P^0*Q^0}$	$(Q^1/Q^0)^{P^0*Q^0/\Sigma P^0*Q^0}$
空调	1700000		
洗衣机	936000		
电视	1201200		
冰箱	1575000		
热水器	1488000		
总和			

图 11-57

❺ 选中 B17 单元格，在编辑栏中输入公式：

=SUM(B12:B16)

即可计算出参数总和，如图 11-58 所示。

B17　=SUM(B12:B16)

产品销售资料

产品名称	价格		销售数量		个体指数	个体指数
	基期P⁰	报告期P¹	基期Q⁰	报告期Q¹	P¹/P⁰	Q¹/Q⁰
空调	6800	7500	250	210	1.10	0.84
洗衣机	3600	4000	260	360	1.11	1.38
电视	4200	4500	286	250	1.07	0.87
冰箱	4500	4100	350	300	0.91	0.86
热水器	3100	3300	480	500	1.06	1.04

加权几何平均指数

产品名称	P^0*Q^0	$(P^1/P^0)^{P^0*Q^0/\Sigma P^0*Q^0}$	$(Q^1/Q^0)^{P^0*Q^0/\Sigma P^0*Q^0}$
空调	1700000		
洗衣机	936000		
电视	1201200		
冰箱	1575000		
热水器	1488000		
总和	6900200		

图 11-58

❻ 选中 C12 单元格，在编辑栏中输入公式：

=F4^(B12/$B$17)

按 Enter 键后向下复制公式，即可计算出 $(P^1/P^0)^{P^0*Q^0/\Sigma P^0*Q^0}$ 的值，如图 11-59 所示。

C12　=F4^(B12/$B$17)

产品销售资料

产品名称	价格		销售数量		个体指数	个体指数
	基期P⁰	报告期P¹	基期Q⁰	报告期Q¹	P¹/P⁰	Q¹/Q⁰
空调	6800	7500	250	210	1.10	0.84
洗衣机	3600	4000	260	360	1.11	1.38
电视	4200	4500	286	250	1.07	0.87
冰箱	4500	4100	350	300	0.91	0.86
热水器	3100	3300	480	500	1.06	1.04

加权几何平均指数

产品名称	P^0*Q^0	$(P^1/P^0)^{P^0*Q^0/\Sigma P^0*Q^0}$	$(Q^1/Q^0)^{P^0*Q^0/\Sigma P^0*Q^0}$
空调	1700000	1.02	
洗衣机	936000	1.01	
电视	1201200	1.01	
冰箱	1575000	0.98	
热水器	1488000	1.01	
总和	6900200		

图 11-59

❼ 选中 D12 单元格，在编辑栏中输入公式：
=G4^(B12/$B$17)

按 Enter 键后向下复制公式，即可计算出 $(Q^1/Q^0)^{P^0*Q^0/\Sigma P^0*Q^0}$ 的值，如图 11-60 所示。

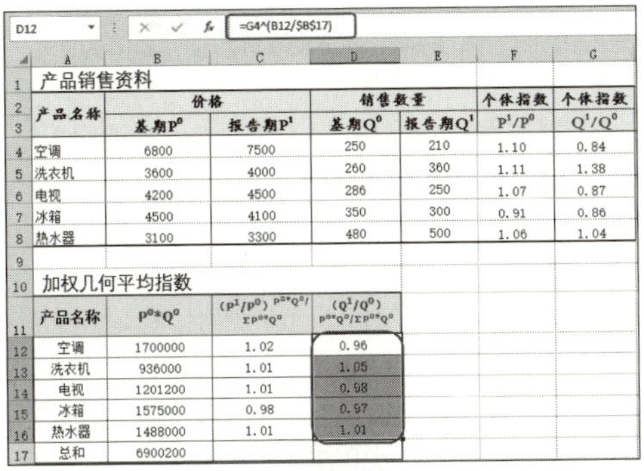

❽ 选中 C18 单元格，在编辑栏中输入公式：
=PRODUCT(C12:C16)

按 Enter 键，即可计算出价格加权几何平均指数，如图 11-61 所示。

❾ 选中 C19 单元格，在编辑栏中输入公式：
=PRODUCT(D12:D16)

按 Enter 键，即可计算出数量加权几何平均指数，如图 11-62 所示。

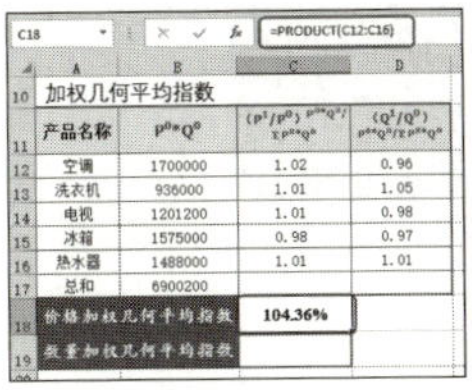

图 11-60

图 11-61

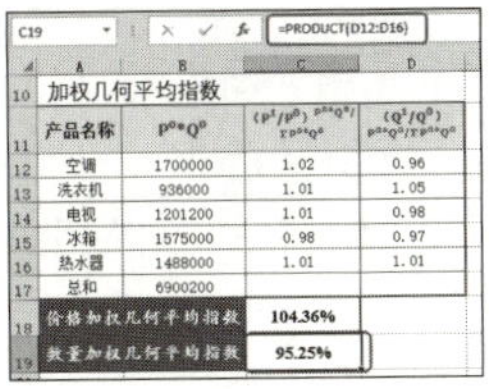

图 11-62

11.3 指数体系与因素分析

如果 3 个或 3 个以上有联系的指数能构成一定的数量对等关系，例如"销售额指数 = 销售量指数 × 价格指数"，那么这些相互联系的指数便构成了指数体系。

指数体系包括两个方面的作用。

（1）对现象的变化进行因素分析。具体可以从数量上分析现象总变动中，各个构成因素变动对其影响的方向、程度和绝对效果。例如，通过编制总销售额指数、销售量指数和价格指数，从相对数和绝对数两个方面测定销量变动和价格变动对总销售额变动的影响。

（2）根据两个已知指数推算未知的指数。例如，某产品销售额报告期比基期增长了 50%，销量提高了 25%，则价格上涨了 20%。根据"销售额指数 = 销售量指数 × 价格指数"这一指数体系，推算出价格指数为：150% ÷ 125%=120%，说明产品价格比基期平均上涨了 20%。

11.3.1 总量指标变动的因素分析

指数体系包括两个内容。一是各因素指数的乘积等于现象的总变动指数。

$$\frac{\sum P^1 Q^1}{\sum P^0 Q^0} = \frac{\sum Q^1 P^0}{\sum Q^0 P^0} \times \frac{\sum P^1 Q^1}{\sum P^0 Q^1}$$

二是各因素影响的绝对差额之和等于现象发生的总绝对差额。

$$\sum P^1 Q^1 - \sum P^0 Q^0 = \left(\sum Q^1 P^0 - \sum Q^0 P^0\right) + \left(\sum P^1 Q^1 - \sum P^0 Q^1\right)$$

1. 计算总平均指标

❶ 新建工作簿，保存为"指数体系与因素分析"。重命名 Sheet1 工作表为"总量指标变动的因素分析"，在表格中输入分析数据，接着根据数据和所需要求解的结果创建数据表格，如图 11-63 所示。

❷ 选中 B10 单元格，在编辑栏中输入公式：
=B4*D4

按 Enter 键后向下复制公式，即可计算出 P^0*Q^0

的值，如图 11-64 所示。

图 11-63

图 11-64

❸ 选中 C10 单元格，在编辑栏中输入公式：
=C4*E4

按 Enter 键后向下复制公式，即可计算出 P^1*Q^1 的值，如图 11-65 所示。

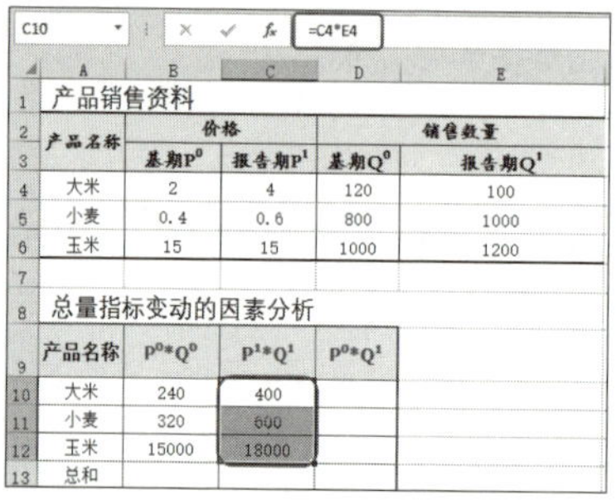

图 11-65

❹ 选中 D10 单元格，在编辑栏中输入公式：
=B4*E4

按 Enter 键后向下复制公式，即可计算出 P^0*Q^1 的值，如图 11-66 所示。

❺ 选中 B13 单元格，在编辑栏中输入公式：
=SUM(B10:B12)

按 Enter 键后向右复制公式，即可计算出参数总和，如图 11-67 所示。

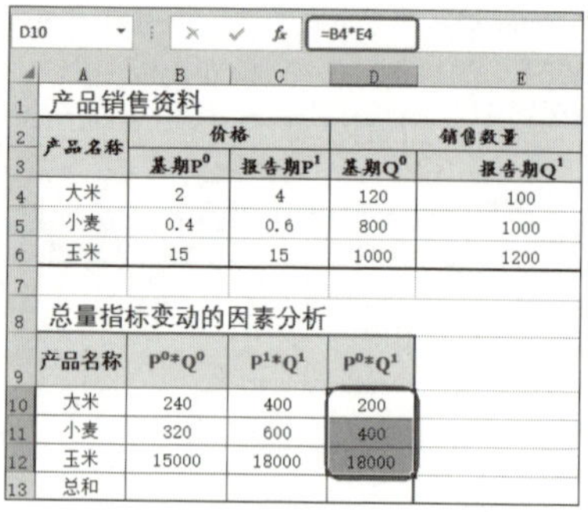

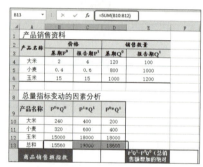

图 11-66

图 11-67

2. 平均指标变动因素分析

❶ 选中 C14 单元格，在编辑栏中输入公式：
=C13/B13

按 Enter 键，即可计算出商品销售额指数，如图 11-68 所示。

❷ 选中 C15 单元格，在编辑栏中输入公式：
=D13/B13

按 Enter 键，即可计算出商品销量指数，如图 11-69 所示。

图 11-68 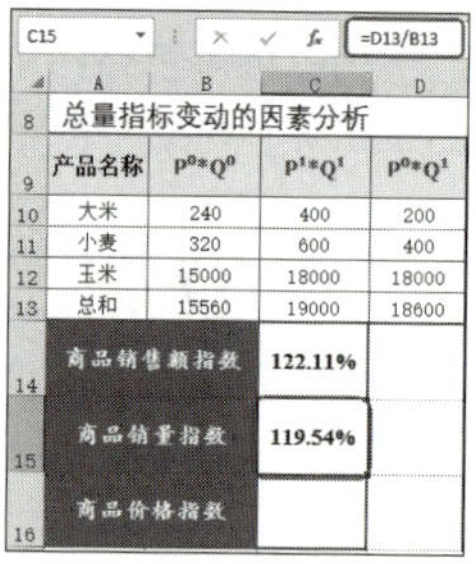　　　图 11-69

❸ 选中 C16 单元格，在编辑栏中输入公式：

=C13/D13

按 Enter 键，即可计算出商品价格指数，如图 11-70 所示。

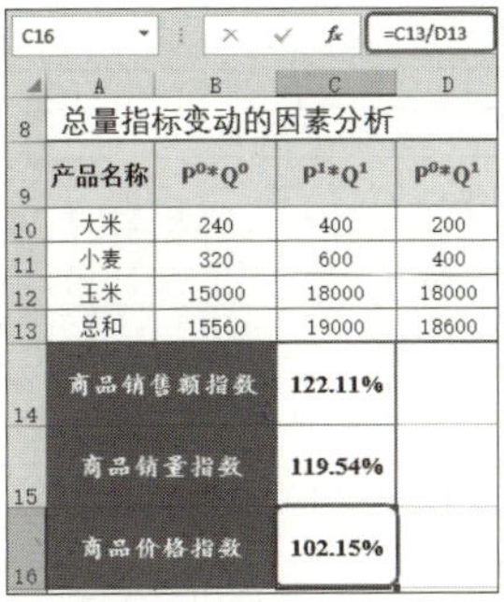

C16 =C13/D13

	A	B	C	D
8	总量指标变动的因素分析			
9	产品名称	P^0*Q^0	P^1*Q^1	P^0*Q^1
10	大米	240	400	200
11	小麦	320	600	400
12	玉米	15000	18000	18000
13	总和	15560	19000	18600
14	商品销售额指数		122.11%	
15	商品销量指数		119.54%	
16	商品价格指数		102.15%	

图 11-70

❹ 选中 F14 单元格，在编辑栏中输入公式：

=C13-B13

按 Enter 键，即可计算出 P^1Q^1-P^0Q^0 的值，如图 11-71 所示。

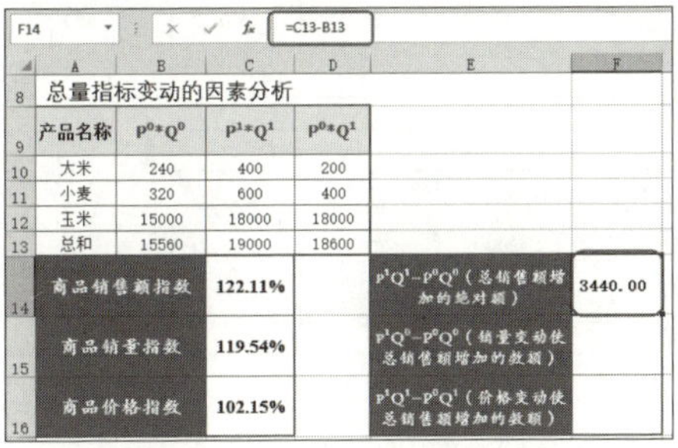

F14 =C13-B13

	A	B	C	D	E	F
8	总量指标变动的因素分析					
9	产品名称	P^0*Q^0	P^1*Q^1	P^0*Q^1		
10	大米	240	400	200		
11	小麦	320	600	400		
12	玉米	15000	18000	18000		
13	总和	15560	19000	18600		
14	商品销售额指数		122.11%		$P^1Q^1-P^0Q^0$（总销售额增加的绝对额）	3440.00
15	商品销量指数		119.54%		$P^1Q^0-P^0Q^0$（销量变动使总销售额增加的数额）	
16	商品价格指数		102.15%		$P^1Q^1-P^0Q^1$（价格变动使总销售额增加的数额）	

图 11-71

❺ 选中 F15 单元格，在编辑栏中输入公式：

=D13-B13

按 Enter 键，即可计算出 P^1Q^0-P^0Q^0 的值，如图 11-72 所示。

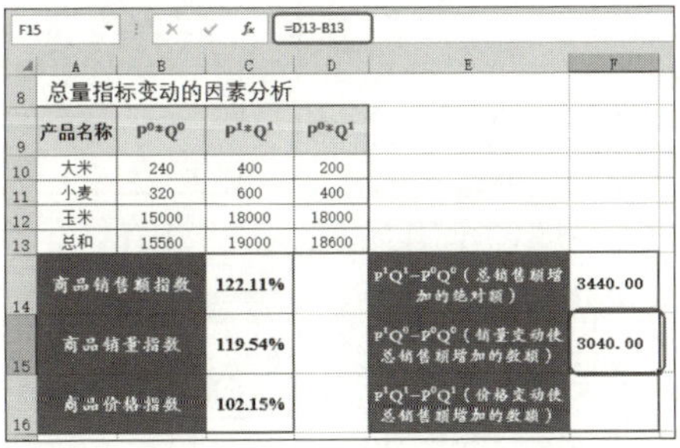

F15 =D13-B13

	A	B	C	D	E	F
8	总量指标变动的因素分析					
9	产品名称	P^0*Q^0	P^1*Q^1	P^0*Q^1		
10	大米	240	400	200		
11	小麦	320	600	400		
12	玉米	15000	18000	18000		
13	总和	15560	19000	18600		
14	商品销售额指数		122.11%		$P^1Q^1-P^0Q^0$（总销售额增加的绝对额）	3440.00
15	商品销量指数		119.54%		$P^1Q^0-P^0Q^0$（销量变动使总销售额增加的数额）	3040.00
16	商品价格指数		102.15%		$P^1Q^1-P^0Q^1$（价格变动使总销售额增加的数额）	

图 11-72

❻ 选中 F16 单元格，在编辑栏中输入公式：

=C13-D13

按 Enter 键，即可计算出 P^1Q^1-P^0Q^1 的值，如图 11-73 所示。

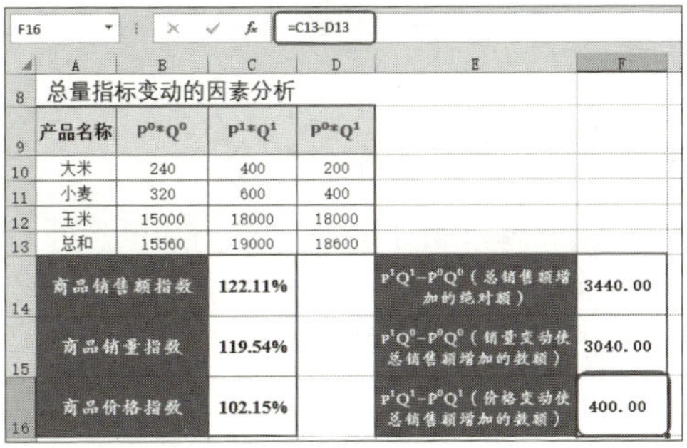

F16 =C13-D13

	A	B	C	D	E	F
8	总量指标变动的因素分析					
9	产品名称	P^0*Q^0	P^1*Q^1	P^0*Q^1		
10	大米	240	400	200		
11	小麦	320	600	400		
12	玉米	15000	18000	18000		
13	总和	15560	19000	18600		
14	商品销售额指数		122.11%		$P^1Q^1-P^0Q^0$（总销售额增加的绝对额）	3440.00
15	商品销量指数		119.54%		$P^1Q^0-P^0Q^0$（销量变动使总销售额增加的数额）	3040.00
16	商品价格指数		102.15%		$P^1Q^1-P^0Q^1$（价格变动使总销售额增加的数额）	400.00

图 11-73

从计算结果可以看到指数体系为：122.11%=119.54%*102.15%，3440=3040+400。所得出的结论如下：商品销售额报告期比基期增长了 22.11%，增加的绝对额为 3440 元。其中销售量增长了 19.54%，使销售额增加了 3040 元；价格上涨了 2.15%，使销售额增加了 400 元。

11.3.2 平均指标变动的因素分析

平均指标变动的因素分析，就是利用因素分析的方法，从数量上分析总体各部分水平与总体结构这两个因素变动对总体平均指标变动的影响。

根据因素分析法的一般原理，建立如下指数体系：可变构成指数 = 结构影响指数 × 固定构成指数。

可变构成指数计算公式为：

$$\overline{k}_{可变} = \frac{\overline{x_1}}{\overline{x_0}} = \frac{\sum x_1 \frac{f_1}{\sum f_1}}{\sum x_0 \frac{f_0}{\sum f_0}}$$

$$\overline{x_1} - \overline{x_0} = \sum x_1 \frac{f_1}{\sum f_1} - \sum x_0 \frac{f_0}{\sum f_0}$$

固定构成指数计算公式为：

$$\bar{k}_{固定}=\frac{\bar{x}_1}{\bar{x}_n}=\frac{\sum x_1\frac{f_1}{\sum f_1}}{\sum x_0\frac{f_1}{\sum f_1}}$$

$$\bar{x}_1-\bar{x}_n=\sum x_1\frac{f_1}{\sum f_1}-\sum x_0\frac{f_1}{\sum f_1}$$

结构影响指数计算公式为：

$$\bar{k}_{结构}=\frac{\bar{x}_n}{\bar{x}_0}=\frac{\sum x_0\frac{f_1}{\sum f_1}}{\sum x_0\frac{f_0}{\sum f_0}}$$

$$\bar{x}_n-\bar{x}_0=\sum x_0\frac{f_1}{\sum f_1}-\sum x_0\frac{f_0}{\sum f_0}$$

1. 计算平均指标

❶ 重命名 Sheet2 工作表为“总平均指标变动的因素分析”，接着根据数据和所需要求解的结果创建数据表格，如图 11-74 所示。

	A	B	C	D	E	F
1	平均工资资料					
2	工人类别	工人人数		平均工资		
3		基期f0	报告期f1	基期x0	报告期x1	
4	技工	600	630	800	850	
5	钳工	400	870	400	450	
6	焊工	300	420	300	380	
7	合计	1300	1920			
8						
9	总平均指标变动的因素分析					
10	产品名称	x0*f0	x1*f1	x0*f1		
11	技工					
12	钳工					
13	焊工					
14	总和					
15	报告期总平均指标				x1-x0	
16	基期总平均指标				x1-x0	
17	总平均指标				x1-xn	
18						
19	总平均工资变动的可变构成指数					
20-21	总平均工资变动的固定构成指数					
22-23	各组工资水平变动的结构影响指数					

图 11-74

❷ 选中 B11 单元格，在编辑栏中输入公式：

=D4*B4

按 Enter 键后向下复制公式，即可计算出 x_0*f_0 的值，如图 11-75 所示。

B11 =D4*B4

	A	B	C	D	E
2	工人类别	工人人数		平均工资	
3		基期f0	报告期f1	基期x0	报告期x1
4	技工	600	630	800	850
5	钳工	400	870	400	450
6	焊工	300	420	300	380
7	合计	1300	1920		
8					
9	总平均指标变动的因素分析				
10	产品名称	x0*f0	x1*f1	x0*f1	
11	技工	480000			
12	钳工	160000			
13	焊工	90000			
14	总和				

图 11-75

❸ 选中 C11 单元格，在编辑栏中输入公式：

=C4*E4

按 Enter 键后向下复制公式，即可计算出 x_1*f_1 的值，如图 11-76 所示。

C11 =C4*E4

	A	B	C	D	E
2	工人类别	工人人数		平均工资	
3		基期f0	报告期f1	基期x0	报告期x1
4	技工	600	630	800	850
5	钳工	400	870	400	450
6	焊工	300	420	300	380
7	合计	1300	1920		
8					
9	总平均指标变动的因素分析				
10	产品名称	x0*f0	x1*f1	x0*f1	
11	技工	480000	535500		
12	钳工	160000	391500		
13	焊工	90000	159600		
14	总和				

图 11-76

❹ 选中 D11 单元格，在编辑栏中输入公式：

=D4*C4

按 Enter 键后向下复制公式，即可计算出 x_0*f_1 的值，如图 11-77 所示。

D11 =D4*C4

	A	B	C	D	E
2	工人类别	工人人数		平均工资	
3		基期f0	报告期f1	基期x0	报告期x1
4	技工	600	630	800	850
5	钳工	400	870	400	450
6	焊工	300	420	300	380
7	合计	1300	1920		
8					
9	总平均指标变动的因素分析				
10	产品名称	x0*f0	x1*f1	x0*f1	
11	技工	480000	535500	504000	
12	钳工	160000	391500	348000	
13	焊工	90000	159600	126000	
14	总和				

图 11-77

❺ 选中 B14 单元格，在编辑栏中输入公式：=SUM(B11:B13)

按 Enter 键后向右复制公式，即可计算出参数总和，如图 11-78 所示。

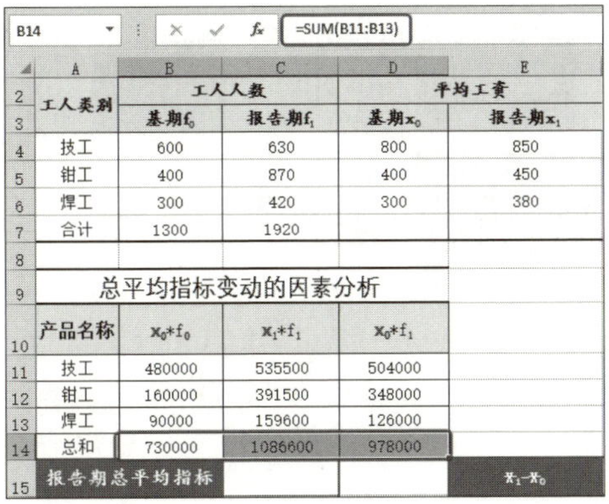

图 11-78

❻ 选中 C15 单元格，在编辑栏中输入公式：=C14/C7

按 Enter 键，即可计算出报告期总平均指标，如图 11-79 所示。

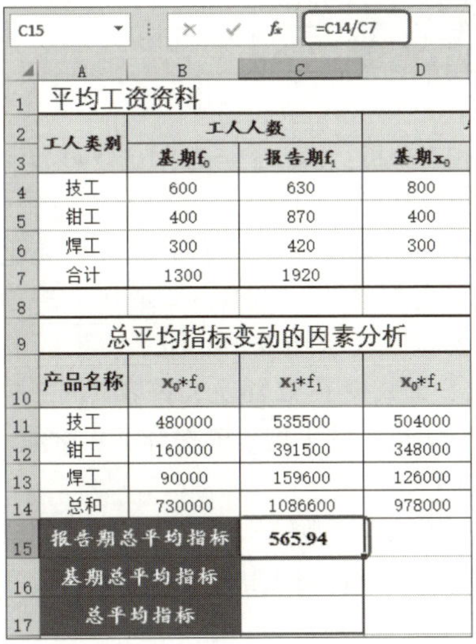

图 11-79

❼ 选中 C16 单元格，在编辑栏中输入公式：=B14/B7

按 Enter 键，即可计算出基期总平均指标，如图 11-80 所示。

❽ 选中 C17 单元格，在编辑栏中输入公式：=D14/C7

按 Enter 键，即可计算出总平均指标，如图 11-81 所示。

图 11-80

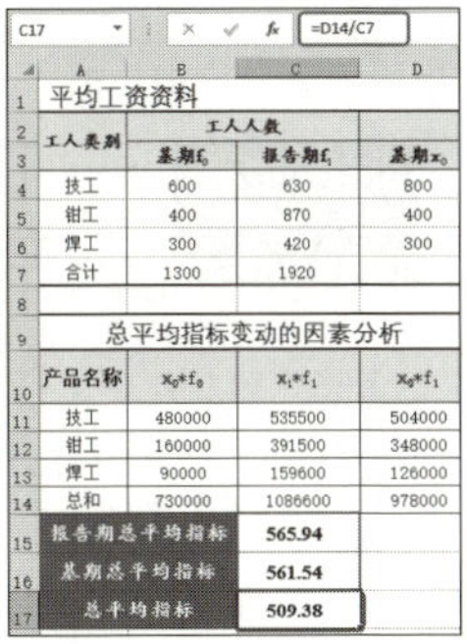

图 11-81

❾ 选中 F15 单元格，在编辑栏中输入公式：=C15-C1

按 Enter 键，如图 11-82 所示。

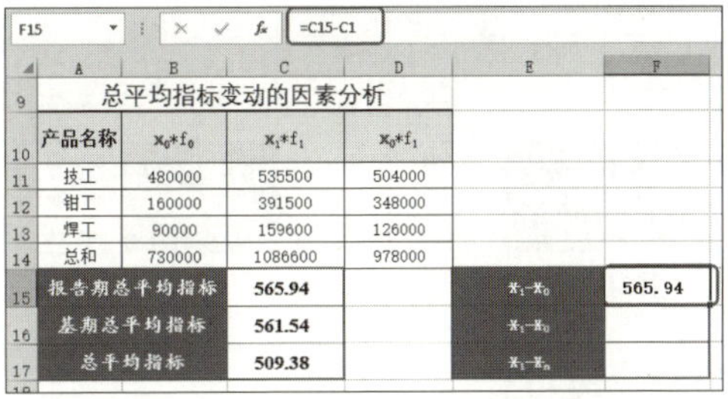

图 11-82

❿ 选中 F16 单元格，在编辑栏中输入公式：=C15-C17

按 Enter 键，如图 11-83 所示。

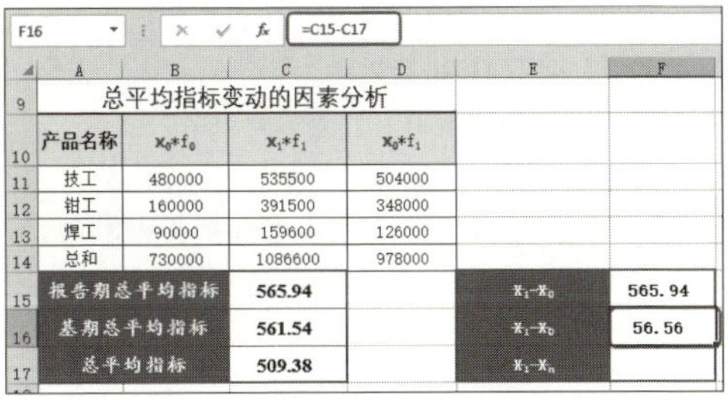

图 11-83

⓫ 选中 F17 单元格，在编辑栏中输入公式：=C17-C16

按 Enter 键，如图 11-84 所示。

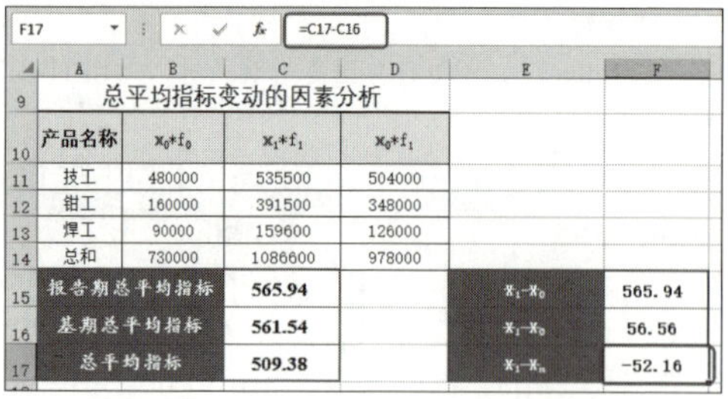

F17 | =C17-C16

	A	B	C	D	E	F
9	总平均指标变动的因素分析					
10	产品名称	x_0*f_0	x_1*f_1	x_0*f_1		
11	技工	480000	535500	504000		
12	钳工	160000	391500	348000		
13	焊工	90000	159600	126000		
14	总和	730000	1086600	978000		
15	报告期总平均指标		565.94		x_1-x_0	565.94
16	基期总平均指标		561.54		x_1-x_0	56.56
17	总平均指标		509.38		x_1-x_n	-52.16

图 11-84

2. 平均指标变动因素分析

❶ 选中 C19 单元格，在编辑栏中输入公式：

=C15/C16

按 Enter 键，即可计算出总平均工资变动的可变构成指数，如图 11-85 所示。

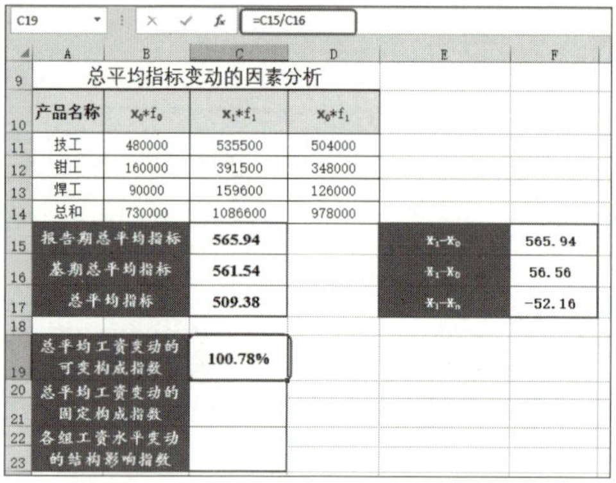

C19 | =C15/C16

	A	B	C	D	E	F
9	总平均指标变动的因素分析					
10	产品名称	x_0*f_0	x_1*f_1	x_0*f_1		
11	技工	480000	535500	504000		
12	钳工	160000	391500	348000		
13	焊工	90000	159600	126000		
14	总和	730000	1086600	978000		
15	报告期总平均指标		565.94		x_1-x_0	565.94
16	基期总平均指标		561.54		x_1-x_0	56.56
17	总平均指标		509.38		x_1-x_n	-52.16
18						
19	总平均工资变动的可变构成指数		100.78%			
20–21	总平均工资变动的固定构成指数					
22–23	各组工资水平变动的结构影响指数					

图 11-85

❷ 选中 C20 单元格，在编辑栏中输入公式：

=C15/C17

按 Enter 键，即可计算出总平均工资变动的固定构成指数，如图 11-86 所示。

❸ 选中 C22 单元格，在编辑栏中输入公式：

=C17/C16

按 Enter 键，即可计算出各组工资水平变动的结构影响指数，如图 11-87 所示。

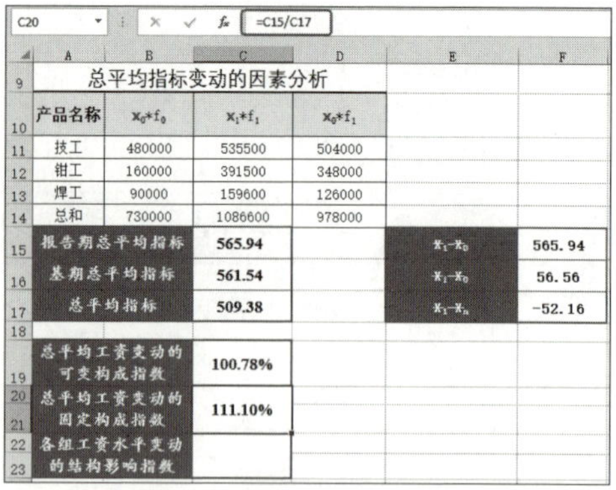

C20 | =C15/C17

	A	B	C	D	E	F
9	总平均指标变动的因素分析					
10	产品名称	x_0*f_0	x_1*f_1	x_0*f_1		
11	技工	480000	535500	504000		
12	钳工	160000	391500	348000		
13	焊工	90000	159600	126000		
14	总和	730000	1086600	978000		
15	报告期总平均指标		565.94		x_1-x_0	565.94
16	基期总平均指标		561.54		x_1-x_0	56.56
17	总平均指标		509.38		x_1-x_n	-52.16
18						
19	总平均工资变动的可变构成指数		100.78%			
20–21	总平均工资变动的固定构成指数		111.10%			
22–23	各组工资水平变动的结构影响指数					

图 11-86

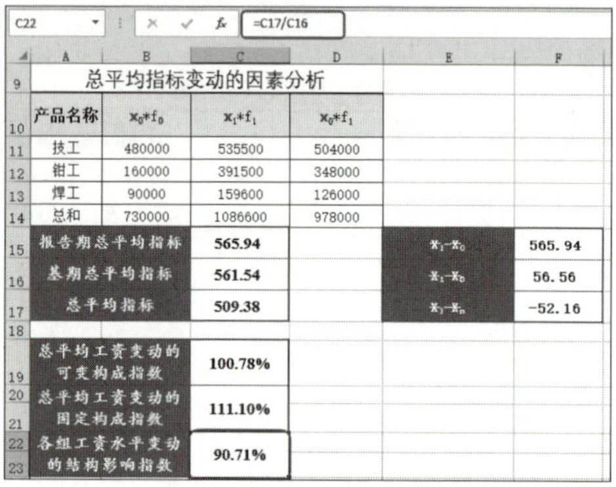

C22 | =C17/C16

	A	B	C	D	E	F
9	总平均指标变动的因素分析					
10	产品名称	x_0*f_0	x_1*f_1	x_0*f_1		
11	技工	480000	535500	504000		
12	钳工	160000	391500	348000		
13	焊工	90000	159600	126000		
14	总和	730000	1086600	978000		
15	报告期总平均指标		565.94		x_1-x_0	565.94
16	基期总平均指标		561.54		x_1-x_0	56.56
17	总平均指标		509.38		x_1-x_n	-52.16
18						
19	总平均工资变动的可变构成指数		100.78%			
20–21	总平均工资变动的固定构成指数		111.10%			
22–23	各组工资水平变动的结构影响指数		90.71%			

图 11-87

相对分析：100.78%=111.10%*90.71%；

绝对分析：4.4=56.56+(-52.16)。

计算结果表明：由于工资水平变化，使平均工资提高了 11.10%，即增加了 56.56 元；由于各组工人结构变动，使平均工资下降了 9.29%，即减少了 52.16 元；两者共同影响，使得全公司员工的平均工资提升了 0.78%，即增加了 4.4 元。

由于工人人数结构的变动影响，使该企业总平均工资报告期比基期下降 9.29%，绝对值减少 52.16 元 / 人。

第12章 抽样确定样本大小

在统计学中，抽样是根据一定原则从总体中抽取部分单位作为样本，并根据样本数量特征对整体进行推断。抽样得到的单位全体称为样本，将描述样本数量特征的指标称为样本统计量，而把描述总体数量特征的指标称为参数。在选定总体和样本单位后，就需要选择抽样方法、确定抽样样本的大小。

- ☑ 随机抽样
- ☑ 非随机抽样
- ☑ 确定抽样样本数量的几种方法

12.1 随机抽样

抽样按抽选调查单位方法的不同,分为随机抽样调查和非随机抽样调查。随机抽样调查是按随机原则从调查对象中抽取一部分单位作为样本进行观察,然后根据样本数据去推算调查对象的总体特征。随机抽样样本单位按随机原则抽取,排除了主观因素对选择的影响。

12.1.1 简单随机抽样

简单随机抽样是简单的方法,在此方法下的每一个个体被抽到的概率完全相同。简单随机抽样是最常用的抽样方法,最能体现统计的思想,对于一般的抽样采用简单随机抽样即可。简单随机抽样可以通过随机函数产生随机数,也可以通过随机数发生器产生随机数进行抽样。

1. 使用函数 Rand 随机抽样

为了了解高一某班的视力情况,需要从50位学生中随机抽取10名学生进行视力检查,现在需要通过 Excel 随机抽样的方法抽出这10名学生的编号(50名学生事先进行依次编号)。

❶ 在工作表中输入基础数据,并在基础数据下创建数据计算表格,选中 B4 单元格,在编辑栏中输入公式:

=1+RAND()*($B$1-1)

按 Enter 键,返回值如图 12-1 所示。

图 12-1

❷ 选中 B4 单元格,向下复制公式到第10个人结束,返回值如图 12-2 所示。

❸ 选中 B4:B13 单元格区域,单击"开始"选项卡,在"数字"选项组中单击 按钮,打开"设置单元格格式"对话框。在"分类"列表框中选择"自定义"选项,接着在右侧的"类型"文本框中输入

"00",如图 12-3 所示。

图 12-2

图 12-3

❹ 单击"确定"按钮,此时系统自动将编号修改为2位数字,如图 12-4 所示。

图 12-4

专家提醒

这里通过自定义单元格格式，将小数值转换为两位数的整数，不足两位的自动在前面补0。比如序号9，前面会自动补0，凑成两位。

由于在生成随机数时，无论对Excel工作表进行任意操作，都会重新更新随机值，因此可以将生成的随机数据以复制粘贴的方式生成一个最终的固定值。

选中B4:B13单元格区域，按Ctrl+C组合键，选中B4单元格，按Ctrl+V组合键粘贴，然后单击右下角出现的“粘贴选项”按钮，选择“值”选项，即可将公式结果转换为固定值。那么C4:C13单元格区域的编号就可以作为最终编号来使用了，如图12-5所示。

总人数	50	
人员	编号	生成编号
1	26	02
2	19	23
3	29	25
4	26	08
5	38	37
6	04	18
7	25	22
8	46	33
9	13	31
10	04	20

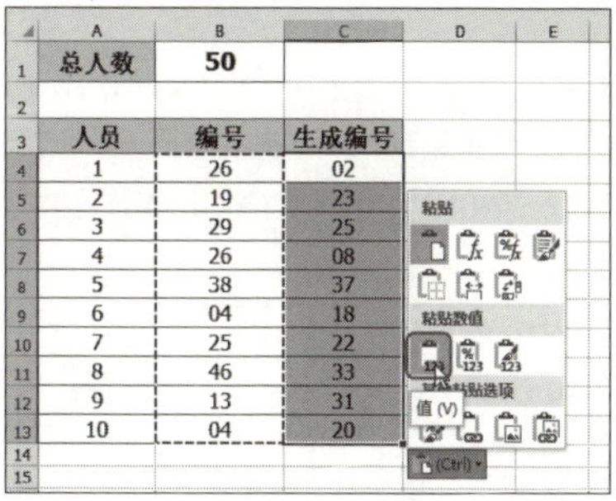

图12-5

2. 使用函数RANDBETWEEN随机抽样

某公司在年终举办抽奖活动，设置001～999个号码进行抽奖，随机抽取15个中奖号码，此时可以采用RANDBETWEEN函数生成抽奖编码。

❶ 在工作表中输入基础数据，并在基础数据下创建数据计算表格，选中B2单元格，在编辑栏中输入公式：

=RANDBETWEEN(1,999)

按Enter键，返回值如图12-6所示。

❷ 选中B2单元格，向下复制公式到第15个序号结束，返回值如图12-7所示。

❸ 选中B3:C17单元格区域，单击“开始”选项卡，在“数字”选项组中单击按钮，打开“设置单元格格式”对话框。在“分类”列表框中选择“自定义”选项，接着在右侧的“类型”文本框中输入“000”，如图12-8所示。

序号	中奖号码	生成编码
1	653	
2		
3		
4		
5		
6		
7		
8		
9		
10		
11		
12		
13		
14		
15		

图12-6

序号	中奖号码	生成编码
1	925	
2	826	
3	84	
4	34	
5	459	
6	145	
7	502	
8	975	
9	847	
10	822	
11	121	
12	750	
13	846	
14	495	
15	893	

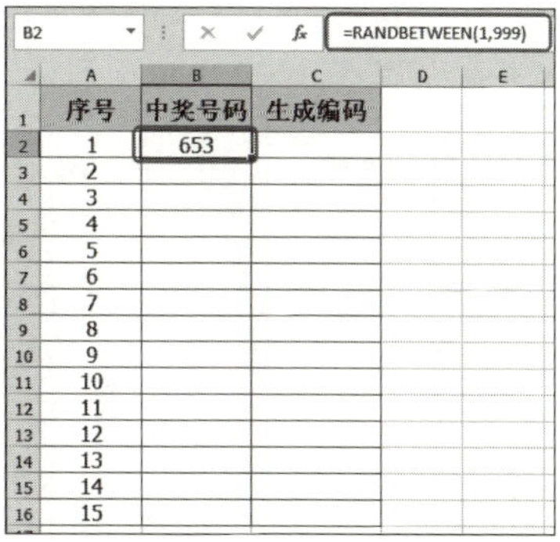

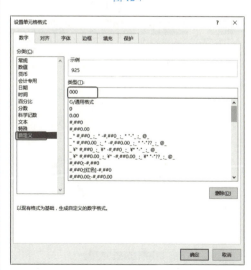

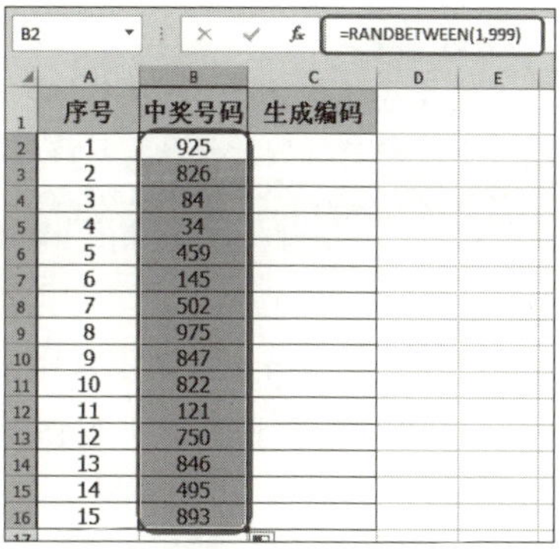

图12-7

图12-8

❹ 单击"确定"按钮，此时系统自动将编码修改为 3 位数字，不足三位数的前面都补 0，如图 12-9 所示。

❺ 选中 B2:B16 单元格区域，通过复制粘贴的方法将编码转换为固定值，如图 12-10 所示。

序号	中奖号码	生成编码
1	204	
2	795	
3	781	
4	173	
5	447	
6	633	
7	226	
8	065	
9	253	
10	231	
11	189	
12	330	
13	947	
14	287	
15	751	

图 12-9

序号	中奖号码	生成编码
1	446	925
2	033	826
3	366	84
4	149	34
5	016	459
6	576	145
7	986	502
8	054	975
9	007	847
10	791	822
11	321	121
12	766	750
13	914	846
14	760	495
15	830	893

图 12-10

专家提醒
由于在生成随机数后，当执行任意操作时都会重新更新随机值，所以复制前的数据与复制后的数据出现不同是正常的。

3. 使用数据分析随机抽样

在上例中还可以使用分析工具中的"随机数发生器"进行随机抽样，抽出 15 个中奖号码。

❶ 单击"数据"选项卡，在"分析"选项组中单击"数据分析"按钮，如图 12-11 所示。

图 12-11

❷ 打开"数据分析"对话框，选择"随机数发生器"选项，单击"确定"按钮，如图 12-12 所示。

图 12-12

❸ 打开"随机数发生器"对话框，在"变量个数"文本框中输入"1"，接着在"随机数个数"文本框中输入"15"，单击"分布"文本框下拉按钮，在其下拉菜单中选择"均匀"选项，如图 12-13 所示。

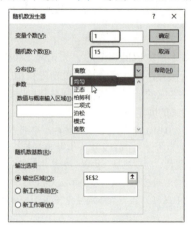

图 12-13

❹ 在"介于"文本框中分别输入"0"和"999"，选中"输出区域"单选按钮，接着在后面的文本框中输入"$B$2"，单击"确定"按钮，如图 12-14 所示。

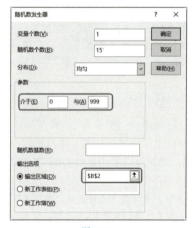

图 12-14

❺ 单击"确定"按钮，返回结果如图 12-15 所示。

❻ 按前面相同的方法打开"设置单元格格式"对话框，将数字格式更改为"000"样式，单击"确定"按钮，即可获得随机生成的中奖号码，如图 12-16 所示。

	序号	中奖号码
2	1	674.6992401
3	2	816.4379101
4	3	840.0051271
5	4	930.8593402
6	5	145.7325968
7	6	625.7355266
8	7	565.5522324
9	8	853.968627
10	9	410.0634785
11	10	740.5837886
12	11	465.1857662
13	12	510.2165288
14	13	115.1836299
15	14	399.6060976
16	15	796.2548601

图 12-15

	序号	中奖号码
2	1	675
3	2	816
4	3	840
5	4	931
6	5	146
7	6	626
8	7	566
9	8	854
10	9	410
11	10	741
12	11	465
13	12	510
14	13	115
15	14	400
16	15	796

图 12-16

专家提醒

简单随机抽样也有不足之处，它只适用于总体单位数量有限的情况，否则编号工作繁重；对于复杂的总体，样本的代表性难以保证；不能利用总体的已知信息等。在市场调研范围有限，或调查对象情况不明，难以分类，或总体单位之间特性差异程度小时，采用此法效果较好。

12.1.2 等距抽样

等距抽样也称为机械抽样，它先将总体中各单位按一定顺序排列，根据样本容量要求确定抽选间隔（即抽样距离），然后随机确定起点，每隔一定的间隔抽取一个单位。先将总体从 1～N 相继编号，并计算抽样距离 $K=N/n$。式中 N 为总体单位总数，n 为样本容量。然后在 1～K 中抽一个随机数 k_1，作为样本的第一个单位，接着取 k_1+K，k_1+2K，…，直至抽够 n 个单位为止。

等距抽样可以采用随机数函数实现。假设某商场共有 138 位会员，年末进行客户答谢活动，需要从 138 名会员中抽 10 位进行礼品赠送，则可以使用等距抽样的方法抽取会员编号。

❶ 在工作表中根据等距抽样要求创建运算表格，并设置表格格式，如图 12-17 所示。

	A	B	C	D	E
1	N			序号	顾客编号
2	n			1	
3				2	
4	K (N/n)			3	
5				4	
6				5	
7	随机数R			6	
8				7	
9				8	
10				9	
11				10	

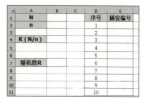

图 12-17

❷ 选中 E2:E11 单元格区域，单击“开始”选项卡，在“数字”选项组中单击按钮，打开“设置单元格格式”对话框。在“分类”列表框中选择“自定义”选项，接着在右侧的“类型”文本框中输入“000”，如图 12-18 所示。

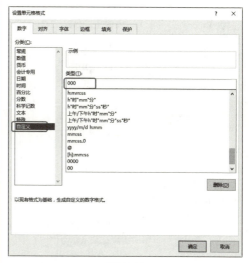

图 12-18

❸ 接着在表格中输入总样本（N）138 人，输入单位样本（n）10 人，选中 B4 单元格，在编辑栏中输入公式：

=ROUND(B1/B2,0)

按 Enter 键，计算等距抽样区间样本数量的 K 值，如图 12-19 所示。

B4 =ROUND(B1/B2,0)

	A	B	C	D	E	F
1	N	138		序号	顾客编号	
2	n	10		1		
3				2		
4	K (N/n)	14		3		
5				4		
6				5		
7	随机数R			6		
8				7		
9				8		
10				9		
11				10		

图 12-19

❹ 选中 B7 单元格，在公式编辑栏中输入公式：

=RANDBETWEEN(1,B4)

按 Enter 键，返回随机数 R，如图 12-20 所示。

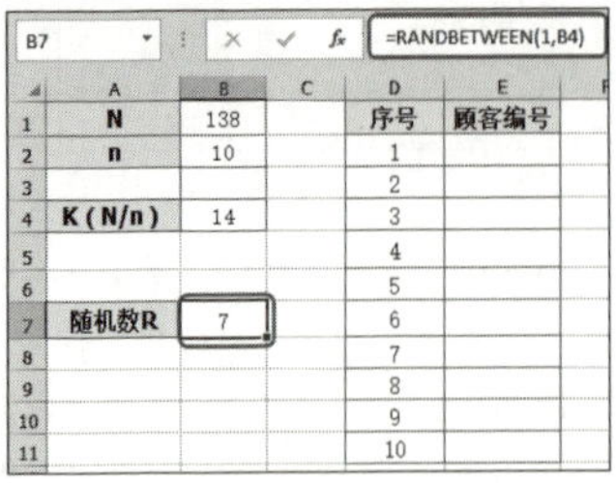
B7　=RANDBETWEEN(1,B4)

	A	B	C	D	E
1	N	138		序号	顾客编号
2	n	10		1	
3				2	
4	K(N/n)	14		3	
5				4	
6				5	
7	随机数R	7		6	
8				7	
9				8	
10				9	
11				10	

图 12-20

❺ 选中 E2 单元格，在编辑栏中输入公式：=B7

按 Enter 键，得出第一位编号，如图 12-21 所示。

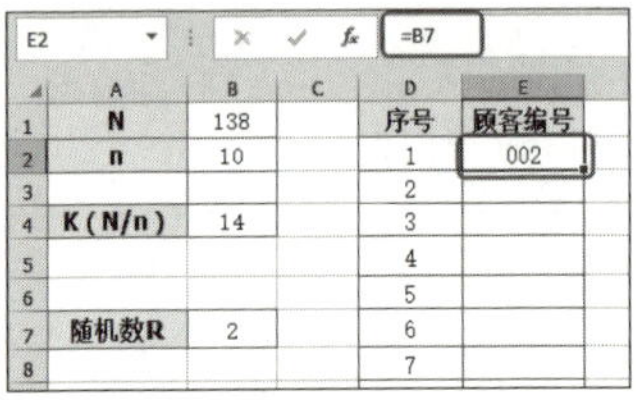
E2　=B7

	A	B	C	D	E
1	N	138		序号	顾客编号
2	n	10		1	002
3				2	
4	K(N/n)	14		3	
5				4	
6				5	
7	随机数R	2		6	
8				7	

图 12-21

❻ 选中 E3 单元格，在编辑栏中输入公式：

=E2+$B$4

按 Enter 键，如图 12-22 所示。

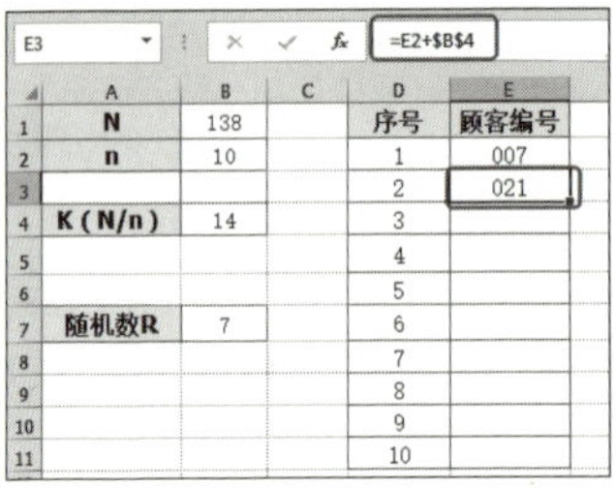
E3　=E2+$B$4

	A	B	C	D	E
1	N	138		序号	顾客编号
2	n	10		1	007
3				2	021
4	K(N/n)	14		3	
5				4	
6				5	
7	随机数R	7		6	
8				7	
9				8	
10				9	
11				10	

图 12-22

❼ 选中E3单元格，向下复制公式到第10个序号，即可得到等距抽样的 10 个编号，如图 12-23 所示。

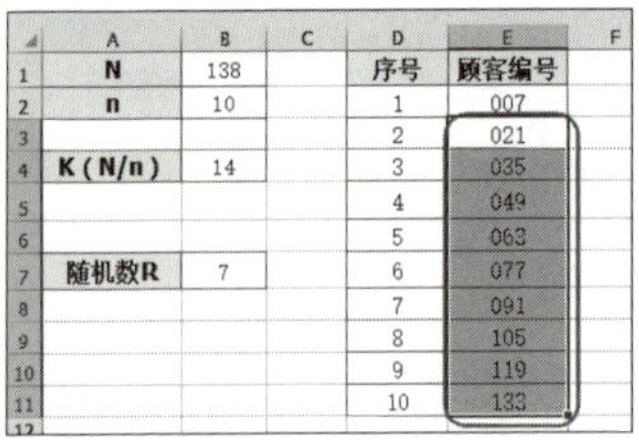

	A	B	C	D	E
1	N	138		序号	顾客编号
2	n	10		1	007
3				2	021
4	K(N/n)	14		3	035
5				4	049
6				5	063
7	随机数R	7		6	077
8				7	091
9				8	105
10				9	119
11				10	133

图 12-23

❽ 当按 F9 键刷新时，可以看到编号又再次重新生成，如图 12-24 所示。

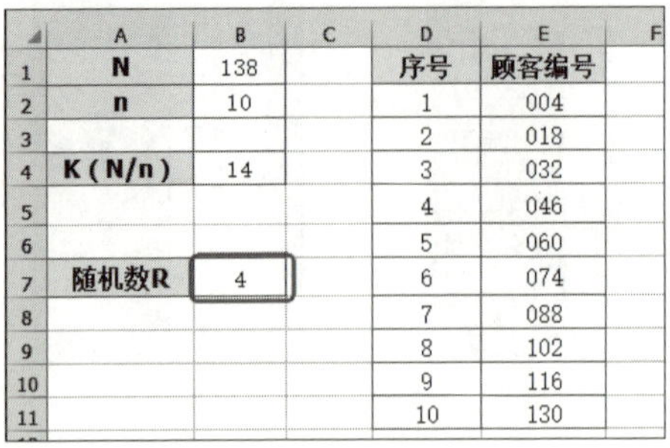

	A	B	C	D	E
1	N	138		序号	顾客编号
2	n	10		1	004
3				2	018
4	K(N/n)	14		3	032
5				4	046
6				5	060
7	随机数R	4		6	074
8				7	088
9				8	102
10				9	116
11				10	130

图 12-24

12.1.3 分层抽样

分层抽样又称分类抽样，即把所要调查的总体依据一定的标准分成若干层次、类型，然后再从每一层内进行单纯随机抽样。一般地，在抽样时，将总体分成互不交叉的层，然后按一定的比例，从各层次独立地抽取一定数量的个体，将各层次取出的个体合在一起作为样本。

分层抽样与简单随机抽样相比，它有显著的潜在统计效果。也就是说，如果从相同的总体中抽取两个样本，一个是分层样本，另一个是简单随机抽样样本，那么相对来说，分层样本的误差更小些。分层抽样中分层变量的选择最为重要，理想的分层变量是调查中要加以测量的变量或与其高度相关的变量。常见的分层变量有性别、年龄、教育、职业等。

例如，某公司要预估新研发的一款智能设备的潜在用户，此设备与消费者的年龄水平相关，因此以年龄为分层基础。假定预计调查总体为 1000 人，已确定样本数为 100 人，年龄层次分为 5 层：20～30 岁，调查人数为 382 人；30～40 岁，调查人数为 333 人；40～50 岁，调查人数为 165 人；50～60 岁，调查人数为 82 人；60～70 岁，调查人数为 38 人。那么每组的抽样人数也是按 10% 提取的。

❶ 创建表格，将基本数据和分层数据都输入工作表中，并设置表格格式，如图 12-25 所示。

	A	B	C	D	E	F
1	总体	1000		年龄层次	人数	抽样人数
2	样本	100		20-30	382	
3				30-40	333	
4				40-50	165	
5				50-60	82	
6				60-70	38	

图 12-25

❷ 选中 F2 单元格，在编辑栏中输入公式：

=ROUND(E2*10%,0)

按 Enter 键，然后向下复制公式，则可以得到每一组的抽样人数，如图 12-26 所示。

F2 =ROUND(E2*10%,0)

	A	B	C	D	E	F
1	总体	1000		年龄层次	人数	抽样人数
2	样本	100		20-30	382	38
3				30-40	333	33
4				40-50	165	17
5				50-60	82	8
6				60-70	38	4

图 12-26

完成分组和确定抽样人数之后，每一组的抽样就可以使用前面介绍的随机数函数来实现组内随机抽样了。

例如，可以使用公式"=RANDBETWEEN(1,382)"，来生成"20-30"组中的 38 个随机抽样编号，如图 12-27 所示。

可以使用公式"=RANDBETWEEN(1,165)"，来生成"40-50"组中的 17 个随机抽样编号，如图 12-28 所示。

H2 =RANDBETWEEN(1,382)

	A	B	C	D	E	F	G	H
1	总体	1000		年龄层次	人数	抽样人数		
2	样本	100		20-30	382	38		223
3				30-40	333	33		244
4				40-50	165	17		98
5				50-60	82	8		310
6				60-70	38	4		297
7								84
8								290
9								148
10								16
11								291
12								33
13								148
14								228
15								371
16								279
17								270
18								211
19								7
20								77
21								54
22								22
23								328
24								298
25								176

图 12-27

J2 =RANDBETWEEN(1,165)

	A	B	C	D	E	F	G	H	I	J
1	总体	1000		年龄层次	人数	抽样人数				
2	样本	100		20-30	382	38		320	96	112
3				30-40	333	33		71	189	106
4				40-50	165	17		190	206	77
5				50-60	82	8		343	165	47
6				60-70	38	4		33	323	42
7								69	77	28
8								37	127	79
9								275	312	100
10								162	182	90
11								372	79	43
12								143	258	156
13								350	285	131
14								86	129	152
15								325	293	75
16								188	34	63
17								106	303	137
18								357	261	127
19								212	107	
20								104	78	

图 12-28

当总体是由差异明显的几部分组成时，应该选择分层抽样的方法。其特点是将科学分组法与抽样法结合在一起，每个个体被抽到的概率都相同。分组减小了各抽样层变异性的影响，抽样保证了所抽取的样本具有足够的代表性。

12.2 非随机抽样

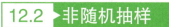

非随机抽样调查是指调查者有意识地或凭主观经验，随意而非随机地从总体中抽取部分单位进行调查的统计方法。非随机抽样不遵循随机原则，所以一般不用于推断总体指标，其调查误差也难以事先计算。

随机抽样主要分为以下几种方法。

（1）重点抽样。

重点抽样只对总体中为数不多但影响颇大的重点单位进行调查。

（2）典型抽样。

典型抽样是挑选若干有代表性的单位进行研究。

（3）任意抽样。

任意抽样是随意抽取调查单位进行调查（与随机抽样不同，不保证每个单位相等的入选机会），如柜台访客调查、街头路边调查等。

（4）配额抽样。

配额抽样是对总体做若干分类，在样本容量既定的情况下，按照配额从总体各部分抽取调查单位。

下面主要介绍一下配额抽样中配额数据的整理方法。

例如，在对某款护发素的功效调研中，研究对象为20~45岁的女性。已确定样本量为30人，选择"经济收入"和"发型"为控制特征，烫发占60%、不烫发占40%，并且经济收入高与经济收入低的各占50%。根据上述要求，一个配额抽样的控制表便可设计出来，如图12-29所示。其中，B3中的值为"=30*60%"的计算结果，B9中的值为"=30*40%"的计算结果。

配额抽样和分层随机抽样相比较，既有相似之处，又有很大区别。相似的地方在于它们都是事先对总体中所有单位按其属性、特征分类，这些属性、特征我们称之为"控制特性"。例如，市场调查中消费者的性别、年龄、收入、职业、文化程度等。然后，按各个控制特性，分配样本数额。但它与分层抽样又有区别，分层抽样是按随机原则在层内抽选样本，而配额抽样则是由调查人员在配额内主观判断选定样本。

图12-29

12.3 确定抽样样本的数量

选择样本除了要遵循随机抽样和随机分组的原则外，还要保证有一定的样本数量。样本太小，不容易发现本应存在的差别；样本太大，又会造成成本过大，产生不必要的浪费。所以，正确估计所需要的样本量，是任何研究设计应该慎重解决的问题。

确定样本量大小是比较复杂的问题，即要有定性的考虑，又要有定量的考虑。从定性的方面考虑，调研的性质、研究的方向、抽样的方法等都决定样本量的大小。例如，根据调查经验，市场潜力和推断等涉及比较严格的调查需要的样本量比较大，而一般广告效果等差异不是很大或对样本量要求不是很严格的调查，样本量相对可以少一些。在考虑这些原则之外，具体确定样本量还需要从定量的角度考虑。从定量的方面考虑，有具体的统计学公式。归纳起来，样本量的大小主要取决于以下几个方面：

（1）研究对象的变化程度，即变异程度；

（2）要求和允许的误差大小，即精度

要求；

（3）要求推断的置信度。一般情况下，置信度取95%；

（4）总体的大小；

（5）抽样的方法。

确定样本量的基本方法很多，但是公式检验表明，当误差和置信区间一定时，用不同的样本量计算公式计算出来的样本量是十分相近的。所以，我们可以使用简单随机抽样计算样本量的公式去近似估计其他抽样方法的样本量，这样可以更加快捷方便。

下面我们通过范例来讲解简单随机抽样计算样本量的公式。

12.3.1 方差已知下的样本大小

方差已知下的样本容量计算可以分为考虑总体与不考虑总体两种情况，如果是很大的总体，那么一般就会不考虑。它们的计算公式略有不同。

1. 不考虑总体

$$n \approx \frac{(Z_{\alpha/2})^2 \sigma^2}{E^2}$$

- n：样本量。
- σ：方差，抽样个体值和整体均值之间的偏离程度。抽样数值分布越分散，方差越大，需要的采样量越多。
- E：抽样误差（可以根据均值的百分比设定）。由于是倒数平方关系，抽样误差减小为 1/2，抽样量需要增加为 4 倍。
- $Z_{\alpha/2}$：正态分布条件下与置信水平相联系的系数。α 为显著性水平，$1-\alpha$ 为置信度。置信度是指当以样本估计总体时，能够正确估计的概率的大小。例如，当置信水平为 95% 的时候，表示正确估计的概率是 95%。置信度为 95% 时，$Z_{\alpha/2}$=1.96；置信度为 90% 时，$Z_{\alpha/2}$=1.645（在 Excel 中可以使用 NORMSINV 函数计算）。置信度越高，需要的样本量越多；95% 置信度比 90% 置信度需要的样本量多 40%。

某调研公司预备对 20～40 岁人群每日在互联网线上的时长进行调查，置信度为 95% 的情况下，已知总体估计的方差为 1.2，允许的误差为 10%，试分析此条件下的最小样本容量。

❶ 在工作表中创建数据计算表格，并设置表格格式。根据条件输入已知参数，如图 12-30 所示。

	A	B	C	D	E
1	置信度	Zα/2值	方差	可容忍误差	样本大小
2	95%		1.2	10%	
3					
4					

图 12-30

❷ 选中 B2 单元格，在编辑栏中输入公式：
=NORMSINV((1-A2)/2)

按 Enter 键计算 $Z_{\alpha/2}$ 的值，如图 12-31 所示。

	A	B	C	D	E
1	置信度	Zα/2值	方差	可容忍误差	样本大小
2	95%	-1.959964	1.2	10%	

图 12-31

❸ 选中 E2 单元格，在编辑栏中输入公式：
=B2^2*C2^2/D2^2

按 Enter 键，即可计算出样本大小，如图 12-32 所示。

	A	B	C	D	E
1	置信度	Zα/2值	方差	可容忍误差	样本大小
2	95%	-1.95996	1.2	10%	553.1700702

图 12-32

2. 考虑总体

方差已知，在总体单位数已知的情况下，则使用如下公式计算样本容量。

$$n \approx \frac{\sigma^2}{\dfrac{e^2}{(Z_{\alpha/2})^2} + \dfrac{\sigma^2}{N}}$$

N：总样本量。

某公司希望通过抽样的方法调查消费者对某款智能电器的价格接受程度。在置信度为 95% 的情况下，已知消费者对价格总体估计的方差为 680，允许的误差为正负 80 元，总体单位数为 1000，试分析此条件下的最小样本容量。

❶ 在工作表中创建数据计算表格，并设置表格格式。根据条件输入已知参数，如图 12-33 所示。

	A	B	C	D	E	F
1	置信度	Zα/2值	方差	可容忍误差	总量	样本大小
2	95%		680	80	1000	

图 12-33

❷ 选中 B2 单元格，在编辑栏中输入公式：
=NORMSINV((1-A2)/2)

按 Enter 键计算 $Z_{\alpha/2}$ 的值，如图 12-34 所示。

❸ 选中 F2 单元格，在编辑栏中输入公式：
=C2^2/(D2^2/(B2^2)+C2^2/E2)

按 Enter 键，即可计算出样本大小，如图 12-35 所示。

置信度	Zα/2值	方差	可容忍误差	总量	样本大小
95%	-1.959964	680	80	1000	217.2489524

图 12-34

置信度	Zα/2值	方差	可容忍误差	总量	样本大小
95%	-1.95996	680	80	1000	217.2489524

图 12-35

12.3.2 方差未知下的样本大小

当方差未知时，通常取最大值，σ^2 用 $P(1-P)$ 代替，那么 P 是什么呢？P 表示总体的百分比，虽然总体百分比 P 未知，但很容易计算出来，当 $P=0.5$ 时，σ^2 最大，等于 0.25。所以计算公式如下：

$$n \approx \frac{(Z_{a/2})^2 P(1-P)}{E^2}$$

某调研公司预备对 14 岁儿童的近视比例进行调查，在置信度为 95% 的情况下，若要使误差保持在 4.5% 以内，需要的最小样本容量是多少呢？

❶ 在工作表中创建数据计算表格，并设置表格格式，根据条件输入已知参数。

❷ 选中 B2 单元格，在编辑栏中输入公式：
=NORMSINV((1-A2)/2)

按 Enter 键计算 $Z_{α/2}$ 的值，如图 12-36 所示。

置信度	Zα/2值	概率P	可容忍误差	样本大小
95%	-1.95996	0.5	4.50%	

图 12-36

❸ 选中 E2 单元格，在编辑栏中输入公式：

=B2^2*C2*(1-C2)/D2^2

按 Enter 键，即可计算出样本大小，如图 12-37 所示。

置信度	Zα/2值	概率P	可容忍误差	样本大小
95%	-1.95996	0.5	4.50%	474.2541754

图 12-37

在本例中，如果总体数为 1000，那么则使用公式 "=C2^2/(D2^2/(B2^2)+C2^2/E2)" 来求解样本容量，如图 12-38 所示。

置信度	Zα/2值	概率P	可容忍误差	总量	样本大小
95%	-1.95996	0.5	4.50%	1000	321.6909155

图 12-38

12.3.3 根据特定目的确定样本量

根据特定目的来确定样本量，其中最有名的是拇指定律。具体内容如下：

（1）样本若分成不同的组，总样本量要保证每组的样本量都不能低于指定数目，例如指定为 50 个；

（2）当每组样本还需按不同的特性或配额划分成更小的组时，要保证每个小组的样本不能低于指定数目，例如指定为 10 人。

拇指定律常用于总体数量庞大且有配额要求的调研，比如大众消费品市场的研究。例如，要调查某城市消费者对某功能性护发产品的态度，我们可以把受访的消费者分成烫发和不烫发两组，如果不烫发的人数少，约占所有此产品消费者的 20%，则首先要保证不烫发的消费者样本量能达到 50 人。而不烫发的消费者再细分成收入高、中、低三档，其中收入高的人数最少，只占总体人数的 1%，要求该组样本量不少于 10 人，那么总样本量至少需要多少人？完成此求解，使用"单变量求解"功能非常合适，而且可以建立一个求解模板，以满足其他的配额要求。

❶ 选中 C2 单元格，在编辑栏中输入公式：
=A2*B2

按 Enter 键建立公式，如图 12-39 所示。

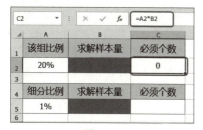

图 12-39

❷ 单击"数据"选项卡下"数据工具"选项组中的"模拟分析"按钮，在下拉菜单中单击"单变量求解"命令，如图 12-40 所示。

图 12-40

❸ 打开"单变量求解"对话框，在"目标单元格"框中输入 C2，在"目标值"框中输入 50，在"可变单元格"框中输入 $B$2，如图 12-41 所示。

图 12-41

❹ 依次单击"确定"按钮，即可根据设置的参数条件进行单变量求解计算，如图 12-42 所示。即当总样本量为 250 时，可以满足"不烫发"这个组至少 50 个样本的需求。

图 12-42

❺ 接着选中 C5 单元格，在编辑栏中输入公式：
=A5*B5

按 Enter 键建立公式，如图 12-43 所示。

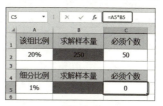

图 12-43

❻ 按相同的方法打开"单变量求解"对话框，在"目标单元格"框中输入 C5，在"目标值"框中输入 10，在"可变单元格"框中输入 $B$5，如图 12-44 所示。

图 12-44

❼ 依次单击"确定"按钮，即可根据设置的参数条件进行单变量求解计算，如图 12-45 所示。即当总样本量为 1000 时，可以满足"不烫发"组中"高收入"这个细分组至少 10 个样本的需求。

图 12-45

总之，确定样本量要考虑样本结构、精度要求、调研经费及总体特征易变性等因素。比如说，如果总体易变性强，或者说是样本之间的差异性大，则需要适当增加样本量。

> **专家提醒**
>
> 除上述利用公式来计算样本容量,还有一种常用的方法,即采用经验法则。经验法则是建立在过去抽取满足统计方法要求的样本量所累积下来的经验。在采用经验法则时,有关样本量大小的一项原则是:总体越小,要有较高概率得出与总体相同结果的样本(即精确样本)抽样比率就要越大;总体越大,较小的抽样比率则能得出同样好的样本。这是因为随着总体数量的增长,样本大小的精确性会随之增加。

对于规模较小的总体(如1000人以下),研究者需要比较大的抽样比率(大约30%)才有较高的精确性,这时需要大约300个样本;对于中等规模的总体(如10 000人),要达到同样的精确度,抽样比率为10%或大约1000个样本量就可以。如果是大规模的总体(如超过150 000人),抽样比率为1%或大约1500个样本量,那么就能得出正确的结果。当抽样比率非常小时,总体大小的影响力就不那么重要了,比如从2亿总体中抽取一个2500左右的样本,与从1000万总体中抽出同样规模的样本,它们的精确程度是完全相同的。

第13章 几种重要的分布

在统计分组的基础上，把总体的所有单位数按组归并排列，形成各组单位数在总体中的分布，称统计分布。在把某个单位分配到某一组时，分配数列有两个构成要素：一是总体按某标志所分的组；二是各组对应的单位数（即次数）。统计分布可以表明总体各单位的分布特征和结构状况，有助于我们进一步研究标志的构成、平均水平及其变动规律。

在统计学中，数据按变量值是否连续，可分为连续数据与离散数据两种。根据数据性质的不同，分为离散变量概率分布和连续变量概率分布。

其中，常见的离散变量概率分布包括二项分布、伯努利分布和泊松分布；常见的连续变量概率分布包括正态分布、指数分布、均匀分布、贝塔分布、卡方分布和F分布。

- ☑ 二项分布
- ☑ 泊松分布
- ☑ 指数分布
- ☑ 正态分布
- ☑ 三大抽样分布

13.1 二项分布

二项分布是由伯努利提出的概念，指的是重复 n 次独立的伯努利试验，得到的结果只有两种。总体来说，二项分布具有如下特征：

（1）每次试验只有两种可能的结果，即“成功”与“失败”，两个结果只会出现一个；

（2）每次试验前，如果“成功”的概率是 p，那么“失败”的概率是 $(1-p)$；

（3）每次试验相互独立，每次试验结果不受其他各次试验结果的影响。

13.1.1 计算二项分布的概率

在统计学中有专门计算二项分布概率的公式。但如果学习了 Excel 程序，则可以直接使用 BINOMDIST 函数来计算一元二项式分布的概率值。

【函数功能】返回一元二项式分布的概率。BINOM.DIST 用于处理固定次数的试验问题，前提是任意试验的结果仅为成功或失败两种情况，试验是独立实验，且在整个试验过程中成功的概率固定不变。

【函数语法】BINOM.DIST(number_s,trials,probability_s,cumulative)

- number_s：必需项，表示试验的成功次数。
- trials：必需项，表示独立试验次数。
- probability_s：必需项，表示每次试验成功的概率。
- cumulative：必需项，表示函数形式的逻辑值。如果 cumulative 为 TRUE，则 BINOM.DIST 返回累积分布函数，即最多存在 number_s 次成功的概率；如果为 FALSE，则返回概率密度函数，即存在 number_s 次成功的概率。

假设某工厂生产 A 级产品的概率为 0.25，现从中抽样 20 个产品，需要使用 Excel 计算包含 k 个 A 级产品的概率。

❶ 根据在工作表中创建表格并设置表格格式，在表格中输入已知参数，如图 13-1 所示。

	A	B
1	抽取样本总数	20
2	A级产品概率	0.25
3		
4		
5	A级产品个数	概率
6	1	
7	2	
8	3	
9	4	
10	5	

图 13-1

❷ 选中 B6 单元格，在编辑栏中输入公式：

=BINOM.DIST(A6,$B$1,$B$2,0)

按 Enter 键，即可计算出 A 级产品个数为 1 个的概率，如图 13-2 所示。

❸ 将光标移动到 B6 单元格右下角，拖动鼠标向下复制公式，即可计算出包含各个 A 级产品个数的概率，如图 13-3 所示。

B6 =BINOM.DIST(A6,$B$1,$B$2,0)

	A	B	C	D
1	抽取样本总数	20		
2	A级产品概率	0.25		
3				
4				
5	A级产品个数	概率		
6	1	0.02114		
7	2			
8	3			
9	4			
10	5			

图 13-2

	A	B
1	抽取样本总数	20
2	A级产品概率	0.25
3		
4		
5	A级产品个数	概率
6	1	0.02114
7	2	0.06695
8	3	0.13390
9	4	0.18969
10	5	0.20233

图 13-3

13.1.2 使用二项分布函数

在日常工作中，除了需要计算二项分布的概率外，也可以计算大于等于临界值的最小值。在 Excel 2019 中可以使用 CRITBINOM 函数。

【函数功能】当数据满足二项分布时，计算大于等于临界值的最小值。此函数适用于质量检验。

【函数语法】CRITBINOM(trials，probability_s，alpha)

- trials：表示总的试验次数。
- probability_s：0～1 的任意数值，表示试验成功的概率。
- alpha：0～1 的任意数值，表示临界值。

例如，某工厂生产的产品中，次品的概率为 0.25。现在厂商对产品进行随机抽查，抽取总数是 25，需要得知各种概率条件下，最多允许的次品的个数，从而确定整个产品在离开装配线时是否检验合格。

❶ 在工作表中创建表格并设置表格格式，在表格中输入各项已知参数，如图 13-4 所示。

	A	B
1	抽取样本总数	25
2	次品概率	0.25
3		
4		
5	概率	次品个数
6	0.2	
7	0.25	
8	0.3	
9	0.35	
10	0.4	
11	0.5	

图 13-4

❷ 选中 B6 单元格，在编辑栏中输入公式：

=CRITBINOM($B$1,$B$2,A6)

按 Enter 键，即可计算出如果概率为 0.2，那么最多允许的次品的个数为 4 个，如图 13-5 所示。

B6 fx =CRITBINOM($B$1,$B$2,A6)

	A	B	C
1	抽取样本总数	25	
2	次品概率	0.25	
3			
4			
5	概率	次品个数	
6	0.2	4	
7	0.25		
8	0.3		
9	0.35		
10	0.4		
11	0.5		

图 13-5

❸ 将光标移动到 B6 单元格右下角，拖动鼠标向下复制公式，即可计算出各个概率下最多允许的次品的个数，如图 13-6 所示。

	A	B
1	抽取样本总数	25
2	次品概率	0.25
3		
4		
5	概率	次品个数
6	0.2	4
7	0.25	5
8	0.3	5
9	0.35	5
10	0.4	6
11	0.5	6
12		

图 13-6

13.1.3 二项分布的概率分布图

假设在某股票交易时，股票经理人认为每天上升的概率为 0.5，试求 20 个交易日概率分布函数大于等于临界值 0.8 的最小天数，并绘制二项分布概率分布图。

1. 计算概率、累积概率

❶ 在工作表中创建表格，在表格中输入已知参数，如图 13-7 所示。

	A	B	C
1	N	20	
2	p	0.5	
3	a	0.8	
4			
5	P(X)		
6			
7			
8	天数	离散概率	累积概率
9			
10			
11			
12			

图 13-7

❷ 选中 B5 单元格，在编辑栏中输入公式：
=CRITBINOM(B1,B2,B3)

按 Enter 键，即可计算出大于临界值 0.8 的最小天数，如图 13-8 所示。

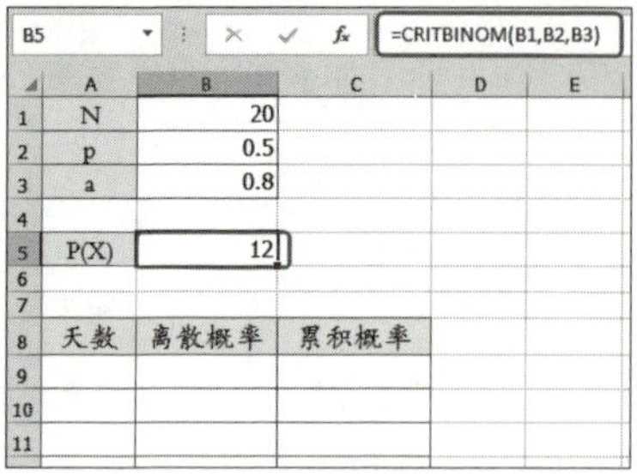

图 13-8

图 13-10

❸ 选中 B9 单元格，在编辑栏中输入公式：
=BINOM.DIST(A9,$B$1,$B$2,0)

按 Enter 键，即可计算出第 1 天上升概率为 0.5 的概率。然后向下复制公式到 B20 单元格，即可求出各天上升概率为 0.5 的概率，如图 13-9 所示。

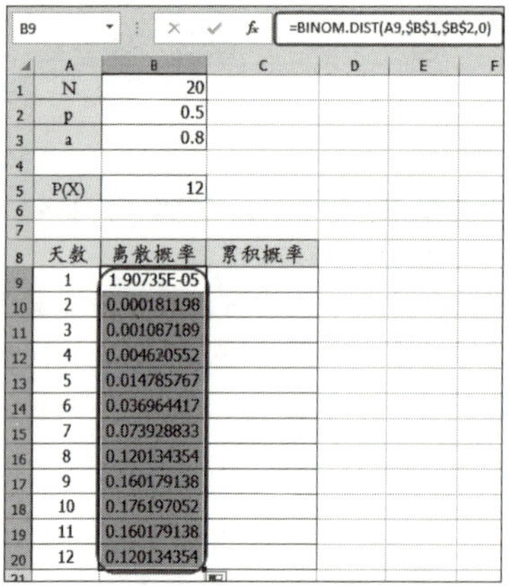

图 13-9

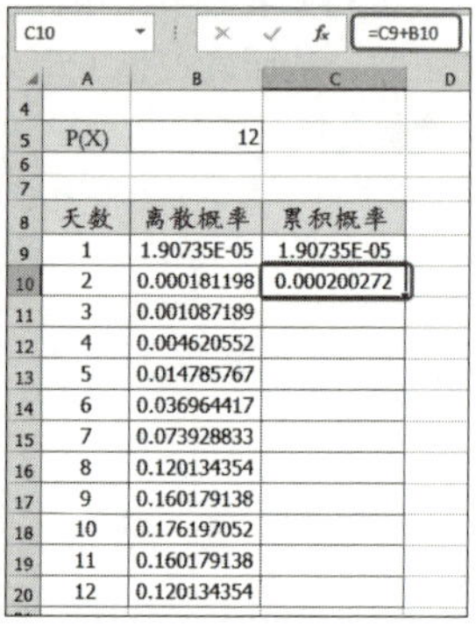

图 13-11

图 13-12

❹ 选中 B9 单元格，按 Ctrl+C 组合键复制，选中 C9 单元格，在"开始"选项卡中单击"粘贴"按钮，在打开的下拉列表中单击"值"（如图 13-10 所示），将 B9 单元格中的公式计算结果以值的方式粘贴到 C9 单元格。

❺ 选中 C10 单元格，在编辑栏中输入公式：
=C9+B10

按 Enter 键，如图 13-11 所示。选中 C10 单元格，并向下复制公式到 C12 单元格中，即可计算出累积概率，如图 13-12 所示。

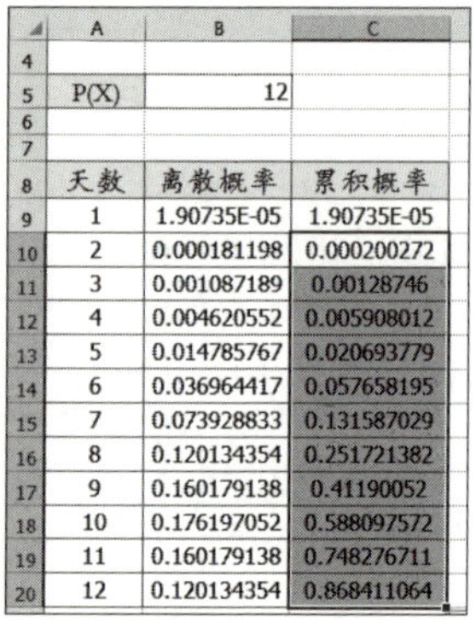

2. 建立二项分布概率分布图

❶ 选中 B8:C20 单元格区域，单击"插入"选项卡，在"图表"选项组中单击"插入柱形图或条形图"下拉按钮，在其下拉菜单中选择"簇状柱形图"子图表类型，如图 13-13 所示。

线图",如图 13-16 所示。

图 13-13

❷ 单击选择图表类型后,即可创建默认图表,如图 13-14 所示。

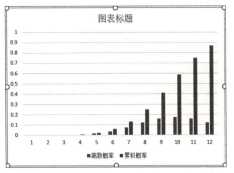

图 13-14

❸ 在图表的数据系列上单击鼠标右键,在弹出的右键菜单中单击"更改系列图表类型",如图 13-15 所示。

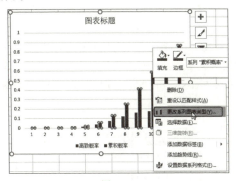

图 13-15

❹ 打开"更改图表类型"对话框,单击"累积概率"系列右侧的下拉按钮,将这个系列更改为"折

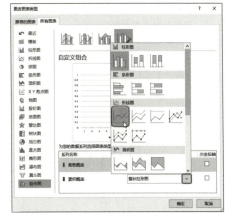

图 13-16

❺ 然后选中后面的"次坐标轴"复选框,如图 13-17 所示。

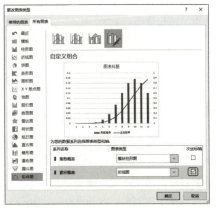

图 13-17

❻ 单击"确定"按钮,可以看到图表如图 13-18 所示。

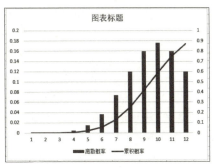

图 13-18

❼ 在右侧垂直轴上双击，打开"设置坐标轴格式"右侧窗格，单击"坐标轴选项"按钮，展开"数字"栏，设置数字类型为"百分比"，并设置小数位数为 0（这个操作是为了让坐标轴上的数据显示得更加简洁），如图 13-19 所示。

❽ 重新为图表输入标题，并将图表中的文字的字号适当增加，效果如图 13-20 所示。

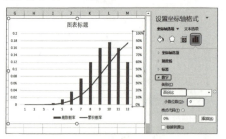

图 13-19

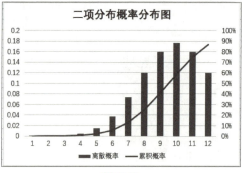

图 13-20

13.2 泊松分布

如果某事件以固定强度随机且独立地出现，该事件在单位时间内出现的次数（个数）可以看成是服从泊松分布。

泊松概率分布用于计算在连续时间或空间单位上发生随机事件次数的概率。通俗地解释，就是基于过去某个随机事件在某段时间或某个空间内发生的平均次数，预测该随机事件在未来同样长的时间或同样大的空间内发生 n 次的概率。

13.2.1 计算泊松分布的概率

泊松分布是一种常见的离散型变量概率分布。在 Excel 程序中使用函数 POISSON 来计算泊松分布的函数数值。泊松分布的一个常见应用是预测特定时间内的事件数。

【函数功能】用于返回泊松分布。
【函数语法】POISSON(x,mean,cumulative)
- x：必需项，表示事件数。
- mean：必需项，表示期望值。
- cumulative：必需项，表示一个逻辑值，用于指定返回的函数形式。如果 cumulative 为 TRUE，则 POISSON 返回发生的随机事件数在零（含零）和 x（含 x）之间的累积泊松分布函数；如果为 FALSE，则 POISSON 返回发生的事件数正好是 x 的泊松概率密度函数。

例 1：假设某医院每小时前来就诊的病人平均人数为 30 人，想了解下一小时就诊人数为 35 人的概率（表示正好等于 35 人的概率）和累积概率（表示不大于 35 人的概率）。

❶ 根据信息在工作表中创建表格并设置表格格式，在表格中输入已知参数，如图 13-21 所示。

	A	B
1	平均值(每小时就诊)	30
2	就诊人数(期望值)	35
3		
4	概率(等于n人)	
5	累积概率(不大于n人)	
6		

图 13-21

❷ 选中 B4 单元格，在编辑栏中输入公式：
=POISSON(B2,B1,FALSE)

按 Enter 键，即可得到概率值，即下一小时就诊人数正好等于 35 人的概率约为 4.5%，可见概率是很低的，如图 13-22 所示。

图 13-22

❸ 选中 B5 单元格，在编辑栏中输入公式：
=POISSON(B2,B1,TRUE)

按 Enter 键，即可得到累积概率值，即下一小时就诊人数在 35 人以内的概率约为 84%，如图 13-23 所示。

图 13-23

例 2：某店铺平均每 30 分钟到店顾客数为 5 人，计算下一个 30 分钟内到店人数在 4 人以上的概率为多少。

求解此问题需要分两步，先求出累积概率，即到店 4 人的累积概率 P，那么到店 4 人及以上的概率则为 $1-P$。

❶ 在工作表中创建表格并设置表格格式，在表格中输入已知参数。选中 B4 单元格，在编辑栏中输入公式：
=POISSON(B2,B1,TRUE)

按 Enter 键，即可求出累积概率值，即下一小时到店人数在 4 人以内的概率约为 44%，如图 13-24 所示。

图 13-24

❷ 选中 B5 单元格，在编辑栏中输入公式：
=1-B4

按 Enter 键，即可求出一小时到店人数在 4 人及以上的概率约为 55.9%，如图 13-25 所示。

图 13-25

13.2.2 泊松分布的概率分布图

某工厂每天生产次品个数服从泊松分布，已知该产品每天生产次品个数平均为 6.8 个，使用 Excel 2019 绘制生产次品个数的概率分布图。

❶ 在工作表中创建表格，在表格中输入已知参数，选中 B4 单元格，在编辑栏中输入公式：
=POISSON(A4,$B$1,FALSE)

按 Enter 键，即可计算出 0 个次品数的概率，如图 13-26 所示。

图 13-26

❷ 选中 B4 单元格，然后向下复制公式到 B19 单元格，即可求出各个次品数对应的概率分别是多少，如图 13-27 所示。

❸ 选中 A3:B19 单元格区域，单击"插入"选项卡，在"图表"选项组中单击"插入柱形图或条形图"下拉按钮，在其下拉菜单中选择"簇状柱形图"子图表类型（如图 13-28 所示），单击后即可创建默认图表，如图 13-29 所示。

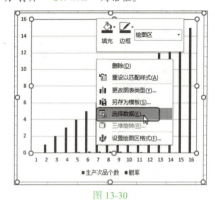

❹ 在图表的数据系列上单击鼠标右键，在弹出的右键菜单中单击"选择数据"命令（如图 13-30 所示），打开"选择数据"对话框。

图 13-27

图 13-30

❺ 选中"生产次品个数"系列，单击"删除"按钮，如图 13-31 所示。

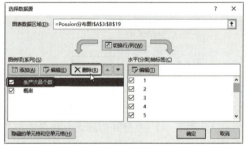

图 13-31

❻ 单击"水平轴标签"下方的"编辑"按钮（如图 13-32 所示），打开"轴标签"对话框（如图 13-33 所示），单击拾取器按钮回到工作表中选择"生产次品个数"列的数据，如图 13-34 所示。选择后单击拾取器回到对话框，再单击"确定"按钮，得到的图表如图 13-35 所示。

图 13-28

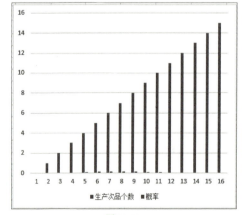

图 13-29

图 13-32

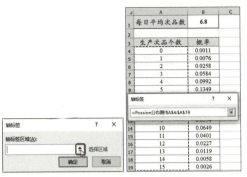

图 13-33   图 13-34

❽ 选中图表的柱子,在"图表工具-格式"选项卡的"形状样式"组中单击"形状轮廓",在展开的下拉列中选择一种颜色(默认没有轮廓线),单击鼠标应用到图表中,如图 13-37 所示。

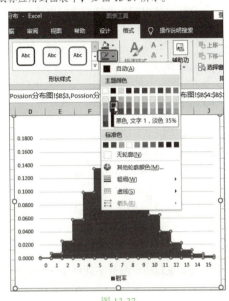

图 13-37

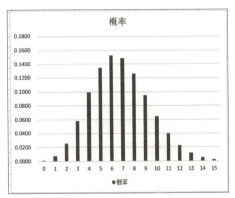

图 13-35

> **专家提醒**
>
> "生产次品个数"系列是程序自动生成的,而此时并不需要这个系列,需要将这一列数据作为行标签来显示。因此建立了默认的图表后,需要进行这几步的修整。

❼ 在图表的柱子上双击鼠标,打开"设置数据系列格式"右侧窗格,将"间隙宽度"设置为"0",如图 13-36 所示。

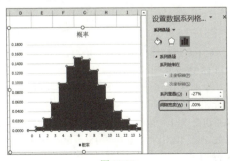

图 13-36

❾ 为图表输入标题,最终的泊松分布的概率分布图如图 13-38 所示。

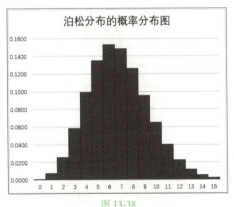

图 13-38

> **专家提醒**
>
> 从泊松分布的概率分布图可以看到,在频率附近,事件的发生概率最高,然后向两边对称下降,即变得越大和越小都不太可能。

199

13.3 指数分布

指数分布可以用来表示独立随机事件发生的时间间隔，比如旅客进机场的时间间隔、银行服务每一位顾客的时间间隔等。我们往往计算的是在 1 个单位时间内事件没有发生的概率，然后推出在 1 个单位时间内事件发生的概率。同理，我们计算的是在两个单位时间内事件没有发生的概率，然后推出在两个单位时间内事件发生的概率。指数分布与泊松分布正好互补，指数分布是一种连续概率分布。

13.3.1 计算指数分布的概率

在 Excel 程序中，可以使用函数 EXPONDIST 来计算指数分布的函数数值。

【函数功能】用于返回指数分布。使用 EXPONDIST 可以建立事件之间的时间间隔模型。

【函数语法】EXPONDIST(x,lambda,cumulative)

- x：必需项，表示单位时间内发生的次数。
- Lambda：必需项，表示期望值。
- cumulative：必需项，表示函数形式的逻辑值。如果 cumulative 为 TRUE，则 EXPONDIST 返回累积分布函数；如果为 FALSE，则返回概率密度函数。

假设某银行柜台服务平均每 8 分钟服务一位顾客，现在要求计算出 5 分钟能被服务到的概率是多少。

❶ 在工作表中创建表格并设置表格格式，在表格中输入已知参数。注意每 8 分钟服务一位顾客，那么每分钟则服务 1/8 个顾客，因此在 B1 单元格中输入 1/8，如图 13-39 所示。

❷ 选中 B4 单元格，在编辑栏中输入公式：
=EXPONDIST(B1,B2,TRUE)

按 Enter 键，即可得到概率值，即 5 分钟能被服务到的概率约为 46.5%，如图 13-40 所示。

图 13-39

图 13-40

13.3.2 指数分布的概率分布图

假设银行柜台平均每 8 分钟服务一位顾客，下面根据每分钟可能被服务到的概率来绘制概率分布图。

❶ 在工作表中创建表格，在表格中输入已知参数，选中 B4 单元格，在编辑栏中输入公式：
=EXPONDIST($B$1,A4,TRUE)

按 Enter 键，即可计算出 1 分钟被服务到的概率，如图 13-41 所示。

❷ 选中 B4 单元格，然后向下复制公式到 B23 单元格，即可求出各个分钟数内可能被服务到的概率分别是多少（例如，2 分钟内被服务到的概率约为 22.1%，5 分钟内被服务到的概率约为 46.5%），如图 13-41 所示。

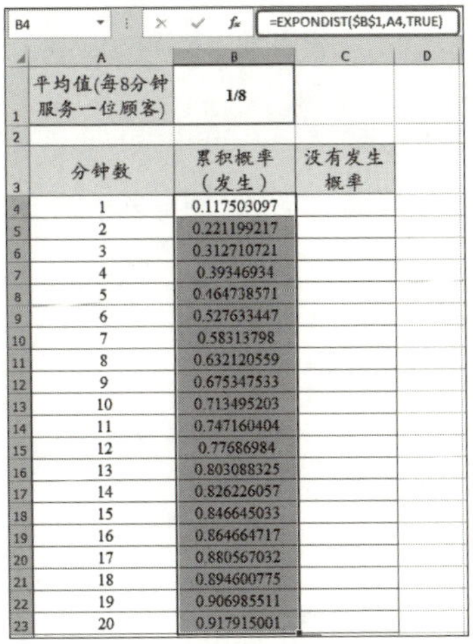

B4 fx =EXPONDIST($B$1,A4,TRUE)

	A	B	C	D
1	平均值(每8分钟服务一位顾客)	1/8		
2				
3	分钟数	累积概率（发生）	没有发生概率	
4	1	0.117503097		
5	2	0.221199217		
6	3	0.312710721		
7	4	0.39346934		
8	5	0.464738571		
9	6	0.527633447		
10	7	0.58313798		
11	8	0.632120559		
12	9	0.675347533		
13	10	0.713495203		
14	11	0.747160404		
15	12	0.77686984		
16	13	0.803088325		
17	14	0.826226057		
18	15	0.846645033		
19	16	0.864664717		
20	17	0.880567032		
21	18	0.894600775		
22	19	0.906985511		
23	20	0.917915001		

图 13-41

❸ 选中 C4 单元格，在编辑栏中输入公式：

=1-B4

按 Enter 键，然后向下复制公式到 C23 单元格，即可返回未发生的概率（例如，2 分钟内未被服务到的概率约为 77.9%，5 分钟内未被服务到的概率约为 53.5%，10 分钟内未被服务到的概率约为 28.7%），如图 13-42 所示。

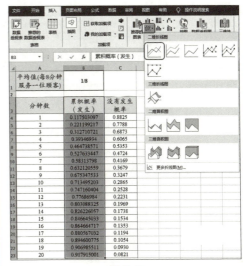

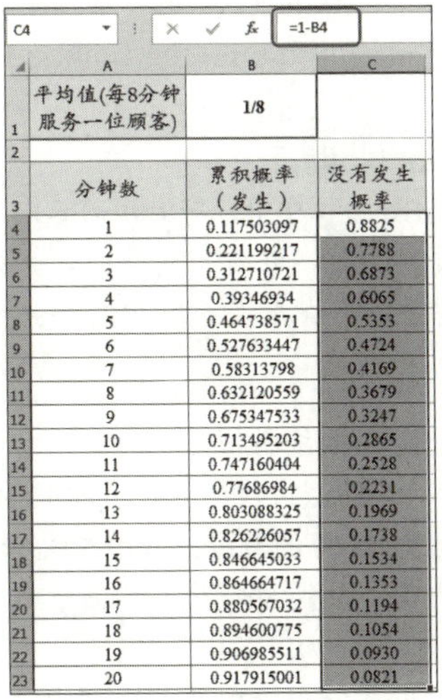

C4 fx =1-B4

	A	B	C
1	平均值(每8分钟服务一位顾客)	1/8	
2			
3	分钟数	累积概率（发生）	没有发生概率
4	1	0.117503097	0.8825
5	2	0.221199217	0.7788
6	3	0.312710721	0.6873
7	4	0.39346934	0.6065
8	5	0.464738571	0.5353
9	6	0.527633447	0.4724
10	7	0.58313798	0.4169
11	8	0.632120559	0.3679
12	9	0.675347533	0.3247
13	10	0.713495203	0.2865
14	11	0.747160404	0.2528
15	12	0.77686984	0.2231
16	13	0.803088325	0.1969
17	14	0.826226057	0.1738
18	15	0.846645033	0.1534
19	16	0.864664717	0.1353
20	17	0.880567032	0.1194
21	18	0.894600775	0.1054
22	19	0.906985511	0.0930
23	20	0.917915001	0.0821

图 13-42

❹ 选中 B3:B23 单元格区域，在“插入”选项卡的“图表”组中单击“插入折线图或面积图”按钮，在展开的列表中单击“折线图”（如图 13-43 所示），即可创建图表，如图 13-44 所示。

	A	B	C
1	平均值(每8分钟服务一位顾客)	1/8	
2			
3	分钟数	累积概率（发生）	没有发生概率
4	1	0.117503097	0.8825
5	2	0.221199217	0.7788
6	3	0.312710721	0.6873
7	4	0.39346934	0.6065
8	5	0.464738571	0.5353
9	6	0.527633447	0.4724
10	7	0.58313798	0.4169
11	8	0.632120559	0.3679
12	9	0.675347533	0.3247
13	10	0.713495203	0.2865
14	11	0.747160404	0.2528
15	12	0.77686984	0.2231
16	13	0.803088325	0.1969
17	14	0.826226057	0.1738
18	15	0.846645033	0.1534
19	16	0.864664717	0.1353
20	17	0.880567032	0.1194
21	18	0.894600775	0.1054
22	19	0.906985511	0.0930
23	20	0.917915001	0.0821

图 13-43

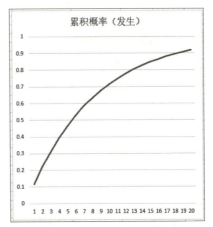

图 13-44

专家提醒

从图中可以看到 8 分钟被服务到的可能性约占 63.2%，即使是 20 分钟被服务到的可能性也未到 100%，但是其概率已经非常大了。

❺ 选中 C3:C23 单元格区域，在“插入”选项卡的“图表”组中单击“插入折线图或面积图”按钮，在展开的列表中单击“折线图”（如图 13-45 所示），即可创建图表，如图 13-46 所示。这张图表显示的是没有发生的概率，我们可以看到随着分钟数的增加，概率不断降低。

图 13-45

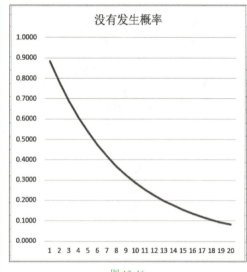

图 13-46

13.4 正态分布

正态分布是所有概率分布中最重要的形式，用于说明被测事物处于稳定状态的原因，是参数统计分析的前提。许多统计过程均依赖于总体正态性。

正态分布检验是一种应用广泛的检验方法，它用于判断一个样本所代表的背景总体与理论正态分布是否有显著差异，具有重要的意义。

13.4.1 正态分布的定义

当一个变量受到大量微小、独立的随机因素影响时，这个变量一般服从正态分布或近似服从正态分布。例如，某个地区同龄儿童的身高、体重，某一条件下产品的质量，气象学中的温度、湿度等。

正态分布记作 $X: N(\mu, \sigma^2)$，表示的含义为"随机变量 X 服从均值为 μ，方差为 σ^2 的正态分布"。

- μ 是随机变量 X 的均值。
- σ 是随机变量 X 的标准差。

正态分布的概率密度函数为：

$$f(x) = \frac{1}{\sqrt{2\pi}\sigma} e^{\frac{-(x-\mu)^2}{2\sigma^2}}, -\infty < x < \infty$$

 专家提醒

在 Excel 程序中，有专用的正态分布函数 NORMDIST，相对于复杂的计算公式来说容易多了，在后面内容中有相关的应用范例。

正态分布曲线特征是"两头小，中间大，中心对称"，酷似古代的大钟。曲线的总面积为 1，代表 100% 的概率，其中 50% 位于均值垂线的左侧，另外 50% 位于均值垂线的右侧。其特征可以描述为以下几个方面。

（1）正态分布以均数（μ）为中心，左右对称。

（2）正态曲线在横轴上方均数（μ）处最高。

（3）正态分布有两个参数，即均值 μ 和标准差 σ。μ 是位置参数，σ 固定不变时，μ 越大，曲线沿横轴越向右移动；反之，μ 越小，曲线沿横轴越向左移动。σ 是形状参数，当 μ 固定不变时，σ 越大，曲线越平坦；σ 越小，曲线越尖峭。

（4）当 $\mu = 0$，$\sigma^2 = 1$ 时，称为标准正态分布，记为 $N(0,1)$。

如图 13-47 所示是 μ 值相同、σ 不同的三条正态分布曲线。

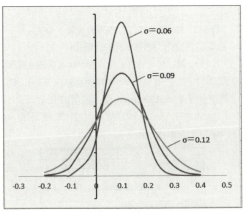

图 13-47

> **知识扩展**
>
> 不管 μ 和 σ 的具体取值如何，只要数据满足正态分布，就会满足一个特殊的经验法则，即"三 σ 法则"。这个法则包括以下内容。
>
> - 在正态分布，会有 68.3% 的数集中在均值 ±1 个标准差范围内，即（$\mu-\sigma$，$\mu+\sigma$）区域的概率为 68.3%；
> - 在正态分布，会有 95.4% 的数集中在均值 ±2 个标准差范围内，即（$\mu-2\sigma$，$\mu+2\sigma$）区域的概率为 95.4%；
> - 在正态分布，会有 99.7% 的数集中在均值 ±3 个标准差范围内，即（$\mu-3\sigma$，$\mu+3\sigma$）区域的概率为 99.7%。
>
> 可以用如图 13-48 所示的图更加直观地表示"三 σ 法则"。
>
>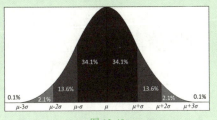
>
> 图 13-48

13.4.2 计算正态分布的概率

在 Excel 程序中，使用 NORMDIST 函数可以准确地计算出给定参数条件下正态分布的概率值和累计概率值。

【函数功能】返回指定平均值和标准偏差的正态分布函数。此函数在统计方面应用范围广泛（包括假设检验）。

【函数语法】NORMDIST(x,mean,standard_dev,cumulative)
- x：必需项，表示需要计算其分布的数值。
- mean：必需项，表示分布的算术平均值。
- standard_dev：必需项，表示分布的标准偏差。
- cumulative：必需项，表示函数形式的逻辑值。如果 cumulative 为 TRUE，则 NORMDIST 返回累积分布函数；如果为 FALSE，则返回概率密度函数。

1. 正态分布概率的应用范例

某研究机构对大一新生身高进行研究，得知平均身高为 173cm，标准差为 25，现在要求解如下几个问题。

（1）估计身高低于 165 cm 的学生所占比例。

（2）估计身高在 165～175 cm 的学生所占的比例。

（3）估计身高 180 cm 以上学生的概率。

❶ 根据信息在工作表中创建表格并设置表格格式，在表格中输入已知参数，如图 13-49 所示。

	A	B
1	大一男生平均身高(cm)	173
2	标准差	25
3		
4	身高低于165cm的概率	

图 13-49

❷ 选中 B4 单元格，在编辑栏中输入公式：

=NORMDIST(165,B1,B2,TRUE)

按 Enter 键，即可得到累积概率值，即身高低于 165 cm 的概率为 37.4%，如图 13-50 所示。

B4　=NORMDIST(165,B1,B2,TRUE)

	A	B	C
1	大一男生平均身高(cm)	173	
2	标准差	25	
3			
4	身高低于165cm的概率	0.374	

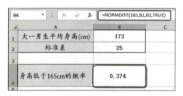

图 13-50

❸ 选中 B5 单元格，在编辑栏中输入公式：

=NORMDIST(175,B1,B2,TRUE)-NORMDIST(165,B1,B2,TRUE)

按 Enter 键，即可计算出身高在 165 ～ 175 cm 的概率，如图 13-51 所示。因为"NORMDIST(175,B1,B2,TRUE)"这部分计算的是 175 cm 以内身高所占比例，"NORMDIST(165,B1,B2,TRUE)"这部分计算的是 165 cm 以内身高所占比例，所以二者差值即身高区间所占比例。

B5　=NORMDIST(175,B1,B2,TRUE)-NORMDIST(165,B1,B2,TRUE)

	A	B	C	D
1	大一男生平均身高(cm)	173		
2	标准差	25		
3				
4	身高低于165cm的概率	0.374		
5	身高在165cm~175之间的概率	0.157		

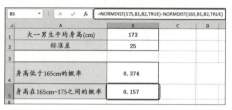

图 13-51

❹ 选中 B6 单元格，在编辑栏中输入公式：

=1-NORMDIST(180,B1,B2,TRUE)

按 Enter 键，即可计算出身高在 180cm 以上的概率，如图 13-52 所示。因为"NORMDIST(180,B1,B2,TRUE)"这部分计算的是 180 cm 以内身高所占比例，那么"1-NORMDIST(180,B1,B2,TRUE)"计算出的则为 180 cm 以上身高所占比例。

B6　=1-NORMDIST(180,B1,B2,TRUE)

	A	B
1	大一男生平均身高(cm)	173
2	标准差	25
3		
4	身高低于165cm的概率	0.374
5	身高在165cm~175之间的概率	0.157
6	身高在180cm以上的概率	0.390

图 13-52

2. 正态累积分布的反函数

【函数功能】返回指定平均值和标准偏差的正态累积分布函数的反函数值。当已知二项分布的概率时，则可以推算出某种事件发生的概率。

【函数语法】NORM.INV(probability,mean,standard_dev)

- probability：必需项，表示正态分布的概率。
- mean：必需项，表示分布的算术平均值。
- standard_dev：必需项，表示分布的标准偏差。

例 1：某研究机构对 12 岁男童体重进行研究，得知平均体重为 38.2 kg，标准差为 6.4，现在要估计 80% 的儿童体重大约是多少。

❶ 根据信息在工作表中创建表格并设置表格格式，在表格中输入已知参数，如图 13-53 所示。

	A	B
1	12岁男童体重均数(kg)	38.2
2	标准差	6.4
3		
4	80%概率下对应的儿童体重(kg)	

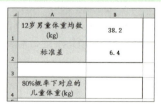

图 13-53

❷ 选中 B4 单元格，在编辑栏中输入公式：=NORMINV(0.8,B1,B2)

按 Enter 键，即可计算出 80% 的儿童体重大约是 43.6kg，如图 13-54 所示。

图 13-54

例 2：某学校某年级在竞赛前进行成绩摸底考试，已知考试结果呈正态分布，其平均分为 79 分，方差为 22。现在要从 400 人中选出最优秀的 8 名同学，则选出来的学生成绩最低应该是多少分。

❶ 在工作表中创建表格并设置表格格式，在表格中输入已知参数。选中 B3 单元格，在编辑栏中输入公式：=SQRT(B2)

按 Enter 键，计算出标准差，如图 13-55 所示。

❷ 选中 C5 单元格，在编辑栏中输入公式：=8/400

按 Enter 键，即可计算出 8 人在 400 人中所占的比例，如图 13-56 所示。

图 13-55

图 13-56

❸ 选中 C6 单元格，在编辑栏中输入公式：=NORMINV(1-C5,B1,B3)

按 Enter 键，即可计算出 98% 概率下对应的成绩，即从 400 中选取最优秀的 8 人，至少要达到 89 分，如图 13-57 所示。

图 13-57

13.4.3 绘制正态分布图和正态曲线

Excel 中并未提供专门的正态分布图表，但利用直方图和折线图工具可以非常方便地绘制正态分布曲线。在本小节中介绍建立方法。

如图 13-58 所示的数据为某地某批次苹果重量的抽样数据，现在要查看这些数据的分布情况。

1. 计算均值、标准差、分组频数

❶ 选中 D2 单元格，在编辑栏中输入公式：=AVERAGE(B2:B51)

按 Enter 键，计算出均值，如图 13-59 所示。

编号	单个苹果克重
1	364
2	373
3	399
4	367
5	299
6	386
7	368
8	402
9	402
10	329
11	342
12	268
13	386
14	255
15	385
16	340
17	372
18	470
19	357
20	377
21	346
22	322
23	309
24	496
25	350
26	392
27	340
28	440
29	379
30	430
31	361
32	280
33	350
34	290
35	320
36	220
37	350

图 13-58

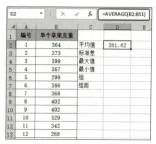

D2 =AVERAGE(B2:B51)

	A	B	C	D
1	编号	单个苹果克重		
2	1	364	平均值	361.62
3	2	373	标准差	
4	3	399	最大值	
5	4	367	最小值	
6	5	299	组	
7	6	386	组距	
8	7	368		
9	8	402		
10	9	402		
11	10	329		
12	11	342		
13	12	268		

图 13-59

❷ 选中 D3 单元格，在编辑栏中输入公式：

=STDEV.P(B2:B51)

按 Enter 键，计算出标准差，如图 13-60 所示。

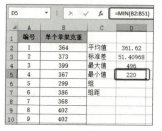

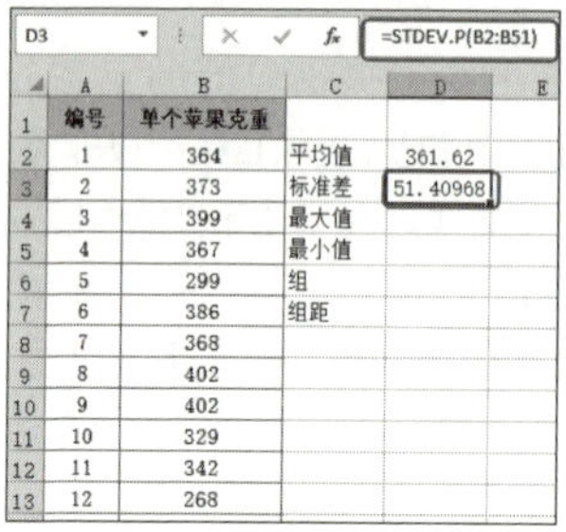
D3 =STDEV.P(B2:B51)

	A	B	C	D
1	编号	单个苹果克重		
2	1	364	平均值	361.62
3	2	373	标准差	51.40968
4	3	399	最大值	
5	4	367	最小值	
6	5	299	组	
7	6	386	组距	
8	7	368		
9	8	402		
10	9	402		
11	10	329		
12	11	342		
13	12	268		

图 13-60

❸ 选中 D4 单元格，在编辑栏中输入公式：

=MAX(B2:B51)

按 Enter 键，计算出最大值，如图 13-61 所示。

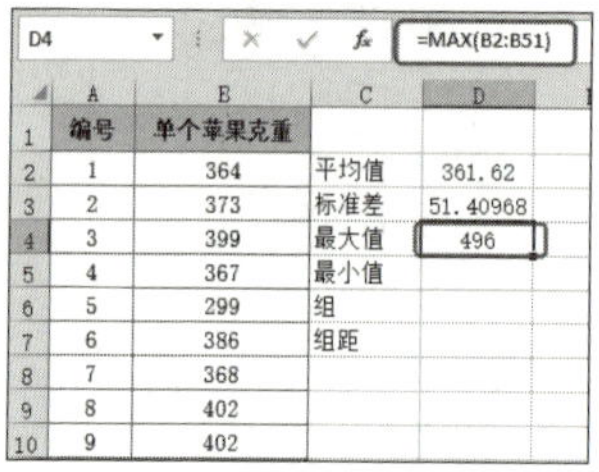
D4 =MAX(B2:B51)

	A	B	C	D
1	编号	单个苹果克重		
2	1	364	平均值	361.62
3	2	373	标准差	51.40968
4	3	399	最大值	496
5	4	367	最小值	
6	5	299	组	
7	6	386	组距	
8	7	368		
9	8	402		
10	9	402		

图 13-61

❹ 选中 D5 单元格，在编辑栏中输入公式：

=MIN(B2:B51)

按 Enter 键，计算出最小值，如图 13-62 所示。

❺ 对重量范围进行分组，并确定组距。这里我们把重量分成 14 组。选中 D7 单元格，在编辑栏中输入公式：

=(D4-D5)/(D6-1)

按 Enter 键，计算出组距（如图 13-63 所示），因此可以将组距设置为 22。

D5 =MIN(B2:B51)

	A	B	C	D
1	编号	单个苹果克重		
2	1	364	平均值	361.62
3	2	373	标准差	51.40968
4	3	399	最大值	496
5	4	367	最小值	220
6	5	299	组	
7	6	386	组距	
8	7	368		
9	8	402		
10	9	402		

图 13-62

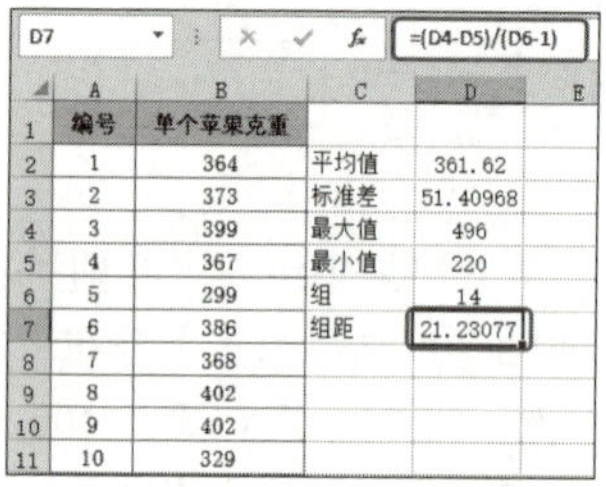
D7 =(D4-D5)/(D6-1)

	A	B	C	D
1	编号	单个苹果克重		
2	1	364	平均值	361.62
3	2	373	标准差	51.40968
4	3	399	最大值	496
5	4	367	最小值	220
6	5	299	组	14
7	6	386	组距	21.23077
8	7	368		
9	8	402		
10	9	402		
11	10	329		

图 13-63

❻ 选中 E3 单元格，在编辑栏中输入公式：

=D5+22

按 Enter 键，如图 13-64 所示。

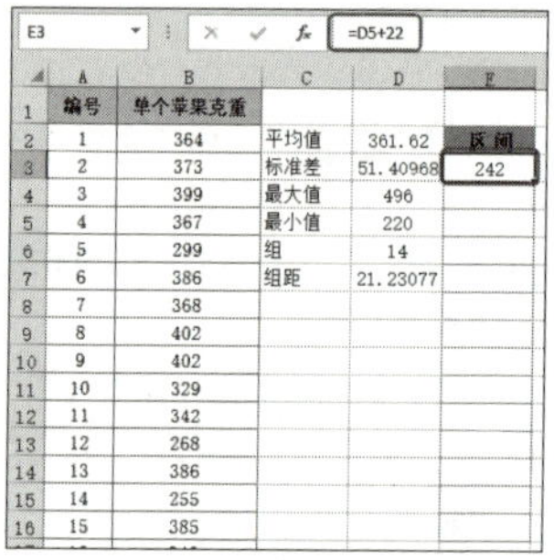
E3 =D5+22

	A	B	C	D	E
1	编号	单个苹果克重			
2	1	364	平均值	361.62	区间
3	2	373	标准差	51.40968	242
4	3	399	最大值	496	
5	4	367	最小值	220	
6	5	299	组	14	
7	6	386	组距	21.23077	
8	7	368			
9	8	402			
10	9	402			
11	10	329			
12	11	342			
13	12	268			
14	13	386			
15	14	255			
16	15	385			

图 13-64

❼ 选中 E4 单元格，在编辑栏中输入公式：

=E3+22

按 Enter 键，然后向下复制公式，如图 13-65 所示。

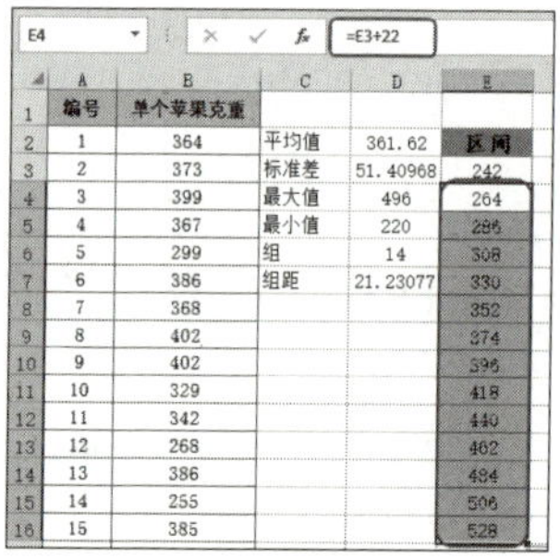
E4 =E3+22

	A	B	C	D	E
1	编号	单个苹果克重			
2	1	364	平均值	361.62	区间
3	2	373	标准差	51.40968	242
4	3	399	最大值	496	264
5	4	367	最小值	220	286
6	5	299	组	14	308
7	6	386	组距	21.23077	330
8	7	368			352
9	8	402			374
10	9	402			396
11	10	329			418
12	11	342			440
13	12	268			462
14	13	386			484
15	14	255			506
16	15	385			528

图 13-65

❽ 在"数据"选项卡的"分析"组中单击"数据分析"功能按钮,打开"数据分析"对话框,选中"直方图",如图13-66所示。

图13-66

❾ 单击"确定"按钮,打开"直方图"对话框。设置"输入区域"为B列的整个数据区域,"输出区域"为设置的分组区间,设置好输出区域,选中"图表输出"复选框,如图13-67所示。

图13-67

❿ 单击"确定"按钮,可以看到生成的频率及直方图图表,如图13-68所示。

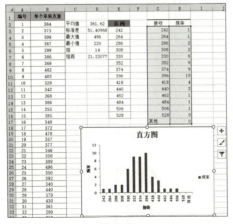

图13-68

2. 编辑正态分布表

编辑正态分布表可以直接在生成的直方图上进行补充编辑。

❶ 在生成的直方图上单击鼠标右键,在弹出的右键菜单中单击"选择数据"命令(如图13-69所示),打开"选择数据"对话框。

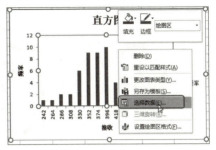

图13-69

❷ 单击"水平轴标签"下方的"编辑"按钮(如图13-70所示),打开"轴标签"对话框,重新设置轴标签,如图13-71所示。选择后单击拾取器回到对话框,再单击"确定"按钮,得到的图表如图13-72所示。

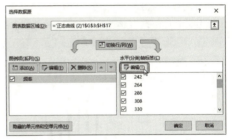

图13-70

图13-71

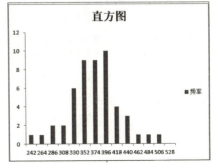

图13-72

❸ 选中 I3 单元格,在编辑栏中输入公式:
=NORMDIST(G3,$D$2,$D$3,FALSE)

按 Enter 键,然后向下复制公式到 I16 单元格,即可计算出正态分布的概率密度,如图 13-73 所示。

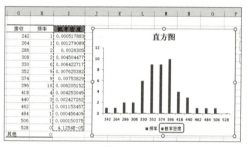

图 13-73

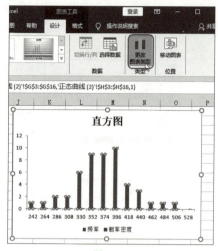

图 13-75

❹ 选中 I2:I16 单元格区域,按 Ctrl+C 组合键复制,选中图表,按 Ctrl+V 组合键粘贴,将这个数据以系列的形式添加到图表中,如图 13-74 所示(在图表中已经可以看到有了"概率密度"这样一个系列)。

图 13-74

专家提醒

在将 I2:I16 单元格区域的数据添加到图表中时,图表系列暂时看不见(但实际已经存在了),这是因为概率密度数据都在 1 以内。此时用左侧的坐标轴刻度显然是不合适的,需要启用次坐标轴并对图表的类型进行更改。

❺ 选中图表,在"图表工具 - 类型"组中单击"更改图表类型"命令(如图 13-75 所示),打开"更改图表类型"对话框,单击"概率密度"系列右侧的下拉按钮,将这个系列更改为"折线图",并选中后面的"次坐标轴"复选框,如图 13-76 所示。

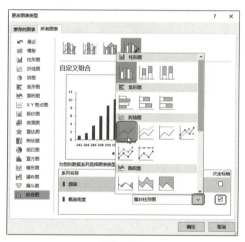

图 13-76

❻ 单击"确定"按钮,得到的图表如图 13-77 所示。

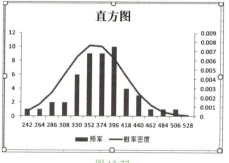

图 13-77

❼ 在折线图上双击鼠标，打开"设置数据系列格式"右侧窗格，单击"填充与线条"按钮，滑到最底部，选中"平滑线"复选框，将折线更改为平滑线，如图13-78所示。

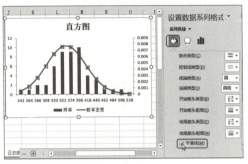

图 13-78

❽ 在柱形图上双击鼠标，打开"设置数据系列格式"右侧窗格，单击"系列选项"按钮，将"间隙宽度"设置为"0"，如图13-79所示。

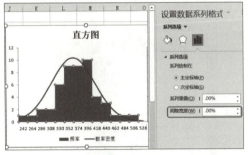

图 13-79

❾ 选中图表的柱子，在"图表工具-格式"选项卡的"形状样式"组中单击"形状轮廓"，在展开的下拉列中选择一种颜色（默认没有轮廓线），单击鼠标应用到图表中，如图13-80所示。

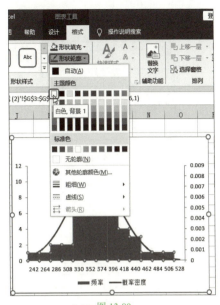

图 13-80

❿ 为图表输入标题并进行美化，最终的正态分布图如图13-81所示。

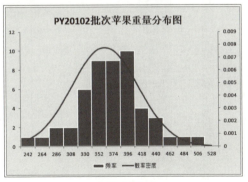

图 13-81

13.4.4 正态分布比较图

假设某投资组合的期望收益是10%，现在有3家投资公司对其投资收益的标准差的估计存在分歧，他们预测的收益标准差分别为0.06、0.09和0.12。根据这些信息，绘制出3家投资公司对投资组合期望收益的分布情况。

1. 计算概率密度

❶ 根据已知信息在工作表中创建表格并设置表格格式，将收益数据输入到表格中，如图13-82所示。

❷ 选中B3单元格，在编辑栏中输入公式：
=NORMDIST(A3,0.1,$B$2,0)

按Enter键后向下复制公式，计算标准差为0.06时，各不同收益下的正态分布数值如图13-83所示。

	A	B	C	D
1			标准差	
2	收益	0.06	0.09	0.12
3	-0.2			
4	-0.18			
5	-0.16			
6	-0.14			
7	-0.12			
8	-0.1			
9	-0.02			
10	0.02			
11	0.06			
12	0.08			
13	0.1			
14	0.12			
15	0.14			
16	0.16			
17	0.18			
18	0.2			
19	0.22			
20	0.24			
21	0.26			
22	0.28			
23	0.3			
24	0.32			
25	0.34			
26	0.36			
27	0.38			
28	0.4			

图 13-82

C3 =NORMDIST(A3,0.1,$C$2,0)

	A	B	C	D	E	F
1			标准差			
2	收益	0.06	0.09	0.12		
3	-0.2	0.0000	0.0171			
4	-0.18	0.0001	0.0351			
5	-0.16	0.0006	0.0683			
6	-0.14	0.0022	0.1266			
7	-0.12	0.0080	0.2234			
8	-0.1	0.0257	0.3753			
9	-0.02	0.8998	1.8223			
10	0.02	2.7335	2.9860			
11	0.06	5.3241	4.0158			
12	0.08	6.2897	4.3246			
13	0.1	6.6490	4.4327			
14	0.12	6.2897	4.3246			
15	0.14	5.3241	4.0158			
16	0.16	4.0328	3.5494			
17	0.18	2.7335	2.9860			
18	0.2	1.6580	2.3910			
19	0.22	0.8998	1.8223			
20	0.24	0.4370	1.3220			
21	0.26	0.1899	0.9128			
22	0.28	0.0739	0.5999			
23	0.3	0.0257	0.3753			
24	0.32	0.0080	0.2234			
25	0.34	0.0022	0.1266			
26	0.36	0.0006	0.0683			
27	0.38	0.0001	0.0351			
28	0.4	0.0000	0.0171			

图 13-84

B3 =NORMDIST(A3,0.1,$B$2,0)

	A	B	C	D	E	F
1			标准差			
2	收益	0.06	0.09	0.12		
3	-0.2	0.0000				
4	-0.18	0.0001				
5	-0.16	0.0006				
6	-0.14	0.0022				
7	-0.12	0.0080				
8	-0.1	0.0257				
9	-0.02	0.8998				
10	0.02	2.7335				
11	0.06	5.3241				
12	0.08	6.2897				
13	0.1	6.6490				
14	0.12	6.2897				
15	0.14	5.3241				
16	0.16	4.0328				
17	0.18	2.7335				
18	0.2	1.6580				
19	0.22	0.8998				
20	0.24	0.4370				
21	0.26	0.1899				
22	0.28	0.0739				
23	0.3	0.0257				
24	0.32	0.0080				
25	0.34	0.0022				
26	0.36	0.0006				
27	0.38	0.0001				
28	0.4	0.0000				

图 13-83

D3 =NORMDIST(A3,0.1,$D$2,0)

	A	B	C	D	E	F
1			标准差			
2	收益	0.06	0.09	0.12		
3	-0.2	0.0000	0.0171	0.1461		
4	-0.18	0.0001	0.0351	0.2185		
5	-0.16	0.0006	0.0683	0.3179		
6	-0.14	0.0022	0.1266	0.4499		
7	-0.12	0.0080	0.2234	0.6193		
8	-0.1	0.0257	0.3753	0.8290		
9	-0.02	0.8998	1.8223	2.0164		
10	0.02	2.7335	2.9860	2.6621		
11	0.06	5.3241	4.0158	3.1449		
12	0.08	6.2897	4.3246	3.2787		
13	0.1	6.6490	4.4327	3.3245		
14	0.12	6.2897	4.3246	3.2787		
15	0.14	5.3241	4.0158	3.1449		
16	0.16	4.0328	3.5494	2.9339		
17	0.18	2.7335	2.9860	2.6621		
18	0.2	1.6580	2.3910	2.3493		
19	0.22	0.8998	1.8223	2.0164		
20	0.24	0.4370	1.3220	1.6833		
21	0.26	0.1899	0.9128	1.3668		
22	0.28	0.0739	0.5999	1.0793		
23	0.3	0.0257	0.3753	0.8290		
24	0.32	0.0080	0.2234	0.6193		
25	0.34	0.0022	0.1266	0.4499		
26	0.36	0.0006	0.0683	0.3179		
27	0.38	0.0001	0.0351	0.2185		
28	0.4	0.0000	0.0171	0.1461		

图 13-85

❸ 选中 C3 单元格，在编辑栏中输入公式：
=NORMDIST(A3,0.1,$C$2,0)

按 Enter 键后向下复制公式，计算标准差为 0.09 时各不同收益下的正态分布数值，如图 13-84 所示。

❹ 选中 D3 单元格，在编辑栏中输入公式：
=NORMDIST(A3,0.1,$D$2,0)

按 Enter 键后向下复制公式，计算标准差为 0.12 时各不同收益下的正态分布数值，如图 13-85 所示。

2. 创建散点图

❶ 选中 A3:D33 单元格区域，单击"插入"选项卡，在"图表"选项组中单击"散点图"下拉按钮，在其下拉菜单中选择"带平滑线的散点图"子图表类型（如图 13-86 所示），即可创建默认的图表，如图 13-87 所示。

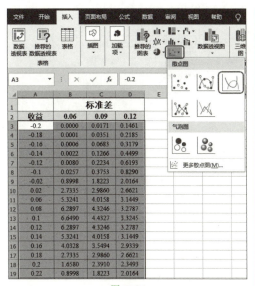

图 13-86

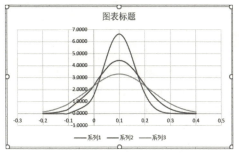

图 13-87

❷ 在生成的图表上单击鼠标右键，在弹出的右键菜单中单击"选择数据"命令，打开"选择数据"对话框，如图 13-88 所示。

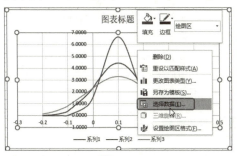

图 13-88

❸ 打开"选择数据源"对话框，选中"系列 1"，单击"编辑"按钮（如图 13-89 所示）打开"编辑数

据系列"对话框，将光标定位到"系列名称"文本框，在工作表中选中 B2 单元格，如图 13-90 所示。

图 13-89

图 13-90

❹ 单击"确定"按钮，返回"选择数据源"对话框，选中"系列 2"，单击"编辑"按钮（如图 13-91 所示），打开"编辑数据系列"对话框，将光标定位到"系列名称"文本框，在工作表中选中 C2 单元格，如图 13-92 所示。

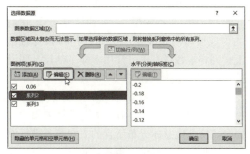

图 13-91

图 13-92

第 13 章 几种重要的分布

211

❺ 单击"确定"按钮，返回"选择数据源"对话框，选中"系列3"，单击"编辑"按钮（如图13-93所示），打开"编辑数据系列"对话框，将光标定位到"系列名称"文本框，在工作表中选中D2单元格，如图13-94所示。

❻ 单击"确定"按钮，返回"选择数据源"对话框，单击"确定"按钮完成编辑，图表效果如图13-95所示。

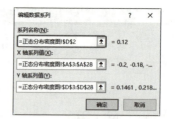

图 13-94

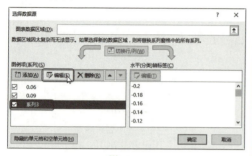

图 13-93

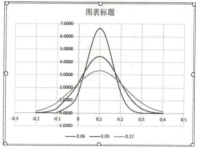

图 13-95

13.5 三大抽样分布

正态分布是统计数据分析中最常见的分布，许多概率分布可以用它来近似；还有一些常用的概率分布是由它直接导出的。以标准正态分布为基础构造的 t 分布、F 分布和 χ^2 分布被称为统计学中的"三大抽样分布"。它们均为连续型随机变量的分布，分布只与自由度，即样本含量有关，常用于样本估计与假设验证。

总体的分布往往是未知的，或部分未知。根据实际问题的需要，有时需对总体未知的重要数字特征或总体分布所含的未知参数进行推断，这类问题我们称作为参数的统计推断。在参数统计推断问题中，经常需要利用总体样本构造出合适的统计量，并使其服从或渐进地服从已知的分布。统计学中泛称统计量的分布为抽样分布。讨论抽样分布的途径有两个：

（1）精确地求出抽样分布，这样的统计推断为小样本统计推断；

（2）让样本容量趋于无穷，并求出抽样分

布的极限分布，在样本容量充分大时再利用该极限分布作为抽样分布的近似分布，继而对未知参数进行统计推断，这样的统计推断为大样本统计推断。

本书只讨论小样本统计推断。

在介绍这几种分布之前，我们强调一下数理统计学中的两大稳固的定理，即大数定理和中心极限定理。

- **大数定理**：当样本数量足够大时，这些样本的均值无限接近总体的期望。
- **中心极限定理**：不管样本总体服从什么分布，当样本数量足够大时，样本的均值以正态分布的形式围绕总体均值波动。

13.5.1 t 分布

在统计学中，t 分布用于根据小样本来估计呈正态分布且方差未知的总体的均值。在学习 t 分布前，首先要了解 t 统计量。

1. t 统计量

样本来自总体，所以样本中包含了有关总体的信息。我们取得样本之后，并不是直接利用样本进行推断，而需要对样本进行加工和提炼，把样本中包含的有关信息尽可能地集中起来，最有效的办法就是针对不同的问题构造出样本的某种函数，即统计量。以样本平均数为例，它是总体平均数的一个估计量，如果按照相同的样本容量，相同的抽样方式，反复地抽取样本，则每次可以计算一个平均数，所有可能样本的平均数所形成的分布，就是样本平均数的抽样分布。

t 统计量分两种情况：一种是单总体情况，另一种是双总体情况。

（1）单总体情况下 t 统计量的定义为：

$$t = \frac{\bar{x} - \mu}{S/\sqrt{n}}$$

- $\bar{x}$：样本均值。
- μ：假设的总体均值。
- S：总体标准差的估计值。注意：当总体标准差已知时，计算结果会更精准。
- n：样本量。

由于总体标准差无法得知，因此一般用样本标准差 S 来估计总体标准差。从数学上可以证明，若样本量为 n，样本均值的标准差（样本均值的波动）等于总体的标准差（总体波动）除以样本量 n。我们可以通过大数定理来简单理解一下，当样本量增大时，样本均值的波动应该是趋小的。

（2）双总体情况下 t 统计量的定义为：

$$t = \frac{\bar{x}_1 - \bar{x}_2}{S_{\bar{x}_1 - \bar{x}_2}}$$

- $\bar{x}_1$ 为样本 1 的均值。
- $\bar{x}_2$ 为样本 2 的均值。
- $S_{\bar{x}_1 - \bar{x}_2}$ 为样本 1 与样本 2 均值差值的标准差。

关于 $S_{\bar{x}_1 - \bar{x}_2}$ 的计算有专门的计算公式，这里我们只要理解 t 统计量是如何提出的及表示什么意思即可。

2. t 分布与正态分布

t 统计量的分布就是 t 分布了，t 分布用于在总体方差未知的情况下，根据小样本来估计在某一置信水平下的总体均值的置信区间。如果总体方差已知，则应该用正态分布来估计总体均值。

将正态分布和 t 分布两种分布曲线重叠在一张图中，效果如图 13-96 所示。

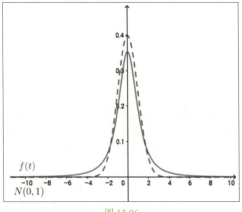

图 13-96

t 分布的图形特征如下。

（1）t 分布以 0 为中心，左右对称的单峰分布。

（2）标准正态分布的中部较高，即 t 分布在其均值周围的聚集程度比标准正态分布要差一些。

（3）t 分布曲线是一簇曲线，其形态变化与自由度的大小有关。自由度越小，则 t 值越分散，t 分布曲线的峰部越矮而尾部翘得越高，说明尾部面积（概率 P）越大；与标准正态分布曲线相比，t 分布低平。当自由度足够大时，t 分布无限接近标准的正态分布，即前面所说的大数定理。当趋于 ∞ 时，t 分布即为正态分布。

> **专家提醒**
>
> t 分布中有一个重要的概念，即自由度，其值为 $n-1$（n 是样本量）。自由度是对正态分布的波动率的确信程度，即精度。

13.5.2 F 分布

F 分布与方差有关，假如我们从一个正态总体中，或者从两个方差相同的正态总体中，抽取两个样本。样本 1：$x_1, x_2, x_3, \cdots, x_n$ 来自正态总体 $N(\mu_1, \sigma_1^2)$，其方差记作 S_1^2；样本 2：$y_1, y_2, \cdots, y_n$ 来自正态总体 $N(\mu_2, \sigma_2^2)$，其方差记作 S_2^2。

此时构造 F 检验统计量：

$$F = \frac{S_1^2}{S_2^2}$$

如果重复这一步，抽取多对样本，那么就可以计算出多个 F 值，这些 F 值的分布就是 F 分布。

F 分布为正偏态分布，它的形状不是固定的，而是随样本的大小而变化。这里的样本大小仍用"自由度"的概念来表示。由于计算方差比值时涉及两个样本，所以自由度也涉及两个样本，记作 n_1-1 和 n_2-1，即在方差比值中作为分子的样本的容量减 1 和作为分母的样本的容量减 1，分别记为 df_1 和 df_2。随着样本容量的增大，分布偏态的程度越来越小，越来越接近正态分布，如图 13-97 所示。

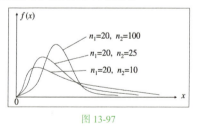

图 13-97

13.5.3 χ² 分布

χ^2 分布又叫卡方分布。若 n 个相互独立的随机变量 $x_1, x_2, \cdots, x_n$，均服从标准正态分布，则这 n 个服从标准正态分布的随机变量的平方和构成一个新的随机变量，其分布规律称为 χ^2 分布。例如：

$x_1, x_2, \cdots, x_n$ 都遵守 $N(0,1)$ 的正态分布，则 $x_1^2 + x_2^2 + \cdots$ 遵守 $\chi^2(n)$ 分布，相当于形成了一个新统计量 $Y = X_1^2 + X_2^2 + \cdots$。

χ^2 分布是由正态分布构造而成的一个新的分布，当自由度 n 很大时，χ^2 分布近似为正态分布。

卡方分布的临界值及对应的 P 值都可以使用 Excel 中的函数求解。

1. CHISQ.DIST（返回 χ² 分布）

> 【函数功能】CHISQ.DIST 函数用于返回 χ^2 分布。χ^2 分布通常用于研究样本中某些事物变化的百分比，如人们一天中用来看电视的时间所占的比例。
>
> 【函数语法】CHISQ.DIST (x,deg_freedom, cumulative)
> - x：表示用来计算分布的数值。
> - deg_freedom：表示自由度数。
> - cumulative：表示函数形式的逻辑值。如果 cumulative 为 TRUE，则函数 CHISQ.DIST 返回累积分布函数；如果为 FALSE，则返回概率密度函数。

选中 B3 单元格，在编辑栏中输入公式：
=CHISQ.DIST (B1,B2,TRUE)

按 Enter 键即可返回数值"1.5"和自由度"2"的 χ^2 分布的左尾概率值为"0.52763"，如图 13-98 所示。

	A	B	C
1	数值	1.5	
2	自由度	2	
3	χ² 分布的左尾概率	0.527633447	

图 13-98

2. CHISQ.INV（返回 χ^2 分布的左尾概率的反函数）

【函数功能】 CHISQ.INV 函数用于返回 χ^2 分布的左尾概率的反函数。

【函数语法】 CHISQ.INV (probability,deg_freedom)
- probability：表示与 χ^2 分布相关联的概率；
- deg_freedom：表示自由度数。

选中 B3 单元格，在编辑栏中输入公式：
=CHISQ.INV(B1,B2)

按 Enter 键，即可返回 χ^2 分布的概率 "0.527633447" 和自由度 "2" 的 χ^2 分布的左尾概率的反函数值为 "1.5"，如图 13-99 所示，结果可与 CHISQ.DIST 函数的返回值相比较。

图 13-99

3. CHISQ.DIST.RT（返回 χ^2 分布的右尾概率）

【函数功能】 CHISQ.DIST.RT 函数用于返回 χ^2 分布的右尾概率。χ^2 分布与 χ^2 测试相关联。使用 χ^2 测试可比较观察值和预期值。通过使用该函数比较观察结果和理论值，可以确定初始假设是否有效。

【函数语法】 CHISQ.DIST.RT(x,deg_freedom)
- x：表示用来计算分布的数值。
- deg_freedom：表示自由度数。

选中 B3 单元格，在编辑栏中输入公式：
=CHISQ.DIST.RT(B1,B2)

按 Enter 键即可返回数值 "8" 和自由度 "2" 的 χ^2 分布的右尾概率值为 "0.01831"，如图 13-100 所示。

图 13-100

4. CHISQ.INV.RT（返回 χ^2 分布的右尾概率的反函数）

【函数功能】 CHISQ.INV.RT 函数表示返回 χ^2 分布的右尾概率的反函数。

【函数语法】 CHISQ.INV.RT(probability,deg_freedom)
- probability：表示与 χ^2 分布相关的概率；
- deg_freedom：表示自由度数。

选中 B3 单元格，在编辑栏中输入公式：
=CHISQ.INV.RT(B1,B2)

按 Enter 键，即可返回 χ^2 分布的概率 "0.018315639" 和自由度 "2" 的 χ^2 分布的单尾概率的反函数值为 "8"，如图 13-101 所示，结果可与 CHISQ.DIST.RT 函数的返回值相比较。

图 13-101

第14章 参数估计

统计学最大的作用是利用样本准确地预测总体，预测的过程称为参数估计，再通过置信水平来说明预测结果的可靠程度。

参数估计是根据从总体中抽取的样本估计总体分布中包含的未知参数的方法。样本来自总体，参数估计来自于样本，因此在进行参数估计的过程中要保证抽样尽量是无偏抽样。无偏样本的分布形状与总体样本相似。

按照需要估计的参数类型，分为总体均值的估计和总体方差的估计。

- ☑ 参数估计的分类
- ☑ 参数估计的评价标准
- ☑ 总体均值的估计
- ☑ 总体方差的估计

14.1 参数估计的概述

在进行参数估计之前首先应了解参数估计的分类及评价参数估计的标准。

14.1.1 了解估计量与估计值

1. 估计量

估计量是样本的函数，它是用于估计总体参数的随机变量。常用的统计量包括有均值、方差、变异系数、偏度和峰度等。依照大数据定律和经验总结，我们认为样本均值是我们能为总体均值做出的最好估计，样本均值被称为总体均值的点估计量。同理，样本方差也被称为总体方差的点估计量。

根据已知样本，为估计 μ 值，我们需要构造出适当的样本函数，如 T 函数，每当有了样本就代入该函数中算出一个值，用来作为 μ 的估计值。T 称为参数 μ 的点估计量，把样本值代入 T 中，得到 μ 的一个点估计值。

2. 估计值

估计值指的是估计参数时计算出来的统计量的具体值，如样本的均值 $\bar{x}=220$，那么 220 就是总体均值 μ 的估计值。

14.1.2 参数估计的分类

参数估计的方法主要有两种，分别是点估计和区间估计。

1. 点估计

点估计就是用样本统计量的某个取值直接作为总体参数的估计值。通常它们是总体的某个特征值，如数学期望、方差和相关系数等。点估计问题就是要构造一个只依赖于样本的量，作为位置参数或位置参数的函数的估计值。例如，用样本均值直接作为总体均值的估计，用两个样本均值之差直接作为总体均值之差的估计等。

例如，设一批产品的废品率为 θ。为估计 θ，从这批产品中随机抽出 n 个作检查，以 x 记其中的废品个数，用 n/x 估计 θ，这就是一个点估计。

虽然重复抽样条件下，点估计的均值可望等于总体真值，在用点估计值代表参数值的同时，还必须给出点估计值的可靠性，即必须能说出点估计值与总体参数的真值接近程度。

2. 区间估计

区间估计是在点估计的基础上，根据一定的正确度与精确度的要求，构造出总体参数估计的一个区间范围，该区间通常由样本统计量加减估计误差得到，也称为置信区间。那么这个区间范围多大比较合理呢？一般我们会通过置信水平，即置信区间中包含总体参数真值的次数所占的比例来衡量。比如，最为常用的 95% 置信水平，可以解释为由 100 个样本构造的总体参数的 100 个置信区间中，有 95% 的区间包含总体参数真值。

当样本量给定时，置信区间的宽度随着置信系数的增大而增大，区间较宽时，才会使这一区间有更大的可能性包含参数的真值；当信水平固定时，置信区间的宽度随样本量的增大而减少，换言之，较大的样本所提供的有关总体的信息要比较小的样本多。

14.1.3 评价参数估计的标准

在参数估计时，人们可以构造很多个估计，但不是所有的估计量都一样优良。例如，在估计总体平均数时，估计量有算术平均数、中位数、众数等，到底用哪一个估计量更合适，就需要有评价的标准。

根据不同的观测结果，就会求得不同的参数估计值，因此一个好的估计，应在多次试验中体现出优良性。评价一个估计量的好坏，不能仅仅依据一次试验的结果,而必须由多次试验结果来衡量。

评价估计量好坏的标准有如下几个要点。

1. 无偏性

无偏性是指估计量抽样分布的数学期望等于被估计的总体参数。估计量是随机变量,对于不同的样本值,会得到不同的估计值。我们希望估计值在未知参数真值附近,而它的期望值等于未知参数的真值,这就出现了无偏性这个标准。无偏性是评价估计量的一个常见而重要的要求。

无偏性的实际意义是指没有系统性的偏差。例如,用样本均值作为总体均值的估计时,虽无法说明一次估计所产生的偏差,但这种偏差随机地在 0 的周围波动,对同一统计问题大量重复使用不会产生系统偏差。

2. 有效性

一个无偏的估计量并不意味着它就非常接近被估计的参数,它还必须符合"与总体参数的离散程度充分小"这一标准。

例如,$\hat{\theta}_1$ 和 $\hat{\theta}_2$ 都是参数 θ 的无偏估计量,如果 $\hat{\theta}_1 < \hat{\theta}_2$,则称 $\hat{\theta}_1$ 估计量比 $\hat{\theta}_2$ 估计量有效。

3. 一致性

一致性是指随着样本量的增大,估计量的值越来越接近被估计总体的参数。换言之,一个大样本给出的估计量要比一个小样本给出的估计量更接近总体的参数。

14.2 单个总体的均值区间估计

参数点估计是用一个确定的值去估计未知的参数,看着似乎精确,但实际上依然无法 100% 地代表总体,原因是我们用的是样本,而不是总体本身。为了使估计的结论更可信,则需要引入区间估计。

14.2.1 单个总体均值置信区间的估计

总体均值置信区间的估计需要计算出 t 分布的双尾区间点(在 Excel 中可以使用 TINV 函数来求解 $t_{\alpha/2}$),进而使用公式求解出偏差 ε,然后即可进行 μ 的置信区间估计。下面先给出相应的计算公式。

Z 分布的统计量:

$$Z = \frac{\bar{x} - \mu}{\sigma / \sqrt{n}}$$

偏差 ε:

$$\varepsilon = Z_{\alpha/2} \frac{S}{\sqrt{n}}$$

总体均值 μ 在 $1-\alpha$ 置信水平下的置信区间为:

$$\bar{X} \pm Z_{\alpha/2} \frac{\sigma}{\sqrt{n}} \text{ 或 } \bar{X} \pm Z_{\alpha/2} \frac{S}{\sqrt{n}} \text{ (σ 未知时,用样本标准差 s 代替)}$$

t 分布的统计量:

$$t = \frac{\bar{x} - \mu}{S / \sqrt{n}}$$

偏差 ε:

$$\varepsilon = t_{\alpha/2} \frac{S}{\sqrt{n}}$$

总体均值 μ 在 $1-\alpha$ 置信水平下的置信区间为:

$$\bar{X} \pm t_{\alpha/2} \frac{S}{\sqrt{n}}$$

1. 总体方差已知时的区间估计

某企业对生产出的产品的平均重量进行估计,已知产品重量的总体标准差 σ 为 6.5 kg,在随机抽取 100 个样本称重后计算出每箱的平均值为 55 kg，现在需要计算该批产品的点估计和 90% 置信水平下的区间估计。

❶ 根据上述信息在工作表中创建计算表格，并设置表格格式，在表格中输入已知参数，如图 14-1 所示。

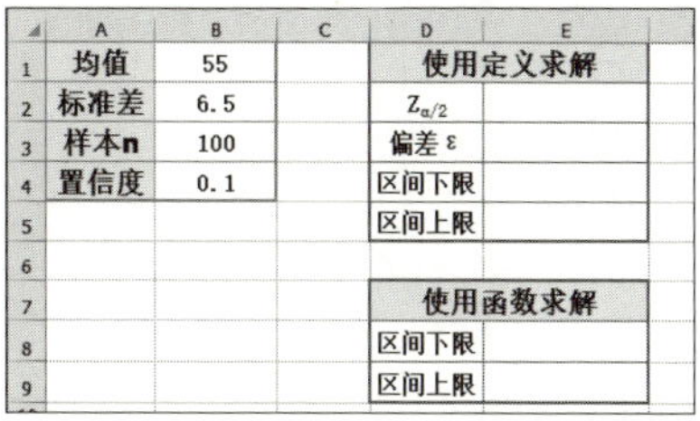

图 14-1

❷ 选中 E2 单元格，在编辑栏中输入公式：
=NORMSINV(1-B4/2)

按 Enter 键，计算出 $Z_{\alpha/2}$ 的值，如图 14-2 所示。

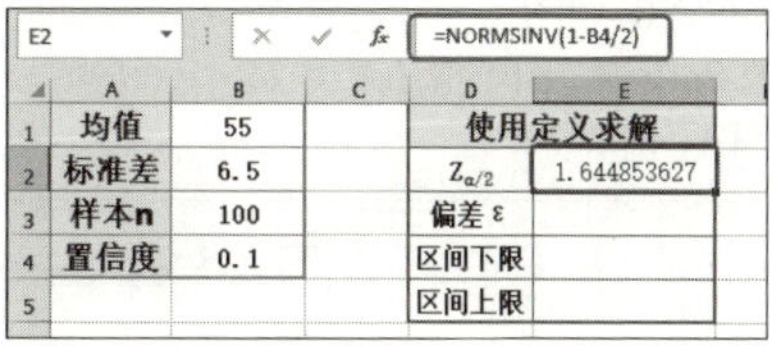

图 14-2

❸ 选中 E3 单元格，在编辑栏中输入公式：
=E2*B2/SQRT(B3)

按 Enter 键，计算出偏差 ε，如图 14-3 所示。

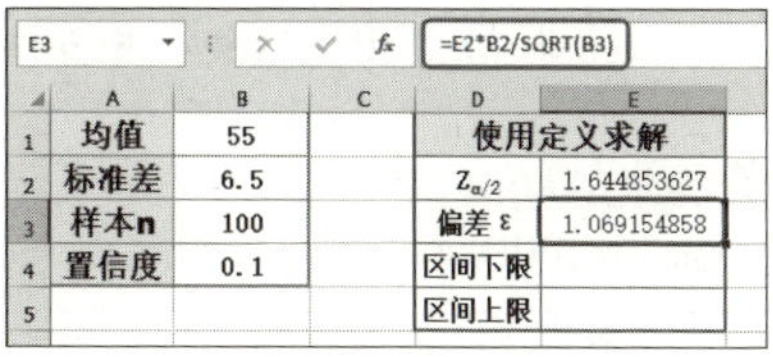

图 14-3

❹ 选中 E4 单元格，在编辑栏中输入公式：
=B1-E3

按 Enter 键，计算出区间下限的值，如图 14-4 所示。

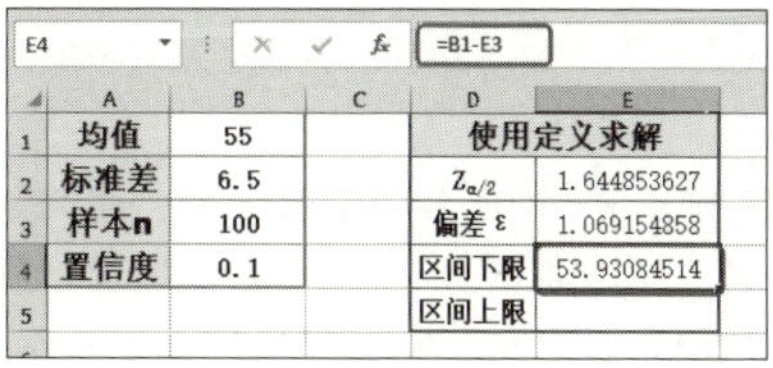

图 14-4

❺ 选中 E5 单元格，在编辑栏中输入公式：
=B1+E3

按 Enter 键，计算出区间上限的值，如图 14-5 所示。

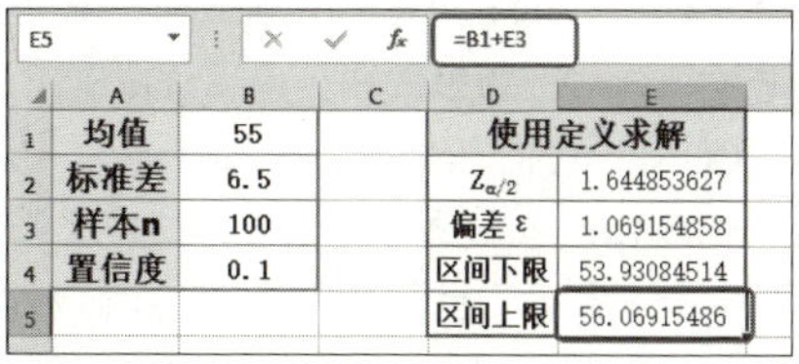

图 14-5

在 Excel 程序中还可以使用 CONFIDENCE.NORM 函数返回总体平均值的置信区间，具体公式应用如下。

❶ 选中 E8 单元格，在编辑栏中输入公式：
=B1-CONFIDENCE.NORM(B4,B2,B3)

按 Enter 键，计算出区间下限的值，如图 14-6 所示。

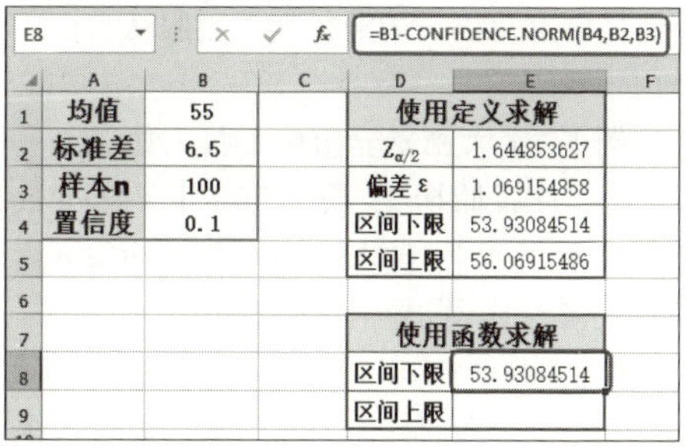

图 14-6

❷ 选中 E9 单元格，在编辑栏中输入公式：
=B1+CONFIDENCE.NORM(B4,B2,B3)

按 Enter 键，计算出区间上限的值，如图 14-7 所示。

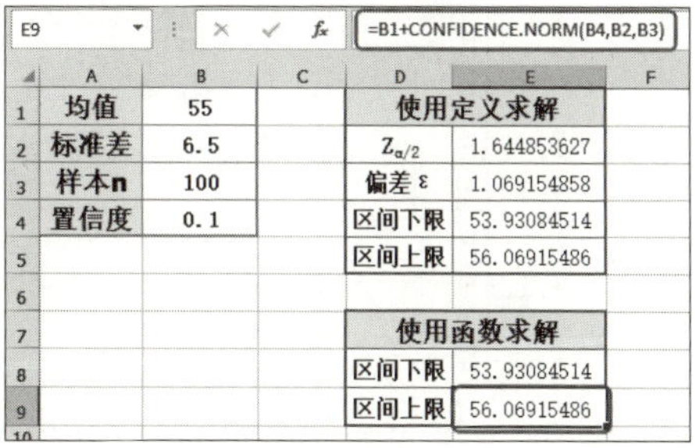

图 14-7

由计算结果得出结论：$53.93<\mu<56.07$，也就是说，我们有 90% 的把握可以推断此批产品的每箱的平均重量在 53.93~56.07 克。

知识扩展

CONFIDENCE.NORM函数用于使用正态分布返回总体平均值的置信区间，它是样本平均值任意一侧的区域。函数语法如下：

CONFIDENCE(alpha，standard_dev，size)

- alpha：必需项，用于计算置信度的显著性水平。置信度等于100*(1-alpha)%，也就是说，如果alpha为0.05，则置信度为95%。
- standard_dev：必需项，数据区域的总体标准偏差，假设为已知。
- size：必需项，样本大小。

2．总体方差未知时的区间估计

如果总体方差σ^2未知，且在小样本情况下，则需要用样本方差s^2代替σ^2，此时样本均值经过标准化以后的随机变量则服从自由度为$n-1$的t分布。

例1：某大闸蟹养殖中心投入蟹苗20 000只，6个月后捕捞25只作为样本（样本数据如图14-8所示），试求该样本总体均值μ以及90%置信水平下的置信区间。

❶ 在工作表中创建数据计算表格，并设置表格格式。选中E2单元格，输入公式：

=AVERAGE(B2:B26)

按Enter键，计算出样本均值，如图14-9所示。

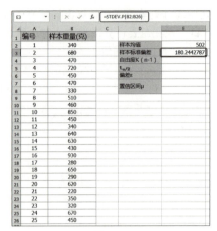

	A	B
1	编号	样本重量(克)
2	1	340
3	2	680
4	3	470
5	4	720
6	5	450
7	6	470
8	7	330
9	8	510
10	9	460
11	10	850
12	11	450
13	12	340
14	13	640
15	14	630
16	15	430
17	16	930
18	17	280
19	18	650
20	19	290
21	20	620
22	21	220
23	22	350
24	23	320
25	24	670
26	25	450

图14-8

E2 =AVERAGE(B2:B26)

	A	B	C	D	E
1	编号	样本重量(克)			
2	1	340		样本均值	502
3	2	680		样本标准偏差	
4	3	470		自由度K（n-1）	
5	4	720		$t_{\alpha/2}$	
6	5	450		偏差ε	
7	6	470		置信区间μ	
8	7	330			
9	8	510			
10	9	460			
11	10	850			
12	11	450			
13	12	340			
14	13	640			
15	14	630			
16	15	430			
17	16	930			
18	17	280			
19	18	650			
20	19	290			
21	20	620			
22	21	220			
23	22	350			
24	23	320			
25	24	670			
26	25	450			

图14-9

❷ 选中E3单元格，输入公式：

=STDEV.P(B2:B26)

按Enter键，计算出样本的标准偏差，如图14-10所示。

E3 =STDEV.P(B2:B26)

	A	B	C	D	E
1	编号	样本重量(克)			
2	1	340		样本均值	502
3	2	680		样本标准偏差	180.2442787
4	3	470		自由度K（n-1）	
5	4	720		$t_{\alpha/2}$	
6	5	450		偏差ε	
7	6	470		置信区间μ	
8	7	330			
9	8	510			
10	9	460			
11	10	850			
12	11	450			
13	12	340			
14	13	640			
15	14	630			
16	15	430			
17	16	930			
18	17	280			
19	18	650			
20	19	290			
21	20	620			
22	21	220			
23	22	350			
24	23	320			
25	24	670			
26	25	450			

图14-10

❸ 自由度为n-1，因此直接输入24，选中E5单元格，输入公式：

=TINV(0.1,E4)

按Enter键，计算自由度为24，a=0.1时的T值，如图14-11所示。

E5 =TINV(0.1,E4)

	A	B	C	D	E
1	编号	样本重量(克)			
2	1	340		样本均值	502
3	2	680		样本标准偏差	180.2442787
4	3	470		自由度K（n-1）	24
5	4	720		$t_{\alpha/2}$	1.71088208
6	5	450		偏差ε	
7	6	470		置信区间μ	
8	7	330			
9	8	510			

图14-11

❹ 选中E6单元格，根据偏差计算公式输入公式：

=E5/SQRT(25)*E3

按Enter键，计算出偏差ε，如图14-12所示。

E6 =E3/SQRT(25)*E5

	A	B	C	D	E
1	编号	样本重量(克)			
2	1	340		样本均值	502
3	2	680		样本标准偏差	180.2442787
4	3	470		自由度K（n-1）	24
5	4	720		$t_{\alpha/2}$	1.71088208
6	5	450		偏差ε	61.67534128
7	6	470		置信区间μ	
8	7	330			
9	8	510			
10	9	460			
11	10	850			

图14-12

❺ 选中E7单元格，输入公式：=E2-E6，按Enter键，如图14-13所示；选中E8单元格，输入公式：=E2+E6，按Enter键，如图14-14所示，计算出置信区间。

E7 =E2-E6

	A	B	C	D	E
1	编号	样本重量(克)			
2	1	340		样本均值	502
3	2	680		样本标准偏差	180.2442787
4	3	470		自由度K（n-1）	24
5	4	720		$t_{\alpha/2}$	1.71088208
6	5	450		偏差ε	61.67534128
7	6	470		置信区间μ	440.3246587
8	7	330			
9	8	510			
10	9	460			

图 14-13

E8 =E2+E6

	A	B	C	D	E
1	编号	样本重量(克)			
2	1	340		样本均值	502
3	2	680		样本标准偏差	180.2442787
4	3	470		自由度K（n-1）	24
5	4	720		$t_{\alpha/2}$	1.71088208
6	5	450		偏差ε	61.67534128
7	6	470		置信区间μ	440.3246587
8	7	330			563.6753413
9	8	510			
10	9	460			
11	10	850			

图 14-14

由计算结果得出结论：$440.32<\mu<563.68$，也就是说我们有 90% 的把握可以推断该养殖中心这批大闸蟹的平均重量为 440.32～563.68 克。

例 2：假设某齿轮的使用寿命服从正态分布，为了估计这种齿轮的平均使用寿命，我们随机抽取 25 个齿轮进行测试，测得的数据如图 14-15 所示。试求平均寿命的 95% 置信区间。

❶ 在工作表中创建数据计算表格，并设置表格格式。选中 E2 单元格，输入公式：

=AVERAGE(B2:B26)

按 Enter 键，计算出样本均值，如图 14-15 所示。

E2 =AVERAGE(B2:B26)

	A	B	C	D	E
1	编号	样本小时数(万)			
2	1	3.41		样本均值	3.7096
3	2	3.85		样本标准偏差	
4	3	3.58		自由度K（n-1）	
5	4	4.2		$t_{\alpha/2}$	
6	5	3.5		偏差ε	
7	6	4.7		置信区间μ	
8	7	3.31			
9	8	4.1			
10	9	4.06			
11	10	4.05			
12	11	3.55			
13	12	3.4			
14	13	4.11			
15	14	3.35			
16	15	4.3			
17	16	3.3			
18	17	3.85			
19	18	4.02			
20	19	3.9			
21	20	3.21			
22	21	3.77			
23	22	3.55			
24	23	3.21			
25	24	3.25			
26	25	3.21			

图 14-15

❷ 选中 E3 单元格，输入公式：

=STDEV.P(B2:B26)

按 Enter 键，计算出样本的标准偏差，如图 14-16 所示。

E3 =STDEV.P(B2:B26)

	A	B	C	D	E
1	编号	样本小时数(万)			
2	1	3.41		样本均值	3.7096
3	2	3.85		样本标准偏差	0.400554416
4	3	3.58		自由度K（n-1）	
5	4	4.2		$t_{\alpha/2}$	
6	5	3.5		偏差ε	
7	6	4.7		置信区间μ	
8	7	3.31			
9	8	4.1			
10	9	4.06			
11	10	4.05			
12	11	3.55			
13	12	3.4			
14	13	4.11			
15	14	3.35			
16	15	4.3			
17	16	3.3			
18	17	3.85			
19	18	4.02			
20	19	3.9			
21	20	3.21			
22	21	3.77			
23	22	3.55			
24	23	3.21			
25	24	3.25			
26	25	3.21			

图 14-16

❸ 自由度为 n-1，因此直接输入 24，选中 E5 单元格，输入公式：

=TINV(0.05,E4)

按 Enter 键，计算自由度为 24，a=0.05 时的 T 值，如图 14-17 所示。

E5 =TINV(0.05,E4)

	A	B	C	D	E
1	编号	样本小时数(万)			
2	1	3.41		样本均值	3.7096
3	2	3.85		样本标准偏差	0.400554416
4	3	3.58		自由度K（n-1）	24
5	4	4.2		$t_{\alpha/2}$	2.063898562
6	5	3.5		偏差ε	
7	6	4.7		置信区间μ	
8	7	3.31			
9	8	4.1			
10	9	4.06			
11	10	4.05			
12	11	3.55			
13	12	3.4			
14	13	4.11			
15	14	3.35			
16	15	4.3			
17	16	3.3			
18	17	3.85			
19	18	4.02			
20	19	3.9			
21	20	3.21			
22	21	3.77			
23	22	3.55			
24	23	3.21			
25	24	3.25			
26	25	3.21			

图 14-17

❹ 选中 E6 单元格，根据偏差计算公式输入公式：

=E3/SQRT(25)*E5

按 Enter 键，计算出偏差 ε，如图 14-18 所示。

E6 =E3/SQRT(25)*E5

	A	B	C	D	E
1	编号	样本小时数(万)			
2	1	3.41		样本均值	3.7096
3	2	3.85		样本标准偏差	0.400554416
4	3	3.58		自由度K（n-1）	24
5	4	4.2		$t_{\alpha/2}$	2.063898562
6	5	3.5		偏差ε	0.165340737
7	6	4.7		置信区间μ	
8	7	3.31			
9	8	4.1			
10	9	4.06			
11	10	4.05			

图 14-18

❺ 选中 E7 单元格，输入公式：=E2-E6，按 Enter

键，如图 14-19 所示；选中 E8 单元格，输入公式：=E2+E6，按 Enter 键，如图 14-20 所示，计算出置信区间。

E7　=E2-E6

	A	B	C	D	E
1	编号	样本小时数(万)			
2	1	3.41		样本均值	3.7096
3	2	3.85		样本标准偏差	0.400554416
4	3	3.58		自由度K（n-1）	24
5	4	4.2		$t_{\alpha/2}$	2.063898562
6	5	3.5		偏差ε	0.165340737
7	6	4.7		置信区间μ	3.544259263
8	7	3.31			
9	8	4.1			
10	9	4.06			
11	10	4.05			

图 14-19

E8　=E2+E6

	A	B	C	D	E
1	编号	样本小时数(万)			
2	1	3.41		样本均值	3.7096
3	2	3.85		样本标准偏差	0.400554416
4	3	3.58		自由度K（n-1）	24
5	4	4.2		$t_{\alpha/2}$	2.063898562
6	5	3.5		偏差ε	0.165340737
7	6	4.7		置信区间μ	3.544259263
8	7	3.31			3.874940737
9	8	4.1			
10	9	4.06			
11	10	4.05			

图 14-20

由计算结果得出结论：3.54<μ<3.87，也就是说我们有 95% 的把握可以推断该齿轮的使用寿命在 3.54~3.87 万小时之间。

3. 分组数据的区间估计

分组数据的区间估计，关键在于对样本均值及标准差的求取。均值计算可以使用 SUMPRODUCT 函数一键求取，而对于样本标准差则需要使用统计公式求取，当然在 Excel 中表格操作相当于建立一个求解模板，当进行其他数据的区间估计时，只要更改原始数据即可自动求解。

分组数据标准差的求解公式为：

$$\sigma = \sqrt{\frac{\Sigma f(X_i - \bar{X})^2}{n-1}}$$

例如，某食品企业使用自动罐装机罐装标准重量为 120 克的一种食品。现在从某天的一批罐装产品中按重复抽样随机抽取 50 袋进行检查，测得每包重量如下：

114g～116g 有 3 袋；116g～118g 有 4 袋；118g～120g 有 16 袋；120g～122g 有 19 袋；122g～124g 有 5 袋；124g～126g 有 3 袋

已知食品每袋的重量服从正态分布，要求确定该种食品平均重量的 95% 置信区间。

❶ 根据上述信息在工作表中创建计算表格，并设置表格格式，在表格中输入已知参数，如图 14-21 所示。

	A	B	C	D	E	F	G
1	区间	中间值	频数	辅助			
2	114~116g	115	3			样本均值	
3	116~118g	117	4			样本标准差	
4	118~120g	119	16			$Z_{\alpha/2}$	
5	120~122g	121	19			偏差 ε	
6	122~124g	123	5			区间下限	
7	124~126g	125	3			区间上限	
8	样本数量		50				

图 14-21

❷ 选中 G2 单元格，输入公式：

=SUMPRODUCT(B2:B7,C2:C7)/C8

按 Enter 键，计算出样本均值，如图 14-22 所示。

G2　=SUMPRODUCT(B2:B7,C2:C7)/C8

	A	B	C	D	E	F	G
1	区间	中间值	频数	辅助			
2	114~116g	115	3			样本均值	120.12
3	116~118g	117	4			样本标准差	
4	118~120g	119	16			$Z_{\alpha/2}$	
5	120~122g	121	19			偏差 ε	
6	122~124g	123	5			区间下限	
7	124~126g	125	3			区间上限	
8	样本数量		50				

图 14-22

知识扩展

SUMPRODUCT 函数是指在给定的几组数组中，将数组间对应的元素相乘，并返回乘积之和。函数语法如下：

SUMPRODUCT(array1,[array2],[array3], ...)

- array1：必需项，表示需要进行相乘并求和的第一个数组参数。
- array2, array3,...：可选项，包含 2 ~ 255 个数组参数，其相应元素需要进行相乘并求和。

❸ 因为要求解 "$\Sigma f(X_i - \bar{X})^2$"，所以建立辅助数据依次求解 f1、f2、f3、……，选中 D2 单元格，输入公式：

=C2*(B2-G$2)^2

按 Enter 键，如图 14-23 所示。选中 D2 单元格，光标定位到单元格右下角，当出现黑色十字型时，向下复制公式，得到批量结果，如图 14-24 所示。

D2　=C2*(B2-G$2)^2

	A	B	C	D	E	F	G
1	区间	中间值	频数	辅助			
2	114~116g	115	3	78.6432		样本均值	120.12
3	116~118g	117	4			样本标准差	
4	118~120g	119	16			$Z_{\alpha/2}$	
5	120~122g	121	19			偏差 ε	
6	122~124g	123	5			区间下限	
7	124~126g	125	3			区间上限	
8	样本数量		50				

图 14-23

图 14-24

❹ 选中 D8 单元格，输入公式：
=SUM(D2:D7)

按 Enter 键，计算出合计值，如图 14-25 所示。

图 14-25

❺ 选中 G3 单元格，输入公式：
=SQRT(D8/C8-1)

按 Enter 键，计算出样本标准差，如图 14-26 所示。

图 14-26

❻ 选中 G4 单元格，输入公式：
=NORMSINV(1-0.05/2)

按 Enter 键，计算出 $Z_{\alpha/2}$ 的值，如图 14-27 所示。

图 14-27

❼ 选中 G5 单元格，输入公式：
=G4*G3/SQRT(C8)

按 Enter 键，计算出偏差 ε，如图 14-28 所示。

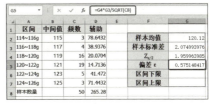

图 14-28

❽ 选中 G6 单元格，输入公式：=G2-G5

按 Enter 键，计算出区间下限的值，如图 14-29 所示。

图 14-29

❾ 选中 G7 单元格，输入公式：=G2+G5

按 Enter 键，计算出区间上限的值，如图 14-30 所示。

图 14-30

由计算结果得出结论：119.54<μ<120.69，也就是说我们有 95% 的把握可以推断该食品的重量在 119.54～120.69 克。

14.2.2 单个总体比率区间的估计

总体的比率区间估计要求总体服从二项分布，可以由正态分布来近似。对总体比率的区间估计在原理上与总体均值的区间估计相同，因为总体比率是正态估计的总体参数，其值一般是未知的，所以通常用样本比率的抽样分布来进行估计。

使用正态分布的统计量 Z：

$$Z=\frac{p-\pi}{\sqrt{\frac{p(1-p)}{n}}}\sim N(0,1)$$

总体比率 π 在 $1-\alpha$ 置信水平下的置信区间为：

$$p\pm Z_{\alpha/2}\sqrt{\frac{p(1-p)}{n}}$$

例如，沿用14.2.1节“3．分组数据的区间估计”中的实例，如果规定包装重量低于120 g属于不合格，要求确定该批食品合格率的95%的置信区间。

❶ 选中F2单元格，输入公式：=7/50

按Enter键，计算出样本比例，如图14-31所示。因为约定重量低于120g为不合格，通过原始数据可以看到120g以下有7袋，因此样本比例为“$\bar{p}$=7/50”。

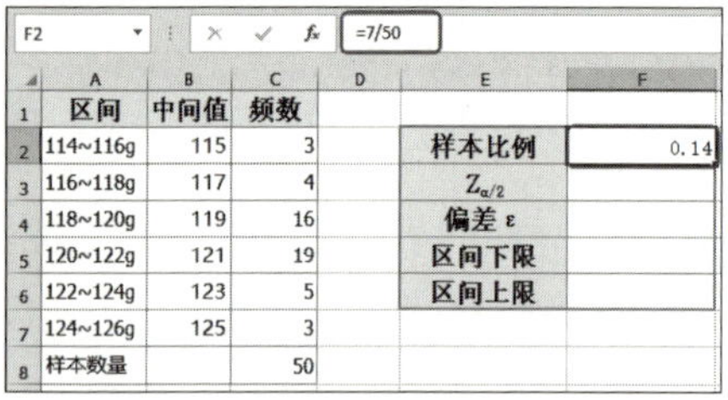

F2 | =7/50

	A	B	C	D	E	F
1	区间	中间值	频数			
2	114~116g	115	3		样本比例	0.14
3	116~118g	117	4		$Z_{\alpha/2}$	
4	118~120g	119	16		偏差 ε	
5	120~122g	121	19		区间下限	
6	122~124g	123	5		区间上限	
7	124~126g	125	3			
8	样本数量		50			

图14-31

❷ 选中F3单元格，输入公式：

=NORMSINV(1-0.05/2)

按Enter键，计算出 $Z_{\alpha/2}$ 的值，如图14-32所示。

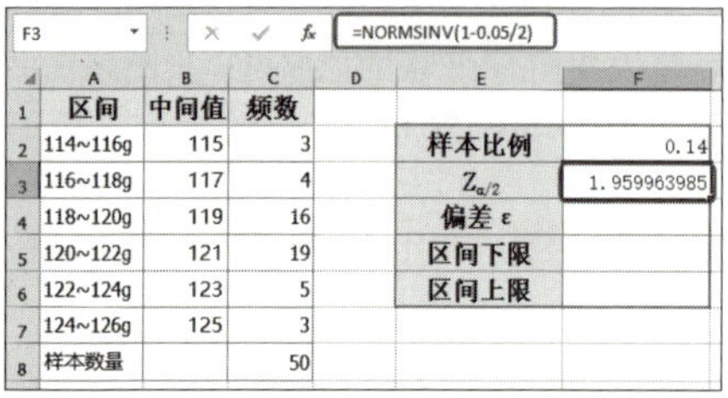

F3 | =NORMSINV(1-0.05/2)

	A	B	C	D	E	F
1	区间	中间值	频数			
2	114~116g	115	3		样本比例	0.14
3	116~118g	117	4		$Z_{\alpha/2}$	1.959963985
4	118~120g	119	16		偏差 ε	
5	120~122g	121	19		区间下限	
6	122~124g	123	5		区间上限	
7	124~126g	125	3			
8	样本数量		50			

图14-32

❸ 选中F4单元格，输入公式：

=F3*SQRT(F2*(1-F2)/C8)

按Enter键，计算出偏差 ε，如图14-33所示。

❹ 选中F5单元格，输入公式：=0.86-F4

按Enter键，计算出区间下限的值，如图14-34所示。

❺ 选中F6单元格，输入公式：=0.86+F4

按Enter键，计算出区间上限的值，如图14-35所示。

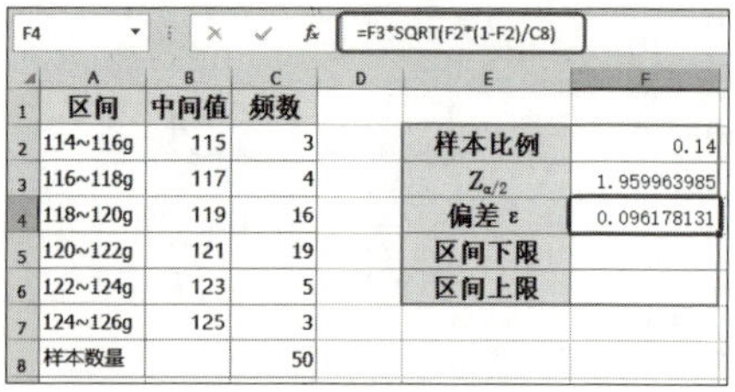

F4 | =F3*SQRT(F2*(1-F2)/C8)

	A	B	C	D	E	F
1	区间	中间值	频数			
2	114~116g	115	3		样本比例	0.14
3	116~118g	117	4		$Z_{\alpha/2}$	1.959963985
4	118~120g	119	16		偏差 ε	0.096178131
5	120~122g	121	19		区间下限	
6	122~124g	123	5		区间上限	
7	124~126g	125	3			
8	样本数量		50			

图14-33

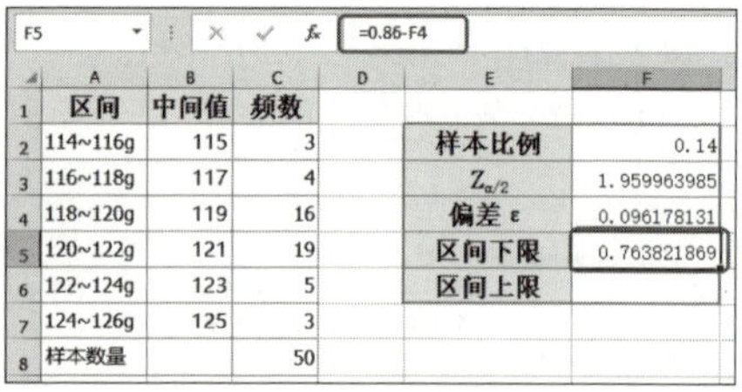

F5 | =0.86-F4

	A	B	C	D	E	F
1	区间	中间值	频数			
2	114~116g	115	3		样本比例	0.14
3	116~118g	117	4		$Z_{\alpha/2}$	1.959963985
4	118~120g	119	16		偏差 ε	0.096178131
5	120~122g	121	19		区间下限	0.763821869
6	122~124g	123	5		区间上限	
7	124~126g	125	3			
8	样本数量		50			

图14-34

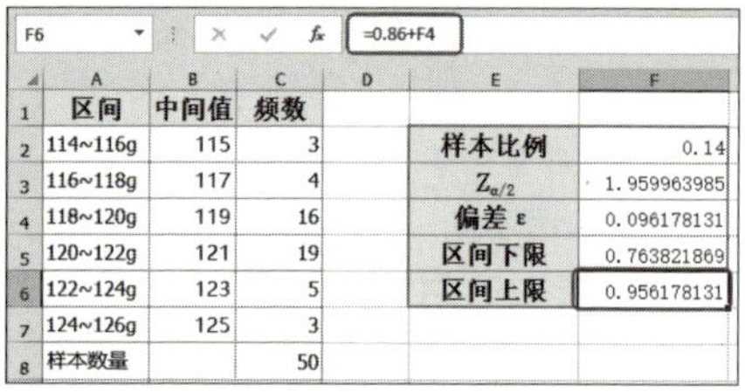

F6 | =0.86+F4

	A	B	C	D	E	F
1	区间	中间值	频数			
2	114~116g	115	3		样本比例	0.14
3	116~118g	117	4		$Z_{\alpha/2}$	1.959963985
4	118~120g	119	16		偏差 ε	0.096178131
5	120~122g	121	19		区间下限	0.763821869
6	122~124g	123	5		区间上限	0.956178131
7	124~126g	125	3			
8	样本数量		50			

图14-35

由计算结果得出结论：我们有95%的把握可以推断该批食品的合格率为0.76～0.96。

知识扩展

我们也可以推断该批食品的不合格率，其计算方法是用不合格的样本比率减去偏差得到区间下限，用不合格的样本比率加上偏差得到区间上限。

如图14-36所示，计算得到该批食品的不合格率为0.04～0.24。

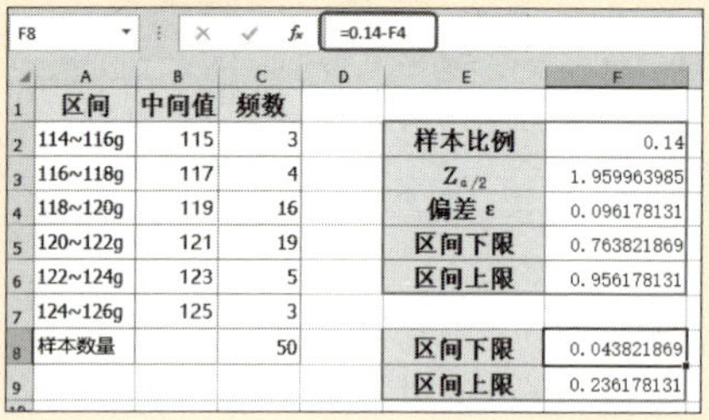

F8 | =0.14-F4

	A	B	C	D	E	F
1	区间	中间值	频数			
2	114~116g	115	3		样本比例	0.14
3	116~118g	117	4		$Z_{\alpha/2}$	1.959963985
4	118~120g	119	16		偏差 ε	0.096178131
5	120~122g	121	19		区间下限	0.763821869
6	122~124g	123	5		区间上限	0.956178131
7	124~126g	125	3			
8	样本数量		50		区间下限	0.043821869
9					区间上限	0.236178131

图14-36

14.3 两个总体的均值区间估计

在实际工作的应用中，经常会遇到两个正态总体区间的估计问题。例如，某生产企业引入一种新机器，把使用旧机器的生产量看成一个正态总体 $N(\mu_1,\sigma_1^2)$，再把使用新机器的生产量看成一个正态总体 $N(\mu_2,\sigma_2^2)$，而评价新机器的效果问题就归结为研究两个正态总体均值之差 $\mu_1-\mu_2$ 的问题了。

14.3.1 两个总体均值之差的区间估计

如果两个样本是从总体中独立抽取的，即一个样本中的元素与另一个样本中的元素相互独立，那么两个样本均值之差的期望为两个总体均值之差，方差的期望为两个总体方差之和。

对于来自两个不同总体 1 和 2 的样本，其总体的均值分别为 μ_1 和 μ_2，且总体方差分别为 σ_1 和 σ_2。当两个总体服从正态分布时，对应的样本均值之差也服从正态分布，对应的标准差为：

$$\sigma_{\bar{x}_1-\bar{x}_2}=\sqrt{\frac{\sigma_1^2}{n_1}+\frac{\sigma_2^2}{n_2}}$$

对应的 $\mu_1-\mu_2$ 的点估计为样本均值之差，在 $1-\alpha$ 置信水平下的置信区间为：

$$\bar{x}_1-\bar{x}_2\pm Z_{\alpha/2}\sqrt{\frac{\sigma_1^2}{n_1}+\frac{\sigma_2^2}{n_2}}$$

1. 总体方差已知时的区间估计

例如，某企业对生产的两个产品进行比较，假定两个产品的收益率均服从正态分布，已知 A 产品的收益标准差为 0.5，B 产品的收益标准差为 0.58，通过抽取 1000 个交易日的收益样本，得到 A 产品的平均收益为 500，B 产品的平均收益为 480，现在需要求得两个产品平均收益之差在 90% 置信水平下的区间估计。

❶ 根据上述信息在工作表中创建计算表格，并设置表格格式，在表格中输入已知参数，如图 14-37 所示。

	A	B	C	D	E	F
1		A产品	B产品		置信度	0.1
2	标准差	0.5	0.58			
3	样本容量	1000	1000		均值差	
4	样本均值	500	480		$Z_{\alpha/2}$	
5						
6	区间下限					
7	区间上限					

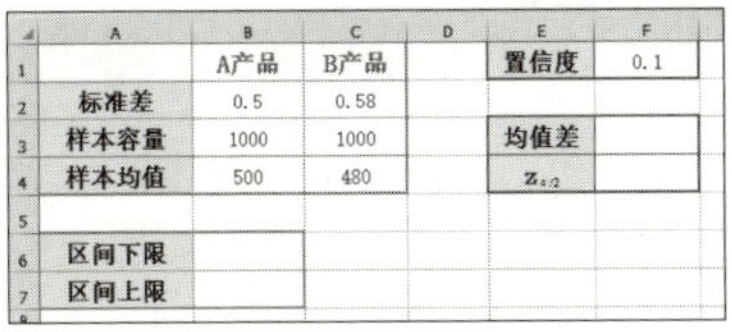

图 14-37

❷ 选中 F3 单元格，在编辑栏中输入公式：

=B4-C4

按 Enter 键，即可计算出两个产品的均值差，如图 14-38 所示。

F3 =B4-C4

	A	B	C	D	E	F
1		A产品	B产品		置信度	0.1
2	标准差	0.5	0.58			
3	样本容量	1000	1000		均值差	20
4	样本均值	500	480		$Z_{\alpha/2}$	
5						
6	区间下限					
7	区间上限					

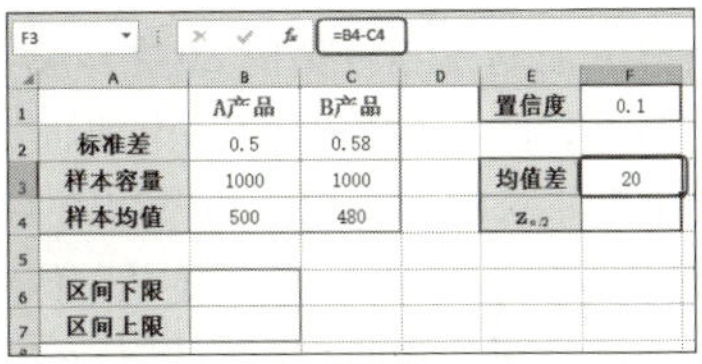

图 14-38

❸ 选中 F4 单元格，在编辑栏中输入公式：

=NORMSINV(1-F1/2)

按 Enter 键，即可计算出两个产品的 $Z_{\alpha/2}$ 的值，如图 14-39 所示。

F4 =NORMSINV(1-F1/2)

	A	B	C	D	E	F
1		A产品	B产品		置信度	0.1
2	标准差	0.5	0.58			
3	样本容量	1000	1000		均值差	20
4	样本均值	500	480		$Z_{\alpha/2}$	1.6448536
5						
6	区间下限					
7	区间上限					

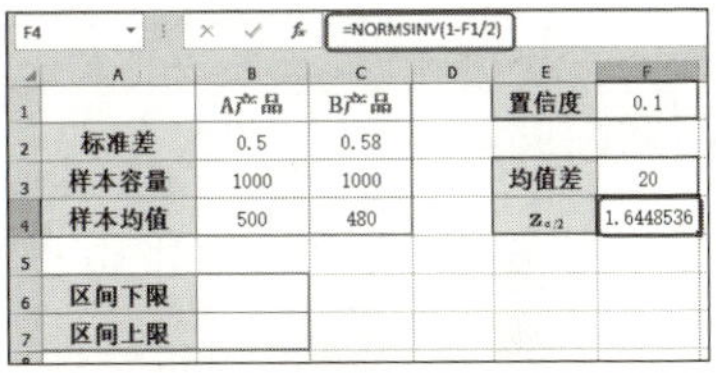

图 14-39

❹ 选中 B6 单元格，在编辑栏中输入公式：

=F3-F4*SQRT(B2^2/B3+C2^2/C3)

按 Enter 键，计算出区间下限的值，如图 14-40 所示。

B6 =F3-F4*SQRT(B2^2/B3+C2^2/C3)

	A	B	C	D	E	F
1		A产品	B产品		置信度	0.1
2	标准差	0.5	0.58			
3	样本容量	1000	1000		均值差	20
4	样本均值	500	480		$Z_{\alpha/2}$	1.6448536
5						
6	区间下限	19.9601687				
7	区间上限					

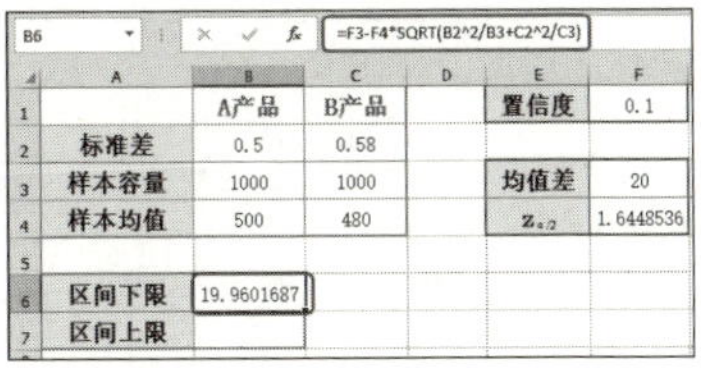

图 14-40

❺ 选中 B7 单元格，在编辑栏中输入公式：

=F3+F4*SQRT(B2^2/B3+C2^2/C3)

按 Enter 键，计算出区间上限的值，如图 14-41 所示。

B7 =F3+F4*SQRT(B2^2/B3+C2^2/C3)

	A	B	C	D	E	F
1		A产品	B产品		置信度	0.1
2	标准差	0.5	0.58			
3	样本容量	1000	1000		均值差	20
4	样本均值	500	480		$z_{a/2}$	1.6448536
5						
6	区间下限	19.9601687				
7	区间上限	20.0398313				

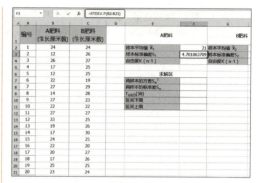

图 14-41

2. 总体方差未知时的区间的估计

若总体方差 σ^2 未知，则仍然使用样本方差 s^2 代替 σ^2。

例如，要测试两种肥料的应用效果，现在选择两块土壤相同的土地进行种植，一个月后随机抽取 A 肥料土地种植的 20 棵作物测量生长的厘米数，随机抽取 B 肥料土地种植的 20 棵作物测量生长的厘米数（数据如图 14-42 所示），这里我们假设两个样本都可以认为近似的服从正态分布，求两样本均值差 $\mu_1-\mu_2$ 的一个置信水平为 0.95 的置信区间。

❶ 在工作表中创建数据计算表格，并设置表格格式。选中 F2 单元格，输入公式：

=AVERAGE(B2:B21)

按 Enter 键，计算出 A 样本均值，如图 14-42 所示。

F2 =AVERAGE(B2:B21)

	A	B	C	D	E	F	G
1	编号	A肥料 (生长厘米数)	B肥料 (生长厘米数)		A肥料		B肥料
2	1	24	24		样本平均值 $\bar{X}_1$	21	样本平均值 $\bar{X}_2$
3	2	12	26		样本标准偏差S_1		样本标准偏差S_2
4	3	26	27		自由度K（n-1）		自由度K（n-1）
5	4	17	25				
6	5	12	25		求解区		
7	6	22	19		两样本的方差S_w^2		
8	7	27	29		两样本的标准差S_w		
9	8	14	28		$T_{0.025}(38)$		
10	9	27	23		偏差		
11	10	22	22		区间下限		
12	11	27	27		区间上限		
13	12	23	25				
14	13	19	26				
15	14	17	30				
16	15	24	25				
17	16	22	20				
18	17	20	27				
19	18	17	26				
20	19	25	25				
21	20	23	24				

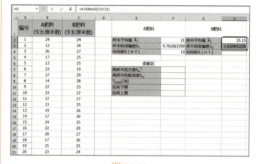

图 14-42

❷ 选中 F3 单元格，输入公式：

=STDEV.P(B2:B21)

按 Enter 键，计算出 A 样本的标准偏差，如图 14-43 所示。

❸ 自由度为 n-1，因此直接输入 19，接着按相同的方法在 H2 和 H3 单元格中求解 B 样本的均值和标准偏差，如图 14-44 所示。

F3 =STDEV.P(B2:B21)

	A	B	C	D	E	F	G
1	编号	A肥料 (生长厘米数)	B肥料 (生长厘米数)		A肥料		B肥料
2	1	24	24		样本平均值 $\bar{X}_1$	21	样本平均值 $\bar{X}_2$
3	2	12	26		样本标准偏差S_1	4.701063709	样本标准偏差S_2
4	3	26	27		自由度K（n-1）		自由度K（n-1）
5	4	17	25				
6	5	12	25		求解区		
7	6	22	19		两样本的方差S_w^2		
8	7	27	29		两样本的标准差S_w		
9	8	14	28		$T_{0.025}(38)$		
10	9	27	23		区间下限		
11	10	22	22		区间上限		
12	11	27	27				
13	12	23	25				
14	13	19	26				
15	14	17	30				
16	15	24	25				
17	16	22	20				
18	17	20	27				
19	18	17	26				
20	19	25	25				
21	20	23	24				

图 14-43

H2 =AVERAGE(C2:C21)

	A	B	C	D	E	F	G	H
1	编号	A肥料 (生长厘米数)	B肥料 (生长厘米数)		A肥料		B肥料	
2	1	24	24		样本平均值 $\bar{X}_1$	21	样本平均值 $\bar{X}_2$	25.15
3	2	12	26		样本标准偏差S_1	4.701063709	样本标准偏差S_2	2.650943228
4	3	26	27		自由度K（n-1）	19	自由度K（n-1）	
5	4	17	25					
6	5	12	25		求解区			
7	6	22	19		两样本的方差S_w^2			
8	7	27	29		两样本的标准差S_w			
9	8	14	28		$T_{0.025}(38)$			
10	9	27	23		区间下限			
11	10	22	22		区间上限			
12	11	27	27					
13	12	23	25					
14	13	19	26					
15	14	17	30					
16	15	24	25					
17	16	22	20					
18	17	20	27					
19	18	17	26					
20	19	25	25					
21	20	23	24					

图 14-44

❹ 选中 F7 单元格，输入公式：

=(F4*F3^2+H4*H3^2)/F4+H4

按 Enter 键，计算出 S_w^2 值，如图 14-45 所示。

F7 =(F4*F3^2+H4*H3^2)/F4+H4

	A	B	C	D	E	F	G	H
1	编号	A肥料 (生长厘米数)	B肥料 (生长厘米数)		A肥料		B肥料	
2	1	24	24		样本平均值 $\bar{X}_1$	21	样本平均值 $\bar{X}_2$	25.15
3	2	12	26		样本标准偏差S_1	4.701063709	样本标准偏差S_2	2.650943228
4	3	26	27		自由度K（n-1）	19	自由度K（n-1）	19
5	4	17	25					
6	5	12	25		求解区			
7	6	22	19		两样本的方差S_w^2	48.1275		
8	7	27	29		两样本的标准差S_w			
9	8	14	28		$T_{0.025}(38)$			
10	9	27	23		偏差			
11	10	22	22		区间下限			
12	11	27	27		区间上限			

图 14-45

❺ 选中 F8 单元格，输入公式：

=SQRT(F7)

按 Enter 键，计算出 S_w 值，如图 14-46 所示。

F8 =SQRT(F7)

	A	B	C	D	E	F	G	H
1	编号	A肥料 (生长厘米数)	B肥料 (生长厘米数)		A肥料		B肥料	
2	1	24	24		样本平均值 $\bar{X}_1$	21	样本平均值 $\bar{X}_2$	25.15
3	2	12	26		样本标准偏差S_1	4.701063709	样本标准偏差S_2	2.650943228
4	3	26	27		自由度K（n-1）	19	自由度K（n-1）	19
5	4	17	25					
6	5	12	25		求解区			
7	6	22	19		两样本的方差S_w^2	48.1275		
8	7	27	29		两样本的标准差S_w	6.937398648		
9	8	14	28		$T_{0.025}(38)$			
10	9	27	23		偏差			
11	10	22	22		区间下限			

图 14-46

❻ a=0.05，那么 $\alpha/2$=0.025。在进行双侧检验时，

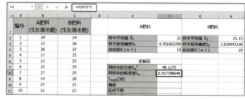

t 值的临界值计算公式为"tα/2=TINV(α,n-1)",因此选中 F9 单元格,输入公式:

=TINV(0.05,38)

按 Enter 键,计算自由度为 $t_{0.025}$(38)的值,如图 14-47 所示。

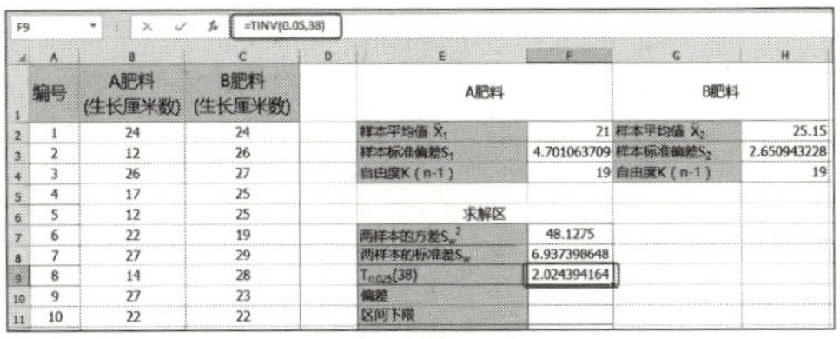

图 14-47

❼ 选中 F10 单元格,根据偏差计算公式输入公式:

=SQRT(40/400)*F9*F8

按 Enter 键,计算出偏差,如图 14-48 所示。

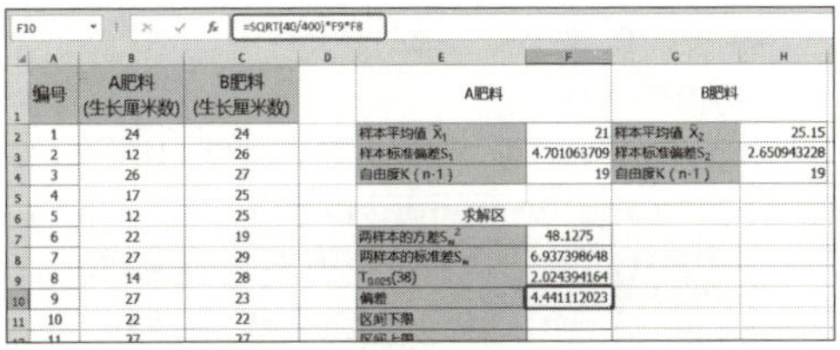

图 14-48

❽ 选中 F11 单元格,输入公式:

=(F2-H2)-F10

按 Enter 键,计算出区间下限,如图 14-49 所示。

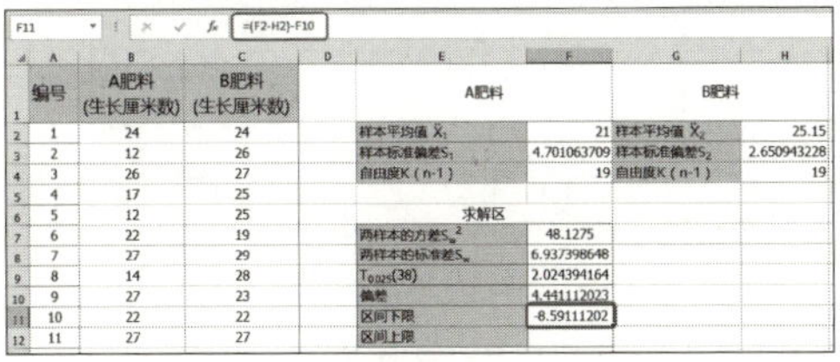

图 14-49

❾ 选中 F12 单元格,输入公式:

=(F2-H2)+F10

按 Enter 键,计算出区间上限,如图 14-50 所示。

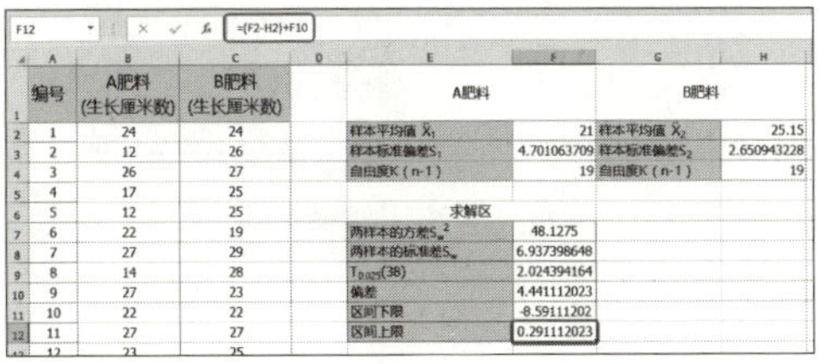

图 14-50

由计算得出置信区间为(-8.59,0.29),由于得到的置信区间包含 0,在实际应用中我们认为使用这两种肥料一个月后,作物生长的厘米数的均值没有显著差别。

14.3.2 两个总体比率之差的区间估计

两个总体的比率之差的区间估计的假定条件为:两个总体服从二项分布(可以用正态分布来近似),并且两个样本是独立的。

两个总体比率之差 $\pi_1-\pi_2$ 在 $1-\alpha$ 的置信水平下的置信区间为:

$$(p_1-p_2)\pm Z_{\alpha/2}\sqrt{\frac{p_1(1-p_1)}{n_1}+\frac{p_2(1-p_2)}{n_2}}$$

例如,某科技公司研发一种新产品在投入市场一段时间后,分城市与乡村进行了市场调查。其中城市随机调查了 260 人,好评率为 52%;乡村随机调查了 300 人,好评率为 43%。试以 95% 的置信水平估计城市与乡村对该产品的好评率差别的置信区间。

❶ 根据上述信息在工作表中创建计算表格,输入已知参数。选中 F3 单元格,输入公式:

=NORMSINV(1-B5/2)

按 Enter 键,计算出 $Z_{\alpha/2}$ 的值,如图 14-51 所示。

❷ 选中 B7 单元格,输入公式:

=B6*SQRT(B3*(1-B3)/B2+C3*(1-C3)/C2)

按 Enter 键,计算出偏差 ε,如图 14-52 所示。

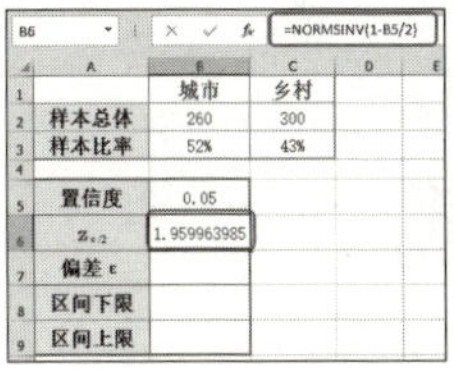

图 14-51   图 14-52

❸ 选中 B8 单元格,输入公式:

=B3-C3-B7

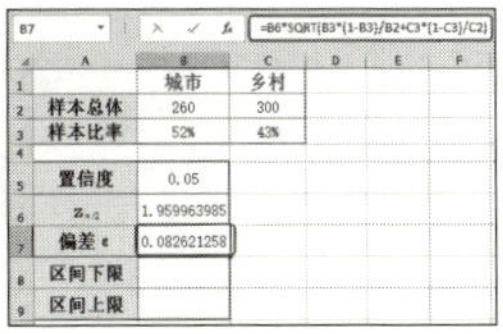

按 Enter 键,计算出区间下限的值,如图 14-53 所示。

❹ 选中 B9 单元格,输入公式:

=B3-C3+B7

按 Enter 键,计算出区间上限的值,如图 14-54 所示。

B8 =B3-C3-B7

	A	B	C	D
1		城市	乡村	
2	样本总体	260	300	
3	样本比率	52%	43%	
4				
5	置信度	0.05		
6	$z_{\alpha/2}$	1.959963985		
7	偏差 ε	0.082621258		
8	区间下限	0.74%		
9	区间上限			

图 14-53

B9 =B3-C3+B7

	A	B	C	D
1		城市	乡村	
2	样本总体	260	300	
3	样本比率	52%	43%	
4				
5	置信度	0.05		
6	$z_{\alpha/2}$	1.959963985		
7	偏差 ε	0.082621258		
8	区间下限	0.74%		
9	区间上限	17.26%		

图 14-54

由计算结果得出结论：在 95% 的置信水平下，城市与乡村对该产品的好评率差值的置信区间为 0.74%～17.26%。

14.4 总体方差估计

总体方差是真实存在的，但在实际情况下，找到一个总体的真实方差是不现实的。比如你研究的问题是全国 12～15 岁青少年的近视度数分布情况，那么总体方差就是全国所有 12～15 岁青少年的近视度数的方差。因此在大多数情况下，总体方差是通过随机抽取一定量的样本并计算样本标准差估计的。

14.4.1 总体方差的估计

总体方差在 1-α 置信水平下的置信区间为：

$$\frac{(n-1)S^2}{x^2_{\alpha/2}(n-1)} \leqslant \sigma^2 \leqslant \frac{(n-1)S^2}{x^2_{1-\alpha/2}(n-1)}$$

某食品生产企业生产一种袋装薯片，现要从某天生产的一批薯片中随机抽取 20 袋，测其每袋重量，其数据如图 14-55 所示。已知产品重量服从正态分布，试以 95% 的置信水平建立该袋装薯片重量方差的置信区间。

❶ 在表格中建立求解标识，选中 E2 单元格，输入公式：

=AVERAGE(B2:B21)

按 Enter 键，计算出样本均值，如图 14-55 所示。

E2 =AVERAGE(B1:B21)

	A	B	C	D	E
1	编号	样本重量(克)			
2	1	41.2		样本均值	40.955
3	2	42.5		样本方差S^2	
4	3	38.9		自由度K（n-1）	19
5	4	35.9			
6	5	39.2		$x^2_{\alpha/2}$	
7	6	39.1		$x^2_{1-\alpha/2}$	
8	7	41.5			
9	8	39		区间下限	
10	9	45.1		区间上限	
11	10	41.3			
12	11	42.2			
13	12	42.3			
14	13	38.8			
15	14	39.9			
16	15	42.1			
17	16	39.6			
18	17	38.9			
19	18	42.1			
20	19	45.3			
21	20	44.2			

图 14-55

❷ 选中 E3 单元格，输入公式：

=VAR.S(B2:B21)

按 Enter 键，计算出样本方差，如图 14-56 所示。

E3 =VAR.S(B2:B21)

	A	B	C	D	E
1	编号	样本重量(克)			
2	1	41.2		样本均值	40.955
3	2	42.5		样本方差S^2	5.651026316
4	3	38.9		自由度K（n-1）	19
5	4	35.9			
6	5	39.2		$x^2_{\alpha/2}$	
7	6	39.1		$x^2_{1-\alpha/2}$	
8	7	41.5			
9	8	39		区间下限	
10	9	45.1		区间上限	
11	10	41.3			
12	11	42.2			
13	12	42.3			
14	13	38.8			
15	14	39.9			
16	15	42.1			
17	16	39.6			
18	17	38.9			
19	18	42.1			
20	19	45.3			
21	20	44.2			

图 14-56

❸ 选中 E6 单元格，输入公式：

=CHIINV(0.05/2,E4)

按 Enter 键，即可计算出 $x^2_{\alpha/2}$ 的值，如图 14-57 所示。

E6 =CHIINV(0.05/2,E4)

	A	B	C	D	E
1	编号	样本重量(克)			
2	1	41.2		样本均值	40.955
3	2	42.5		样本方差S^2	5.651026316
4	3	38.9		自由度K（n-1）	19
5	4	35.9			
6	5	39.2		$x^2_{\alpha/2}$	32.85232686
7	6	39.1		$x^2_{1-\alpha/2}$	
8	7	41.5			
9	8	39		区间下限	
10	9	45.1		区间上限	

图 14-57

❹ 选中 E7 单元格，输入公式：

=CHIINV(1-0.05/2,E4)

按 Enter 键，即可计算出 $x^2_{1-\alpha/2}$ 的值，如图 14-58 所示。

E7　=CHIINV(1-0.05/2,E4)

	A	B	C	D	E
1	编号	样本重量(克)			
2	1	41.2		样本均值	40.955
3	2	42.5		样本方差S^2	5.651026316
4	3	38.9		自由度K（n-1）	19
5	4	35.9			
6	5	39.2		$x^2_{\alpha/2}$	32.85232686
7	6	39.1		$x^2_{1-\alpha/2}$	8.906516482
8	7	41.5			
9	8	39		区间下限	
10	9	45.1		区间上限	

图 14-58

5 选中 E9 单元格，输入公式：

=SQRT(E4*E3/E6*E4)

按 Enter 键，计算出区间下限的值，如图 14-59 所示。

E9　=SQRT(E4*E3/E6*E4)

	A	B	C	D	E
1	编号	样本重量(克)			
2	1	41.2		样本均值	40.955
3	2	42.5		样本方差S^2	5.651026316
4	3	38.9		自由度K（n-1）	19
5	4	35.9			
6	5	39.2		$x^2_{\alpha/2}$	32.85232686
7	6	39.1		$x^2_{1-\alpha/2}$	8.906516482
8	7	41.5			
9	8	39		区间下限	7.880144807
10	9	45.1		区间上限	
11	10	41.3			

图 14-59

6 选中 E10 单元格，输入公式：

=SQRT(E4*E3/E7*E4)

按 Enter 键，计算出区间上限的值，如图 14-60 所示。

E10　=SQRT(E4*E3/E7*E4)

	A	B	C	D	E
1	编号	样本重量(克)			
2	1	41.2		样本均值	40.955
3	2	42.5		样本方差S^2	5.651026316
4	3	38.9		自由度K（n-1）	19
5	4	35.9			
6	5	39.2		$x^2_{\alpha/2}$	32.85232686
7	6	39.1		$x^2_{1-\alpha/2}$	8.906516482
8	7	41.5			
9	8	39		区间下限	7.880144807
10	9	45.1		区间上限	15.13433448
11	10	41.3			

图 14-60

由计算结果得出结论：在 95% 的置信水平下，该袋装薯片总体重量标准差的置信区间为 7.88g～15.13g。

14.4.2 总体方差比的估计

比较两个总体的方差比，可以用两个样本的方差比来做出判断：如果 S_1^2/S_2^2 接近于 1，则说明两个总体方差很接近；如果 S_1^2/S_2^2 远离 1，则说明两个总体方差存在差异。总体方差比在 1-α 置信水平下的置信区间为：

$$\frac{S_1^2/S_2^2}{F_{\alpha/2}} \leqslant \frac{\sigma_1^2}{\sigma_2^2} \leqslant \frac{S_1^2/S_2^2}{F_{1-\alpha/2}}$$

例如，为了研究当下男女大学生在生活费支出上的差异情况，现从某大学随机抽取 20 名男生和 20 名女生记录他们的月支出金额，数据表如图 14-61 所示。

要求以 95% 置信水平估计男女大学生在生活费支出方差比的置信区间。

1 根据上述信息在工作表中创建计算表格，如图 14-61 所示。

	A	B	C	D	E	F	G
1	男生	女生		男生		女生	
2	2000	1400		样本平均值 $\bar{X}_1$		样本平均值 $\bar{X}_2$	
3	1900	1440		样本方差S_1^2		样本标准偏差S_2^2	
4	1895	1400		自由度K（n-1）		自由度K（n-1）	
5	1860	1390					
6	1830	1380		$F_{\alpha/2}$			
7	2000	1370		$F_{1-\alpha/2}$			
8	2000	1360					
9	1980	1450		区间下限			
10	2100	1750		区间上限			
11	2200	1200					
12	1780	1100					
13	1600	1400					
14	1850	1600					
15	1760	1700					
16	1800	1780					
17	2000	1570					
18	2220	1460					
19	2100	1260					
20	1750	1250					
21	1900	1500					

图 14-61

2 选中 E2 单元格，输入公式：

=AVERAGE(A2:A21)

按 Enter 键，计算出 A 样本均值，如图 14-62 所示。

E2　=AVERAGE(A2:A21)

	B	C	D	E	F	G
1	女生		男生		女生	
2	1400		样本平均值 $\bar{X}_1$	1926.25	样本平均值 $\bar{X}_2$	
3	1440		样本方差S_1^2		样本标准偏差S_2^2	
4	1400		自由度K（n-1）		自由度K（n-1）	
5	1390					

图 14-62

3 选中 G2 单元格，输入公式：

=AVERAG (B2:B21)

按 Enter 键，计算出 B 样本均值，如图 14-63 所示。

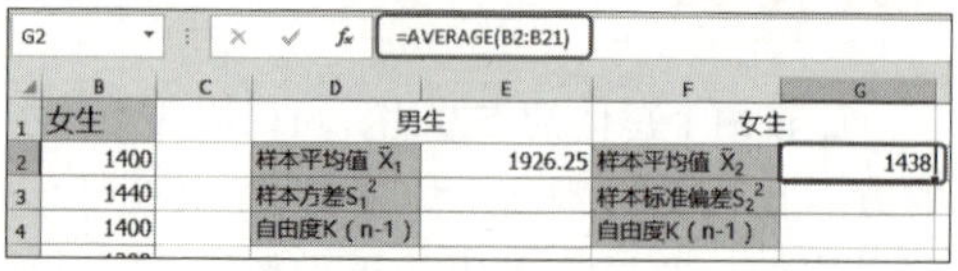

图 14-63

❹ 选中 E3 单元格，输入公式：

=VAR.S(A2:A21)

按 Enter 键，计算出 A 样本方差，如图 14-64 所示。

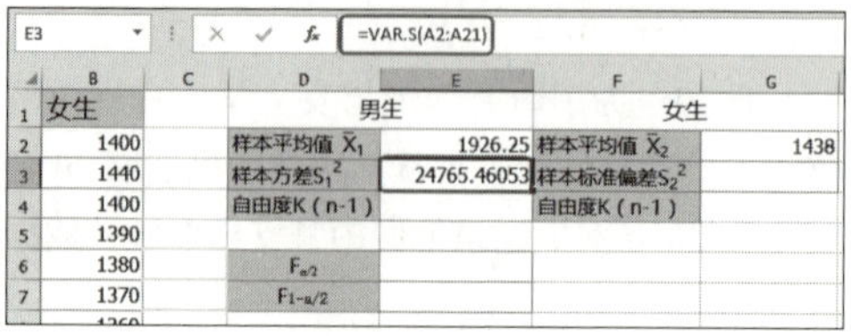

图 14-64

❺ 选中 G3 单元格，输入公式：

=VAR.S(B2:B21)

按 Enter 键，计算出 B 样本方差，如图 14-65 所示。

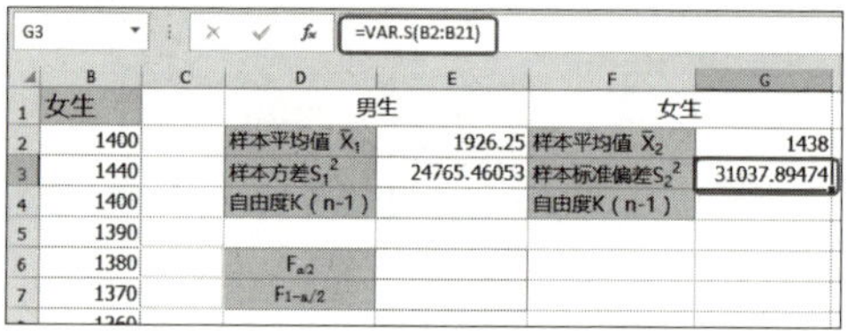

图 14-65

❻ 选中 E6 单元格，输入公式：

=FINV(0.05/2,19,19)

按 Enter 键，即可计算出 $F_{\alpha/2}$ 的值，如图 14-66 所示。

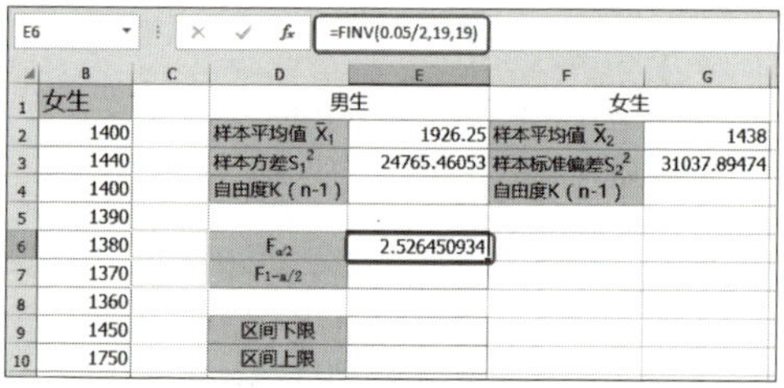

图 14-66

❼ 选中 E7 单元格，输入公式：

=FINV(1-0.05/2,21,21)

按 Enter 键，即可计算出 $F_{1-\alpha/2}$ 的值，如图 14-67 所示。

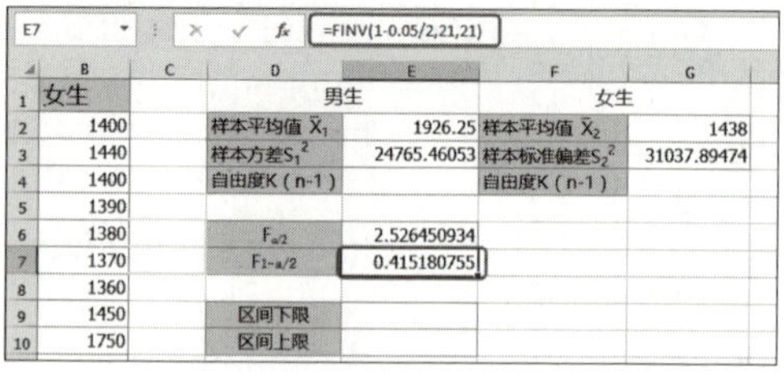

图 14-67

❽ 自由度为 $n-1$，因此直接输入 19。选中 E9 单元格，输入公式：

=(E3/G3)/E6

按 Enter 键，计算出区间下限，如图 14-68 所示。

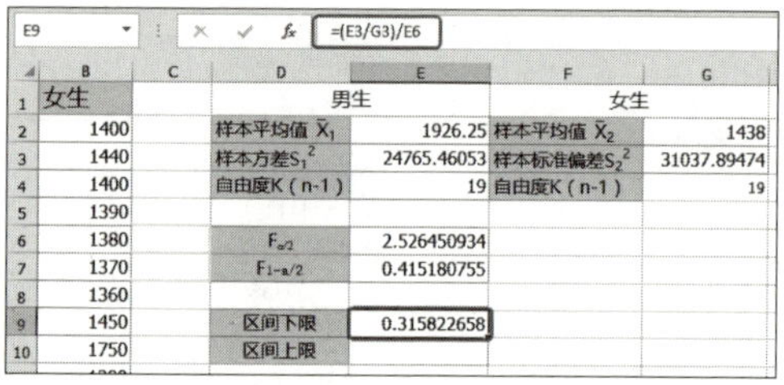

图 14-68

❾ 选中 E10 单元格，输入公式：

=(E3/G3)/E7

按 Enter 键，计算出区间上限，如图 14-69 所示。

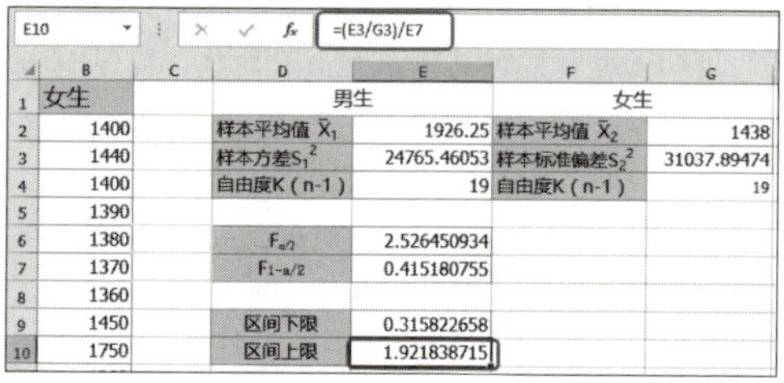

图 14-69

由计算结果得出结论：在 95% 的置信水平下，男女大学生在生活费支出方差比的置信区间为 0.32～1.92，可见还是存在差异的。

第15章 假设检验

假设检验用来判断样本与总体的差异是由抽样误差引起的还是由本质差别造成的。显著性检验是假设检验中最常用的一种方法，其基本原理是先对总体的特征做出某种假设，然后通过抽样研究的统计推理，对此假设应该被拒绝还是接受做出推断。常用的假设检验方法有Z检验、t检验、F检验等。

- ☑ 了解假设检验的相关知识
- ☑ 单个总体的假设检验
- ☑ 两个总体的假设检验

15.1 了解假设检验

假设检验的实质是带有某种概率性质的反证法，基本思想是小概率事件在一次试验中基本上不会发生。反证法思想是首先假定原假设成立，然后看在原假设成立的前提下，是否导致不太可能发生的"小概率事件"在一次抽样的样本中出现。如果小概率事件可在一次抽样实验中被观测到，则说明原假设不可信，应该拒绝原假设，而接受"替代假设"（即备择假设）。

15.1.1 关于"小概率事件"原理

为了检验一个假设 H_0 是否正确，首先假定该假设 H_0 正确，然后根据样本对假设 H_0 做出接受或拒绝的决策。如果样本观察值导致了"小概率事件"发生，那么就应拒绝假设 H_0，否则应接受假设 H_0。

假设检验中所谓"小概率事件"，是基于人们在实践中广泛采用的原则，即小概率事件在一次试验中是几乎不发生的，如果在试验中竟然发生了，则有理由怀疑该假设的真实性，拒绝 H_0 这一假设。那么概率小到什么程度才能算作"小概率事件"呢？显然，"小概率事件"的概率越小，否定原假设 H_0 就越有说服力。

我们把这个"小概率事件"的概率值记作 α，称作检验的显著水平。它表示原假设为真时，拒绝原假设的概率，即抽样分布的拒绝域。拒绝域的功能主要用来判断假设检验是否拒绝原假设。如果样本观测计算出来的检验统计量的具体数值落在拒绝域内，那么就拒绝原假设，否则不拒绝原假设。给定显著性水平 α 后，查表就可以得到具体临界值，将检验统计量与临界值进行比较，判断是否拒绝原假设。

对于不同的问题，检验的显著性水平 α 不一定相同，一般认为，事件发生的概率小于 0.1、0.05 或 0.01 等，即"小概率事件"。

15.1.2 假设检验的基本步骤

假设检验有如下几个步骤。

第一步：提出原假设（又称无效假设）和备择假设。原假设用 H_0 表示，一般是统计者想要拒绝的假设；备择假设用 H_1 表示，是统计者想要接受的假设。

- H_0：样本与总体或样本与样本间的差异是由抽样误差引起的。
- H_1：样本与总体或样本与样本间存在本质差异。

第二步：从所研究总体中抽取一个随机样本。

第三步：构造检验统计量。

根据资料的类型和特点，选定统计方法，由样本观察值按相应的公式计算出统计量的大小，如 X^2 值、t 值等。

第四步：根据给定的显著水平 α，计算出临界值。

第五步：将统计量的大小与临界值进行比较。

根据统计量的大小及其分布确定检验假设成立的可能性。若 $P>\alpha$，结论为按 α 所取水准不显著，不拒绝 H_0，即认为差别很可能是由于抽样误差造成的，在统计上不成立；如果 $P \leqslant \alpha$，结论为按所取 α 水准显著，拒绝 H_0，接受 H_1，则认为此差别不大可能仅由抽样误差所致，很可能是实验因素不同造成的，故在统计上成立。统计量对应的 P 值在 Excel 中可以使用函数或高级分析工具求取。

15.1.3 确定假设检验的方法

在进行假设检验时，要根据资料类型和特点选用正确的假设检验方法。

1. Z检验和t检验

t检验用t分布理论来推断差异发生的概率,从而比较两个平均数的差异是否显著,主要用于样本含量较小(如n<30),总体标准差σ未知,呈正态分布的计量资料。若样本含量较大(如n≥30),或样本含量虽小,但总体标准差σ已知,则可采用Z检验。但多数统计软件中,无论样本量大小,均采用t检验进行统计分析。t检验可分为单总体检验和双总体检验。

t检验和Z检验的适用条件有以下三个。

(1)样本来自正态总体或近似正态总体。

(2)两样本总体方差相等,即具有方差齐性。在实际应用时,如与上述条件略有偏离,对结果亦不会有太大影响。

(3)两组样本应相互独立。根据比较对象的不同,t检验又分为单样本t检验、配对t检验和两独立样本t检验。

2. F检验

F检验又叫方差齐性检验。从两个研究总体中随机抽取样本,在对这两个样本进行比较的时候,首先要判断两总体方差是否相同,即方差齐性。若两总体方差相等,则直接用t检验。其中要判断两总体方差是否相等,就可以用F检验。F检验法比较两组数据的方差S^2,以确定它们的精密度是否有显著性差异。至于两组数据之间是否存在系统误差,则在进行F检验并确定它们的精密度没有显著性差异之后,再进行t检验。

采用F检验检验方差齐性,要求样本均来自正态分布的总体。检验统计量F等于两样本的较大方差S_1^2与较小方差S_2^2的比值。F值可以通过查询F分布临界值表得到,也可以在Excel中使用函数或高级分析工具求取。求得F值后,并获取相应的P值(F值越大,P值越小),然后按所取的显著水平α做出推断结论。

由于第一个样本的方差既可能大于第二个样本的方差,也可能小于第二个样本的方差,故两样本方差比较的F检验是双侧检验。

知识扩展

假设检验根据业务数据分为两种:一个总体参数的假设检验和两个总体参数的假设检验。

(1)一个总体参数的假设检验。

例如,某企业对产品进行外包装升级,新包装上线后,直接全量上线,老包装全部下线,我们想通过抽样调查判断新包装的销量是否比老包装好。这时我们做的假设检验总体只有一个全部消费者。对于总体只有一个的称为一个总体参数的假设检验。

(2)两个总体参数的假设检验。

沿用相同的例子,在新包装上线后,老包装仍然保持,这时我们做的假设检验总体有两个,分别为老包装的全部消费者与新包装的全部消费者。

15.1.4 双侧检验和单侧检验

单侧检验,是指当要检验的样本取自的总体的参数值大于或小于某个特定值时,所采用的一种单方面的统计检验方法。单侧检验包括左单侧检验和右单侧检验两种。

双侧检验,是指当统计分析的目的是要检验样本平均数和总体平均数,或样本成数是否有显著差异,而不问差异的方向是正差还是负差时所采用的一种统计检验方法。

1. 双侧检验

双侧检验的假设形式:原假设$H_0: \mu=\mu_0$,备择假设$H_1: \mu \neq \mu_0$。

双侧检验属于决策中的假设检验。也就是说,不论是拒绝H_0还是接受H_0,我们都必须采取相应的行动措施。

例如,要求某种零件的尺寸非常精确,要

求其平均长度为 10 厘米，那么大于或小于 10 厘米均属于不合格。建立的原假设与备择假设应为：H_0：$\mu=10$，H_1：$\mu \neq 10$。

2. 单侧检验

左侧检验的假设形式：原假设 H_0：$\mu \geq \mu_0$，备择假设 H_1：$\mu < \mu_0$。

右侧检验的假设形式：原假设 H_0：$\mu \leq \mu_0$，备择假设 H_1：$\mu > \mu_0$。

单侧检验在如下几种情景中有非常广泛的应用。

（1）检验研究中的假设。

将所研究的假设作为备择假设 H_1，将认为研究结果是无效的说法或理论作为原假设 H_0。或者说，把希望证明的假设作为备择假设，即先确立备择假设 H_1。

例1：采用新设备生产后，将会使产品的使用寿命延长到1000小时以上。建立的原假设与备择假设应为：H_0：$\mu \leq 1000$，H_1：$\mu > 1000$。

例2：改进生产技术后，会使产品的每日不合格数降低到20个以下。建立的原假设与备择假设应为：H_0：$\mu \geq 20$，H_1：$\mu < 20$。

（2）检验某项声明的有效性。

将所做出的说明（声明）作为原假设，对该说明的质疑作为备择假设，先确立原假设 H_0，除非我们有证据证明"声明"无效，否则就应认为该"声明"是有效的。

例如，某企业声称其产品的使用寿命在20 000小时以上，除非有证据能证明产品的使用寿命在20 000小时以下，否则就得承认该企业的声明是正确的。建立的原假设与备择假设应为：H_0：$\mu \geq 20\,000$，H_1：$\mu < 20\,000$。

3. 拒绝域

拒绝域是由显著水平围成的区域。拒绝域的功能主要是用来判断假设检验是否拒绝原假设。如果样本观测计算出来的检验统计量的具体数值落在拒绝域内，那么就拒绝原假设，否则不拒绝原假设。给定显著水平 α 后，可以通过查表，或 Excel 函数计算得到具体的临界值，将检验统计量与临界值进行比较，判断是否拒绝原假设。

用图示表示双侧检验的拒绝域，如图 15-1 所示。

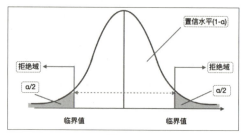

图 15-1

用图示表示左侧检验的拒绝域，如图 15-2 所示。

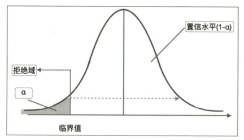

图 15-2

用图示表示右侧检验的拒绝域，如图 15-3 所示。

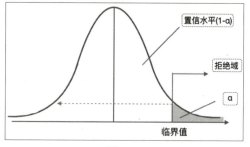

图 15-3

15.2 均值的Z检验

假设总体服从正态分布，Z检验统计量分为σ已知和σ未知两种情况。

σ已知：$Z = \dfrac{\overline{x} - \mu_0}{\dfrac{\sigma}{\sqrt{n}}}$

σ未知：$Z = \dfrac{\overline{x} - \mu_0}{\dfrac{S}{\sqrt{n}}}$

- $\overline{x}$：样本均值。
- μ_0：假设的总体均值。
- σ：总体标准差。注意，当总体标准差已知时，计算结果会更精准。
- n：样本量。
- S：样本标准差。

α与拒绝域为：
- 双侧检验：$|Z| > Z_{\alpha/2}$
- 左侧检验：$Z < -Z_{\alpha}$
- 右侧检验：$Z > Z_{\alpha}$

15.2.1 单侧Z检验

单侧Z检验分为左侧检验和右侧检验，下面讲解相关的应用范例。

1. 左侧检验的应用范例

根据过去的生产资料，某工厂在日定量生产时，其日次品平均数量不高于18个，标准差为3个。由于引进了新设备，现从最近的生产日期中随机抽取20日，并查看其次品数量，数据如图15-4所示。试判断在0.05的显著水平下产品日次品数是否有所下降。

确定原假设为 $H_0: \mu \geq 18$，备择假设为 $H_1: \mu < 18$。

检验规则为：$Z < -Z_{\alpha}$ 时，拒绝原假设；$Z \geq -Z_{\alpha}$ 时，接受原假设。

	A	B	C	D	E
1	随机抽样20天检测次品个数				
2	12	15	18	18	20
3	11	17	15	17	14
4	15	15	17	15	20
5	12	22	20	12	19

图 15-4

❶ 在表格下面创建表格并设置表格格式，输入已知参数，并添加计算表格，选中B10单元格，在编辑栏中输入公式：

=AVERAGE(A2:E5)

按Enter键，即可计算出样本均值，如图15-5所示。

	A	B	C	D	E
1	随机抽样20天检测次品个数				
2	12	15	18	18	20
3	11	17	15	17	14
4	15	15	17	15	20
5	12	22	20	12	19
6					
7	n	20	σ	3	
8	μ_0	18	α	0.05	
9					
10	$\overline{x}$	16.2			
11	H_0	μ≥18	H_1	μ<18	
12					
13					
14	Z				
15	Z_α				
16	检验结论				

图 15-5

❷ 选中B14单元格，在编辑栏中输入公式：

=(B10-B8)/(D7/SQRT(B7))

按Enter键，即可计算出Z值，如图15-6所示。

	A	B	C	D	E
1	随机抽样20天检测次品个数				
2	12	15	18	18	20
3	11	17	15	17	14
4	15	15	17	15	20
5	12	22	20	12	19
6					
7	n	20	σ	3	
8	μ_0	18	α	0.05	
9					
10	$\overline{x}$	16.2			
11	H_0	μ≥18	H_1	μ<18	
12					
13					
14	Z	-2.683281573			
15	Z_α				
16	检验结论				

图 15-6

❸ 选中B15单元格，在编辑栏中输入公式：

`=NORMSINV(1-0.05)`

按 Enter 键，即可计算出 Z_α 值，如图 15-7 所示。

图 15-7

知识扩展

NORMSINV 函数的主要作用是返回标准正态累积分布函数的反函数。其语法如下：NORMSINV(probability)
- Probability：正态分布的概率值。

❹ 选中 B16 单元格，在编辑栏中输入公式：
`=IF(B14<-B15," 拒绝 H0"," 接受 H0")`

按 Enter 键，即可得出检验结论（如图 15-8 所示），即在 0.05 的显著水平上，引进新设备后，产品的日次品数是有所下降的。

图 15-8

2. 右侧检验的应用范例

根据过去的生产资料，某企业生产的某产品使用寿命服从正态分布 N（1850,102^2）。从最近生产的一批产品中随机抽取 20 个，测得样本数据如图 15-9 所示。试判断在 0.05 的显著水平上，这批产品的使用寿命是否有显著提高。

随机抽样20个产品的寿品（单位:小时）				
1851	1895	1868	1930	1860
1980	1841	1920	1916	1915
1865	1850	1921	1945	1940
1840	1895	1912	1900	1831

图 15-9

确定原假设为 H_0：$\mu \leq 1850$，备择假设为 H_1：$\mu > 1850$。

检验规则为：$Z > Z_\alpha$ 时，拒绝原假设；$Z \leq Z_\alpha$ 时，接受原假设。

❶ 在表格下面创建表格并设置表格格式，输入已知参数，并添加计算表格，选中 B10 单元格，在编辑栏中输入公式：

`=AVERAGE(A2:E6)`

按 Enter 键，即可计算出样本均值，如图 15-10 所示。

图 15-10

❷ 选中 B14 单元格，在编辑栏中输入公式：

`=(B10-B8)/(D7/SQRT(B7))`

按 Enter 键，即可计算出 Z 值，如图 15-11 所示。

图 15-11

❸ 选中 B15 单元格，在编辑栏中输入公式：

=NORMSINV(1-0.05)

按 Enter 键，即可计算出 $Z_α$ 值，如图 15-12 所示。

图 15-12

❹ 选中 B16 单元格，在编辑栏中输入公式：
=IF(B14>B15," 拒绝 H0"," 接受 H0")

按 Enter 键，即可得出检验结论（如图 15-13 所示），即在 0.05 的显著水平上，这批产品的使用寿命是否有所提高。

图 15-13

专家提醒

也可以通过求解统计量对应的 P 值进行决策，$P<α$，则拒绝 H_0。求解 P 值所对应的公式如下：

双侧检验：H_0：$μ=μ_0$，H_1：$μ≠μ_0$，P 值：
=2*(1-NORMSDIST(ABS(B14)))

左侧检验：H_0：$μ≥μ_0$，H_1：$μ<μ_0$，P 值：=1-NORMSDIST(ABS(B14))

右侧检验：H_0：$μ≤μ_0$，H_1：$μ>μ_0$，P 值：=1-NORMSDIST(ABS(B14))

知识扩展

本例中，使用公式"=1-NORMSDIST(ABS(B14))"，可以求解出 P 值，如图 15-14 所示。通过对比 P 值与 $α$ 值，则 $P<α$，因此拒绝原假设。

图 15-14

15.2.2 双侧 Z 检验

根据过去的生产资料，某企业使用自动化机器生产的一种零件，其直径近似服从正态分布，总体均值为 13 毫米，总体标准差为 1.46 毫米。近期又对零件的合格度进行了抽检，共抽取 200 个样本进行了检验，得到的均值为 12.8 毫米，试问近期自动化机器生产是否工作正常。

确定原假设为 H_0：$μ=13$，备择假设为 H_1：$μ≠13$。

检验规则为：$|Z|>Z_{α/2}$ 时，拒绝原假设；$Z≤Z_{α/2}$ 时，接受原假设。

❶ 在表格下面创建表格并设置表格格式，输入已知参数，如图 15-15 所示。

图 15-15

❷ 选中 B9 单元格，在编辑栏中输入公式：
=(B5-B3)/(D2/SQRT(B2))

按 Enter 键，即可计算出 Z 值，如图 15-16 所示。

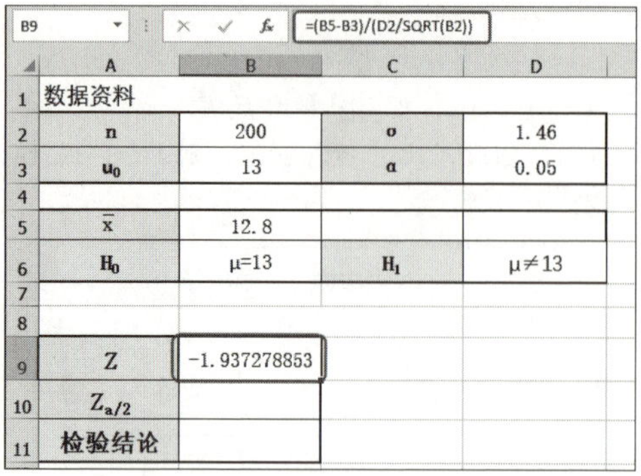
B9　=(B5-B3)/(D2/SQRT(B2))

	A	B	C	D
1	数据资料			
2	n	200	σ	1.46
3	u0	13	α	0.05
4				
5	x̄	12.8		
6	H0	μ=13	H1	μ≠13
7				
8				
9	Z	-1.937278853		
10	Za/2			
11	检验结论			

图 15-16

❸ 选中 B10 单元格，在编辑栏中输入公式：

=NORMSINV(1-0.05/2)

按 Enter 键，即可计算出 $Z_{\alpha/2}$ 值，如图 15-17 所示。

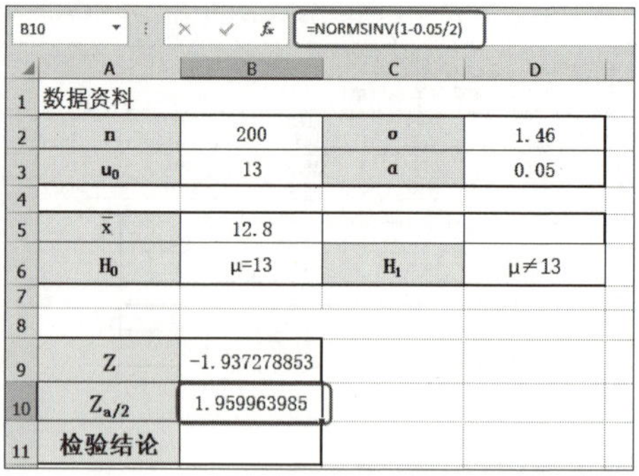
B10　=NORMSINV(1-0.05/2)

	A	B	C	D
1	数据资料			
2	n	200	σ	1.46
3	u0	13	α	0.05
4				
5	x̄	12.8		
6	H0	μ=13	H1	μ≠13
7				
8				
9	Z	-1.937278853		
10	Za/2	1.959963985		
11	检验结论			

图 15-17

专家提醒

如果是比较 $A=B$，那么就是双侧检验；如果是比较 $A>B$ 或 $A<B$，则是单侧检验。双侧检验时，如果置信度仍设为 95%，那么 α 值取 0.025 即可。

❹ 选中 B11 单元格，在编辑栏中输入公式：

=IF(ABS(B9)>B10," 拒绝 H0"," 接受 H0")

按 Enter 键，即可得出检验结论（如图 15-18 所示），即在 0.05 的显著水平上，这段时间该自动化生产机器的工作是正常的。

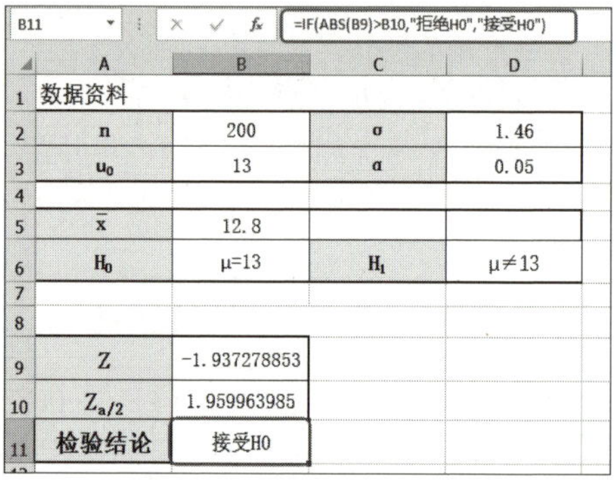
B11　=IF(ABS(B9)>B10,"拒绝H0","接受H0")

	A	B	C	D
1	数据资料			
2	n	200	σ	1.46
3	u0	13	α	0.05
4				
5	x̄	12.8		
6	H0	μ=13	H1	μ≠13
7				
8				
9	Z	-1.937278853		
10	Za/2	1.959963985		
11	检验结论	接受H0		

图 15-18

15.3 均值的 t 检验

假设总体服从正态分布，t 检验统计量分为 σ 已知和 σ 未知两种情况。

$$\sigma\text{已知：}\quad t=\frac{\bar{x}-\mu_0}{\frac{\sigma}{\sqrt{n}}}$$

$$\sigma\text{未知：}\quad t=\frac{\bar{x}-\mu_0}{\frac{S}{\sqrt{n}}}$$

- $\bar{x}$：样本均值。
- μ_0：假设的总体均值。
- σ：总体标准差。注意：当总体标准差已知时，计算结果则会更精准。
- n：样本量。
- S：样本标准差。

α 与拒绝域为：

- 双侧检验：$|t|>t_{\alpha/2}(n-1)$
- 左侧检验：$t<-t_{\alpha}(n-1)$
- 右侧检验：$t>t_{\alpha}(n-1)$

专家提醒

n 是样本量，自由度 $=n-1$。当 $\alpha=0.05$ 时，其单侧检验临界值为 $t_{0.05}(n-1)$，双侧检验临界值为 $t_{0.25}(n-1)$。

15.3.1 单侧 t 检验

某批发商欲从生产厂家购进一批齿轮，要

求齿轮的使用寿命不低于 4 万小时。已知齿轮的使用寿命服从正态分布。从总体中随机抽取 25 个齿轮对其使用寿命进行检测，其检测数据如图 15-19 所示。现分析在 95% 的置信水平下，批发商是否应该购买这批齿轮。

	A	B	C	D	E
1	随机抽样25个齿轮的使用寿命（单位：万小时）				
2	3.41	3.85	3.58	4.2	4.5
3	4.7	4.31	4.1	4.06	4.05
4	3.55	3.4	4.11	3.35	4.3
5	4.3	4.85	5.02	4.9	4.21
6	4.77	4.55	4.21	4.25	4.38

图 15-19

确定原假设为 H_0：$\mu \leqslant 4$，备择假设为 H_1：$\mu>4$。

检验规则为：$t>t_\alpha$ 时，拒绝原假设；$t \leqslant t_\alpha$ 时，接受原假设。

❶ 在表格下面创建表格并设置表格格式，输入已知参数，并添加计算表格，选中 B10 单元格，在编辑栏中输入公式：

=AVERAGE(A2:E6)

按 Enter 键，即可计算出样本均值，如图 15-20 所示。

B10 =AVERAGE(A2:E6)

	A	B	C	D	E
1	随机抽样25个齿轮的使用寿命（单位：万小时）				
2	3.41	3.85	3.58	4.2	4.5
3	4.7	4.31	4.1	4.06	4.05
4	3.55	3.4	4.11	3.35	4.3
5	4.3	4.85	5.02	4.9	4.21
6	4.77	4.55	4.21	4.25	4.38
7	n	25	α	0.05	
8	u_0	4			
9					
10	$\bar{x}$	4.1964			
11	S				
12	H_0	μ≤4	H_1	μ>4	
13					
14	t				
15	t_α				
16	检验结论				

图 15-20

❷ 选中 B11 单元格，在编辑栏中输入公式：

=STDEV.P(A2:E6)

按 Enter 键，即可计算出样本的标准差（由于总体标准差未知，因此用样本标准差来代替总体标准差），如图 15-21 所示。

❸ 选中 B14 单元格，在编辑栏中输入公式：

=(B10-B8)/(B11/SQRT(B7))

按 Enter 键，即可计算出 t 值，如图 15-22 所示。

B11 =STDEV.P(A2:E6)

	A	B	C	D	E
1	随机抽样25个齿轮的使用寿命（单位：万小时）				
2	3.41	3.85	3.58	4.2	4.5
3	4.7	4.31	4.1	4.06	4.05
4	3.55	3.4	4.11	3.35	4.3
5	4.3	4.85	5.02	4.9	4.21
6	4.77	4.55	4.21	4.25	4.38
7	n	25	α	0.05	
8	u_0	4			
9					
10	$\bar{x}$	4.1964			
11	S	0.465419209			
12	H_0	μ≤4	H_1	μ>4	
13					
14	t				
15	t_α				
16	检验结论				拒

图 15-21

B14 =(B10-B8)/(B11/SQRT(B7))

	A	B	C	D	E
1	随机抽样25个齿轮的使用寿命（单位：万小时）				
2	3.41	3.85	3.58	4.2	4.5
3	4.7	4.31	4.1	4.06	4.05
4	3.55	3.4	4.11	3.35	4.3
5	4.3	4.85	5.02	4.9	4.21
6	4.77	4.55	4.21	4.25	4.38
7	n	25	α	0.05	
8	u_0	4			
9					
10	$\bar{x}$	4.1964			
11	S	0.465419209			
12	H_0	μ≤4	H_1	μ>4	
13					
14	t	2.109925807			
15	t_α				
16	检验结论				

图 15-22

❹ 选中 B15 单元格，在编辑栏中输入公式：

=TINV(2*0.05,24)

按 Enter 键，即可计算出 t_α 值，如图 15-23 所示。

B15 =TINV(2*0.05,24)

	A	B	C	D	E
1	随机抽样25个齿轮的使用寿命（单位：万小时）				
2	3.41	3.85	3.58	4.2	4.5
3	4.7	4.31	4.1	4.06	4.05
4	3.55	3.4	4.11	3.35	4.3
5	4.3	4.85	5.02	4.9	4.21
6	4.77	4.55	4.21	4.25	4.38
7	n	25	α	0.05	
8	u_0	4			
9					
10	$\bar{x}$	4.1964			
11	S	0.465419209			
12	H_0	μ≤4	H_1	μ>4	
13					
14	t	2.109925807			
15	t_α	1.71088208			
16	检验结论				

图 15-23

❺ 选中 B16 单元格，在编辑栏中输入公式：=IF(B14>B15," 拒绝 H0"," 接受 H0")

按 Enter 键，即可得出检验结论（如图 15-24 所示），即在 95% 的置信水平下，这批齿轮的使用寿命是大于等于 4 万小时的，是合格的，批发商可以采购。

图 15-24

知识扩展

也可以通过求解统计量对应的 P 值进行决策，$P<\alpha$，则拒绝 H_0。例如本例中，使用公式"=TDIST(ABS(B14),B7-1,1)"，可以求解出 P 值，如图 15-25 所示。通过对比 P 值与 α 值，则 $P<\alpha$，因此拒绝原假设。

图 15-25

知识扩展

TDIST 函数用于返回指定数值和自由度

的学生 t 分布的百分点。其语法如下：
TDIST(x,deg_freedom,tails)
- x：必需项，需要计算分布的数值。
- deg_freedom：必需项，一个表示自由度数的整数。
- tails：必需项，指定返回的分布函数是单侧分布还是双侧分布。如果 Tails=1，则 TDIST 返回单侧分布；如果 Tails=2，则 TDIST 返回双侧分布。

专家提醒

求解 P 值所对应的公式如下。

双侧检验：H_0：$\mu=\mu_0$，H_1：$\mu \neq \mu_0$，P 值：=TDIST(ABS(t),n-1,2）

左侧检验：H_0：$\mu \geq \mu_0$，H_1：$\mu<\mu_0$，P 值：=TDIST(ABS(t),n-1,1）

右侧检验：H_0：$\mu \leq \mu_0$，H_1：$\mu>\mu_0$，P 值：=TDIST(ABS(t),n-1,1）

15.3.2 双侧 t 检验

某食品公司采用自动包装机分装产品，假设每包产品的重量服从正态分布，每包标准重量为 500 克，现随机抽查 25 包，测得重量数据如图 15-26 所示。试问在 0.05 的显著水平上，这天的分装机器工作是否正常。

图 15-26

确定原假设为 H_0：$\mu=500$，备择假设为 H_1：$\mu \neq 500$。

检验规则为：$|t|>t_{\alpha/2}$ 时，拒绝原假设；$t \leq t_{\alpha/2}$ 时，接受原假设。

❶ 在表格下面创建表格并设置表格格式，输入已知参数，并添加计算表格，选中 B10 单元格，在

编辑栏中输入公式：

=AVERAGE(A2:E6)

按 Enter 键，即可计算出样本均值，如图 15-27 所示。

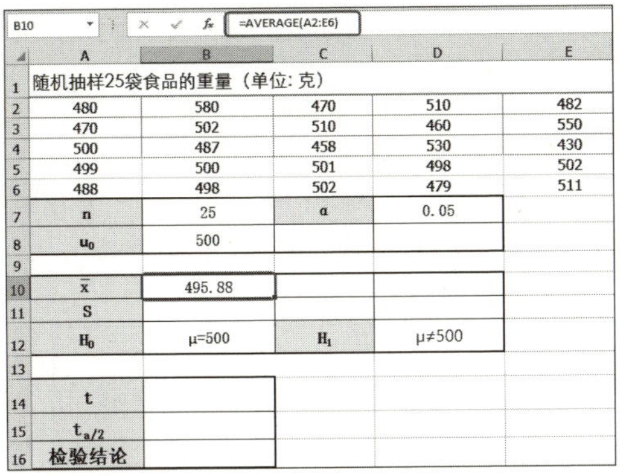

	A	B	C	D	E
1	随机抽样25袋食品的重量（单位：克）				
2	480	580	470	510	482
3	470	502	510	460	550
4	500	487	458	530	430
5	499	500	501	498	502
6	488	498	502	479	511
7	n	25	α	0.05	
8	u_0	500			
9					
10	$\bar{x}$	495.88			
11	S				
12	H_0	μ=500	H_1	μ≠500	
13					
14	t				
15	$t_{a/2}$				
16	检验结论				

图 15-27

❷ 选中 B11 单元格，在编辑栏中输入公式：

=STDEV.P(A2:E6)

按 Enter 键，即可计算出样本的标准差（由于总体标准差未知，因此用样本标准差来代替总体标准差），如图 15-28 所示。

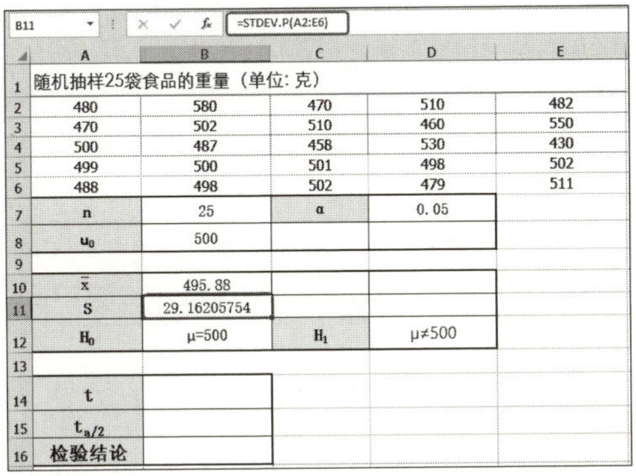

	A	B	C	D	E
1	随机抽样25袋食品的重量（单位：克）				
2	480	580	470	510	482
3	470	502	510	460	550
4	500	487	458	530	430
5	499	500	501	498	502
6	488	498	502	479	511
7	n	25	α	0.05	
8	u_0	500			
9					
10	$\bar{x}$	495.88			
11	S	29.16205754			
12	H_0	μ=500	H_1	μ≠500	
13					
14	t				
15	$t_{a/2}$				
16	检验结论				

图 15-28

❸ 选中 B14 单元格，在编辑栏中输入公式：

=(B10-B8)/(B11/SQRT(B7))

按 Enter 键，即可计算出 t 值，如图 15-29 所示。

❹ 选中 B15 单元格，在编辑栏中输入公式：

=TINV(0.05,24)

按 Enter 键，即可计算出 $t_{\alpha/2}$ 值，如图 15-30 所示。

❺ 选中 B16 单元格，在编辑栏中输入公式：

=IF(ABS(B14)>B15," 拒绝 H0"," 接受 H0")

按 Enter 键，即可得出检验结论（如图 15-31 所示），即在 0.05 的显著水平上，这天的分装机器工作是正常的。

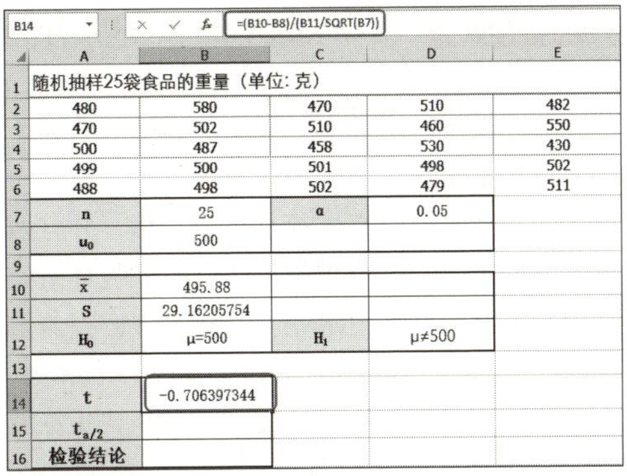

	A	B	C	D	E
1	随机抽样25袋食品的重量（单位：克）				
2	480	580	470	510	482
3	470	502	510	460	550
4	500	487	458	530	430
5	499	500	501	498	502
6	488	498	502	479	511
7	n	25	α	0.05	
8	u_0	500			
9					
10	$\bar{x}$	495.88			
11	S	29.16205754			
12	H_0	μ=500	H_1	μ≠500	
13					
14	t	-0.706397344			
15	$t_{a/2}$				
16	检验结论				

图 15-29

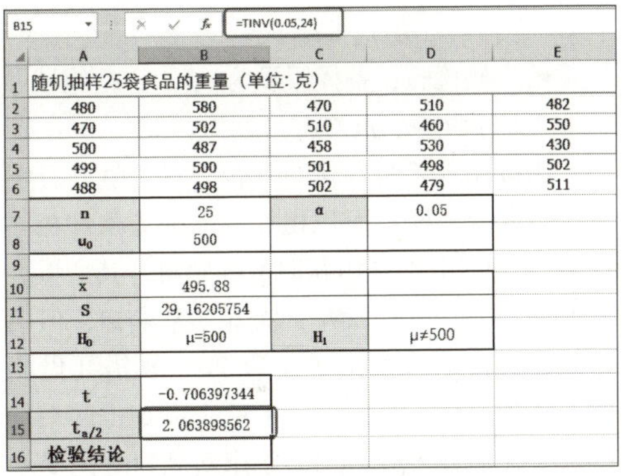

	A	B	C	D	E
1	随机抽样25袋食品的重量（单位：克）				
2	480	580	470	510	482
3	470	502	510	460	550
4	500	487	458	530	430
5	499	500	501	498	502
6	488	498	502	479	511
7	n	25	α	0.05	
8	u_0	500			
9					
10	$\bar{x}$	495.88			
11	S	29.16205754			
12	H_0	μ=500	H_1	μ≠500	
13					
14	t	-0.706397344			
15	$t_{a/2}$	2.063898562			
16	检验结论				

图 15-30

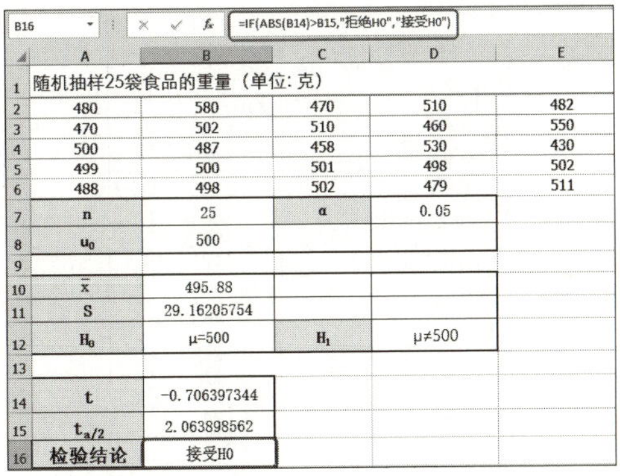

	A	B	C	D	E
1	随机抽样25袋食品的重量（单位：克）				
2	480	580	470	510	482
3	470	502	510	460	550
4	500	487	458	530	430
5	499	500	501	498	502
6	488	498	502	479	511
7	n	25	α	0.05	
8	u_0	500			
9					
10	$\bar{x}$	495.88			
11	S	29.16205754			
12	H_0	μ=500	H_1	μ≠500	
13					
14	t	-0.706397344			
15	$t_{a/2}$	2.063898562			
16	检验结论	接受H0			

图 15-31

15.4 两个总体参数的假设检验

在许多情况下，我们需要比较两个总体的参数，看它们是否有显著的区别。这里需要进行双样本假设分析。

15.4.1 两个独立正态总体均值的检验

1. 双样本等方差假设

双样本平均差检验的假设条件为：有两个独立的小样本，两总体都是正态总体，并且两总体方差未知，但值相等。然后检验统计量及其分布、原假设及拒绝域。双样本等方差假设可以使用 Excel 中的高级分析工具。

- 双侧检验：备择假设为 $\mu_1 \neq \mu_2$，拒绝域为 $|t|>t_{\alpha/2}(n_1+n_2-2)$
- 左侧检验：备择假设为 $\mu_1<\mu_2$，拒绝域为 $t<-t_\alpha(n_1+n_2-2)$
- 右侧检验：备择假设为 $\mu_1>\mu_2$，拒绝域为 $t>t_\alpha(n_1+n_2-2)$

假设比较某两种新旧复合肥对产量的影响时，研究者选择了面积相等、土壤等条件相同的 30 块地，分别施用新旧两种肥料，其产量数据如图 15-32 所示。两个总体方差未知，但值相等，假设显著性水平 α 为 5%，现需要做出如下两项分析：（1）比较两种肥料获得的平均产量有无明显差异。（2）使用新肥料后的平均产量是否比使用老肥料的平均产量高。

	A	B	C
1	序号	使用2015年复合肥的产	使用2016产新品的产品
2	实验1	112	117
3	实验2	102	106
4	实验3	97	106
5	实验4	109	110
6	实验5	101	109
7	实验6	100	112
8	实验7	108	118
9	实验8	101	111
10	实验9	99	100
11	实验10	102	107
12	实验11	104	110
13	实验12	111	109
14	实验13	104	113
15	实验14	106	118
16	实验15	101	120

图 15-32

❶ 单击"数据"选项卡，在"分析"选项组中单击"数据分析"按钮，打开"数据分析"对话框，在列表框中选择"t-检验：双样本等方差假设"选项，如图 15-33 所示。

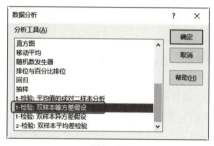

图 15-33

❷ 单击"确定"按钮，打开"t-检验：双样本等方差假设"对话框，设置"变量 1 的区域"为 B2:B16 单元格区域，设置"变量 2 的区域"为 C2:C16 单元格区域，在"假设平均差"文本框中输入"0"，在"α"文本框中输入"0.05"，设置"输出区域"为 E2 单元格，如图 15-34 所示。

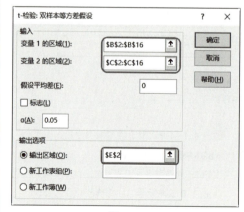

图 15-34

❸ 单击"确定"按钮，返回到工作表中，即可得出检验结果，如图 15-35 所示。

过的业务员的业绩有无显著差异。

图15-35

问题（1）结论分析如下。

双侧检验：备择假设为 $H_1: \mu_1 \neq \mu_2$，即两种肥料获得的平均产量有明显差异。

拒绝域：$|t|>t_{\alpha/2}(n_1+n_2-2)$

$|t|=3.98>t_{\alpha/2}(n_1+n_2-2)=2.05$

所以拒绝原假设，同意备择假设，即两种肥料获得的平均产量有明显差异。

问题（2）结论分析如下。

左侧检验：备择假设为 $H_1: \mu_1<\mu_2$，新肥料的平均产量高于旧肥料的平均产量。

拒绝域：$t<-t_{\alpha/2}(n_1+n_2-2)$

$t=-3.98<-t_{\alpha}(n_1+n_2-2)=-1.70$

所以拒绝原假设，同意备择假设，新肥料的平均产量高于旧肥料的平均产量。

专家提醒

对于给定的 α，若单侧检验不显著，则双侧检验肯定不显著。但若双侧检验不显著，单侧检验则有可能是显著的。

2. 双样本异方差假设

双样本平均差检验的假设条件为：两总体都是正态总体，并且两总体方差未知，值不相等。然后检验统计量及其分布、原假设及拒绝域。双样本异方差检测可以使用 Excel 中的高级分析工具。

例如，为了验证某项专业培训是否有效，随机抽取15个未经培训的业务员和15个经过培训的业务员统计其业绩，得到两组数据，如图15-36所示。已知两个总体方差未知且不等，假设显著性水平 α 为5%，判断未培训和培训

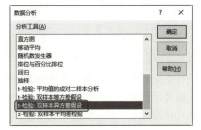

图15-36

❶ 单击"数据"选项卡，在"分析"选项组中单击"数据分析"按钮，打开"数据分析"对话框，在列表框中选择"t-检验：双样本异方差假设"选项，如图15-37所示。

图15-37

❷ 单击"确定"按钮，打开"t-检验：双样本异方差假设"对话框，设置"变量1的区域"为B2:B16 单元格区域，设置"变量2的区域"为C2:C16 单元格区域，在"假设平均差"文本框中输入"0"，在"α"文本框中输入"0.05"，设置"输出区域"为E2单元格，如图15-38所示。

图15-38

❸ 单击"确定"按钮，返回到工作表中，即可得出检验结果，如图 15-39 所示。

图 15-39

结论分析如下。

双侧检验：备择假设为 H_1：$\mu_1 \neq \mu_2$，即未培训和培训过的业务员的业绩有显著差异。

拒绝域：$|t| > t_{\alpha/2}(n_1+n_2-2)$

$|t|=1.75 < t_{\alpha/2}(n_1+n_2-2) = 2.05$

所以不拒绝原假设，即未培训和培训过的业务员的业绩并无显著差异。

知识扩展

也可以通过 P 值判断双因素相互影响的显著程度。在 0.05 的显著水平下，P 单侧或 P 双侧 >0.05，则结果为不显著；P 单侧或 P 双侧 <0.05，为一般显著；P 单侧或 P 双侧 <0.01，为高度显著；P 单侧或 P 双侧 <0.001，为极高度显著。

本例中，P 单侧 $0.197>0.05$，P 双侧 $0.393>0.05$，即无论是单侧还是双侧检验，结果都不显著。

15.4.2 t 检验：成对双样本均值检验

关于成对双样本，我们使用实例来进行说明。沿用上面的例子，我们将试验方法改为对同一组的 15 人分别进行培训前业绩与培训后业绩的对比，并判断两者有无显著差异。

由于此时 X_1 与 X_2 为同一组业务员培训前后的业绩数据，因此 X_1 与 X_2 是不独立的，属于成对样本试验。对于这类成对样本试验的均值检验，应当化为单个正态总体的均值检验。在 Excel 程序中仍然可以使用高级分析工具快速分析。

❶ 单击"数据"选项卡，在"分析"选项组中单击"数据分析"按钮，打开"数据分析"对话框，在列表框中选择"t-检验：平均值的成对二样本分析"选项，如图 15-40 所示。

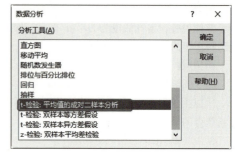

图 15-40

❷ 单击"确定"按钮，打开"t-检验：平均值的成对二样本分析"对话框，设置"变量 1 的区域"为 B2:B16 单元格区域，设置"变量 2 的区域"为 C2:C16 单元格区域，在"假设平均差"文本框中输入"0"，在"α"文本框中输入"0.05"，设置"输出区域"为 E2 单元格，如图 15-41 所示。

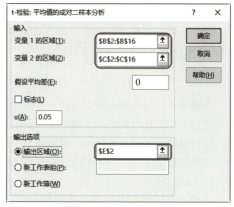

图 15-41

❸ 单击"确定"按钮，返回到工作表中，即可得出检验结果，如图 15-42 所示。

序号	员工培训前业绩(元)	员工培训后业绩(元)				
1	14750	12320	t-检验:成对双样本均值分析			
2	11220	13660				
3	10670	11660		变量 1	变量 2	
4	11990	11100	平均	11434.66667	12140	
5	11110	10990	方差	1326826.667	1100471.429	
6	10340	12210	观测值	15	15	
7	9680	9980	泊松相关系数	0.398172364		
8	11110	12210	假设平均差	0		
9	10890	12000	df	14		
10	11220	11770	t Stat	-2.256925759		
11	11440	12100	P(T<=t) 单尾	0.020260523		
12	10890	11990	t 单尾临界	1.761310136		
13	12440	12930	P(T<=t) 双尾	0.040521046		
14	11660	12980	t 双尾临界	2.144786688		
15	12110	14200				

图 15-42

结论分析如下。

双侧检验:备择假设为 $H_1: \mu_1 \neq \mu_2$,即未培训和培训过的业务员的业绩有显著差异。

拒绝域:$|t| > t_{\alpha/2}(n_1+n_2-2)$

$|t| = 0.25 > t_{\alpha/2}(n_1+n_2-2) = 2.14$

所以拒绝原假设,即业务员培训前后的业绩水平是有差异的,但差异性为低显著。

15.4.3 F 检验:两个正态总体的方差检验

F 分布的应用主要为方差的同质性检验,即检查两个样本所来自的总体的方差是否相等。

给出原假设 $H_0: \sigma_1^2 = \sigma_2^2$,显著性水平 α,其检验规则如下。

- 双侧检验:备择假设为:$\sigma_1^2 \neq \sigma_2^2$。拒绝域:$F > F_{\alpha/2}(n_1-1, n_2-1)$ 或 $F < F_{\alpha/2}(n_1-1, n_2-1)$。
- 左侧检验:备择假设为:$\mu_1 < \mu_2$。拒绝域:$F < F_{\alpha/2}(n_1-1, n_2-1)$。
- 右侧检验:备择假设为:$\mu_1 > \mu_2$。拒绝域:$F > F_{\alpha/2}(n_1-1, n_2-1)$。

也可以利用 F 值计算出 P 值,当 $P < \alpha$ 时,拒绝 H_0;当 $P > \alpha$ 时,不能拒绝 H_0。在 Excel 2019 中可以使用分析工具对具有已知方差的平均值进行双样本 F 检验。

例如,有两种肥料应用于两块土壤相同的作物,一个月后随机抽取 A 肥料土地种植的 15 棵作物测量生长的厘米数;随机抽取 B 肥料土地种植的 12 棵作物测量生长的厘米数,数据如图 15-43 所示。在为 0.95 的置信区间内,判断这两种肥料的总体方差有无显著差异。

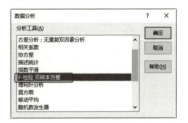

编号	A肥料(生长厘米数)	B肥料(生长厘米数)
1	24	24
2	17	26
3	26	27
4	17	25
5	15	25
6	22	26
7	27	29
8	14	28
9	22	23
10	22	24
11	23	27
12	23	25
13	19	
14	17	
15	22	

图 15-43

❶ 单击"数据"选项卡,在"分析"选项组中单击"数据分析"按钮,打开"数据分析"对话框,在列表框中选择"F-检验:双样本方差"选项,如图 15-44 所示。

图 15-44

❷ 单击"确定"按钮,打开"t-检验:双样本异方差假设"对话框,设置"变量 1 的区域"为 B1:B16 单元格区域,设置"变量 2 的区域"为 C1:C13 单元格区域,选中"标点"复选框,在"α"文本框中输入"0.05",设置"输出区域"为 E1 单元格,如图 15-45 所示。

图 15-45

❸ 单击"确定"按钮,返回到工作表中,即可得出检验结果,如图 15-46 所示。

图 15-46

结论分析如下。

原假设 H_0：$\sigma_1^2 = \sigma_2^2$，备择假设为：$\sigma_1^2 \neq \sigma_2^2$，即这两种肥料的总体方差有显著差异。

$P=0.024<\alpha=0.1$

所以拒绝原假设，即这两种肥料的总体方差有显著差异。